やわらかアカデミズム・〈わかる〉シリーズ

よくわかる
刑　　法
第3版

井田　良・佐藤拓磨 編著

ミネルヴァ書房

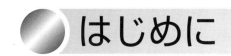

■よくわかる刑法　第3版

　これから刑法を勉強しようとする人たちに，一冊で刑法学全体についての十分な情報量を有し，「刑法事典」としての機能もあわせもつハンドブックを提供するために本書は書かれた。はじめて刑法の世界に足を踏み入れようとする人は，学界・実務界の最先端の話題には当面は関心がないであろう。それよりも，この分野の通説的・一般的な理解を確認したいと思うであろう。われわれは，現在の時点のスタンダードな刑法学の全体像を描くことを目ざして，用語や概念の正確な意味，各論点についての通説的見解の概要，裁判所が示した重要な判断（判例）の内容などを過不足のない形でまとめ上げるべく力を尽くした。大学で刑法の講義を聴く学生諸君や，独学で刑法を学ぼうとする人たちのための良きガイドとして本書が役立つことを願っている。

　本書では，一つのテーマにつき見開き二頁の中で完結した説明が与えられている。読者には，六法（法令集）を片手に，短編小説を味わうように，じっくりと説明を読んでいっていただきたい。条文が出てきたら，必ず六法を開いてその規定を参照しよう。本書では，いわゆるクロス・リファレンス（cross-reference）が徹底されており，しつこいほど本書の他の部分の参照が求められているが，ぜひ指示された箇所にも目を通してほしい。刑法学はすぐれて体系的な学問である。Ａという部分を勉強していると，それはＢやＣの部分と密接に関連している。Ｂ，Ｃについて何も知らないで，Ａだけは完璧に理解するという訳にはいかない。本書のあちこちを参照して回ることをくり返すことにより，刑法を体系的に理解することが可能となるはずである。

　本書の第2版は，2013（平成25）年に刊行されたが，幸いにも多くの読者に恵まれた。しかし，この5年間に，重要な法改正が行われ，新しい判例が現れ，従来にない論点がクローズアップされるに至った。そこで，旧版を全面的に改訂し，大幅な項目の差し替えを行って，内容を最新のものとすることとした。多忙な中に時間を見つけて原稿を完成してくれた（初版からの，または新たに参加してくれた）執筆者諸氏，中でも，改訂のための方針を定め，項目の全面的なリニューアルを提案してくれた佐藤拓磨教授には厚く御礼を申し上げる。出版に至るまでに必要な仕事はすべて，ミネルヴァ書房の梶谷修氏が担って下さった。氏にはこの場を借りて深い感謝の意を表したい。

2018（平成30）年3月

執筆者を代表して　井　田　　良

もくじ

■よくわかる刑法　第3版

はじめに／凡例

序　基礎理論

1　刑法と刑法学 ……………………… 2

2　刑法の目的と機能 ……………… 4

3　刑罰の理論 ……………………… 6

4　罪刑法定主義 …………………… 8

5　犯罪論の体系 …………………… 10

6　行為無価値と結果無価値 ……… 12

コラム1：主観的違法要素 ………… 14

7　刑法の場所的適用範囲 ………… 16

第1部　刑法総論

I　構成要件

1　構成要件論 ……………………… 20

コラム2：客観的処罰条件，一身的処罰阻却
　　　　　事由 …………………… 22

2　法人処罰 ………………………… 24

3　行為論 …………………………… 26

4　不作為犯 ………………………… 28

5　条件関係 ………………………… 30

6　被害者の行為の介在と因果関係 … 32

7　第三者の行為の介在と因果関係 … 34

8　故意概念 ………………………… 36

9　具体的事実の錯誤 ……………… 38

10　抽象的事実の錯誤 ……………… 40

11　過失犯総論 ……………………… 42

12　過失の競合と信頼の原則 ……… 44

13　管理・監督過失 ………………… 46

II　違法性

1　違法性阻却事由の本質 ………… 48

2　急迫不正の侵害 ………………… 50

3　防衛の意思 ……………………… 52

4　防衛行為の相当性 ……………… 54

5　過剰防衛 ………………………… 56

6　自招侵害 ………………………… 58

7　緊急避難 ………………………… 60

8　被害者の同意 …………………… 62

9　安楽死と治療中止 ……………… 64

iii

Ⅲ　責　任

1　責任主義，責任の本質 ············ 66

2　責任能力 ························ 68

3　違法性の意識 ···················· 70

4　違法性阻却事由の錯誤 ············ 72

Ⅳ　未遂犯

1　未遂犯と実行の着手 ············ 74

2　不能犯 ························ 76

3　中止犯 ························ 78

Ⅴ　共　犯

1　正犯と共犯 ···················· 80

2　間接正犯 ······················ 82

3　原因において自由な行為 ········ 84

4　共犯の処罰根拠 ················ 86

5　共同正犯 ······················ 88

6　共謀の意義 ···················· 90

7　共謀の射程 ···················· 92

8　共犯の因果性 ·················· 94

9　承継的共犯 ···················· 96

10　共犯関係の解消 ················ 98

11　過失の共犯 ··················· 100

12　不作為の共犯 ················· 102

13　共犯と身分 ··················· 104

コラム3：中立的行為による幇助 ······· 106

Ⅵ　犯罪の数と量刑理論

1　罪数論 ······················ 108

2　量刑理論と刑罰目的 ············ 110

（第2部）刑法各論

Ⅰ　個人的法益に対する罪

1　刑法における生命の保護 ········ 114

2　胎児性致死傷 ·················· 116

コラム4：堕胎罪と人工妊娠中絶 ······· 118

3　殺人罪と同意殺人罪の限界 ····· 120

4　暴行と傷害 ··················· 122

5　同時傷害の特例 ··············· 124

6　遺棄の概念 ··················· 126

7　保護責任の発生根拠 ··········· 128

8　逮捕監禁罪の保護法益 ········· 130

9　略取誘拐罪 ··················· 132

コラム5：犯罪の分類概念 ············· 134

10　性的自己決定権に対する罪 ····· 136

11　住居等侵入罪 ················· 138

12　名誉の概念 ··················· 140

13 真実性の証明 ……………… *142*	34 横領と背任の区別 ……………… *188*
14 公務と業務 ………………… *144*	コラム8：横領後の横領 ……… *190*
15 財産犯の体系 ……………… *146*	35 盗品関与罪の本質 ……………… *192*
16 財産犯の客体 ……………… *148*	36 盗品関与罪の諸類型 ………… *194*
17 刑法における秘密の保護 ……… *150*	コラム9：自動車運転死傷処罰法 …… *196*
18 刑法における占有の概念 …… *152*	
コラム6：死者の占有 ………… *154*	**Ⅱ　社会的法益に対する罪**
19 財産犯の保護法益 ………… *156*	1 放火罪の全体構造 ……………… *198*
20 不法領得の意思 …………… *158*	2 現住性の意義 ………………… *200*
21 暴行・脅迫後の領得意思 …… *160*	3 焼損概念 ………………………… *202*
22 事後強盗罪 ………………… *162*	4 偽造罪の全体構造 …………… *204*
23 強盗致死傷罪 ……………… *164*	5 文書の意義 …………………… *206*
24 欺罔行為 …………………… *166*	6 私文書における名義人の特定 …*208*
25 無意識の処分行為 ………… *168*	7 公文書偽造をめぐる諸問題 …… *210*
26 詐欺罪における財産的損害 …… *170*	8 インターネットとわいせつ犯罪 …*212*
27 クレジットカードの不正使用と 詐欺罪 ………………………… *172*	
28 電子計算機使用詐欺罪における 「虚偽の情報」 ………………… *174*	**Ⅲ　国家的法益に対する罪**
29 権利行使と恐喝罪の成否 …… *176*	1 公務執行妨害罪における「職務」 の意義とその適法性 …………… *214*
30 二重売買・譲渡担保と横領罪 …*178*	2 司法手続に対する罪と共犯 …… *216*
31 不法原因給付と詐欺・横領の成否 ……………………………… *180*	3 犯人隠避罪と証拠偽造罪の諸問題 ……………………………… *218*
32 背任罪の性質 ……………… *182*	4 賄賂罪の全体構造 …………… *220*
33 損害概念と図利加害目的 …… *184*	5 収賄罪における「職務に関し」の 意義 …………………………… *222*
コラム7：背任罪の相手方 …… *186*	さくいん …………………………… *225*

凡　例

最判	最高裁判所判決
最大判	最高裁判所大法廷判決
最決	最高裁判所決定
大判	大審院判決
高判	高等裁判所判決
地判	地方裁判所判決
刑集	最高裁判所刑事判例集，大審院刑事判例集
民集	最高裁判所民事判例集
裁集	最高裁判所裁判集　刑事
刑録	大審院刑事判決録
高刑集	高等裁判所刑事判例集
判特	高等裁判所刑事判決特報
裁特	高等裁判所刑事裁判特報
下刑集	下級裁判所刑事裁判例集
刑月	刑事裁判月報
新聞	法律新聞
判時	判例時報
判タ	判例タイムズ

序 基礎理論

guidance

「刑法は何のために存在するのか」「国が人を処罰することはなぜ正当化されるか」「犯罪の本質は行為であるか、それとも結果であるか」……これらの根本的な問いは、法律の専門家のみならず、誰しもが関心をもたざるを得ない、およそ人間にとっての永遠のテーマである。刑法を学ぼうとする者は、これらについて深く考えてみるところからはじめなければならない。しかしながら、ここでそれらの根本問題に対する「出来上がった答え」を知ることができると思ったら、それは大きな誤りである。本書に書かれていることは、現在における取りあえずの一般的な理解を述べたものであり、最終的な解答（仮にそのようなものがいつか与えられるとしたらの話であるが）にはほど遠いものであることをわきまえなければならない。

基礎理論は、本書の冒頭に位置するが、実は、本書をすべて読み通してから最後に読んではじめて理解できるものでもある。読者は、本書の第1部（刑法総論）と第2部（刑法各論）のそれぞれの個別問題を学んでいく過程で、いつもこの基礎理論の部分に立ち返り、刑法の基礎を踏まえて個別の論点を理解するとともに、個別の論点を検討する中で基礎理論についての理解を深め、かつ不断に修正していかなければならない。基礎理論を前提とせずに刑法総論・各論の個別問題を学ぶことはできないが、また個別の論点をきちんと学ばずに基礎理論を真に理解することもおよそ不可能である。そのことは、本書の最終頁は最初の頁につながっているのであり、本書は何度も何度も読まれなければならないことを意味している。

序　基礎理論

刑法と刑法学

1 刑法とは

　刑法とは,「犯罪と刑罰に関する法」のことである。刑法も（民法や行政法などと同じく）法の一種であるが,それは,犯罪を行った者に対し反作用としての苦痛（制裁）を加えることにより,将来に向けて犯罪を予防し,社会秩序を維持しようとする。六法を開いて「刑法」という名のついた法典を探し出し,199条を読んでみよう。それは殺人罪の処罰規定（刑罰法規）であるが,「人を殺してはならない」という,国民が従うべき一つの行動基準,すなわち**法規範**を示している。これにより,刑法は,殺人はやってはならない行為であるとする法的評価を明らかにし,国民に対し殺人行為を行わないよう求めている。ただし,刑法の規範は,国民の行動を規制するのみでなく,国家による処罰に対して歯止めをかけ,刑罰権の濫用から国民の自由を守る機能ももつことに注意しなければならない（⇨ 序-2 「刑法の目的と機能」）。

2 刑法の適用と解釈

　刑法の規定を現実に起こった事件に適用するためには,その前提として,法規のもつ意味を明らかにする必要がある。刑法199条を実際のケースに適用するためには,「人」とは何か,「殺す」とはどういう行為をいうのかが明らかにされていなければならない。言葉または文章の意味内容を理解し,はっきりさせることを「解釈」というが,法を適用するためにはまず法の解釈が前提となる。

　解釈の種類としては,①言葉や文章の日常的なふつうの意味（すなわち,国語辞典にのっているような意味）に従って解釈する文理解釈,②日常的な意味よりも少し広げて解釈する拡張解釈,逆に,③日常的な意味よりも狭く解釈する縮小解釈がある。さらに,④規定の文言をいくら拡張しても入らない場合,すなわち,その事件について直接に適用できる規定がない場合に,類似した事例に適用される規定を用いて同じ結論に到達する類推解釈などがある（ただし,刑罰法規の類推解釈は禁止される。⇨ 序-4 「罪刑法定主義」）。

　このような解釈の分類は,言葉や文章がふつうに意味するところよりも広げるか狭めるか,類似の事実にもあてはめるか,逆に反対の結論を出すかという,いわば形式的観点からする分類である。これだけでは,いつ文理解釈を採るべ

▶法規範
規範とは,「……してはならない」（禁止）または「……しなければならない」（命令）という内容をもった,人に向けられた行動の基準のことをいう。法は,宗教や道徳や慣習の規範とともに,規範の一種である。そして,法の一種として刑法がある。

　法規範や,道徳規範,慣習や習俗の規範は,社会における人々の行動を規律するルール（社会規範）として機能しており,それらは社会秩序を維持するために協力し合い,補充し合っているということができる。ただ,法規範とそれ以外の規範（例えば,道徳規範）との大きな違いは,法は「公的な強制」を伴い国家権力によって強行されうるが,法以外の社会規範はそうではないところにある。すなわち,法については,人がそれに反する誤った行為を行ったとき,最終的には国家権力により誤りが正されるが,純然たる道徳違反などの行為（例えば,電車の中での携帯電話での会話）に対してはそのようなことはない。

きか，いつ拡張解釈し，いつ縮小解釈すべきなのかが明らかにならない。解釈の実質的基準ないし手がかりとなるものによって解釈を分類すると，(a)特別の理由のない限り，条文の日常的な意味・ふつうの意味に沿う解釈をすべきだということができる。その意味で，やはり文理解釈が解釈の出発点である。しかし，(b)法律をつくった人（立法者）が考えていたところを基準として解釈すべきだとする歴史的解釈，(c)その規定の置かれている場所とか，他の規定との相互関係とかを解釈の基準とする論理的・体系的解釈，(d)規定が果たすべき目的を考慮し，社会生活の要求に照らして妥当な結論を得ようとする目的論的解釈が採られることもある（以上の解釈方法の間に優先順位があるわけではないが，とりわけ目的論的解釈が重要とされている）。

③ 刑法学

　法律学は，法の解釈を中心的な内容とするところから法解釈学と呼ばれる。刑法学は，刑法を対象とする法解釈学の一部門である。ここで，もういちど六法を開いて「刑法」という名のついた法典，すなわち**刑法典**を見てみよう。刑法典は，総則編と各則編とに分かれており，第1編の「総則」と，各則にあたる第2編「罪」という二つの部分によって構成されている。総則とは，各則において個別的に問題とされることに共通する普遍的なものをまとめて一般的に扱った部分のことをいう。例えば，故意は，多くの犯罪において共通に問題となる。そこで，刑法は，総則の38条で故意につき一般的に規定している。これに対し，各則は，個別の犯罪について，その法律上の要件と，それに対する刑を規定する。総則と各則の区別に対応して，刑法学は，**刑法総論と刑法各論**とに分かれる。

　刑法学の任務は，刑法の規定の解釈を通じて，その意味内容を明らかにするとともに，裁判所が示した判断のうちでどの部分が**判例**であり，それが以後の裁判に対しどのような影響力をもつのか（また複数の判例の間に矛盾がないか）を明らかにするところにある。裁判所は法律の規定がないのに処罰することはできないが（⇨ 序-4 「罪刑法定主義」），法律の規定には多かれ少なかれ解釈の余地があり，裁判所の判例は，可能な解釈の範囲内で規定の具体的な意味内容を明らかにする役割を果たしている。そこで，現行刑法の内容を知ろうとする者は，法律の規定のみならず，その意味内容を具体的に示しまた補充する判例をもあわせて参照してはじめて，現実に行われている刑法の内容を知ることができる。さらに，刑法学は，いろいろな概念を用いて理論体系を構成し，個々の認識や知見をその中に位置づけ，それぞれのつながり・結びつきを明らかにする。刑法及び刑法の解釈が今後進んで行くべき方向を指し示し，将来の刑法の姿についてのビジョンを提供することも刑法学の重要な役割である。

（井田　良）

▷刑法典
「刑法」という名前のついた法典を刑法典という（形式的意義の刑法）。しかし，そこに含まれた規定の他にも，犯罪と刑罰を定めた法規範（実質的意義の刑法）は数多く存在する。刑法典の外に存在する刑罰法規をまとめて特別刑法と呼ぶ。

▷刑法総論と刑法各論
刑法総論は，犯罪と刑罰の基礎理論，犯罪の一般的構成要素ないし成立要件，すべての犯罪に共通して妥当するような理論などを研究対象とする。刑法各論は，個別の犯罪（例えば，殺人罪や強盗罪）を規定した各刑罰法規の解釈論を内容とする。

▷判例
裁判所が示した法的判断のうち，将来の同種の事件にも適用され得るような先例としての拘束力をもつ部分のことをいう。そこで，何が判例であるかは解釈の問題であり，これについて見解が分かれることも少なくない。

序　基礎理論

刑法の目的と機能

刑法は何のためにあるのか？：刑法の目的

　刑法の目的とは何か？　この問いに答える前に，そもそも法の目的について考えてみたい。これは一言でいえば，個々人の行為を法という一定のルールによって規制することによって，自由な共同生活を保障する形で社会秩序を維持することに他ならない。そして，法治国家においては，一般的に制定法が行為を規制するルールとなり，社会秩序が維持される。刑法も一つの法である限り，やはりその目的は社会秩序の維持である。しかし，民法のような他の法規範とは大きく異なり，刑罰という厳しい制裁手段を用いて社会秩序の維持を図るところに刑法の特徴がある（刑罰の意義については，序-3「刑罰の理論」参照）。つまり，われわれにとり極めて重大な事態である犯罪に対して，刑罰という厳しい制裁手段で臨み，社会秩序を維持することが刑法に固有の目的なのである。刑法は，このような目的を達成するために，いくつかの機能を発揮する（まとめて刑法の社会的機能という）。ここでは，規制的機能，法益保護機能，人権保障機能の三つが刑法の社会的機能として重要である。

2 刑法の規制的機能

　まず，刑法は，一定の行為を犯罪とし，これに一定の刑罰を結びつけて，その行為が法的に許されないことを明示し，国民の行動をコントロールする規制的機能を発揮する。そもそも法とは，一定の公のルールによって個々人の行動を統制し，社会秩序の維持，調和を図るものである。刑法も法の一種として，まずはあるべき公の行動基準を，どのような行為が犯罪とされて，どのような刑罰を制裁として受けるのかという内容によって示して，国民が犯罪を犯さないようにその行動を規制し，社会秩序の維持を図らなければならない。例えば，199条は「人を殺した者は，死刑又は無期若しくは5年以上の懲役に処する」と規定するが，これは，人を殺したら，死刑その他の刑罰に処せられるという行動基準を示すことによって，殺人を犯さないように国民の行動を規制する機能を果たしている。

3 刑法の法益保護機能

　次に重要なのが，法益保護機能である。刑法の目的が社会秩序の維持である

序-2 刑法の目的と機能

としても，刑罰という重い制裁手段を用いて一定の倫理や道徳を守りながら社会秩序を維持することまでは要請されるべきではない。あくまで，刑法が目指すべきなのは，法によって守られるべき利益である**法益**の保護を通じた社会秩序の維持でしかない（法益保護主義）。日本国憲法は，個人主義を基調とし，個々人が多様な価値観をもつことを許容している。これは，他人の法益を侵害しない限り，独自の道徳観や倫理観に基いて生活できることを認めることを意味する。つまり，国家が刑罰によって一定の道徳を国民に押しつけることは，不当なことであり，刑法は，あくまでも法益保護機能を通じて社会秩序の維持を図らなければならない。殺人罪が処罰されるのも，それが道徳的に正しくないからではない。「人の生命」という個人の法益を守るためである。そもそも，民法，商法，行政法といった他の法律も，刑法とともに法秩序を形成している。しかし，刑法は，他の法律とは異なり，刑罰という強力な武器を用いて法益保護をより徹底する役割を担っている。従って，刑法による法益保護は，他の法律ではそれが十分に達成できない場合に限定されて機能することになる。

❹ 刑法の人権保障機能

　刑法による法益保護は，人権と常に抵触する危険性をはらんでいる厳しい制裁手段である刑罰を用いて図られるものである。そこで，刑法はおのずから，国家による恣意的な刑罰権の濫用を防ぎ，国民の権利・自由を保障する機能を発揮しなければならない。これを人権保障機能（自由保障機能・**マグナカルタ**的機能）という。このような機能が要請されるのも，刑法の目的（法の目的）が自由な共同生活を保障する形で社会秩序の維持を図るものだからである。刑法は，一定の行為が犯罪となり，それに対して刑罰が科せられることを明示することによって，この人権保障機能を果たす（⇨ 序-4 「罪刑法定主義」）。刑罰という極めて過酷な制裁を予定する刑法は，いわば「最後の手段」なのであり，先ほど述べたように，他の法律では法益を十分に保護することができない最後の段階になって初めて登場するべきである（これを刑法の補充性という）。そして同時に，刑法による法益の保護は網羅的ではなく，特に必要な場合だけを選んで断片的になされるべきである（これを刑法の断片性という）。このように，刑法の運用が控えめなものでなければならないのも（まとめて**謙抑主義**という），人権保障機能を発揮するためである。

　刑法の二つの機能である法益保護機能と人権保障機能は，二律背反的な矛盾する要請を果たすものである。刑法の目的である社会秩序の維持もこれら二つの機能の調和・バランスの下で達成されなければならない。　　　　（飯島　暢）

▷**法益**
法益とは，個人や社会や国にとりそれがそのまま保持されることが必要であり，また法により保護することが適切であると認められる一定の利益のことである。法益には生命・身体・自由・名誉・財産などの個人的法益，公共の安全・通貨・文書の信用などの社会的法益，国家の立法・司法・行政作用などの国家的法益の三種類がある。個人主義を基調とする日本国憲法の下での法秩序においては，個人的法益が優先的に保護されなければならない。

▷**マグナカルタ（Magna Charta）**
1215年，ジョン王が貴族たちの反乱に屈服して承認した文書であり，教会の自由や貴族の権利を保障するものであったが，イギリス憲政史上，議会主義の礎になったものとされている。別名，大憲章。現在では人権保障について語るときに象徴的な意味合いで用いられることが多い。

▷**謙抑主義**
ローマ法の法格言である「裁判官は些事をとりあげず」に由来するとされているが，現在では一般的に認められた刑法の原則となっている。この原則の内容として重要なのが，刑法の補充性と断片性である。

5

序　基礎理論

刑罰の理論

1 刑罰を正当化するための根拠

　刑罰は犯罪者に苦痛を与えるものである。わが国の刑法は9条で刑罰の種類を規定している。それによれば，死刑（11条），懲役（12条），禁錮（13条），罰金（15条），**拘留**及び**科料**が主刑，没収（19条）が**付加刑**とされている。それぞれの刑罰の内容を考えてみれば明らかなように，死刑は生命を奪い（生命刑），懲役・禁錮・拘留は自由を制限し（自由刑），罰金・科料・没収は財産を剝奪する（財産刑）。つまり，刑罰とは，一定の犯罪に対して条文で予定された，犯罪者から一定の法益を剝奪する制裁である。そこには犯罪に対する非難の意味もこめられてはいるが，死刑の場合には犯罪者の生命すら奪ってしまうわけであり，刑罰は，それ自体が一種の害悪とも評価できる非常に厳しい法的制裁である。しかし，犯罪者にも基本的人権は保障されるべきであり，このような過酷な制裁を国家権力が恣意的に行使することは許されない。つまり，刑罰権の行使については，一般国民が納得するような正当化根拠がなければならない。この正当化根拠については，大きく分けて二つの考え方——応報刑論と目的刑論——が対立してきた。

2 応報刑論

　応報刑論によれば，刑罰は犯罪という悪い行いに対する当然の報いとしてとらえられる（「目には目を，歯には歯を」という同害報復の原理）。つまり，非難すべき犯罪に対して，それに見合った害悪（苦痛）としての刑罰を犯罪者に科すことは正義の要請であり，それだけで正当化されるというのである。このように，応報刑論は，すでに犯罪が行われたことだけを刑罰の正当化根拠とする見解である。一般的に「絶対的応報刑論」とも呼ばれている。応報刑論には，犯罪が行われた限り，処罰しなければならないという必罰主義に陥る危険性がある。しかし，その反面，犯罪に見合った刑罰の量を要求することにより，罪刑均衡性の原則を保つことができ，また，刑罰は犯罪という悪い行いに対する非難であることから，あくまで犯罪者に対して責任非難が可能であることを前提とすることによって，**責任主義**を取り込むことができる。つまり，応報刑論には刑罰を限定できる側面もある。

▷拘留
ごく軽い罪に対して用いられる自由刑の一種であり，1日以上30日未満の間，刑事施設に身柄が拘束されることを内容とする。刑法16条参照。

▷科料
現行刑法上，罰金・没収と並ぶ財産刑の一種であるが，特に罰金刑とは金額の面で区別される。刑法17条参照。法令違反に対する金銭的制裁である（つまり，刑罰ではない）過料との区別に注意しなければならない。両者の区別のため，科料を「トガリョウ」，過料を「アヤマチリョウ」と呼ぶことが多い。

▷付加刑
主刑を言い渡す際に，これに付加する形でのみ科すことができる刑罰であり，単独で言い渡すことはできない。現行刑法上は，没収のみが付加刑である。

▷責任主義
責任主義とは「責任なければ刑罰なし」という原則であり，罪刑法定主義と並ぶ重要な国家刑罰権を制約する原理とされている。つまり，行為者に対して責任非難が可能な場合にのみ処罰は許されることになる。

3 目的刑論

　目的刑論は，刑罰の正当化根拠を，刑罰が有する犯罪予防効果に見出す見解である。目的刑論は，一般予防論と特別予防論という二つの考え方に分けられる。

　一般予防論は，刑罰を予告し，実際に犯罪者を処罰することによって，社会の中にいる潜在的犯罪者を威嚇して，犯罪から遠ざける点に刑罰の有用な効果を認める（消極的一般予防論）。ただし最近では，犯罪者の処罰を通じて，法秩序が信頼するのに足りるものであることを一般市民に確認させ，遵法（規範）意識を高めて法秩序を安定化させる点に刑罰の有用な効果を認める考えも有力である（積極的一般予防論）。

　特別予防論は，犯罪者自身が再び将来において犯罪に走ることを予防して，社会を防衛する点に刑罰を正当化する効果を見出す。この効果は，犯罪者を刑務所に隔離するだけである程度は達成されるが，むしろ重点は，刑務所の中で職業訓練等を受刑者に施し，社会復帰（再社会化）を手助けするところにある。

4 相対的応報刑論

　刑法の目的とは，法益を保護して社会秩序を維持することである（⇨ 序-2「刑法の目的と機能」）。従って，刑罰の正当化根拠も，応報刑論のように抽象的な正義ではなく，現実の社会において犯罪を防止して，市民の共同生活を守るという法益保護の観点に依拠しなければならない。つまり，目的刑論の立場が合理的であるように思われる。しかし，目的刑論は，犯罪予防効果を重視するあまり，犯罪者に**過度な刑罰を科してしまう危険性**を常にはらんでいる。そこで，現在では，刑罰の本質は応報であるが，同時にその目的は犯罪の予防であるとして，応報刑論と目的刑論を組み合わせた「**相対的応報刑論**」（統合説）と呼ばれる立場が支配的見解となっている。なお最近では「応報刑論のルネサンス」が主張されており，刑罰の目的を法（及び被害者の権利）の回復としながら応報刑論の内容を法秩序の規範妥当の観点からとらえ直す試みも行われている。

（飯島　暢）

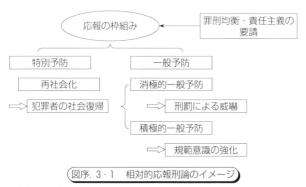

図序.3-1　相対的応報刑論のイメージ

出所：筆者作成。

▷特別予防論
　特別予防を重視する目的刑論の思想を極端な形で貫けば，刑罰と保安処分の差異が解消され，一元主義に至ることになる。「保安処分」とは，将来犯罪行為を行う危険性のある者に対して，社会から隔離して保安の達成をはかるため，または治療・改善を施すために科される強制措置である。たとえ対象者が責任無能力であっても，その危険性に着目して科しうる点に刑罰との大きな違いがある（⇨ 1-Ⅲ-2「責任能力」）。

▷過度な刑罰を科してしまう危険性
　例えば，窃盗を繰り返す者に対しては，1万円の物を盗んだに過ぎなくても，特別予防の観点を重視して，改善されるまで長期にわたって刑務所に入れておくことが可能となってしまう。また，一般予防の観点を重視すれば，窃盗に対して死刑を科しうることにもなってしまうであろう。

▷相対的応報刑論
　相対的応報刑論によれば，刑罰は犯罪行為とバランスのとれた応報的なものでなければならないとして，罪刑の均衡性がまず維持され，その範囲内で，一般予防と特別予防の観点が最大限考慮されることになる。

序　基礎理論

 罪刑法定主義

1　なぜ罪刑法定主義か

　刑罰法規は，犯罪と法定刑から構成される。罪刑法定主義とは，両者を成文法によって規定するべきとの考え方をいう。憲法31条がその実質的根拠となっている。なぜこの原則が重要とされているのだろうか。

　罪刑法定主義が登場した当時の刑法は，**絶対的法定刑**や**絶対不確定法定刑**が犯罪に対し設定されていただけでなく，類推処罰を許容する規定も存在していた。このような刑法では，何が処罰されるかは全く不明であるし，それがどのように処罰されるのかも予測ができなかった。その結果，犯罪の成否及び刑の量定が裁判官の恣意によって決められることになってしまった。これを罪刑専断主義と呼ぶ。裁判官が刑罰権を濫用できない刑法を目指すのが罪刑法定主義の狙いであった。

2　刑罰法規の規範性

　罪刑法定主義は三つの意味で規範性を帯びる。

　一つは立法者との関係である。まず，刑法は立法府である国会のみが制定しうる。市民の様々な意見が反映された国会が最もその討議に相応しい場である。地方議会も条例によって刑罰法規を創設することはできるが，それは地方自治法の範囲内で，である（地方自治法14条3項）。二つ目は裁判官との関係である。刑法は裁判規範である。すなわち，裁判官は，明文化された刑罰法規に拘束されて，犯罪の成否と刑の量定を判断する義務を負う。成文法化された犯罪のみが処罰対象であり，その範囲においてのみ刑法を解釈しなければならない。そして三つ目は市民との関係である。まず，刑法は行為規範でもある。刑罰法規が市民に提示されることを通じて，刑法は市民に対し法益を保護するため犯罪行為の禁止を要求する。同時に，刑法は自由を保障する規範でもある。刑法に書かれた犯罪以外は処罰されないことが，成文法化された刑罰法規により担保される。

3　罪刑法定主義と類推解釈の禁止

　刑罰法規を明確にするためには解釈が必要である。それにより構成要件を確定させ，処罰されるべき行為と処罰してはならない行為とを峻別しなければならない。もっとも，刑法の解釈は罪刑法定主義の精神に沿って行われなければ

▷絶対的法定刑
法定刑に死刑しか設定されていない場合が典型例である。なお，わが国の刑法典においても外患誘致罪（81条）は死刑のみしか設定されていない。

▷絶対不確定法定刑
法定刑が明確に設定されておらず，量刑は裁判官の裁量に委ねられていた。

▷1　もっとも，立法者だからといって自由に刑罰法規を創設することはできない。保護法益や法益侵害行為を十分に考慮し，犯罪と法定刑が均衡を保つように立法しなければならない。加えて，犯罪の内容も明確なものでなければならない。
▷2　したがって，法律による委任がない限り，内閣は政令で独自に罰則を設ける（白地刑罰法規）ことはできない（憲法73条6号）。
▷3　同法の目的は，鳥獣が生育する環境を維持することであるから，捕獲行為に出たことが重要であり，捕獲したかそれに失敗したかは関係がないとされた。

ならない。したがって、類推解釈による処罰は禁止されなければならない。

類推解釈とは、既存の刑罰法規ではその文言の意味を拡張しても捕捉できない事案に対して、その刑罰法規が規制する内容とその事案との間にある類似性を根拠に、その刑罰法規を準用する解釈である（図序4-1）。類推解釈を許容すると、立法者以外に、裁判官にも自由裁量的に刑罰法規を制定する道を開きかねないからである。

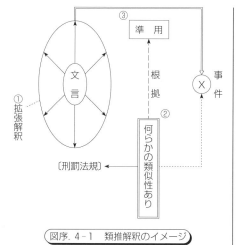

〔図序.4-1　類推解釈のイメージ〕
出所：筆者作成。

例えば、旧鳥獣保護及狩猟ニ関スル法律は狩猟鳥獣以外の鳥獣を「捕獲」することを禁じていたが、捕獲に失敗した場合も、これに含まれるとされた（最判平成8年2月8日刑集50巻2号221頁）。しかしながら、同法には、捕獲とは殺傷を示唆する文言が存在し、未遂犯を処罰する規定がなかった。また、他人がインターネット上に掲載している児童ポルノ画像の所在がわかるようそのURLを改変したURLをネット上に掲載した行為が、「公然陳列」に該当するとされた（最決平成24年7月9日判時2166号140頁）。この最高裁決定に付された反対意見によれば、当該行為はわいせつ画像の所在を示すにすぎず、これを公然陳列とすることは罪刑法定主義に反するとされた。

4　刑法解釈のすがた

刑罰法規には保護法益及び法益侵害行為が考慮されていることから、それらや他の条文との関係をふまえ、文理に背かない限度において、法律の文言を拡張する目的論的解釈も用いられてよい。例えば、水門を破壊して養魚池の鯉を逃す行為は器物損壊罪（261条）の「傷害」にあたるとされている（大判明治44年2月27日刑録17輯197頁）。器物損壊罪は物の効用を保護するためにある。したがって、飼育していた動物が実際に傷害された場合だけでなく、それが飼い主の手から逃れさせられた場合も、いずれも動物から得られる効用が侵害されているといえる。逆に、条文の文言が明確性を欠くため適用範囲が過度に広汎になるおそれがある場合、裁判所がその文言を限定的に解釈することがある（合憲限定解釈）。しかし、このような解釈方法は、裁判所が解釈の名の下に新たな立法を行うに等しく、罪刑法定主義に反するという見方もある。このことが、福岡県青少年保護育成条例が禁止する「淫行」をめぐり問題となった（最大判昭和60年10月23日刑集39巻6号413頁）。

（野村和彦）

生育環境の侵害という類似性をよりどころに、「捕獲」を「捕獲しなかった」場合に準用した疑いがある。
▷4　児童買春・ポルノ処罰法7条4項（旧法）。
▷5　なお、この最高裁決定が支持した大阪高判平成21年10月23日によれば、児童ポルノが掲載されているホームページへ容易にアクセスしうることを根拠に、当該行為は、新たな法益侵害の危険性をもたらし、児童ポルノを掲載する行為と類似性があるとされた。
▷6　同条例は「何人も、青少年に対し、淫行またはわいせつの行為をしてはならない。(10条1項)」とし、2年以下の懲役または10万円以下の罰金が設定されていた。多数意見によれば、淫行はそれ自体不明確だが、「青少年を誘惑し、威迫し、欺罔し又は困惑させる等その心身の未成熟に乗じた不当な手段により行う性交又は性交類似行為のほか、青少年を単に自己の性的欲望を満足させるための対象として扱っているとしか認められないような性交又は性交類似行為をいうものと解するのが相当である」とした。
▷7　3人の裁判官の反対意見がついたが、その内、谷口正孝裁判官は「多数意見の示す誘惑、威迫等性行為にいたる手段の違法性の如きは、これを加えることにより「淫行」の違法性を限定するというのであれば、私はすでに解釈の作業を超え新たな立法作業の範ちゅうに属するものと考える。」と述べている。

序　基礎理論

犯罪論の体系

1　犯罪論の体系の意義

　犯罪行為の一般的な成立要件を検討するのが犯罪論である。刑法の条文をみれば明らかなように，例えば，199条では殺人罪に固有の犯罪の成立要件が問題となる。しかし，そうした個々の犯罪類型の成立要件から抽象化して取り出してきた，いわばすべての犯罪に妥当する一般的な成立要件を犯罪論は取り扱う。犯罪成立の一般的要件はいくつかあるが，それらを明確な概念として構成し，一定の観点の下で相互に関連づけながら，論理的な首尾一貫性によってまとめ上げて配列したものが犯罪論の体系である。そして，通説的見解によれば，犯罪とは「構成要件に該当する違法で有責な行為」であると定義される。従って，犯罪が成立するための基礎である人の行為はさておき，犯罪の一般的な成立要件とは，①構成要件該当性，②違法性，③有責性（責任）であり，この順番にそって，分析的・段階的に犯罪の成立を判断する思考の枠組みこそが犯罪論の体系といえる。では，何故このような犯罪論の体系が必要なのであろうか。刑罰という厳しい制裁を予定する刑法は，感情に流されることなく，正しく適用されなければならない。そして，そのためには犯罪の成立を判断する際に，刑法の基本原則にのっとった明確で統一的な指針が刑事司法の運用者（特に裁判官）にとって不可欠となる。つまり，この指針を提供するのが，分析的・論理的な判断を可能とする犯罪論の体系なのである。

2　構成要件該当性・違法性・有責性という三段階の体系

　わが国で一般的に主張されている三段階の犯罪論体系における三つの犯罪要素，つまり，①構成要件該当性，②違法性，③有責性は，それぞれ刑法の基本原則に対応する要素である。①には罪刑法定主義が，②には法益保護主義が，③には責任主義が対応する。つまり，①→②→③の順番による段階的な判断の際には，それぞれの基本原則の要請が満たされなければならない。いくら大衆の関心を惹く重大事件であっても，それを捕捉する規定がなければ，処罰することは許されない（①の要請）。そして，いくら犯人が悪辣な人間であっても，その者の行為が他人に与えた客観的な被害（法益侵害性）を抜きに刑法的な判断をすることは許されない（②の要請）。さらに，いくら被害が重大であったとしても，場合によっては犯人を非難できないような主観的・個人的事情がある

▷1　⇨ 1-I-3 「行為論」
▷2　⇨ 1-I-1 「構成要件論」

▷三段階の体系
通説は，犯罪論の体系を①構成要件該当性，②違法性，③有責性という順番で考える三段階の体系をとっているが，このように構成要件該当性を中心にした犯罪論の体系はドイツ刑法学の影響を受けた諸国において見受けられるものである。
▷3　⇨ 序-4 「罪刑法定主義」
▷4　⇨ 序-2 「刑法の目的と機能」
▷5　⇨ 1-Ⅲ-1 「責任主義，責任の本質」

10

点を無視して処断することはできないのである（③の要請）。

また，①→②→③という段階的判断の順序は，刑事司法の担い手（裁判官）による判断の適正さを担保する意味も有している。つまり，①構成要件該当性の判断は，ある程度形式的で明確な判断であるので，これをまず第一に検討して枠づけを行っておく。こうしておけば，その後で，より実質的な性質をもつ②違法性・③有責性の判断を行っても，処罰範囲が不当に拡張される恐れもなくなる。そして，原則的に客観的なものである②違法性の判断も，主観的な③有責性の判断からすれば相対的に明確なものであるので，②は③に先行することになる。できるだけ明確な判断を先行させて枠づけを行い，それに続く不明確になりがちな判断によって犯罪の成立範囲が不当に広がることを防ぐわけである。このような三段階の体系は，その体系自体に意味があるわけではない。あくまでも刑事司法の運用者の思考過程を適切に統制し，犯罪の成否を慎重かつ精確に判断させるという目的のための道具なのである（**目的論的体系**）。

3 体系的思考と問題的思考

犯罪論の体系が，単なる「体系美」の完成に走ってしまう場合，そこからは現実を無視した空理空論しか生まれてこないであろう。いくら体系的な思考が重視されても，具体的に妥当とはいえない結論しか導き出せない犯罪論の体系では問題である。そこで，体系的な思考ではなく，問題的な思考をスローガンとして掲げ，犯罪論の体系の整合性よりも問題解決の具体的妥当性を重視すべきとする意見もある。しかし，具体的妥当性を過度に重視すると，犯罪論の体系によって担われる刑法の基本原則の要請が軽視されてしまいかねない。従って，あくまでも体系的思考と問題的思考の有機的な調和が目指されるべきであり，体系的整合性を壊さない限りにおいて，具体的に妥当な結論につながるような犯罪論の体系の構築が図られなければならない。

（飯島　暢）

▷**目的論的体系**
哲学の分野では，広く自然のすべての現象がある目的の下に秩序づけられているとする見方を目的論という。犯罪論の体系は目的論的体系であるというとき，それは，犯罪論の体系がそれ自体だけで何か意味があるのではなく，あくまでも刑法の正しい適用という「目的」に奉仕するために，これに適合するように構成された思考の枠組みであるということを意味している。

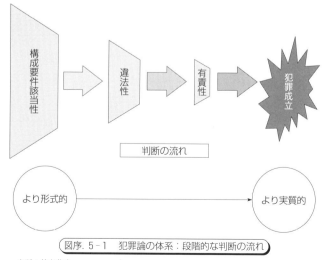

図序.5-1　犯罪論の体系：段階的な判断の流れ

出所：筆者作成。

序　基礎理論

行為無価値と結果無価値

1 違法性と有責性

　犯罪とは，**構成要件**に該当し，違法で，かつ有責な行為である（⇨序-5「犯罪論の体系」）。しかし，犯罪の成立・不成立を判定する際に行われる実質的な価値判断は，違法性（不法）判断と有責性（責任）判断の二つである。現在の犯罪論体系においては，違法評価が下されたことを前提にして責任の有無を検討するという順序がふまれる。違法性の判断とは，処罰対象の確定の判断であり，そこでは「何を何ゆえに処罰するか」が明らかにされる。責任とは，その違法行為につき行為者の意思決定を非難し得ることをいう。いくら違法な行為でも責任を問えなければ刑罰を科すことはできない（⇨1-Ⅲ-1「責任主義，責任の本質」）。違法判断とは，処罰の理由があるかどうかを確認する判断にほかならないから，比喩的にいえば，犯罪論のエンジン部分である。責任は，処罰を限定するものであるから，それはブレーキにほかならない。乗用車を購入しようと考える人はエンジンの性能に注目するであろう。犯罪論についても同じである。違法の実質についてどう考えるかは，犯罪論の理論構成にあたり最も決定的な意味をもつ問題である。それは「犯罪の本質」をめぐる議論とも呼ばれる。

2 行為無価値論と結果無価値論

　違法性の実質をめぐっては，根本的な見解の対立がみられる。一つの考え方は，行為が外部的に実害を生じさせたこと，すなわち，法益を侵害した（または危険にさらした）という結果発生の側面を重視する。実害を生じさせたがゆえに否定的な評価を受けるという意味で結果無価値が認められることが本質的であるとする。このような見解を結果無価値論という。これに対し，もう一つの考え方は，結果の側面を無視するものではないが，行為無価値，すなわち行為そのものの法違反性・反規範性を重視する。この立場を行為無価値論と呼ぶ。結果無価値論か，それとも行為無価値論かという対立は，犯罪の本質をめぐる根本的な見解の対立である。

　結果無価値論は，次のことをその論拠としてあげる。刑法は道徳や倫理を強制するために存在するのではなく，法益の保護のために存在する（⇨序-2「刑法の目的と機能」）。従って，不適切な行為が行われたとしても（すなわち，行為

▷構成要件
個々の刑罰法規において犯罪として規定された行為の類型のことをいう。例えば，窃盗罪の構成要件は「他人の財物を窃取する」ことである（235条参照）。刑罰法規に定められた行為は，刑法規範により禁止され，かつ処罰の対象として提示された行為である。構成要件該当する行為とはふつう法的に許されない行為，すなわち違法行為にほかならない。構成要件は，違法な行為を類型化した違法類型ということができる。その意味では，構成要件該当性の判断は違法判断の一部にすぎない。

無価値が認められても）、ただちに違法とすることはできず、現に法益が侵害されるか危険にさらされなければ、違法性を肯定することはできないという。また、法益への侵害・危険が生じたことの判断は明確であるが、行為無価値の評価は不明確であって、そのようなものを重視すれば、責任判断との区別も曖昧なものとなってしまうという。これに対し、行為無価値論は、違法判断の内容は結果無価値の評価に尽きるものではないとして反対する。法益侵害結果が発生しさえすれば違法だというのであれば、雷が落ちて建物が壊れても「違法」だということになってしまい、違法評価が加えられる範囲が無限定に拡大されてしまうとする。行為無価値論の主張者の中には、道徳・倫理的評価を刑法的評価から排除できないことを根拠とするものもあるが、刑法と道徳・倫理を分離する立場に基づき、**規範論**を根拠として、行為無価値論を支持するものもある。

❸ 結論が分かれるポイント

　結果無価値論によると、違法性判断は実害が生じたかどうかの判断であるから、行為者の目的や意思とは独立に客観的に行われることとなり、違法判断は行為の客観面の判断ということになる（これに対し、責任は行為の主観面を対象とする判断である）。従って、故意の殺人罪（199条）と過失致死罪（210条、211条）とでは、結果そのものは同一である以上、違法性の程度はまったく同じで、責任の重さが異なるにすぎないことになる。故意と過失は違法要素ではなく責任要素である。これに対し、行為無価値論によれば、結果実現を意思内容とする故意犯は行為無価値性がより大きく、よい重い違法行為である。故意と過失は主観的違法要素だということになる（⇨ 序-コラム「主観的違法要素」）。

　また、どちらの見解を採るかにより、未遂犯の諸問題との関係でも、異なった結論が導かれる（⇨ 1-Ⅳ-1「未遂犯と実行の着手」、1-Ⅳ-2「不能犯」）。例えば、結果無価値論によれば、行為そのものはルール違反の行為であっても、法益の侵害もその現実的危険もまったく生じなかったという場合には違法ではない。犯人が、ベッドで寝ているAを殺そうとして、ふとんの上から思い切りナイフで刺したところ、偶然Aはトイレにいっていてベッドにおらず無事であったという事例を考えてみよう。結果無価値論によれば、客観的にみて法益侵害のさし迫った危険は発生していないことから、不能犯として殺人未遂罪にはならず、せいぜい殺人予備罪（201条）が成立する。これに対し、行為無価値論によれば、「人を殺す行為をするな」という規範（行動準則）に違反する行為そのものは行われている以上、殺人未遂罪が成立する。

（井田　良）

▷規範論
刑法は、法益保護のために、行動を規制する規範（例えば、「人を殺してはならない」）を一般市民に対し向けているのであり、規範の効力を維持することを通じて法益を保護している。規範に反する行為があれば（すなわち、行為無価値が認められれば）、法益保護のための規範の効力を維持するために違法性を肯定しなければならない。このような考え方に基づいて行為無価値論が主張される。

コラム-1

主観的違法要素

1. 主観的違法要素とは

　刑法上の違法については，法益侵害，法益危殆化（法益を危険にさらすこと）といった客観的なもののほかに，主観的なものも違法に対して影響を与えるのかが争われている。かつては，違法は客観，責任は主観，と言われ，違法については客観的にのみ決まり，行為者の主観面が影響することはなく，それは責任においてのみ意味をもつとされていたのである。しかし，今日では，全面的に否定する見解はあるものの，多くは，主観的なものも違法の要素になりうると考えている。この行為者の主観面により影響を受ける違法の要素のことを，主観的違法要素と呼ぶ。

　主観的違法要素において争いとなるのは，それが具体的にどの要素に認められるかである。この争いは，結果無価値論と行為無価値論の対立が大きく影響している。以下において，具体例をあげて説明することにしたい。

2. 故意・過失

　主観的違法要素について，最も争われているのは，故意・過失を主観的違法要素と認めるか否かである。結果無価値論は，違法の実質を客観的なものである法益侵害・危殆化（危険にさらすこと）と考えているので，主観的違法要素は例外的なものとなる。また，故意であろうと過失であろうと，違法段階では法益侵害（違法の量）は同じであるとされている。それ故，結果無価値論からは，故意・過失は違法（法益侵害）に影響を与えず，主観的違法要素とはならない。一方，行為無価値論は，行為の悪さに着目した見解であるため，それは行為者の主観面と結びつきやすく，主観的違法要素も問題なく認められる。また，故意行為と過失行為とでは，行為の危険性に大きな差があるのであり，違法（構成要件）段階ですでに故意と過失は異なっていると考えることになる。それ故，行為無価値論では，故意・過失は主観的違法要素となるのである。

3. 目的犯・表現犯・傾向犯

　目的犯とは，犯罪が成立するためにはある一定の目的を有していなけれ

ばならないとされるものである。例えば，通貨偽造罪（148条1項），文書偽造罪（155条1項，159条1項）における「行使の目的」，営利目的誘拐罪における「営利の目的」（225条）がこれにあたる。これらの犯罪については，「偽造通貨を作る」といった故意のほかに，作成した偽造通貨を行使する目的が犯罪の成立には必要であり，行為者の目的を考慮に入れなければ犯罪の成否が判断不能となることから，この目的が主観的違法要素として違法に影響を与え，重要な意義をもつことになる。

　未遂犯においても同様である。例えば，行為者Xが男Aに対して拳銃の銃口を向けた時に，その時点でXが何を考えているかによって，犯罪の成否に影響がでてくる。Aを殺そうと思っているならば殺人未遂であるが，ただの悪戯であるならば殺人未遂とはならない。Xの主観面抜きには判断できないのであり，この場合の行為者の目的も主観的違法要素といえる。

　表現犯とは，偽証罪（169条）がこれにあたり，自己の記憶に反する心理状態が表に現れた場合に成立することになるが，この記憶に反する心理状態の表現が主観的違法要素となる。例えば，嘘をつくという認識で記憶に反した陳述をする場合である。一方，結果無価値論からは，偽証が成立するには，客観的に嘘であればよいとして，これは主観的違法要素ではないとされる。

　傾向犯とは，行為者の主観的傾向が行為に表れた場合に成立する犯罪であり，この主観的傾向が主観的違法要素とされる。例として，強制わいせつ罪（176条）があり，行為者XがAを全裸にさせたが，Xがわいせつ目的ではなく復讐目的であったのであれば，強制わいせつ罪は成立しないとされてきた。ここでは，行為者に，性欲を刺激興奮させ，または満足させるという性的意図・内心傾向が要求され，これが主観的違法要素になる。しかし，これに対しては，結果無価値論はもちろん，行為無価値論からも，被害者を全裸にするという故意のみで強制わいせつ罪の成立を認めるべきだとする見解が多く，判例もついには性的意図を不要とし，判例変更されるに至った（最大判平成29年11月29日刑集71巻9号467頁）。　　　　（南　由介）

序　基礎理論

刑法の場所的適用範囲

1　刑法の適用範囲とは何か

　刑法の適用範囲（効力の及ぶ範囲）は無限ではない。では，いったい，いつ（時間的範囲），どこの（場所的範囲），だれに（人的範囲）に対して刑法の効力は及ぶのか。以下では，この三つの問題のうち，特に，刑法の場所的適用範囲の問題について，1条から4条の2までの条文を手がかりに考えてみよう。

2　属地主義（1条）

　日本をはじめ世界のほとんどの国では，自国内で行われたすべての犯罪について，加害者や被害者の国籍を問わず（たとえ無国籍でも），自国の刑法を適用するという属地主義が採用されている。1条1項にいう「この法律は，日本国内において罪を犯したすべての者に適用する」というのはその趣旨である。その結果，原則的に，すべての国内犯は，1条に基づいて刑法を適用され，例外的に，国外犯は，2条から4条の2までの規定に該当する場合に限って刑法が適用される。すなわち，刑法の場所的適用範囲は，1条にいう属地主義に不足がある場合，2条以下にある保護主義や属人主義や普遍主義などの規定によって補充され，日本国外にも拡張される。

　1条2項は，「日本国外にある日本船舶又は日本航空機内において罪を犯した者についても」刑法の適用を認めている。この規定は，通説によれば，属地主義の特別の場合であるとされ，国外にある日本の船舶などを「浮かぶ領土」として国内とみなしている。この規定は，船舶などがどこの国の旗を掲げているのかによって刑法の場所的適用範囲を決定することから，旗国主義の規定であると呼ばれている。

3　属人主義（3条，3条の2）

　属人主義は，一般的には，積極的属人主義と消極的属人主義の二つに分けられる。このうち，積極的属人主義とは，一定の犯罪の加害者が自国民である場合，国外犯であっても被害者の国籍を問わずに処罰するというものである。3条にいう「日本国外において〔一定の〕罪を犯した日本国民に〔刑法を〕適用する」というのはその趣旨である。他方で，消極的属人主義とは，一定の犯罪の被害者が自国民である場合，国外犯が自国民ではなくても処罰するという

▷1　日本国の領域は，領土・領空・領海から成り立っており，このすべてが「国内」である。日本国内の意義については，6犯罪地の決定も参照。

▷2　3条の対象犯罪は，放火，殺人，強盗などの一定の重大犯罪に限定されている。このほか，暴力行為等処罰法1条の2第3項などの特別法でも，「刑法第3条の例に従う」として，国外犯処罰を予定しているものがある。

▷3　側注2と同様に，3条の2の対象犯罪も，殺人，強盗などの一定の重大犯罪に（3条よりもさらに）限定されている。また，暴力行為等処罰法1条の2第3項などの特別法でも，国外犯処罰を予定しているものがある。

▷4　3条の2は，公海上の外国籍船舶で外国人に日本人が殺害されたいわゆるTAJIMA号事件において，2002年の事件当時の刑法に消極的属人主義の規定がなく，刑法が適用できなかったことを踏まえて設けられた規定である。

▷5　日本の国籍を取得するには，国籍法によれば，出生（国籍法2条），準正（同3条），帰化（同4条）

16

ものである。3条の2[44]にいう「日本国外において日本国民に対して〔一定の〕罪を犯した日本国民以外の者に〔刑法を〕適用する」というのはその趣旨である。両規定にいう「日本国民」の要件は、国籍法[45]によるとされている。

④ 保護主義（2条，3条の2，4条）

保護主義は、一般的には、国家保護主義と国民保護主義の二つに分けられる。このうち、国家保護主義とは、自国の国家的法益や社会的法益に対する侵害行為に対し、犯罪地や行為者の国籍を問わずに刑法の適用を認めるものである。2条は国家保護主義の規定であるとされている。同様に、4条も、同条にいう「日本国の公務員」には日本国民という限定がなく、また、日本の公務の適正・廉潔性を保護する趣旨に出た規定であるとする通説によれば、国家保護主義の規定であると理解することができる。他方で、国民保護主義とは、国外にいる自国民の保護のために自国民が被害者となった一定の犯罪の国外犯について自国の刑法の適用を認めるものであり、結局のところ、3条の2にいう消極的属人主義と内容的には同じものである。

⑤ 普遍主義（4条の2）

普遍主義（世界主義）とは、犯罪地、行為者または被害者の国籍を問わずに国際的・世界的な法益を侵害する行為に自国の刑法の適用を認めるものである。普遍主義の対象となる犯罪の具体例としては、国際刑事裁判所の対象犯罪[46]などがある。もっとも、4条の2は無制限に外国で外国人によって外国人に対して行われたすべての犯罪を処罰するとの趣旨ではなく、「第二編の罪であって条約により」国外犯の処罰が義務づけられているもの[47]に限定されている。

⑥ 犯罪地の決定

1条1項にいう「日本国内において罪を犯した」の意義をめぐっては、㋐行為地説、㋑結果地説、㋒遍在説の対立がある[48]。通説は㋒である。㋒によれば、構成要件該当事実の一部が国内で生じれば日本が犯罪地となる。ゆえに、行為がなされた地だけではなく、因果関係が中継された地、結果が発生した地のどれか一つでも日本であれば、1条1項に基づいて刑法が適用される。例えば、Xが日本からフランスに住むAに毒入りの菓子を送ったところ、フランスで毒菓子を受け取ったAがドイツでそれを食べて中毒死した場合、㋐と㋒によってのみ、Xを1条1項に基づいて殺人既遂罪で処罰することが可能となる。

もっとも、㋒に対しては、刑法の場所的適用範囲が外国と競合するという問題がある。上記の事例でいえば、㋒によれば、日本刑法のみならず、フランス刑法やドイツ刑法の適用も問題となりうるのである。このことは、インターネットを利用して行われる犯罪の場合にいっそう問題となる[49]。　　（後藤啓介）

などがあるとされている。

▷6　2002年に設立され、2007年に日本も加盟した国際刑事裁判所（International Criminal Court: ICC）規程6条以下には、集団殺害犯罪、人道に対する犯罪、戦争犯罪、侵略犯罪が規定されている。しかし、刑法には直接の処罰規定がなく、ICC規程にも国内立法による犯罪化義務まではないため、この四つの犯罪にあたる行為も日本では殺人罪などとしてしか処罰できない。

▷7　国外犯処罰を条約上義務づけ、かつ、4条の2によって（一部）対応される条約としては、例えば、国家代表等保護条約、拷問禁止条約などがある。また、人質強要処罰法5条などの特別法でも、刑法「第4条の2の例に従う」として、国外犯処罰を予定しているものがある。

▷8　共犯の犯罪地の決定についても、正犯行為または共犯行為のいずれか（またはそれらの一部）が国内でなされれば、国内犯として1条1項に基づいて刑法が適用されうる。判例は、X・Yが共謀しまたはX単独で、Zらが営利の目的で台湾から覚せい剤を国内に密輸入した際、台湾において調達した覚せい剤をZに手渡してZらの犯行を幇助した事案で、日本国外で幇助行為をした者（X・Y）であっても、正犯たるZらが日本国内で実行行為をした場合には、1条1項に該当するとしている（最小一決平成6年12月9日刑集48巻8号576頁）。

▷9　⇨ 2-Ⅱ-8「インターネットとわいせつ犯罪」

第1部 刑法総論

guidance

　刑法典は，第1編の「総則」と，各則編としての第2編「罪」から構成されている。総則とは，各則において個別的に問題とされることに共通する普遍的なものをまとめて一般的に扱った部分のことである。例えば，責任能力は，すべての犯罪において共通に必要とされる犯罪成立要件であることから，総則の39条以下に規定されている。各則は，殺人罪や窃盗罪や放火罪といった，それぞれの犯罪について，その法律上の要件と，それに対する法律効果としての刑を定めている。総則と各則の区別に対応して，刑法学は，刑法総論と刑法各論とに分かれる。刑法総論の内容には，本書の「序　基礎理論」で論じられた，犯罪と刑罰の基礎理論や刑法の基本原則等も含まれるが，総論の中心は「犯罪論」であり，そこでは，犯罪の構成要素ないし成立要件が一般的・抽象的に論じられる。刑法総論で問題とされる「犯罪」とは「およそ犯罪たるもの」であり，犯罪論はすべての犯罪に共通して妥当する一般理論を展開するものである。各論から総論を分離し，いちだん抽象的なレベルで論理を展開することは，法解釈学を体系的なものとし，論理的に正確なものとする長所をもつ。総論があることにより，それぞれの犯罪ごとの個別の問題解決がその場の感情に影響されて場当たり的となり，相互に（論理的に，または価値判断として）矛盾してしまうことを防ぎうる。その反面において，総論の議論はしばしば抽象的で，いささか現実離れしたものでもあり，学ぼうとする者の理解を困難にするおそれをもっている。各論の勉強が「障害物競走」だとすれば，総論の勉強はまるで「棒高とび」であり，総論特有の体系的思考をマスターしない限り，総論を「ものにする」ことはできない。

I 構成要件

 構成要件論

1 犯罪成立要件の「第一歩」

現代の刑法学では，一般的に，犯罪は「構成要件に該当する違法で有責な行為である」と定義されている。従って，犯罪が成立するための第一の要件として「構成要件該当性」が要求されているのであるが，では構成要件とはどのようなものであっていかなる機能を担っているのか，という点については議論がある（現状は「学説のジャングル」であると評されている）。

2 「類型」としての構成要件

構成要件概念をあえて一言で定義するとすれば，犯罪成立に関わる様々な要素を類型化したもの，ということになろう。例えば，①犯罪を実行する主体，②一定の態様を伴った行為，③犯罪の結果である法益侵害（ないしその危険という）結果，④行為と結果との間の因果関係，などが構成要件要素に含まれる。しかし，それら以外にも，多数説によれば⑤主観的な要件（例えば故意・過失など）も構成要件要素に含まれるとされているし，条文自体には明示されていない⑥**書かれざる構成要件要素**と称されるものもある。また，犯罪の種類によっては⑦**開かれた構成要件**とか，⑧**規範的構成要件要素**と呼ばれるものも存在している。もちもん，これらのうちどこまでが構成要件要素に含まれるかについては争いがあるが，大切なことは，構成要件とは多種多様な要素で成り立っており，必ずしも条文の記述それ自体と等しいものではない，ということである。たとえていうなら，われわれ国民は，条文という「カタログ」ないし「注文表」を見て，そこから構成要件という「商品」の内容を頭の中でイメージする，という関係にあるということができよう。構成要件とは常識的な理解力を備えた国民が条文から読み取る内容であり，それゆえ，次の3で採り上げるように罪刑法定主義の要請に応えるための概念であると理解されているのである。

3 構成要件の機能

構成要件が担うべき役割として一般に挙げられているものとしては，①構成要件で類型化された内容にあたらない行為は処罰の対象とならないということを示す機能（罪刑法定主義機能），②個々の犯罪類型を相互に区別する機能（個別化機能），③構成要件該当性が認められた場合には，例外的に違法性を打ち消

▷**書かれざる構成要件要素**
条文には明示されていないが，解釈上必要だとされている構成要件要素。例えば，詐欺罪（246条）における「交付行為」とか，窃盗罪（235条）における「不法領得の意思」などがこれにあたるとされる。

▷**開かれた構成要件**
何が違法となるかを完全には規定しておらず，解釈上，補充的に違法性の基礎づけを行わなければ構成要件該当性が認められないとされるもの。主に過失犯や不作為犯などの構成要件がこれにあたるとされる。

▷**規範的構成要件要素**
構成要件に該当するかどうかを判断する際に，裁判官が評価・価値判断を加えることが必要となるもの。例えば，公然わいせつ罪（174条）における「わいせつ」概念や，公務執行妨害罪（95条）における職務の「適法性」概念などがこれにあたるとされる。

す事情が存在しない限り，原則としてその行為は違法であるということを示す機能（**違法推定機能**），④故意の対象となる事実の範囲を示す機能（**故意規制機能**），⑤未遂犯・共犯・罪数などの論点において解決を示すための指標としての機能，などがある。しかし，あまりに多くの機能を一つの構成要件概念に担わせることは最初から無理であるとの批判がある。そこで最近では，構成要件が国民に対して「こういうことをすれば犯罪が成立し，処罰の対象になりますよ」という「犯罪カタログ」の提示を行うものであるということを重視して，①の罪刑法定主義機能を第一の役割とし，その機能が最も効果的に発揮できるような形で構成要件の内容を定義しようとする考え方も提示されている。

❹ 構成要件と違法性，有責性の関係

構成要件概念が違法性・有責性といかなる関係に立つのかについては，古くから以下の三つの考え方が対立してきた。すなわち，①構成要件は違法性判断や有責性判断から中立的なものであり，単なる「行為」の形式的な類型に過ぎないとする考え方（行為類型説），②構成要件は違法な行為の類型であるとする考え方（違法行為類型説），③構成要件は違法でかつ有責な行為の類型であるとする考え方（違法・有責行為類型説，多数説）である。①説はできるだけ形式的な構成要件概念を構想することによって罪刑法定主義機能を最も強く打ち出そうとするものであるが，すでに見たように，構成要件要素にはその解釈にあたって規範的・実質的な価値判断を行わざるを得ないものも含まれるため，このような考え方を貫くことは難しいといわれている。②説は，構成要件には一般的な類型化に馴染む違法性の存在を推定する機能は認められても，個別具体的に判断される有責性の存在を推定する機能は認められない，という前提に立つものである。これに対して③説は，例えば証拠隠滅罪（104条）などのように，一定の責任要素の欠如・減少を考慮したうえで類型化されている構成要件も存在する以上，責任要素を構成要件の内容から除外するべきではない，と考える。②説と③説の対立は，一定の犯罪構成要素を罪刑法定主義機能や故意規制機能による規制の対象に含めるべきと解するか（③説），あるいはその必要はないと解するか（②説），という点の対立を反映しているのである。　　　（照沼亮介）

▷**違法推定機能**
大きく分けると，構成要件と違法性は「煙と火」のような関係にあり，構成要件に該当する以上は違法性の存在が推定されると考える立場（認識根拠説。ドイツのエム・エー・マイヤーが主張した）と，さらにすすんで，「構成要件に該当する以上は，違法性阻却事由がない限りはすべて違法である」と考える立場（存在根拠説。ドイツのメッガーが主張した）がある。

▷**故意規制機能**
ある一定の事実が構成要件要素に含まれるとすれば，それはすなわち行為者の認識する対象＝故意の対象に含まれなければならない，という関係性を示すもの。逆にある事実が構成要件要素から外されれば，それは故意の対象からも除外されるということになる。

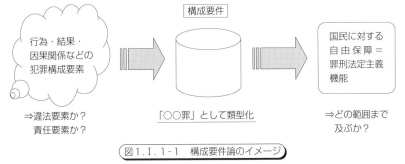

図1.I.1-1　構成要件論のイメージ

出所：筆者作成。

コラム-2

客観的処罰条件，
一身的処罰阻却事由

1．客観的処罰条件

　行為が構成要件に該当し，かつ違法性も有責性も認められれば，犯罪が成立する。しかし，条文の中には，処罰のために犯罪成立要件以外の客観的処罰条件を要求しているものがある。事前収賄罪における「公務員となった場合」（197条2項）や，詐欺破産罪における「破産手続開始の決定が確定したとき」（破産法265条1項）などがこれにあたる。通説によれば，客観的処罰条件は一定の政策的理由により要求されるものであって，犯罪の成否とは無関係の要素だとされる。したがって，その存在についての認識・予見がなくとも当該犯罪の故意は認められるとされている。

　しかし，客観的処罰条件という概念自体に疑問を提起する見解も有力である。有力説は，犯罪成立要件と何ら関係を持たない要素が処罰の可否を決するのは不合理だと批判し，客観的処罰条件を行為の違法性または有責性に関係する構成要件要素として理解しようとするのである。有力説の理解によれば，従来客観的処罰条件とされてきた要素も，故意の内容として，認識・予見の対象になる。

2．一身的処罰阻却事由

　また，犯罪成立要件は満たしているが，一定の身分関係の存在によって，処罰が妨げられる場合がある。244条1項が「配偶者，直系血族又は同居の親族との間で」窃盗または不動産侵奪が行われた場合に，行為者の刑を**免除**するとしているのが代表例である（「親族相盗例」と呼ばれる。同条は251条により詐欺罪，背任罪，恐喝罪に，255条により横領罪に準用されている）。このほか，257条1項などがこれにあたる。通説は，客観的処罰条件と同様，一身的処罰阻却事由についても，犯罪の成立要件とは関係のない政策的な理由から定められたものと理解する。例えば，親族相盗例については，国家は家庭内の紛争には干渉しない方が良いという法政策に基づくものだと説明される（「法は家庭に入らず」）。これに対し，一身的処罰阻却事由につ

▷**免除**　刑の免除（刑訴法334，335条を参照）は有罪判決の一種であり，「無罪」とは異なり，犯罪が成立していることが前提となっている。

いても，行為の違法性または有責性を減少させる要素として犯罪成立要件に関連づけて理解する見解も有力である。

3．一身的処罰阻却事由に関する解釈上の問題

　まず，親族関係があれば当然に親族相盗例を適用しうるか。最高裁は，未成年後見人が被後見人の財物を横領した事案について，両者に244条1項に規定する親族関係があるとしても，親族相盗例を適用しないと判示した（最決平成20年2月18日刑集62巻2号37頁）。もしもここで親族相盗例を適用したならば，精神に障害をもつ人や未成年者などの財産保護を目的とする後見人制度が台無しになってしまう恐れがあるから，この判断は妥当といえよう。

　次に犯人と誰との間に親族関係が存在することが必要なのかが問題となる。たとえば，Xが，Aが保管していた宝石を窃取したが，それはBから預かっていたものであったという場合，Xと誰との間に244条1項所定の親族関係が必要なのかが問題となる。仮にXとA（占有者）との間で適用されるとすると，Bの財物（所有者）はXに盗られ放題となってしまうであろう（札幌高判昭和36年12月25日高刑集14巻10号681頁）。財産犯の保護法益は第一次的には占有にあるとしても，このような形で所有権がないがしろにされることを占有説が承認しているとは考えられない。被害者である占有者と所有権者の双方との間に親族関係を要すると解すべきである（最決平成6年7月19日刑集48巻5号190頁）。

　最後に，親族関係に関する錯誤も問題となる。通説は，244条1項の親族関係の存在による刑の免除は，犯罪成立要件とは無関係であるから，それに関する錯誤は故意の存否に影響ないとする。これに対し，有力説は，244条1項を，同条所定の親族間の窃盗は通常の窃盗よりも類型的に違法性または責任が軽いとして刑を減軽した規定と理解するから，犯人がそのような軽い罪にあたる事実を認識していた以上，38条2項により，244条1項を適用すべきだということになる。　　　　　　　　　　　　　（野村和彦）

I　構成要件

2　法人処罰

▷**特別刑法**
現行刑法は1907（明治40）年に公布され1908（明治41）年に施行されたが，いうまでもなく，「刑法」という名前のついた刑法典のみが犯罪と刑罰につき規定しているわけではない。例えば「道路交通法」「公職選挙法」「覚せい剤取締法」「所得税法」といった法律の中にも数多くの処罰規定が存在する。刑法典のことを一般刑法と呼び，刑法典以外の法に含まれる刑罰法規のことを特別刑法と呼ぶことがある。

▷**法人の犯罪能力**
法人は肉体も意思もないし，責任の本質である道義的非難もなしえない。法人処罰といっても，現状では罰金刑しか科すことができず，現行刑法典は法人を裁くことを想定してつくられていない。無関係の従業員も法人と一緒に処罰される。こうした理由から法人の犯罪能力を否定する見解も有力に主張されている。しかし，法人は機関を通じて意思を形成できるし，法人にも法的・社会的非難を加えることは可能である。また，現実に両罰規定によって法人に刑罰の一種である罰金が科されている以上，「犯罪能力がないのに刑事罰が科される」と説明することも不自然であろう。法人の犯罪能力を肯定する考え方が

1　現行刑法典と法人処罰

現代社会において，法人は経済活動の主体として重要な役割を果たしている。しかし，反面，法人が，経済活動を展開する過程で，経済法規を逸脱したり，他の企業体の財産的・経済的利益を侵害したり，さらには一般消費者の生命や身体，財産といった法益を侵害したりする事件・事故が続発し，これらの事件・事故は深刻な問題として社会的にもクローズアップされるようになってきている。

ところが，1907（明治40）年に制定された現行刑法典では，法人は処罰できないことになっている。例えば，企業が賄賂を提供したり，企業活動に伴って多くの死傷者を出した場合でも，現行刑法典の下では，当該企業自体を贈賄罪や業務上過失致死傷罪で処罰することはできず，実行した個人だけが処罰されることになっている。刑法典上の古典的犯罪については，「法人は自然人と異なり肉体も意思もないので，犯罪を行うことはできない」と従来考えられてきたからである。しかし，刑法典以外の**特別刑法**の領域では，両罰規定という法形式が広範に採用され，機関や従業員といった自然人行為者以外に法人も犯罪の主体になりうることが承認されている。また，両罰規定との関係で，**法人の犯罪能力**についても，刑事法上，盛んな論議がある。

2　両罰規定

両罰規定は，自然人行為者を媒介にして法人を処罰するという規定形式であり，この法形式が登場したのは昭和初期のことである。両罰規定は1932（昭和7）年の資本逃避防止法ではじめてわが国に登場し，以来，今日まで，各種特別法でこの法形式が広範に採用されている。所得税法や金融商品取引法，薬事法などの各種特別法下で，法人処罰は実際にはかなり大幅になされている。

両罰規定には主に次の二つの形態がある。

① 「法人の代表者又は法人若しくは人の代理人その他の従業者が，その法人又は人の業務又は財産に関して○○条の違反行為をしたときは，その行為者を罰するほか，その法人又は人に対して当該各条の罰金刑を科する」（例：所得税法243条1項）

② 「法人の代表者又は法人若しくは人の代理人，使用人その他の従業者が，その法人又は人の業務又は財産に関して，○○条の違反行為をしたときは，行

為者を罰する外，その法人又は人に対し，各本条の罰金刑を科する。但し，法人又は人の代理人，使用人，その他の従業者の当該違反行為を防止するため，当該業務に対し相当の注意及び監督が尽くされたことの証明があったときは，その法人又は人については，この限りでない」（例：採石法45条）

①の形態が原則であったが，この形態に対しては，法人サイドには故意・過失が必要であるがそのことが規定上明らかでない，明文なき過失処罰は責任主義（⇨ 1-Ⅲ-1 「責任主義，責任の本質」）の見地から望ましくない等の欠陥があることが指摘された。そのこともあってか，最近では，②の形態が採用されることがむしろ一般的である。法人サイドに少なくとも過失が要求されることが規定上明白である点で，②の形態の方がより優れた立法形態だと考えられる。

❸ 法人は何故処罰されるのか

上述したように，両罰規定の限度で法人は処罰されている。しかし，例外とはいえ，現に，特別法の領域で法人に刑事罰が科されているので，肉体も意思もない法人が何故処罰できるのか，その根拠が明らかにされなくてはならないように思われる。刑事責任を追及する以上は，自然人と同じように，法人にも何らかの意味で非難しうる契機がなくてはならない。この点については，違反行為を防止することが可能であったにもかかわらず，故意・過失により違反行為を防止しなかったことを理由に，法人に処罰を加えることが許されると解するべきである。問題になるのは，法人の故意・過失である。法人には肉体や意思がないが，自然人である機関を通じて違反行為をすることはできる。このように考えれば，機関や代表権が与えられた者の故意・過失を法人の故意・過失とみなすことは許されるであろう。それでは，代表権が与えられていない従業員が違反行為をした場合にはどのように考えればよいのだろうか。もし機関に当該従業員に対する選任・監督上の過失があるのなら，機関の過失を認めることはできるので，そこから法人の過失を導くことは可能である。ちなみに，代表権をもっていない従業員が故意で違反行為を行った場合，反証により覆さない限り法人の過失が推定されるという**過失推定説**が現在，通説・判例の地位を占めている。しかし，選任・監督上の過失が現実にあったか否かをあくまで問題にすべきであり，過失の立証は検察官が負うと考えるべきである（純過失説）。

法人処罰については，法人の犯罪能力は否定されるべきで両罰規定は実態としてはむしろ刑事手続を利用した処分に近い，刑法典上の古典的犯罪においても法人が犯罪の主体になりうることが承認されるべきである，法人処罰といっても現状では罰金刑しか科することができずこれでは実効性があるとはいえない，といった種々の問題が提起されている。いずれにせよ，法人の犯罪が適切に裁けるよう，**日数罰金制**の導入なども含め将来的には何らかの立法的な手当てをするべきである。 （大山　徹）

妥当である。

▷**過失推定説**
業務主が選任・監督過失がなかったことを証明すれば，業務主である法人・自然人は責任を免れることができるという考え方である。最高裁も過失推定説の立場を採用している（最大判昭和32年11月27日刑集11巻12号3113頁，ただし，業務主が自然人であるケース）。過失の内容は選任・監督過失であるが，選任過失を含めることには異論も存在する。通常，選任ははるか過去にさかのぼるので，犯罪行為との結びつきが希薄であるためである。その他，絶対的に責任を負うという無過失責任説，反証が許されないとする過失擬制説，本文中で言及した純過失説がそれぞれ主張されている。

▷**日数罰金制**
ドイツでは，1975年に日数罰金制が導入された。資力の乏しい者にあっては，同じ金額が，富裕な者よりも大きな苦痛となるのは当然のことだが，ドイツでは，かかる状況が「負担の平等ないし犠牲の平等の原則」に反するとの懸念が従前から示されていた。また，日数罰金制においては，額ではなく日数により刑の重さ（＝行為の違法性と責任の重さ）が示されるため，自由刑との共通性が確保されるとの利点もある。ただし，1日分の金額の算定をどのように行うかをめぐり，実収入主義と損失主義との対立が存する。この対立は，生計に必要な分の額を行為者の手許に残すかどうかの争いに起因している。

第1部　刑法総論

Ⅰ　構成要件

行為論

1　行為概念の機能

　犯罪とは行為でなくてはならず，行為でないものを処罰の対象としてはならない（「行為刑法」ないし「行為主義」の原則）。**処罰の対象が行為に限られる**ということは，外部に現われない思想，内心の意思，悪い心情そのものを処罰してはならず，また，たとえ何らかの外部的実害を生じさせたとしても，それがおよそ人の意思による支配・統制の不可能な身体の動静（例えば，睡眠中の動作，単なる反射的運動，絶対的強制を受けて行われた身体活動）に基づく場合には，これを処罰の対象となし得ないことを意味する。行為が構成要件該当性，違法性，有責性という三つの要件を充たすとき，犯罪は成立する（⇨ 序-5 「犯罪論の体系」）が，行為の概念は，これらの評価が与えられる対象（ないし事実的基礎）がどのようなものかを統一的に明らかにできるものでなければならない。同時に，行為概念は，およそはじめから刑事責任追及の対象となり得ないものを排除して，処罰範囲の外枠を限界づけることができなければならない。このような機能を適切に営む行為概念はどのようなものかをめぐり論争が展開されてきた。

2　行為概念をめぐる諸見解

　因果的行為論は，人の意思を起点とする因果的過程として行為を把握し，「（何らかの）意思に基づく身体的動作または不動作」として行為を定義する。外部に現われた「動作または不動作」でなければならないから，純然たる思想や心情そのものは刑法的評価の対象から除外される。「何らかの意思に基づく」ものであること（有意性）が要求されるから，反射的運動や睡眠中の動作，絶対的強制下での挙動などの行為性は否定される。しかし，現在では，因果的行為論はほとんど支持されていない。因果的行為論の問題点は，それが因果論的考察にとどまる限り，不作為の行為性を説明することができないところにある。不作為とは，単なる不動作ではなく，思考上想定された一定の作為を行わないこと（刑法130条後段によって処罰される不退去行為を例にとれば，「退去する」という作為を基準としてそれを行わないこと）であるから，自然的・物理的見地から不作為を把握することはできない。また，**忘却犯**についても，そこに何らかの明確な「意思」が認められるとすることは困難であることから，本説に基づきその

▷処罰の対象としての行為
刑法35条以下の規定をみても，「…行為は，罰しない」とか「…行為は，その刑を減軽する」とあり，刑法的評価の対象が「行為」であることを前提としている。

▷忘却犯
踏切番が遮断機をおろすのを失念して事故を起こす事例や，届出期間をすっかり失念して一定の期限までに届け出るのを忘れる事例などのように，認識なき過失（⇨ 1-Ⅰ-8 「故意概念」）に基づく不作為犯の場合のことである。

26

行為性を説明することには無理がある。

目的的行為論は，人間行為は，自然現象とは異なり，因果的過程を統制し自らの設定した目的の実現に向けて導く目的追求活動にほかならないとする。因果的行為論によれば，意思を起点とする因果的過程という点で，故意行為も過失行為も同じであるが，目的的行為論によれば，一定の犯罪的結果の実現を目的とする故意行為は，そうでない過失行為とその構造において異なり，違法評価の対象として根本的に相違する。しかし，この目的的行為論も，少数説にとどまっている。故意行為は目的的行為として説明できるとしても，過失犯における目的は法的に重要でなく，因果的かつ非目的的に惹起された結果が重要なのであるから，過失行為を目的的行為として説明することは不適切であるとされる。不作為については，目的的行為論の主張者みずから，作為と存在構造をまったく異にするから，作為と不作為とを同一の概念のもとに置くことはできないとしている。

現在最も有力に主張されているのは社会的行為論である。これによれば，行為とは「意思によって支配可能な，社会的に意味のある態度」である。不作為も，社会生活上「期待」された一定の作為をしないという限りで（法的存在以前の）社会的実在性をもち，「社会的意味のある人の態度」という点で作為と異ならない。また，社会的行為論は，「有意性」までは要求せず，**意思による支配可能性**というところまで主観的要件を緩和する。しかし他方で，純然たる反射運動，無意識の挙動や絶対的強制下の動作などは，意思によって支配可能ではないことから，行為から除かれることになる。社会的行為概念は，行為概念に要請された諸機能を適切に果たし得るものとして現在もっとも多くの支持者を得ている（なお，ここまで説明した行為論以外に，**人格的行為論**なども主張されている）。

❸ 行為概念をめぐる論争の意味

これらの諸見解のうち，とりわけ盛んな議論を巻き起こしたのは，目的的行為論であった。それは，この学説が，行為の捉え方を従来とは変えるところから出発して，そもそも犯罪についての見方を大きく変革しようとしたからである。目的的行為論は，行為論と違法論との間の密接な関係を指摘した。行為論は違法判断の対象の構造と要素を明らかにするものであり，行為構造の把握は違法論の内容を規定せざるを得ない。因果的行為論は，法益侵害結果の因果的惹起が違法性の実質だとする結果無価値論の基礎となっている。これに対し，目的的行為論は，法規範の要求に応じて因果的過程を支配・統制できる目的的行為を違法判断の対象と考えることにより，行為無価値論の理論的基礎となっているのである（⇨ 序-6 「行為無価値と結果無価値」）。

（井田　良）

▷意思支配可能性
社会的行為論を主張する者の中では，意思的要素をいっさい排除して，およそ社会的に意味のある態度であれば行為概念に含まれるとする見解も有力である。しかし，この見解によると，反射運動や睡眠中の動作でさえも刑法的評価の対象とされることになり，せいぜい有責性を否定されるにすぎないことになってしまう。

▷人格的行為論
人格的行為論は，行為を「行為者人格の主体的現実化としての身体の動静」として把握する。不作為の形であらわれることもあり，故意によるものに限らず，規範を軽視する主体的人格態度として，過失によるものも行為である。前述の「忘却犯」も，本人の主体的人格態度と結びつけられた不作為であるからやはり行為であるとされる。

I 構成要件

4 不作為犯

1 不作為とは

犯罪の実行方法に不作為犯と呼ばれる形態がある。刑法は通常、してはならないことを行うこと、すなわち禁止に違反する「作為」を処罰している。ところが、「不作為」は、しなければならないことをしないでおく、すなわち法の命令に違反したことによって、結果を発生させるのである。

作為犯の場合、禁じられている行為をしなければ、他に何をしていても構わないのに対し、不作為犯では命じられている行為をしなければ処罰されてしまうので、自由の制約される度合いが作為の場合に比べて飛躍的に増大する。従って、刑法では原則的に作為犯を処罰することとし、不作為犯については例外的に処罰するにとどめている。

2 真正不作為犯と不真正不作為犯

真正不作為犯とは、構成要件が不作為形式を採る犯罪形態である。例えば、不退去罪（130条後段）では、条文に「退去しなかった」とはっきり書かれている。このように、真正不作為犯では、「……しない」ことが処罰の対象であることが条文上明らかである。それでは、条文に「……した者は」と、作為の形式で規定されている犯罪を不作為で実現することはできるだろうか。

例えば、日常生活においても、赤ん坊にミルクをあげない、山中で死にかかっている人を、助けないで放置しておくなどした場合に、「見殺しにした」などとよくいう。これは、自ら被害者を刺したり、殴ったりした（殺人にあたる作為を行った）わけではないが、直接自分で手を下したのとほとんど同じような状況だと評価される場合に使われる表現である。

このように、本来作為を予定している構成要件につき、不作為を含ませることができるかどうかについては、罪刑法定主義に抵触しないか問題となる。作為を予定しているにもかかわらず不作為を処罰するとすれば、本来禁じられるべき**類推解釈**に当たるのではないか、との疑いが生じるからである。しかし、見殺しにした場合でも、状況によっては作為により人を殺したのに匹敵するような悪質さが生じることもある。このようにして、不作為による場合でも、作為によって構成要件を実現したのと同視しうるような場合、すなわち作為との等価性が認められるようなケースにおいては、処罰も許されることになる。こ

図 1.I.4-1
不作為犯における行動の制約範囲

出所：筆者作成。

▷類推解釈
⇨ 序-4 「罪刑法定主義」

▷先行行為説
不真正不作為犯の成立には

のように，作為を予定している規定を用いて不作為を処罰するとき，そのような不作為犯を不真正不作為犯と呼ぶ。

③ 不真正不作為犯の成立要件

しかし，問題はその先にある。いったい作為との等価性はいつ認められるのか，どのような方法によって確定するのかという難問を解決しなければならない。特に，結果発生を事実上防止することができた人間すべてに不作為犯を認めるとするなら，処罰範囲が拡がりすぎてしまうだろう。道端で倒れている浮浪者を見て，「死んでしまえばよい」と思い，すぐ近くにある病院に連れて行かずに素通りした通行人を殺人罪で処罰するのはいきすぎである。

そこで，学説・判例は作為等価性が認められる前提として，保証人的地位に基づく作為義務の存在を要求してきた。具体的に，どのような事情が保証人的地位を基礎づけ，作為義務を発生させるかについては，まず，法令や契約，条理等を根拠とする学説が登場した。しかし，条理も含まれるとするのでは限定としての効果は乏しく，また法律はそれぞれその目的・役割が異なるのであるから刑法外の法律上の義務だけでは，作為義務を認める根拠としては乏しい。そこで現在では，これらの諸要素をも勘案して，具体的に刑法上の義務を基礎づけるだけの高度な作為義務が存在しうるかを多元的に検討していく見解が多い。他方で，このような玉虫色の判断を嫌って何らかの限定原理を模索した学説も存在する。①**先行行為説**，②**事実上の引受け説**，③**支配領域性説**などの諸学説である。

④ 不作為の因果関係

不作為犯とは，命じられている一定の動作をしない犯罪形態である。従って，不作為における条件関係は，その一定の動作をしたならば，結果発生を回避することができたかどうか，という形式で判断される。しかし，もし一定の作為が行われたら，という仮定的な事情を想定し，結果発生が回避できたかどうかを判断することは，実は難しい。刑事裁判では，「疑わしきは被告人の利益に」の原則が妥当し，合理的な疑いをいれない程度に犯罪事実が証明されなければならないのだから，100％の結果回避可能性がなければならないのであろうか。この点につき最高裁は，義務を履行したならば十中八，九結果を回避できたと認定されたケースについて，「合理的な疑いを超える程度に確実」であったので因果関係はあったと認められるとした。十中八，九という表現は，合理的な疑いを超える程度に救命が確実であったという趣旨であると理解するべきであろう。

(内海朋子)

不作為者が不作為以前に法益侵害に向かう因果の流れを自ら設定しなければならない，とする説。

▷**事実上の引受け説**

法益の維持・存続を図る行為の開始，及びその行為の反復等により，法益保護が不作為者に依存しているときに作為義務を肯定する説。

▷**支配領域性説**

不作為者が結果へと向かう因果の流れを掌中に収めていたこと，因果経過を具体的・現実的に支配していたことにより作為義務を認める説。

▷1　最高裁は，平成17年7月4日決定（シャクティパット事件）において，治療をゆだねられた患者をホテル内に放置したという事案につき，「自己の責めに帰すべき事由により，被害者の生命に具体的な危険を生じさせた」点，そして「被害者の手当てを全面的にゆだねられた」立場にあった点に作為義務の発生根拠を求め，不作為の殺人が成立するとした。

▷2　暴力団員であった被告人は，覚せい剤と交換に性交渉を得ようとして当時13歳の被害者Aとホテルに入り，Aの腕に覚せい剤を注射したところ，Aは覚せい剤による錯乱状態に陥り，正常な起居の動作ができないほど重篤な心身の状態に陥った。しかし被告人は，救急医療を要請することなく，Aを放置してホテルを立ち去り，Aはその後覚せい剤による急性心不全で死亡した。（最決平成1年12月15日刑集43巻13号879頁）。

I 構成要件

 条件関係

▷実行行為
実行行為とは，構成要件的結果を発生させる現実的危険性を有する行為をいう。社会生活に伴う危険を超える程度の危険を創出する行為と定義することもできよう。実行行為がなければ，未遂犯も成立しない。例えば，Xが，Aが飛行機事故で死ぬことを望んでAに飛行機に乗ることを勧める行為は，実行行為とはいえない。よって，たまたま飛行機事故が起こってAが望み通りに死亡したとしても，Xには殺人既遂罪どころか殺人未遂罪も成立しない。

▷1　因果関係の断絶の事例と次のような事例は区別されなければならない。XがAを殺害しようとしてAに毒を飲ませたところ，Aが苦しみ悶えて屋外に飛び出し，そこで雷に撃たれて死亡したという事例である。この場合，毒を飲ませなければAは屋外に出て雷に撃たれて死亡しなかったであろうから，条件関係は認められるのである。この場合の死亡経過の異常性は，因果関係の相当性の問題として論じられることになる。

▷付け加え禁止
ただし，不作為の条件関係を判断する場合には，「一定の期待された行為」が仮

1 条件関係とは

一定の結果の発生が成立要件とされている犯罪の場合，既遂犯が成立するためには，**実行行為**と結果との間の因果関係が必要となる。ここでは，単なる自然科学的な意味での因果関係の存否ではなく，結果を行為に帰せしめることが妥当かという，刑法的評価が問題となっている。ただ，刑法的評価の問題とはいっても，その前提として，行為と結果との間に事実的なつながりがなくてはならない。このような事実的つながりは，伝統的に「条件関係」と呼ばれてきた。条件関係とは，「その行為がなかったならば，その結果は生じなかったであろう」という公式（条件公式）で表現される関係である。例えば，XがAの心臓をピストルで撃ち抜き，よってAが死亡した場合（ケース①），Xの射撃行為がなければ，Aは死亡しなかったであろうから，Xの行為とAの死亡との間には条件関係が認められることになるのである。条件関係が否定される場合は，未遂犯が成立し得るにとどまる。

条件関係が否定される例として，「因果関係の断絶」と呼ばれる場合がある。例えば，XがAを殺害しようとしてAに毒を飲ませたが，その毒が効果を示す前に，Aが雷に撃たれて死亡したという場合である。この場合，毒を飲ませる行為がなくともAは死亡していたといえるから，Xの行為とAの死亡との間の条件関係は否定され，殺人未遂罪が成立し得るに過ぎない。

2 条件公式の適用上の問題

条件関係の判断は，一見明快にみえるが，実はいくつか注意すべき点がある。まず，結果とは，個別・具体的な「その時点，その場所における，そのような態様での結果」でなければならない。「およそ死亡」といった抽象的な結果を前提にしてしまうと，人間はいつか死亡するものであるから，ケース①でも，条件関係が認められないという不合理な結論になってしまうからである。従って，死期が迫った患者に毒を与えて死亡させる場合にも，条件関係は認められる。次に，条件公式の適用にあたっては，現実に存在している事実を前提にし，そこから問題となっている行為（ケース①でいえば，射撃行為）を取り除いて判断すべきであって，他の行為や事実といった現実には存在しなかった仮定的事情を付け加えてはならないとされている（**付け加え禁止**）。例えば，死刑執行官

Aが死刑を執行するためボタンを押そうとした瞬間に、XがAを突き飛ばしてボタンを押し、死刑囚Bを殺害したという例で考えてみよう。この場合、仮にXの行為がなかったとしても、Aの行為によりほぼ同時刻に、同じ場所で、同じ態様で結果が生じたであろうといえる。しかし、現実には行われていないAの行為を付け加えてXの行為とBの死亡との間の条件関係を否定してはならないとされるのである。その根拠は、条件公式は、ある行為が結果に対して影響を与えたのかという、**事実的なつながりを発見するための判断公式**なのであるから、現に結果に影響をもたなかった仮定的事情は度外視すべきだというところにあるように思われる。

❸ 条件公式の修正

最後に、**択一的競合**と呼ばれる場合の処理の問題がある。択一的競合とは、複数の独立した行為が競合してある結果を発生させたが、その複数の行為のどの行為も、単独で同じ結果を発生させることができた場合をいう。例えば、XとYがそれぞれ独立にAに対して致死量の毒を与え、その毒の作用でAが死亡したという場合である。この事例で、X, Yのどちらか一方の毒のみが致死的に作用した場合には、作用した方の毒の投与につきAの死亡との間の条件関係が肯定され、もう一方の毒の投与については条件関係が否定されることになる。また、X, Y双方が毒を与えたことによって、単独で毒を与えた場合よりも死期が早まったといった事情がある場合は、X, Yの行為双方に条件関係が認められる。X, Yどちらの行為が欠けても、具体的な「その時点の死」(単独で毒を与えるよりも早い時点での死)は生じないからである。これに対し、どちらの毒が作用して死亡したのか判明せず、死期が早まったとも認められない場合、条件公式をそのままあてはめると、X, Yどちらの行為についても**条件関係が否定**されてしまい、Aの死亡の責任を誰にも問うことができなくなってしまう。そこで、多数説は、いくつかの条件について、それを択一的に取り除くとその結果は発生するが、累積的に全部取り除くとその結果が発生しないであろう場合には、そのいずれの条件についても、条件関係が認められるとして、条件公式を修正すべきだとしている。しかし、個々の行為と結果との事実的なつながりを問題としているにもかかわらず、このような修正をすることに根拠があるのか疑問がある。

(佐藤拓磨)

定され、そのような期待された行為が行われていれば(=不作為がなければ)結果が防止されたかが問われることになる(詳しくは、1-I-4「不作為犯」参照)。

▷**事実的なつながりを発見するための判断公式**
これに対し、条件公式を、「当該行為を抑止すれば結果が発生しなかったか」という、結果回避可能性を判断するための公式として理解する見解もある。この見解は、ある行為を抑止しても同じ結果が発生する場合、当該行為を抑止することは、結果回避の上で意味がないと考える。そこで、この見解によれば、条件関係の判断にあたって一定の仮定的事情も考慮されるべきだということになる。

▷**択一的競合**
これとしばしば対比されるものとして、「重畳的因果関係」と呼ばれるものがある。これは、単独では結果を発生し得ない行為が二つ以上重畳して結果を発生した場合である。例えば、XとYがそれぞれ独立に致死量に満たない毒をAに与え、双方の毒の効果でAが死亡したというようなケースであり、X, Yどちらの行為についても条件関係が認められる。

▷**条件関係が否定**
「自己の毒を与える行為がなければ、当該具体的なAの死亡結果が発生しなかっただろう」とはいえないからである。

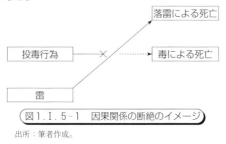

図1.I.5-1 因果関係の断絶のイメージ

出所：筆者作成。

Ⅰ 構成要件

 被害者の行為の介在と因果関係

1 行為後の介在事情の問題

「その行為がなかったならば，その結果は生じなかったであろう」といえる場合，行為と結果との間に，事実上のつながり（**条件関係**）が認められる。かつては，行為と結果との間の事実上のつながりが存在するならば，刑法上の因果関係が認められるとする条件説も主張されてきた。しかし，行為と結果との間に条件関係自体は認められるものの，異常な因果経過をたどって結果が発生する場合もあり，そのような場合にも，常に因果関係を肯定することには疑問がある。条件説の立場によれば，帰責の範囲が広すぎることになってしまうとして，同説は支持を失った。そして，法的因果関係を認めるには，条件関係が存在することに加え，さらに要件が必要だという問題意識が広く共有され，予見可能性を基準として法的因果関係の有無を判断する相当因果関係説が通説となった。

2 相当因果関係説と「危険性の現実化」

相当因果関係説は，条件関係があることを前提に，その行為からその結果が発生することが，経験上通常（相当）であるといえる場合に，法的因果関係を認める。行為後に何らかの事情が介在したという事案では，まず，介在事情が予見可能であったかを検討し，予見可能であれば，その行為からそのような事情の介入を経て結果が生じることが，経験上通常（相当性）といえるかどうかを検討する。行為後の介在事情が予見不可能であれば，相当因果関係は否定されることになる。もっとも，**第三者の故意行為の介在**事例のように，予見可能性を決定的基準として因果関係の存否を判断するならば，結論として妥当ではない場合も生じる。

そこで現在では，生じた結果について行為の危険が現実化したと評価できるかどうかという観点（「危険性の現実化」）から，因果関係の成否を判断する立場が有力になっている。「危険性の現実化」に重点を置く立場によれば，当初行為の結果に対する影響力（寄与度）や，介在事情に対する影響力等が重視される。例えば，行為の結果に対する寄与度が圧倒的に大きい場合，その後の異常な介在事情に対して予見可能性がなくても，因果関係は肯定される。かつては，判例が相当因果関係説を採用したと評価された時期もあったが，最近の判例は，

▷条件関係
⇨ 1-Ⅰ-5「条件関係」

▷1 因果関係の中断：条件説は，帰責の範囲を限定するため，行為後に極めて偶然的な事情が介入した場合には，因果関係が中断すると主張したが（因果関係の中断の理論），いったん存在した因果関係が「中断」すると解することには無理があると批判された。

▷2 相当性の判断方法：相当性判断の基礎とすべき事情の範囲をめぐり，主観的相当因果関係説・折衷的相当因果関係説・客観的相当因果関係説の対立がある。
▷第三者の故意行為の介在
⇨ 1-Ⅰ-7「第三者の行為の介在と因果関係」

▷3 米兵ひき逃げ事件：最決昭和42年10月24日刑集21巻8号1116頁。

予見可能性の観点ではなく，「危険性の現実化」に重点をおいて，因果関係の成否を判断している[4]。

❸ 被害者の行為の介在事例

因果関係の存否が問題となる事案は，被害者の特異体質が存在する等，行為時に特殊な事情が存在している場合[5]と，行為後に特殊な事情が介在した場合に分けることができる。後者は，介在事情の種類によって，第三者の行為が介在した場合，行為者の行為が介在した場合[6]，被害者の行為が介在した場合に区別される[7]。

被害者の行為の介在があった事案で，因果関係が認められた判例として，医師の資格のない柔道整復師が風邪の症状を訴える患者に対して誤った治療法を繰り返し指示し，これに忠実に従った患者が病状を悪化させて死亡した事案[8]，夜間潜水の講習指導中に，指導者が不用意に受講生らのそばから離れて見失った後，受講生が自分の空気残圧を見ることなく，圧縮空気タンク内の空気を使い果たして溺死した事案[9]，被害者が激しい暴行から逃走中，極度の恐怖心から，とっさに高速道路に侵入して交通事故に遭い，死亡した事案[10]等がある。これらの事案では，被害者の不注意な行為（患者が医師の診療治療を受けることなく誤った治療法に従う・受講生が自分の空気残圧を見ることなく空気を使い果たす・高速道路に侵入する）が，結果発生に直結している。ただ，結果回避の観点からは，不適切といえる被害者の行為は，当初行為から，物理的・心理的に影響を受けて，誘発されたといえるから，当初行為の危険性が現実化したものと評価できる。

また，もはや行為者側から影響を受けない状況下において，被害者が自発的に危険な行為をし，その不適切な行為によって結果が発生したとしても，因果関係は認められる余地がある。被害者が，暴行を受けて治療中，いったんは容体が安定したものの，治療用の管を抜くなどして暴れ，容態が急変して死亡したという事案に対して，判例は，暴行による傷害それ自体が死亡の結果をもたらし得るものであったことを指摘した上で，因果関係を認めている[11]。同事案では，容体がいったんは安定しており，治療により救命され得たにもかかわらず，被害者自身が，治療によって弱まった因果力を回復させており，この点を重視すれば，因果関係が否定されるようにも見える。しかし，被害者の行為は，当初行為の危険性が相当程度残存している状況下でなされたものであって，本件は当初行為の危険が現実化したものと評価し得る。

なお，被害者の行為の介在がある事案で，因果関係が否定され得る事案としては，当初行為の寄与度が，事実的にも規範的にも極めて軽微である場合や，当初行為の影響力が断ち切られたにもかかわらず，なお被害者が，自発的に危険な行為を選択した場合等が考えられる。　　　　　　　　　　　（濱田　新）

▷4　判例の立場：明示的に，「危険性の現実化」基準によって因果関係の成否を判断している判例として，日航機ニアミス事件（最決平成22年10月26日刑集64巻7号1019頁）など。

▷5　行為時に特殊な事情が存在する事例：致命的ではない程度の暴行を顔面に加えたところ，たまたま被害者が高度の脳梅毒にかかっていたため，脳組織の破壊により死亡した場合（脳梅毒事例。最判昭和25年3月31日刑集4巻3号469頁）。

▷6　行為後に行為者の行為が介在する事例：殺意をもって被害者の頸部を絞め（第一行為），動かなくなったので死亡したと思い，海岸の砂上に運び放置したところ（第二行為），被害者が海岸で砂を吸引して死亡した場合（大判大正12年4月30日刑集2巻378頁）。

▷7　過失の競合：行為者の過失行為と結果との間に，被害者等の過失が介在する場合には，過失の競合が問題になる。 I-I-12 「過失の競合と信頼の原則」

▷8　柔道整復師事件（最決昭和63年5月11日刑集42巻5号807頁）

▷9　夜間潜水事件（最決平成4年12月17日刑集46巻9号683頁）

▷10　高速道路侵入事件（最決平成15年7月16日刑集57巻7号950頁）

▷11　最決平成16年2月17日刑集58巻2号169頁。

I 構成要件

第三者の行為の介在と因果関係

▷相当因果関係説
⇨ 1-I-6 「被害者の行為の介在と因果関係」
▷危険性の現実化
⇨ 1-I-6 「被害者の行為の介在と因果関係」
▷ 1 被害者の行為の介在と因果関係
⇨ 1-I-12 「過失の競合と信頼の原則」

▷ 2 柔道整復師事件（最決昭和63年5月11日刑集42巻5号807頁）

▷ 3 過失行為が介在する場合の因果関係
⇨ 1-I-12 「過失の競合と信頼の原則」

1 伝統的な相当因果関係説と「危険性の現実化」

　従来，法的因果関係の存否を判断するにあたっては，予見可能性を基準として因果関係を判断する立場（**相当因果関係説**）が通説的地位を占めていた。しかし，異常な介在事例の検討を契機に，伝統的な相当因果関係説は見解の修正を迫られ，また，行為の寄与度を重視する「**危険性の現実化**」という手法が有力となった。伝統的な相当因果関係説と，危険性の現実化を重視する立場は，それぞれ異なった角度から法的因果関係の有無を判断するのであるが，行為後に特殊な事情が介在する事例で，結論に差が出ないことも多い。行為後に特殊な事情が介在する事例の多くは，当初行為が介在事情（被害者の落ち度のある行為等）に影響を及ぼしており，そのような場合には，どちらの見解に立っても，因果関係が肯定され得る。当初行為が介在事情に影響を及ぼしている場合には，当初行為の寄与度は大きいといえるし，また，介在事情が予見可能といいやすいためである。また，当初行為の寄与度が極めて軽微であるのに，異常な介在事情によって結果が発生した場合も，両説ともに，因果関係が否定されることになる。もちろん，両説の結論は異なる場合があり，主として問題となるのが，次に述べる第三者の故意行為の介在事例である。

2 第三者の行為の介在事例

　第三者の行為が介在した事例は，故意行為の介在事例と，過失行為の介在事例に分けることができる。他人の過失行為の介在は，ままあるものといえ，基本的には因果関係が認められやすい。一方，他人の故意行為の介在は，予見し得ない，異常な事態である。そのため，伝統的な相当因果関係説によれば，第三者の故意行為の介在事例では，相当因果関係が否定されることになり得る。ただ，危険性の現実化を重視する立場によれば，当初行為の寄与度が大きければ，因果関係を肯定できる。例えば，Aが被害者Bに対し，死因を形成する傷害を加えた後（第一行為），Aとは無関係の第三者Cが，故意にBに暴行を加えたため（第二行為），Bの死期が早まったとする。無関係の第三者Cの故意行為の介在は，経験的に予見できない異常な事態といえるから，予見可能性を決定的基準とする，伝統的な相当因果関係説からすれば，第一行為とBの死との間の因果関係は肯定しがたい。危険の現実化に重点をおく立場からすれ

ば，第一行為によって死因が形成され，第二行為の影響は，死期を早めるにとどまったのだから，第一行為とBの死との間の因果関係は肯定されることになる。上記の例から明らかであるように，因果関係の成否を適切に判断するにあたっては，当初行為の寄与度は，無視し得ない重要な判断要素といえる。

③ 事例の類型

第三者の行為の介在事例のように，行為後に特殊な事情が介在した事例の類型は，㋐第一行為が結果発生の直接的な原因であった場合，㋑第二行為が結果発生の直接的な原因であった場合，㋒第一行為・第二行為のいずれが結果発生の直接的な原因であったか明らかではない場合に分けられる。

㋐の類型にあたる場合，第三者の故意行為が介在したとしても，第一行為の寄与度の大きさに着目すれば，因果関係は肯定され得る。㋐の類型にあたる事件として，犯人の暴行により被害者の死因となった傷害が形成され，その後第三者により加えられた暴行によって死期が早められたというものがある（大阪南港事件[4]）。最高裁は，第一行為により被害者の死因となった傷害が形成されたことを指摘して，第一行為と結果との間の因果関係を肯定しており，介在事情の異常性ではなく，当初行為の寄与度の大きさを重視しているといえる。

㋑の類型にあたるとしても，第一行為と結果との間の因果関係が否定されるわけではない。第三者の過失行為を誘発する等，第一行為が介在事情に影響を与えた場合[5][6]や，第一行為によって危険な状況が作り出されていた場合[47]には，行為の危険性が現実化したと評価され得る。犯人が，夜間に道路上で停車中の普通乗用自動車後部のトランク内に被害者を監禁した際，後方から走行してきた自動車が前方不注視のために，車両に追突して被害者が傷害を負い，間もなく死亡した事案（トランク追突死事件）において，最高裁は，被害者の死亡原因が直接的には追突事故を起こした第三者の甚だしい過失行為にあるとしても，因果関係があると判示している。人を防護する構造を持たないトランクに監禁し，被害者を追突事故という危険な状況にさらしたという本事案においては，行為の危険性が現実化したものと評価できる。

㋒の類型にあたる場合，「疑わしきは被告人の利益に」の原則からすれば，第二行為が結果発生の直接的な原因であった（㋑）と考えるべきである。㋒の類型として，米兵ひき逃げ事件がある。最高裁は，予見可能性の不存在に言及しつつも，死因が第一行為で生じたのか，第二行為（第三者の故意行為）で生じたものか確定できなかったことも指摘した上で，因果関係を否定している。同事件で，第二行為が結果発生の直接的な原因であったとすれば，第一行為が第三者の故意行為を誘発した等の事情がない以上，危険性が実現したとは認めがたいため，最高裁の結論は賛成し得る。

(濱田　新)

▷4　最決平成2年11月20日刑集44巻8号837頁（大阪南港事件）。

▷5　最決平成4年12月17日刑集46巻9号683頁（夜間潜水事件）。
▷6　最決平成16年10月19日刑集58巻7号645頁（高速道路停車事件）。
▷7　最決平成18年3月27日刑集60巻3号382頁（トランク追突死事件）。

▷8　最決昭和42年10月24日刑集21巻8号1116頁（米兵ひき逃げ事件）。因果関係が否定された同事件では，死因が第一行為で生じたのか，第二行為（第三者の故意行為）で生じたものか確定できなかった点が重要である。

第 1 部　刑法総論

I　構成要件

 故意概念

1　故意とは何か

38条1項には、「罪を犯す意思がない行為は、罰しない」と規定されている。この条文は、犯罪の成立には、故意が必要であるということを規定したものである。ここから、故意犯処罰の原則が導かれ、過失犯処罰が例外となる。また、法定刑も故意犯と過失犯とでは大きな開きがある。故意犯が重く処罰される理由は、故意犯は、刑法が保護している法益を意識的に侵害・危殆化している点で、過失犯よりも重い評価が与えられるところにある。つまり、行為者は、まさにその法益侵害結果を実現しようとしていたのであり、行為者の違法評価が重くなるからである（ただし、**故意の体系的地位**に注意）。

2　認識の対象

犯罪の成立には故意が必要であるならば、その故意の内容（行為者の認識内容）が問題となる。故意犯とは、刑法で禁止（命令）された行為を意識的に行うことであれば、そうすると故意犯における行為者の認識の対象は、刑法で禁止されていること、つまり**客観的に構成要件に該当する事実**ということになる。

しかし、故意とは構成要件該当事実の認識である、としたとしても認識すべき内容が明らかになったとはいえない。確かに殺人罪（199条）のような構成要件では、人の「死」の概念は明確であるから、故意の内容も明確となるが、**わいせつ概念**のような、いわゆる**規範的構成要件要素**においては、故意の内容は不明確のままである。わいせつ物頒布等罪（175条）を例にあげると、行為者に故意が認められるには、記載されている内容に加え、その物が「わいせつ」であるという意味を認識していることが必要である。少なくとも「いやらしい物である」という認識が必要であろう。その一方で、構成要件そのままの認識は必要ない。例えば、法律上の文書概念や薬物の正式名称（覚せい剤取締法では覚せい剤を「フェニルアミノプロパン」と規定）のように、法律用語や専門用語で表された構成要件概念を、素人である一般国民が知ることは困難であり、それを完全にあてはめて認識していなければ故意が成立しないとするならば、専門家以外故意犯は不成立ということになってしまい不当である。

それ故、条文上の概念を日常的概念へと翻訳する必要がでてくる。この翻訳されたものこそが刑法の禁止している内容（行為規範）なのであり、故意犯に

▷**故意の体系的地位**
故意が体系上どこに位置するのかが問題となっており、通説は、違法（及び責任）にあるとしている（行為無価値論）。本文の説明は、故意を違法要素と解した場合である。それに対し、有力な見解は、故意は違法にはなく、もっぱら責任要素と解している（結果無価値論）。

▷**客観的に構成要件に該当する事実**
主観的構成要件要素が故意の対象にならないという点は問題がないだろう。つまり、（主観的構成要件要素である）故意を認識することは不要だからである。

▷**わいせつ概念**
⇨ 2-Ⅱ-8 「インターネットとわいせつ犯罪」

▷**規範的構成要件要素**
⇨ 1-Ⅰ-1 「構成要件論」

必要な認識の対象となる（「**素人仲間の平行評価**」）。この認識を，特に**意味の認識**と呼び，これが故意にとって決定的に重要だということになる。

3 故意と過失の限界

　故意犯の成立に関し，認識すべき対象の他に，行為者が犯罪事実の実現をどの程度認識していたかが問題となる。つまり，故意犯と過失犯の境はどこにあるのか，ということである。

　故意は三つに分けることができる。まず一つ目が意図であり，これは構成要件の実現を目的として実行する場合である（例えば，人を殺すことを目的にピストルの引き鉄を引くこと）。次が，**確定的故意**であり，構成要件の実現が目的ではないが，その事実の発生が確定的であることを認識して実行する場合である（例えば，保険金を目的に住居に火を放つ際，中に住む老人が焼死することを確実と認識して放火すること）。最後が，未必の故意であり，結果の発生を意図することもなく，また確定的であると認識してもいない場合（例えば，人の頭上にりんごを置き，少し離れたところからそれを矢で射るのだが，人に当たることは意図していない場合）である。未必の故意を明らかにすることによって，**認識ある過失**との限界が明らかになる（なお，通常問題となる過失は**認識なき過失**である）。

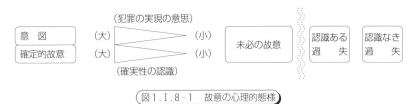

図1.I.8-1　故意の心理的態様

出所：筆者作成。

　故意と過失を区別するにあたり，大まかには三つの見解が存在する。構成要件実現（結果発生）の蓋然性を認識していた場合に故意が認められるとする蓋然性説（認識説），構成要件の実現を**認容**する必要があるとする認容説，構成要件実現を認識したが，それを，行為を思いとどまる動機とせず実現した場合に故意ありとする**動機説**（実現意思説）である。蓋然性説の難点は，蓋然性が不明確である点や，行為者に意図が存在したが結果発生の確率が非常に低い場合に故意を認めることが困難となる点にある。通説とされ，判例も支持しているとされる認容説に対しては，認容という心理状態は，法益侵害結果に対する「悪い心情」を問題とするものであり心情刑法であって妥当ではないといった批判や，認容にも幅があり，「かまわない」というような積極的認容から「意に介さない」「無関心」といった消極的認容まで存在し曖昧であるという批判がなされている。有力説である動機説は，統一的に故意を理解することが可能となる点で，つまり，未必の故意論のみならず，意図，確定的故意の場合においても説明可能である点で優れている。

（南　由介）

▷**素人仲間の平行評価**
ドイツの刑法学者メッガーの言葉であり，故意の成立には専門家の判断と平行した素人的な認識があれば足りるとするものである。

▷**意味の認識**
故意が成立するには，刑法が禁止しようとしている行為の意味を認識していなければならない。覚せい剤取締法に規定されている「フェニルアミノプロパン」という認識は当然故意には不要である。「覚せい剤」や「シャブ」という認識があれば意味の認識が認められ，故意犯成立となる反面，「フェニルアミノプロパン」という認識があっても，その物質が覚せい剤であるという認識がなければ，行為者にはその物質の意味することに関し認識が欠けるため，故意犯は不成立となる。

▷**確定的故意**
意図を含めて，確定的故意という場合もある。

▷**認識ある過失**
犯罪事実の発生を認識・予見したが，最終的には犯罪実現を否定した場合。

▷**認識なき過失**
犯罪事実の発生を全く認識・予見しなかった場合。認識ある過失とともに過失犯の成否が問題となる。

▷**認容**
受け入れるということ。

▷**動機説**
ここでいう動機とは「恨み」や「保険金目的」といったいわゆる動機とは異なる。

Ⅰ 構成要件

具体的事実の錯誤

1 事実の錯誤

人は時として，自分の思っていた事実と実際に発生した事実とが異なっていたという場面に遭遇することがある。例えば，自分の傘をさしていると思っていたが，実は間違えて他人の傘をさしていた，というような場合である。このような場合に，行為者に故意が認められるのか否かが刑法上問題となる。

この「勘違い」を「錯誤」と呼ぶが，すべての錯誤が**刑法上重要な錯誤**となる（すなわち故意が**阻却**される）わけではない。故意が認められるには，客観的に構成要件に該当する事実の認識があれば十分であり，逆にその認識がなければ故意は欠ける。他人の傘を自分の傘だと思って持って帰った場合は，他人の傘を持って帰るという構成要件該当事実（窃盗罪・235条）の認識を欠くため，故意がなく犯罪は不成立となる。構成要件該当事実に関する錯誤を事実の錯誤と呼び，「罪を犯す意思がない」（38条1項）として故意が阻却される。それに対し，自己の行為は法律に違反しないと誤って認識していた場合（例えば，自動車の運転中に携帯電話を使用することが禁じられていることを知らなかった場合・道路交通法71条5号の5）は，法律の不知であって（38条3項）故意は阻却されない。この錯誤を，**違法性の錯誤**と呼ぶ。

事実の錯誤は故意が阻却され（ただし，原則であることに注意），違法性の錯誤は故意が阻却されない理由は，事実の錯誤では行為者は構成要件に該当する事実を認識していない（向けられた規範に反した事実の認識がない）のに対し，違法性の錯誤では事実の認識に誤りがなく（規範違反行為の認識がある），ただ自己の行為の評価（違法であるかないか）を誤っているに過ぎないからである。

2 具体的事実の錯誤

事実の錯誤には，同一の構成要件内の錯誤であって，Aという人を殺そうと思ったらBという人を殺してしまったというような**具体的事実の錯誤**と呼ばれるものと，異なる構成要件にまたがる錯誤であって，Aの犬を殺そうと思ったらA自身を殺してしまったというような**抽象的事実の錯誤**と呼ばれるものがあり，後述の通り，例外的に故意が成立する場合がある。また，このような構成要件に着目した錯誤の分類に対し，結果発生の現象面に着目した，方法の錯誤，客体の錯誤という分類や，**因果関係の錯誤**という類型もある。

▷刑法上重要な錯誤
大安の日に殺そうと思って実行したが，実はその日は仏滅だったという場合は，重要な錯誤ではなく，故意は阻却されない。

▷阻却
成立を否定すること。

▷違法性の錯誤
⇨ 1-Ⅲ-3「違法性の意識」。

▷具体的事実の錯誤
行為者の認識はA（人）を殺すという殺人罪（199条）に該当する事実であるが，現実に発生したのはB（人）死亡という殺人結果であった場合，主観面も客観面も同じ構成要件（「人」）であるという観点から，同一の構成要件内にある事実の錯誤を，具体的事実の錯誤という。

▷抽象的事実の錯誤
行為者の認識はAの犬（物）を殺すという器物損壊罪（261条）に該当する事実であるが，現実に発生したのはA（人）死亡という殺人結果であった場合，主観面と客観面が異なる構成要件（「物」と「人」）であるという観点から，異なる構成要件にまたがる事実の錯誤を，抽象的事実の錯誤という。詳しくは，1-Ⅰ-10「抽象的事実の錯誤」。

▷因果関係の錯誤
因果関係の錯誤とは，行為者の予見していた因果経過

③ 方法の錯誤・客体の錯誤

　方法の錯誤（打撃の錯誤）とは，Aを殺そうとしてピストルで狙ったところ，弾がはずれてそばにいたBに当たった場合（打撃のはずれ）であり，客体の錯誤とは，Aを殺そうとしてピストルを発射し見事命中したが，よくよく確認するとその人はAによく似たBであったという場合（人違い）である。

　これらの錯誤を解決するにあたり，二つの見解がある。**具体的符合説**（有力

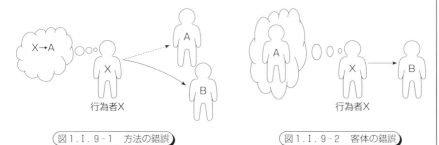

図1.I.9-1　方法の錯誤　　　　　図1.I.9-2　客体の錯誤

出所：両図とも筆者作成。

説）と**法定的符合説**（判例・通説）である。まずは方法の錯誤であるが，具体的符合説は，故意を認めるには認識した事実と発生した事実との間に具体的な符合（重なり合い）が必要とする見解であり，行為者には「その人」Aを殺そうとする認識はあったが，「あの人」Bを殺す認識はなかったことから符合が否定され，故意は阻却される。他方，法定的符合説では，「人」（A）を殺すつもりで「人」（B）を殺した以上，主観面と客観面の間に構成要件の符合が認められることから，故意は肯定される（AとBの区別は重要でないことになる）。

　一方，客体の錯誤においては，両見解とも故意を阻却しない。具体的符合説によれば，「その人」を殺そうとして実際に狙った通りの「その人」を殺していることから故意の成立が認められる。ここでは「A」だとか「B」という相手の名前は重要ではないことになる。また，法定的符合説によれば，「人」を殺そうとして「人」を殺している以上，問題なく故意は認められる。

　具体的符合説には，犯罪の成否を決する，方法の錯誤と客体の錯誤の区別が容易でない点に問題がある。例えば，Aを殺そうとして毒酒を送ったところAの妻Bがそれを飲み死亡した場合や，Aを殺そうとしてAの車に爆弾を仕掛けたところAの妻Bが乗って死亡した場合などである。法定的符合説に対しては，「およそ人」に対する故意で足りるとするならば，（Bに対する殺人既遂罪，Aに対する殺人未遂罪というように法益主体ごとに犯罪の成立を認めるのではなく）何人死のうが成立する犯罪も「およそ人」に対する殺人罪1罪のみが成立するはずではないか，という批判がある。なお，判例によれば，1人に対する故意で2人以上に結果が生じた場合，すべてに対して故意犯が成立し，**観念的競合**（54条1項前段）となる（**数故意犯説**）。

（南　由介）

と，現実の因果経過との間にズレがある場合をいう。通説は，両者が法的（相当）因果関係の範囲内で符合していれば，故意を認め得るとする。

▷**具体的符合説**
客体の錯誤の場合では故意を認めることから，行為者は完全に具体的に事実を認識している必要はないという意味で，この見解を具体的法定符合説と，それに対応して法定的符合説を抽象的法定符合説と呼ぶことがある。

▷**法定的符合説**
構成要件の範囲内で符合していればよいという意味で，構成要件的符合説ともいう。

▷**観念的競合**
⇨ I-VI-1 「罪数論」

▷**数故意犯説**
法定的符合説のうち，発生した結果が行為者の予定していた結果の数（被害者の数）より多かったとしても，すべての結果に対して故意犯の成立を認める見解。それに対して，Aを殺す認識でB死亡の場合，結果発生の数の認識も重視し，Bに対する殺人既遂を認め，Aに対しては不可罰（Aがケガをしていたならば過失傷害〔209条〕も成立）とする見解を一故意犯説という。判例は数故意犯説に立つ（最判昭和53年7月28日刑集32巻5号1068頁）。

I　構成要件

抽象的事実の錯誤

1　抽象的事実の錯誤

　事実の錯誤のうち，異なる構成要件にまたがる錯誤のことを**抽象的事実の錯誤**という。例えば，①行為者ＸがＡの飼い犬を殺そうとしてピストルを発射したところ，実はそれはＡであり，それによりＡは死亡してしまったという場合と，②行為者ＸがＡを殺そうとしてピストルを発射したところ，実はそれはＡの飼い犬であり，それによりＡの犬は死亡した，という場合がそれにあたる（事例①，②はともに客体の錯誤）。

　判例・通説である法定的符合説に従えば，事実の錯誤であっても構成要件の重なり合いが認められる場合には故意が成立するが，事例①，②の行為者の認識していたものと現実に発生した結果は，「人」と「物」であって，殺人罪と器物損壊罪の間に重なり合いは存在しないことから，発生結果に対し故意は認められない。それ故，事例①では，器物損壊罪の未遂（不可罰）と過失致死罪（210条。ただし211条後段には重過失致死罪がある）となり，事例②では，殺人罪の未遂（203条）と過失器物損壊（不可罰）となる。ここで問題となるのは，過失犯処罰規定が存在しない場合（あったとしても法定刑が非常に軽い場合）や未遂犯処罰規定が存在しない場合に刑の不均衡が生じるということである。事例①においては，行為者Ｘの当初の損壊行為よりも過って人を死亡させた方が法定刑が軽くなる（261条と210条を参照）ということが，事例②においては，殺人罪の未遂が認められなかった場合，Ｘは一切罪に問われないということが生じる。

　そこで，この不都合を回避しようと試みたのが，**抽象的符合説**と呼ばれる見解である。この見解は，行為者には「悪しき性格」が存在するのに，故意犯が成立しないとするのは不都合である（**主観主義**）という理由から，行為者に故意既遂犯の成立を認めるものである。ただし，38条２項の規定により，認識していた犯罪よりも重い犯罪で処罰することができないので，修正が加えられることになる。事例①においては，器物損壊罪の既遂の成立を認めるか，あるいは，殺人罪の既遂を認めるが処罰は軽い器物損壊罪の限度となる。事例②では，主観主義によれば，常に殺人未遂罪が成立することになるであろう。

　しかし，この抽象的符合説の立場を採ることはできない。なぜならば，抽象的符合説は，犯罪ごとの違法や責任の質的な違いを一切否定し，およそ犯罪という点でしかとらえていないからである。物を壊そう，という気になることは

▷抽象的事実の錯誤

行為者の認識はＡの犬（法律上は「物」である）を殺すという器物損壊罪（261条）に該当する事実であるが，現実に発生したのはＡ（人）死亡という殺人結果であったという場合，主観面と客観面が異なる構成要件（「物」と「人」）であるが，この異なる構成要件にまたがる事実の錯誤のことを抽象的事実の錯誤という。抽象的事実の錯誤にも具体的事実の錯誤と同様に，方法の錯誤，客体の錯誤という分類が存在し，具体的符合説を採れば，方法の錯誤は問題なく故意が阻却されることになる。

▷未遂

未遂犯の成否に関しては，1-Ⅳ-1「未遂犯と実行の着手」，1-Ⅳ-2「不能犯」。

▷抽象的符合説

「およそ犯罪を犯す」という認識があれば，主観面と客観面の重なり合いが認められ，故意が成立するという考えであり，認識していた構成要件該当事実の認識（例えば，犬を殺す意思）は，38条２項との関係でのみ意味をもつ。

▷主観主義

客観主義は，法益侵害（危殆化）があってはじめて処罰の対象になるが，主観主義では，行為者の危険な意思，悪しき性格を処罰の対

起こり得ることもあろうが，人を殺そうという気になることはほとんど起こり得ないことである。故意とは構成要件に該当する事実の認識とすべきである。

❷ 構成要件の実質的重なり合い

しかし，問題は，構成要件が異なっている場合すべてで符合を否定したならば不都合が生じるということにある。例えば，単純横領罪（252条）の認識で業務上横領罪（253条）を実現した場合（一方がもう一方を完全に包摂している類型）のみで重なり合いが認められ，占有離脱物横領罪（254条）の故意で窃盗罪（235条）を実現した場合（形式的な包摂関係のない類型），窃盗罪は占有を侵害する犯罪であり，占有離脱物横領罪はそうではないとして，形式的に構成要件の重なり合いを否定するならば，行為者は不可罰となる（過失窃盗罪も占有離脱物横領罪の未遂罪も存在しない）が，それは妥当でない。占有離脱物横領罪と窃盗罪の間には他人の財物を不法に領得するという点で共通性があり，ただ窃盗罪には占有を侵害するという要素が加わっているとみることも可能である。つまり，占有離脱物横領罪の構成要件を，占有の有無にかかわらない財物領得を規定したものと理解するのである。そうすると構成要件の実質的重なり合いが認められ，行為者に占有離脱物横領罪の故意犯成立を認めることが可能となる。このような見解は，具体的符合説，法定的符合説からも主張することができる。

図1.Ⅰ.10-1 構成要件の符合

出所：筆者作成。

以上のような考えに基づく実質的重なり合いは，虚偽公文書作成罪（156条）と公文書偽造罪（155条1項）の錯誤や，**薬物犯罪**における薬物の錯誤においても認めることが可能である。例えば，行為者がコカインだと思っていたが，実は覚せい剤を所持していた場合，形式的には，構成要件の重なり合いは認められない。しかし，客体以外の構成要件要素は同一であり，有害性などにおいて類似している点からすれば，構成要件は実質的に重なり合っているといえ，故意を認めることができる（両薬物の意味の認識も同一であろう）。この場合に成立する罰条は，38条2項により修正され，客観的には成立していない軽いコカイン所持罪の故意犯が成立するとすべきである。一方，同一の法定刑である場合（覚せい剤の認識で実際はヘロイン）であれば，客観的に存在した薬物（ヘロイン）の故意既遂犯が成立することになる（**判例**）。　　　　（南　由介）

象とする（意思刑法）。この見解によれば，処罰範囲が極めて広くなることから，現在ではほとんど主張されていない。

▷薬物犯罪
ヘロイン（麻薬）やコカイン（一般麻薬）は，麻薬及び向精神薬取締法で，覚せい剤は，覚せい剤取締法で規制されており，法定刑は，ヘロインと覚せい剤が同一に，コカインがヘロイン，覚せい剤よりも軽く規定されている。

▷判例
最決昭和54年3月27日刑集33巻2号140頁は，覚せい剤輸入罪の意思でヘロイン輸入罪を実現した事案であり，ヘロイン輸入罪の成立を認め，最決昭和61年6月9日刑集40巻4号269頁は，コカイン所持罪の意思で覚せい剤所持罪を実現した事案であり，コカイン所持罪の成立を認めた。法定刑が同じ場合，両罪とも故意（意味の認識）の内容が同一であるから客観的に実現した犯罪の故意犯の成立を認めてもかまわないのに対し，法定刑に差がある場合は，意味の認識は同一であるが38条2項の修正を受けるため，主観的に認識していた犯罪が成立するのである。客観が原則であり，主観が例外となる。

I 構成要件

 過失犯総論

1 過失犯の規定

38条1項は「罪を犯す意思がない行為は，罰しない」とし，故意処罰を原則とすることを明示している。しかし，38条1項ただし書は，「法律に特別の規定がある場合は，この限りでない」と規定している。そのため，法律上規定がある場合には，故意犯でなくても，つまり，過失犯も処罰されることになる。◁1

刑法典における過失犯処罰規定はごくわずかで，失火罪（116条），過失致死罪（210条）等，比較的重大な法益を侵害する場合に限られている。例えば，過失による器物損壊を処罰する規定はなく，不注意で他人の物を壊す行為は，刑法上犯罪にならない。ただ，過失犯処罰規定は，特別法上にも存在することには，注意が必要である。◁2 実際の刑事事件において，とりわけ問題となる過失犯は，被害者の死傷を伴う交通事犯であり，**自動車運転死傷処罰法**上の過失運転致死傷罪（同法5条）等の適用が問題となる。

現行刑法上の過失犯規定は，全て結果犯であり，過失犯の未遂は不可罰にとどまる。◁3 過失犯の場合も，故意犯の場合と同様に，実行行為・結果・因果関係が存在する必要がある。故意犯と異なる過失犯の特徴は，過失犯にあたる構成要件行為が明文で規定されておらず，必ずしも明確ではない点にある。そのため，どのような場合に刑法上の過失が認められるかが問題となる。

2 過失の構造

過失犯が成立するためには，注意義務違反（不注意）がなければならない。この注意義務の内容は，一般に，結果予見義務と結果回避義務と解されており，過失犯の成立には，結果予見義務違反と結果回避義務違反が必要であると解することには，現在異論はないとされている。しかし，この注意義務の内容をめぐって，古くから学説は対立してきた。

過失は，責任の段階で故意犯と区別されると解する伝統的な見解（**旧過失論**）は，注意義務の中心を，結果予見義務に求めた。予見可能性を重視する旧過失論に対しては，予見可能性という程度の概念では幅が広く，不明確であるとの批判がなされた。また，予見可能性が認められるならば，ただちに処罰されることになり得るとの批判がなされた（自動車を運転する場合には，人の死傷事故が生じる予見可能性は常に存在するともいえるが，交通事故により死傷結果が発生した場

▷1 責任主義との関係：38条1項を素直に読むと，「特別の規定」があれば過失のない行為でも処罰することができるかにみえるが，過失すらない行為に対して非難することは不可能であり，それは責任主義に反することになる。⇨1-Ⅲ-1「責任主義，責任の本質」

▷2 過失による器物損壊：刑法上，過失による器物損壊は不可罰であるが，特別法において，過失建造物損壊罪の規定がある（道路交通法116条）。

▷自動車運転死傷処罰法
⇨コラム9「自動車運転死傷処罰法」

▷3 コラム5「犯罪の分類概念」

▷旧過失論
法益侵害のみを違法内容とする結果無価値論からは，結果（法益侵害）の予見可能性があれば過失犯が認められるはずであるから，旧過失論は結果無価値論の帰結ということになる。また，過失は故意と並ぶ責任要素となるため，結果予見義務は，主観的注意義務となる。

42

合，自動車運転者が常に処罰されると考えることは妥当でないとする）。そこで，注意義務の中心を結果回避義務と解する**新過失論**[1]が主張された。

新過失論は，過失犯と故意犯とは，違法性の段階で異なると解釈し，結果予見義務・結果回避義務違反を，構成要件段階で検討する。結果回避義務の内容は，一般に要求される行動基準によって定められ，行動基準から逸脱した行為があれば，結果回避義務違反が肯定される。例えば，過失を違法要素とする新過失論によれば，交通規則を守り，注意を払って車を運転する行為は，そもそも違法ではない。よそ見をして運転するというような，行動基準からの逸脱があってはじめて，注意義務違反が肯定されるというのである。

新過失論は，当初，旧過失論の処罰範囲を限定するものであった。ただ，現在，旧過失論者の多くは，過失犯の実行行為を観念して，構成要件レベルで過失犯の成立を限定し，また，ある程度高度の予見可能性を必要とすることにより，適切な処罰範囲を確保しようとする。それゆえ，現在の旧過失論は，新過失論と具体的事案についての結論は，ほとんど異ならないと指摘される。

③ 結果の予見可能性と結果回避可能性

結果予見義務の前提として，結果の予見可能性の存在が必要と解される。高度経済成長期に，未知の分野における公害や薬害が問題になったという時代において，「何か起こるかもしれない」という漠然とした程度の危惧感で足りると解する立場[4]も主張されたが，処罰範囲が極めて拡大してしまうため，現在では，具体的予見可能性が必要であるとする立場が通説である（具体的予見可能性説）。具体的予見可能性とは，特定の構成要件的結果及びその結果の発生に至る因果関係の「基本的部分」の予見を意味すると解されている。判例も，具体的予見可能性説を採用しているとされる[5]。なお，この「基本的部分」をあまりに抽象的に捉える場合には，予見可能性の程度については漠然とした程度の危惧感で足りるとする見解に接近することになる。

予見可能性が認められるとしても，結果回避義務を課す前提として，さらに「行為時に，行為者はそのような義務を履行することができた」（結果回避可能性が存在する）といえなければならない。その上で，「行為者が結果回避義務を果たせば，結果を回避できた」といえる必要がある（これも，「結果回避可能性」という）。それゆえ，適切な結果回避義務を果たしたとしても，同じように結果が発生していたであろうといえる場合には，過失犯の成立は否定される[6]。例えば，自動車を運転中，徐行を怠って歩行者と衝突し，歩行者を死傷させたという事例で，減速していたとしても，同じく歩行者と衝突し，被害者は死傷していたという場合には，結果回避可能性が認められないことになる。

（濱田　新）

▷**新過失論**
行動基準（基準行為）から逸脱した行為があれば結果回避義務違反が肯定されるという，「行為」を問題にする見解であることから，新過失論は，行為を違法要素とする行為無価値論に親和的な見解ということができる。それゆえ，過失は違法要素となり，結果予見義務，結果回避義務は，客観的注意義務となる。

▷4　危惧感説：「何か起こるかもしれない」という漠然とした程度の危惧感（予見可能性）があれば足り，この危惧感を払拭するため何らかの措置がとられなければ結果回避義務違反が肯定されるとする。

▷5　具体的予見可能性：ただ，ある程度抽象化された因果経過が予見可能であればよいと考えているものと思われる。最決平成12年12月20日刑集54巻9号1095頁（生駒トンネル火災事件），最決平成21年12月7日刑集63巻11号2641頁（明石砂浜陥没死事件），札幌高判昭和51年3月18日高刑集29巻1号78頁（北大電気メス事件）。

▷6　最判平成15年1月24日判時1806号157頁。

第1部　刑法総論

I　構成要件

 ## 過失の競合と信頼の原則

1　過失の競合が問題となる場面

過失結果犯の基本的事例は、単独の行為者の過失により、結果が発生するというものである。もっとも、実際は、複数の者の過失が重なって結果が発生する場合も多い。このように、一つの結果発生に対して、複数の者の過失が存在する場合のことを、**過失の競合**という。過失の競合の類型には、行為者と被害者の過失が存在する場合と、複数の者の過失が併存する場合がある。複数の者の過失が併存する場合とは、例えば、**監督者の過失**と、被監督者の過失が競合して結果が発生した場合や、共同作業における対等な者同士の過失が競合して結果が発生した場合である。過失の競合が問題となる最近の判例として、患者取り違え事件（最決平成19年3月26日刑集61巻2号131頁）、薬害エイズ厚生省事件（最決平成20年3月3日刑集62巻4号567頁）、明石花火大会歩道橋事件（最決平成22年5月31日刑集64巻4号447頁）、日航機ニアミス事件（最決平成22年10月26日刑集64巻7号1019頁）、明石砂浜陥没死事件（最決平成26年7月22日刑集68巻6号775頁）などがある。

2　過失の競合をめぐる理論的問題

過失が競合する事例でも、各人ごとに、過失の成立要件を充足するかが検討されることになる。それぞれの過失が肯定されるならば、各人が単独正犯となる。一見、単純なようであるが、複数の者の過失が存在するという事柄の性質上、過失犯の成否を検討するにあたっては、理論的に複雑な問題が生じる。具体的には、因果関係の成否、信頼の原則の適用の有無、過失の共同正犯の成否などの問題が、複雑に絡んでいる。

過失の競合のように、当初の過失行為と結果との間に、他人の過失行為が介在する場合には、介在する他人の過失行為は、因果関係の成否にどのように影響するのだろうか。予見可能性を基準として法的因果関係を判断する立場（**相当因果関係説**）によれば、過失の競合では、相当因果関係は広く認められることになる。過失行為が介在することは、ままあると考えられるからである。一方、法的因果関係の判断にあたり、行為の危険性の結果への実現を重視する立場によるなら、先行する過失行為の寄与度や、先行の過失行為が介在事情に与えた影響力等を考慮した上で、因果関係の成否を判断することになる。なお、

▷過失の競合
単独の者に複数の過失が存在する場合についても、過失の競合と呼ぶことがある。
▷監督過失
⇒ 1-I-13「管理・監督過失」

▷相当因果関係説
⇒ 1-I-6「被害者の行為の介在と因果関係」、1-I-7「第三者の行為の介在と因果関係」
▷1　危険性の現実化
⇒ 1-I-6「被害者の行為の介在と因果関係」、1-I-7「第三者の行為の介在と因果関係」

因果関係が肯定されるとしても，後述する信頼の原則が適用され，過失が否定される場合もある。

過失犯の成立要件が全て満たされるなら，各過失行為者それぞれに，単独正犯が成立する。単独正犯が成立しない場合には，**過失の共同正犯**を認めるべきとの見解がある。同見解は，2人が共同して危険な作業をしている最中に，人を死なせてしまったが，どちらの過失行為によって死の結果が発生したのか判明しない場合，過失の同時犯とするなら，誰も死の結果について責任を負う者がいないことになるため，過失の共同正犯を認めるべきだとする。裁判実務は過失の共同正犯を認めており，学説上，過失の共同正犯を肯定する立場が有力である。

ただ，過失の共同正犯が認められるとする事案でも，ほとんどの場合，各関与者自身の監督義務・監視義務違反が存在するため，過失単独正犯へと解消できるという見方も有力である。

> ▷過失の共同正犯
> ⇨ [I-V-11]「過失の共犯」

③ 信頼の原則

過失の競合が問題となる事例では，行為者としては，被害者ないし第三者が適切な行動をとるであろうと信頼して行動したが，被害者ないし第三者の不適切な行為が介入して，結果が発生したという場合がある。このような場合，被害者ないし第三者の不適切な行動を予測して結果を回避しなかった者に対し，常に過失犯が成立するとするのは妥当でない。

そこで，「信頼の原則」の適用が主張されるようになった。信頼の原則とは，被害者ないし第三者が適切な行動に出ることを信頼することが相当なら，それを前提として行動すれば足り，仮に信頼が裏切られたとしても，過失責任は負わないとする考え方である。同原則が，過失のいかなる要件充足を否定するのかという点については，学説によって立場に違いがあるものの，同原則を採用することについては，現在，判例・学説上見解の一致がある。

信頼の原則は，特に交通事犯において適用されてきた。最高裁は，右折を始めようとする原動機付自転車の運転者は，後方から来る他の車両の運転者が，交通法規を守り，速度をおとして自車の右折を待って進行する等，安全な速度と方法で進行するであろうことを信頼して運転すれば足り，交通法規に違反して高速度でセンターラインの右側にはみ出してまで自車を追い越そうとする車両のあり得ることまでも予想すべき注意義務がないと判示している（最判昭和42年10月13日刑集21巻8号1097頁）。

なお，他人の適切な行動を信頼することが相当ではない場合（例えば，他人の不適切な行動の兆候を認識している場合）には，信頼の原則を適用することはできない。信頼の原則の適用が否定された判例として，患者取り違え事件（最決平成19年3月26日刑集61巻2号131頁）がある。　　　　　　　　　　（濱田　新）

I 構成要件

13 管理・監督過失

▷ 1
・白石中央病院事件（札幌高判昭和56年1月22日刑月13巻1・2号12頁）
　病院の経営管理事務の一切を掌理統括する業務に従事している者は，出火に備えて新生児，入院患者，付添人の救出や避難誘導に関する職責を負担するが，当直看護士や夜警員が当然果たしてくれるものと予想されるような救出活動ないし避難誘導活動が実行されない場合までも考慮に入れて火災発生に備えた対策を定めなければならない注意義務はない，とした。
・川治プリンスホテル事件（最決平成2年11月16日刑集44巻8号744頁）
　予め消防計画を作成してこれに基づき避難誘導訓練を実施するとともに，防火戸・防火区域を設置していれば，本件火災による宿泊客等の死傷の結果を回避することができたものと認められるから，同ホテルの取締役である被告人には過失があるとした。
・ホテルニュージャパン事件（最決平成5年11月25日刑集47巻9号242頁）
　都心の近代的高層ホテルにおける大火災に関して，被告人は本件ホテル内から出火した場合宿泊客らの死傷の結果を回避するため，予め防火管理体制を確立し

1 管理・監督過失が論じられるようになった社会的背景

　監督過失とは，一言でいえば直接行為者に対する監督的立場にある者の過失責任のことである。現代では潜在的な危険を表面化させることなく事故を未然に防ぐために危険をどのように管理するかが重要となり，事故を直接引き起こした過失行為者だけでなく，危険を管理し，他の行為者を監督すべき人間についても過失責任が問われるようになったのである。

　監督過失の問題は様々な生活分野で起こり得るが，ここでは特に，管理・監督者の処罰が論じられるきっかけとなった，ホテルやデパート，病院などでの火災事故を中心に考えてみよう。

　監督過失は通常，直接行為者に対する指揮監督等の不適切さが過失を構成する「（狭義の）監督過失」と，管理者等による物的設備・人的体制の不備それ自体が結果発生との関係で過失を構成する「管理過失」とに分類される。火災事故の場合，判例は防火扉やスプリンクラーといった物的設備や，従業員に対する避難誘導訓練の実施など人的体制を整備しておく義務（安全体制確立義務）を認めている。これらの義務に違反して何も防火措置を採らなかった場合には，過失行為があるとされる。なお，**信頼の原則**が監督過失の分野に適用され得るかについては，争いがある。

　監督過失はほとんど常に，被監督者の過失行為を予見しなかった，あるいは被監督者の過失行為を止める策を講じなかった，という形で被監督者の過失行為を前提としている。従って，監督過失の成立には，被監督者が不適切な行動をとることについての予見可能性がなければならず，第三者（被監督者）の不適切な行為に対する予見可能性の有無が問題となる点で道路交通事故と共通している。そこで，他人（被監督者）が適切な行動をとるであろうことについて信頼してよいのであれば，監督過失を否定し，このような信頼を揺るがす特別な事情がある場合にのみ監督過失の成立を認めるとする見解も有力である。判例も，「安全教育又は指示を徹底しておきさえすれば，通常，熟練技術員らの側においてこれを順守するものと信頼することが許される」と判示して，信頼の原則の適用の余地があることを認めている。

② 不作為犯としての管理・監督過失

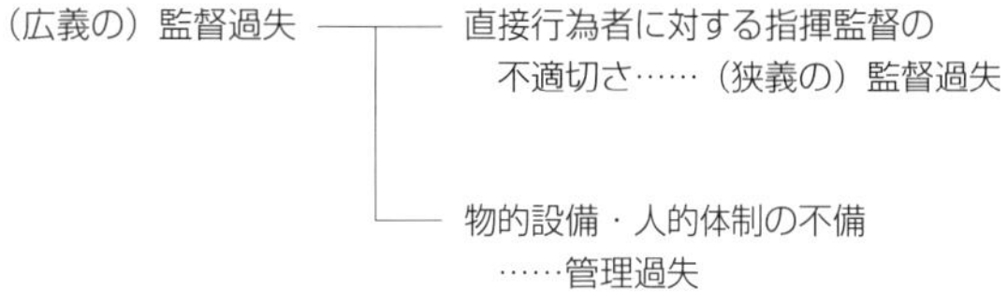

それでは，安全体制確立義務違反が過失に該当するとして，それは作為犯であろうか，不作為犯であろうか。学説の中には，安全体制の確立していない建造物に客を招き入れるという作為だとする見解もあるが，通説は，安全体制を確立しないという不作為だと解している。そうだとするならば，さらに**保証人的地位**や**作為義務**の発生根拠の問題が生じる。つまり，ホテル等の営業に関わる者のうち，誰がどのような根拠に基づいて防火設備を設置しておくべきだったといえるのか，という問題である。

作為義務の根拠としては，消防法や建築基準法といった行政法規が考えられるが，それだけでは十分ではないとして，より実質的に危険源の管理・支配権限を考慮することが多い。判例もまた，防火管理権限を掌握し，行使しうる者は誰か，という観点から義務の主体を限定している。

③ 具体的予見可能性の存否

デパートやホテルの火災事件についてさらに問題になるのは，過失犯の成立には予見可能性が必要であるが，火災がいつどこからどのような原因で発生するのか実際に予見することは大変困難だ，という点である。通説は，出火原因や出火の正確な日時・場所が予見できなくても，火災管理体制の完備によって火災の拡大を防止し，宿泊客の死傷結果をある程度回避できたと予見できるのであれば，予見可能性ありとするに十分だとされる。しかし，出火しない限り致死傷結果が発生するということもあり得ない以上，出火は因果経過の本質的部分をなすものであり，具体的な予見可能性がなければ過失を認めることは許されないとする見解も有力である。この見解によれば，原因不明の出火で火災が生じたような場合には，過失責任は生じないことになる。

④ 因果関係について

過失結果犯については，過失実行行為と結果との間に因果関係がなければ結果を帰責することはできない。ところで，管理・監督過失が問題となる場合，❷で述べた通り不作為による過失行為だとされることが多いので，要求されるのは，いわゆる**不作為の因果関係**である。すなわち，「スプリンクラーが設置されていたならば」，という期待される作為を付け加えた場合に，「火災による致死傷結果は（確実に）回避できていたであろう」，といえなければ条件関係ありとはいえないのである。

(内海朋子)

（広義の）監督過失 ─── 直接行為者に対する指揮監督の不適切さ……（狭義の）監督過失

└── 物的設備・人的体制の不備……管理過失

図 1. I.13-1　監督過失の分類

出所：筆者作成。

ておくべき義務を負っているるとされた。

管理・監督過失が問題となりうるような組織体活動に伴う過失事故は，火災事故以外でも，薬害エイズ事件に関する最高裁平成20年3月3日決定（刑集62巻4号567頁），明石歩道橋事件に関する最高裁平成22年5月31日決定（刑集64巻4号447頁），日航機ニアミス事件に関する最高裁平成22年10月26日決定（刑集64巻7号1019頁）など，様々な生活場面で問題となっている。

▷信頼の原則
⇨ 1-I-11「過失犯総論」
▷ 2 日本エアロジル事件（最判昭和63年10月27日刑集42巻8号1109頁）。
▷保証人的地位
⇨ 1-I-4「不作為犯」
▷作為義務
⇨ 1-I-4「不作為犯」

▷不作為の因果関係
⇨ 1-I-4「不作為犯」

Ⅱ 違法性

違法性阻却事由の本質

1 例外的に違法性がなくなる場合

構成要件は社会的に有害な行為を類型化したものであるので，構成要件に該当する行為は原則として違法であるとの評価を受けることになる（⇨ 「構成要件論」）。そこで，刑法の条文は例外的に違法性がなくなる場合を列挙している（35条以下）。これを違法性阻却事由（正当化事由）という。例えば，他人の生命を奪えば199条の殺人罪の構成要件に該当し，違法性も推定される。しかし，実は短刀をもった暴漢に襲撃されていて，自分の生命を守るために，短刀を取り上げてやむを得ず暴漢を殺してしまった場合には，殺人罪の構成要件該当性は認められても，36条の正当防衛になり得ることになり，場合によっては例外的に違法性がなくなるわけである。だが，そもそもどのような実質的な根拠に基づいて，ここでは例外的に違法性がなくなるのであろうか？ すなわち，すべての違法性阻却事由に妥当するような一般的な違法性阻却の原理を検討することが重要となる。このような違法性阻却の一般的原理を明らかにすることによって，違法性阻却事由を規定する条文を解釈する際の手がかりが得られることになるし，また，条文にはないが，実質的な理由に基づく**超法規的違法性阻却事由**の適用範囲を明確にすることが可能となる。違法性阻却事由の一般的原理をどのように理解するかは，違法性の実質をどのようにとらえるかに関係する。この問題については，学説上以下のような見解がある。

▷**超法規的違法性阻却事由**
実質的な理由から違法性の阻却を認める超法規的違法性阻却事由としては，自救行為，被害者の同意，推定的同意などがある。

2 目的説

この見解によれば，問題となる行為が共同生活の正当な目的を達成するための相当な手段であるときに違法性が阻却される。しかし，「正当な目的のための相当な手段」といっても，一体何が正当な目的で，何が相当な手段であるのかが明確ではなく，具体的内容に乏しいため，これだけでは問題の解決には役立たない。ただし，「正当な目的」を法益の保全という客観的に正当な目的のことであると解し，「相当な手段」をある法益（利益）の侵害が他の法益（利益）の保全と均衡性を保つことであると解せば，後に述べる優越的利益説に接近する。これに対して，行為者が正当な目的を主観的に有することを重視すれば，社会的相当説と同様に，行為の規範違反性に着目する見解との親和性を示すことになる。

③ 社会的相当性説

この見解によれば、行為が社会的相当性の範囲内、つまり、社会生活の中で歴史的に形成された社会倫理秩序の枠内にある場合に違法性が阻却される。この見解の背後には、違法性の実質を社会的相当性を逸脱した法益侵害に求め、違法性の判断にあたり、法益侵害の結果だけでなく、主観的要素と結合した行為の態様をも考慮する考え、つまり、行為の規範違反性を重視する違法観がある。また、社会的相当性は法益侵害の存在を前提にしているので、次に述べる優越的利益説と矛盾するものではないともされている。しかし、社会的相当性の概念の不明確性やそこに含まれる「**社会倫理**」というものが批判されることは多い。また同様の批判は、国家・社会倫理規範によって行為が許される場合に違法性が阻却されるとする見解（社会倫理説）にも投げかけられることになる。

④ 優越的利益説（利益衡量説）

この見解によれば、構成要件に該当する行為が、ある利益を侵害したとしても、それによって他の利益が保全され、しかも、侵害された利益よりも守られた利益の方が優越していたり、同等である場合に違法性が阻却される。この見解の根底にある違法観は、違法性の実質を法益侵害に求める法益侵害説である。何故ここで「法益」ではなく、「利益」の衡量を問題にするのかというと、単に侵害される法益と守られる法益を比較衡量するだけでは、各法益間の抽象的な価値関係だけが基準となってしまい、それ以外の具体的な事情を考慮に入れることができないからである。そこで、優越的利益説は、法益の衡量を基礎としながらも、衝突する法益の内、具体的状況において、どちらがより保護に値するのかということを明らかにするために、**法益の要保護性に関する諸事情**を包括的に考慮に入れている。この意味で、「法益」よりも広い「利益」の衡量が問題となるわけである。また、構成要件に該当する行為によって法益が侵害されたように見えても、法益の主体が法益を放棄している場合（典型例は被害者の同意である。：⇒ 1-Ⅱ-8「被害者の同意」）には、そもそも保護すべき「利益」が最初からなくなるので、違法性が阻却されることになる（ただし、場合によっては構成要件該当性自体が否定される）。

（飯島　暢）

▷社会倫理
刑法における社会倫理の機能を重視する見解も、特定のイデオロギーを国民に押しつけることを念頭に置いているわけではない。この見解によれば、社会倫理とは社会通念や社会コンセンサスのような、社会一般によって承認されている健全な常識のことであり、刑法が法益の保護を図って社会秩序を維持するためには、そういった一般国民の社会通念を考慮しなければならないというのである。

▷法益の要保護性に関する諸事情
①保全された法益に対する危険の程度、②保全された法益と侵害された法益の量と範囲、③法益の保全のために法益侵害手段をとる必要性の程度、④その手段としての行為の方法・態様がもつ法益侵害の危険性の程度などが法益の要保護性に関する諸事情として挙げられる。

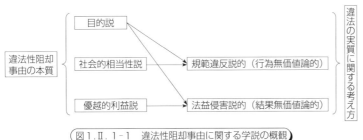

図1.Ⅱ.1-1　違法性阻却事由に関する学説の概観

出所：筆者作成。

II 違法性

2 急迫不正の侵害

▷過剰防衛
⇒ 1-Ⅱ-5 「過剰防衛」
▷1 最小三判昭和46年11月16日刑集25巻8号996頁。
▷2 最小一決昭和52年7月21日刑集31巻4号747頁。
▷3 最小二決平成29年4月26日刑集71巻4号275頁。同決定は，36条の急迫性の要件を充足するか否かを「具体的には，事案に応じ，行為者と相手方との従前の関係，予期された侵害の内容，侵害の予期の程度，侵害回避の容易性，侵害場所に出向く必要性，侵害場所にとどまる相当性，対抗行為の準備の状況（特に，凶器の準備の有無や準備した凶器の性状等），実際の侵害行為の内容と予期された侵害との異同，行為者が侵害に臨んだ状況及びその際の意思内容等を考慮し，行為者がその機会を利用し積極的に相手方に対して加害行為をする意思で侵害に臨んだとき……など」を勘案して判断するとしている。
▷積極的加害意思
積極的加害意思と防衛の意思との関係については ⇒ 1-Ⅱ-3 「防衛の意思」を参照。
▷4 侵害の予期と急迫性に関連して，喧嘩闘争の場合，侵害が予期され，あえて闘争状態に陥ったとして

1 正当防衛（36条1項）における「急迫不正の侵害」

正当防衛が成立するためには「急迫不正の侵害」が存在しなければならない（36条1項）。これがなければ**過剰防衛**（同2項）も成立しない。以下では，この「急迫不正の侵害」の要件と「対物防衛」について順次解説する。

2 「急迫」

最判昭和46年11月16日は，「急迫」とは，「法益の侵害が現に存在しているか，または間近に押し迫つていること」を意味するとし，「侵害があらかじめ予期されていたものであるとしても，そのことからただちに急迫性を失うものと解すべきではない」とした。多くの学説は，「正は不正に譲歩する必要はない」ため，予期された侵害（例えば，虐待やいじめなど）を回避・退避する義務を正当権利者に課すことは不当であるとして，この結論を支持している。

しかし，侵害が予期された場合に，正当防衛が否定されることもある。最決昭和52年7月21日は，「単に予期された侵害を避けなかつたというにとどまらず，その機会を利用し積極的に相手に対して加害行為をする意思で侵害に臨んだときは，もはや侵害の急迫性の要件を充たさない」とした。

さらに，最決平成29年4月26日は，「急迫不正の侵害」とは「緊急状況」を意味するとし，行為者が侵害を予期した上で対抗行為に及んだ場合の急迫性の要件について，「対抗行為に先行する事情を含めた行為全般の状況に照らして検討すべきである」として，**積極的加害意思**を議論の起点とする前掲昭和52年決定を踏まえつつも，客観的事情を総合勘案して判断している。

3 「不正」

大判昭和8年9月27日は，「不正」とは「違法」であることを意味するとしている。通説は，**責任無能力者**（精神障害者・刑事未成年）などの有責性のない者による違法行為や過失行為にも正当防衛は可能であるとする。しかし，適法行為や無過失行為に対する正当防衛は一般的には認められていない。

4 「侵害」

通説は，侵害には，積極的侵害だけではなく，不作為による侵害も含まれる

とするが，侵害の継続中にのみ正当防衛を認め，終了後には認めていない。

侵害終了の時期は，一般的には，侵害者が背を向けて逃げ出したとき，侵害者の持っていた凶器が奪い取られたときなどに認められる。最判平成9年6月16日[6]は，侵害者が新たな攻撃を加える可能性がある場合には侵害がなお継続しているとした。また，最決平成20年6月25日[7]は，正当防衛となる第一暴行で被害者が転倒してさらなる侵害行為に出る可能性がなくなったにもかかわらず，被告人がそれを認識しながら第二暴行に及んだ場合，第二暴行には正当防衛はもちろん過剰防衛さえも成立しないとした。

正当防衛と**自救行為**との関係について，通説は，急迫の侵害が継続中である場合には正当防衛を認めているのに対し，侵害は終了したもののなお権利侵害の状況が残っている場合には自救行為となるにすぎないとしている。

⑤ 対物防衛

正当防衛における侵害は人の行為に限られるのか，それとも人の行為によらない侵害に対する正当防衛（これを対物防衛という）は可能であるのか。つまり，対物防衛とは，ある物（特に動物）が危険源となってそこから法益侵害の危険が生じたとき，危難にさらされた者がその物を破壊することにより難を逃れることは可能か否かという問題である。これについては，所有者に故意や過失がある場合には正当防衛として物を壊すことができることにほぼ異論の余地はない。例えば，飼い主Aに故意や過失があるために飼い犬BがXを襲った場合，犬Bに対するXの防衛行為（対物防衛）が是認されうる。しかし，この飼い主Aに故意も過失もない場合のXの対応をめぐっては，㋐正当防衛説，㋑緊急避難説，㋒防衛的緊急避難説（中間説）の三説が対立している。

㋐は，Xの対物防衛を肯定する。理由は，侵害が人によるか物によるかによって防衛行為として許容される範囲が異なる（人による侵害よりも物による侵害の方が狭い）のは妥当ではないからであるとする。

㋑は，対物防衛を否定し，Xには**緊急避難**しか認められないとする。理由は，「不正」という評価は人の行為にのみ可能なのであるから，Aに故意や過失がない限り，生じた危険は「違法な」侵害とはいえないからであるとする。

㋒も，対物防衛を否定するが，単純に緊急避難が成立するわけではなく，Xには補充性も法益の均衡も要件とされない特殊な緊急避難（防衛的緊急避難）を認める。その理由は，「不正」という評価は人の行為にのみ可能ではあるが，しかし，より重大な侵害（人であるXの生命・身体）を避けるためにより軽微な財産的法益（犬であるB）を侵害した場合においても他に方法がある限り逃避を義務づけられてしまうのは不当であるから，さらには，民法720条2項でさえも物が危険源となって危難が引き起こされた場合にその物を損傷する行為について損害賠償責任を否定しているからとする。　　　　　（後藤啓介）

も正当防衛が認められうるのかという問題もある。従前の判例（大判昭和7年1月25日刑集11巻1号など）は「喧嘩両成敗」の法理を採用し，喧嘩の場合には正当防衛を一切認めていなかった。しかし，戦後の判例（最小三判昭和32年1月22日刑集11巻1号31頁など）は，「喧嘩両成敗」の法理を否定し，正当防衛が成立する余地があるとした。具体的には，喧嘩闘争の場合に正当防衛が成立するか否かは，闘争の一連の流れを全体的に観察すると同時に，断絶や中断の事情が認められるときには，そのつど正当防衛要件の充足の有無を検討しなければならないとされている。

▷5　大判昭和8年9月27日刑集12巻1654頁。

▷**責任無能力者**
⇨ 1-Ⅲ-2「責任能力」

▷6　最小二判平成9年6月16日刑集51巻5号435頁。

▷7　最小一決平成20年6月25日刑集62巻6号1859頁。

▷**自救行為**
権利を侵害された者が，法律上の正規の手続を通しての損害回復によらず，自ら権利の救済をはかる行為をいう。自救行為に関する直接の明文規定は存在していないが，最小二決昭和46年7月30日刑集25巻5号756頁は，「自救行為は，正当防衛，正当業務行為などとともに，犯罪の違法性を阻却する事由である」としており，自救行為の存在それ自体は判例・通説によって認められている。

▷**緊急避難**
⇨ 1-Ⅱ7「緊急避難」

Ⅱ 違法性

3 防衛の意思

1 正当防衛（36条1項）における防衛の意思

　正当防衛における防衛の意思の要否と内容をめぐっては学説が対立している。
　まず，防衛の意思の要否について，㋐必要説は，36条1項の「防衛するため」という文言などを根拠に正当防衛の主観的要件（主観的正当化要素）として当該意思を必要とする。㋑不要説は，防衛行為者の正当な利益が保護される限りで防衛行為時に当該者がいかなる認識・動機を有していたかは重要ではないなどの理由から当該意思を不要とする。判例は㋐の立場であるとされており，例えば，❶最判昭和46年11月16日は，「刑法三六条の防衛行為は，防衛の意思をもつてなされることが必要である」と判示している。なお，㋐と㋑の見解の違いが正当防衛の成否などに重要な影響を及ぼす，いわゆる「偶然防衛」の問題については後記4で検討する。
　次に，防衛の意思の内容についても，㋐の内部で，正当防衛にあたる事実の認識とみる認識説と，正当防衛のための行為をしようという動機とみる動機説が対立している。判例は，下記❷でみるように，正当防衛の動機を要求しつつも，それが多少なりともあれば足りるとする説に立っているといわれている。

2 防衛の意思をめぐる判例の動向

　当初，大判昭和11年12月7日などは，憤激による反撃行為には防衛の意思が欠けるとしていた。しかしながら，前掲❶判決は，「相手の加害行為に対し憤激または逆上して反撃を加えたからといつて，ただちに防衛の意思を欠くものと解すべきではない」とした。さらに，❷最判昭和50年11月28日は，「防衛の意思と攻撃の意思とが併存している場合の行為は，防衛の意思を欠くものではない」とした。また，最判昭和60年9月12日は，もっぱら攻撃の意思に出たものでない限りは，なお防衛の意思を認めうるとしている。
　しかし，他方で，これらの判例では，「かねてから……憎悪の念をもち攻撃を受けたのに乗じ積極的な加害行為に出たなどの特別な事情」（前掲❶判決）や，いわゆる「口実防衛」である「防衛に名を借りて侵害者に対し積極的に攻撃を加える行為」（前掲❷判決）がある場合には，防衛の意思は否定されている。
　有力な学説は，これらの判例を踏まえ，反撃行為時の攻撃の意思が防衛の意思を排除し尽くし，後者がゼロとみられる場合にのみ防衛の意思を否定する傾

▷1　最小三判昭和46年11月16日刑集25巻8号996頁。

▷2　大判昭和11年12月7日刑集15巻1561頁。

▷3　最小三判昭和50年11月28日刑集29巻10号983頁。

▷4　最小一判昭和60年9月12日刑集39巻6号275頁。

向が判例には見受けられるとする。つまり，反撃行為時における意図的な過剰行為は，防衛の意思が欠けた積極的加害行為として正当防衛から除外されるというのである。ゆえに，このような見解によれば，判例における防衛の意思は，正当防衛の成否ではなく，**過剰防衛**として36条2項の減免を認めるか否かの場面で責任要素（責任減少を否定する要素）として考慮されることになる。

▷過剰防衛
⇨ 1-Ⅱ-5「過剰防衛」

③ 積極的加害意思と防衛の意思

　急迫性に関する**積極的加害意思**と防衛の意思は，学説上，判断の時点と判断対象となる意思内容が異なるとされている。すなわち，前者は反撃行為に及ぶ以前の意思内容が問題となるのに対し，後者は反撃行為を行う時点の意思内容が問題となるとされている。言い換えれば，侵害を予期している場合にのみ（急迫性の成否に影響する）積極的加害意思が問題となることになる。

▷積極的加害意思
⇨ 1-Ⅱ-2「急迫不正の侵害」

④ 偶然防衛

　偶然防衛とは，急迫不正の侵害が実際に存在するのに，行為者がそれを知らずに法益侵害行為を行ったが，結果的に正当防衛になったという場合である。具体的には，Xが，Aへの殺意をもって銃を発砲したところ，弾丸が命中しAは即死したが，まったく偶然にもAはその時X（ないしB）を殺そうとして爆弾のスイッチを押そうとしていたという場合である。

　この場合，Xの罪責をめぐっては，従来，前記①にいう防衛の意思⑦必要説と①不要説の間に対立があるとされ，⑦はXには防衛の意思がないため正当防衛は成立しないからXは殺人既遂罪で処罰されるとするのに対し，①はXの行為は客観的に正当防衛の結果を生じさせたのであるから正当防衛が成立するため不可罰であるとするのが一般的であった。しかし，近時は⑦からも①からも殺人未遂罪とする説がそれぞれ有力に主張されるようになってきている。

　⑦の殺人未遂説によれば，**結果無価値論**の立場から，Xによって違法な結果が生じた可能性があったことを理由に，Xは殺人未遂で処罰されうるとされている。この説に対しては，結果無価値論を徹底すると行為だけではなく結果も正当化されるはずであるとの批判や，「侵害はよいが侵害を試みることは許されない」というのでは，ベニスの商人の「肉を切り取ってよいが血を流してはならない」というのと同じレベルの詭弁であるとの批判などがある。

▷結果無価値論
⇨ 序-6「行為無価値と結果無価値」

　①の殺人未遂説によれば，**違法二元論**を根拠に，Xの行為不法と結果不法の両方を検討し，行為不法は肯定されるものの，事後的・客観的には正当な結果が明らかとなっているために結果不法は否定され，未遂の限度での違法性を認め，Xは殺人未遂で処罰されうる（未遂不法は肯定されうる）とされている。この説に対しては，未遂犯にあっても防衛の意思の欠如という主観的な事情のみを処罰根拠とすることには疑問が残るとする批判などがある。（後藤啓介）

▷違法二元論
違法二元論とは，行為無価値とともに結果無価値も違法性の重要な構成要素だとする立場のことである。

第1部　刑法総論

Ⅱ　違法性

 防衛行為の相当性

1　正当防衛における利益状況

　正当防衛（36条1項）では「不正の侵害」に対する正当な利益の防衛が問題となるために，被侵害者の利益が侵害者の利益に優越する。これに対して，**緊急避難**（37条1項本文）は正当な利益の犠牲のもとで自己または他人の利益を守ろうとするものであり，そのような優越性は認められない。両者では利益状況が異なり，このことが成立要件の違いに反映されている。

2　「やむを得ずにした行為」の意義

　正当防衛は，自己または他人の権利を防衛するため「やむを得ずにした行為」に成立する。この要件を充たさない場合，当該反撃行為は違法な犯罪行為となるが，**過剰防衛**（36条2項）になり，刑が任意的に減免される。
　「やむを得ずにした行為」という文言は緊急避難にもみられるが，これは正当防衛におけるものとは異なって理解されている。すなわち，緊急避難の場合は他に手段がなかったことが要求され（補充性の原則），逃げることで攻撃を避けられたのであれば「やむを得ずにした行為」にあたらない。これに対し，正当防衛の場合には，逃げる義務がないことを前提に，いかなる反撃行為であれば正当防衛として違法性が阻却されるかが問われる。判例も，「予期された侵害を避けるべき義務を課する趣旨ではない」として，侵害を回避ないし侵害から退避すべき義務が（原則として）存在しないことを確認している。この違いは，前述①で説明したように両者の利益状況が異なることに由来する。
　判例は，「やむを得ずにした行為」の意義に関して，「急迫不正の侵害に対する反撃行為が，自己または他人の権利を防衛する手段として必要最小限度のものであること，すなわち反撃行為が侵害に対する防衛手段として相当性を有するものであることを意味する」と判示した。学説上は，反撃行為の必要性と相当性とに分けて分析されている。
　必要性は，正当防衛が不正な侵害に対する反撃であることから，文字通りの必要不可欠性ではなく，防衛に役立つという意味で理解されている。そのため，正当防衛の成立範囲を画する要素としてさほど機能しない。
　そこで，相当性による限定が重要となる。正当防衛が不正の侵害に対する反撃であるとしても，過剰防衛の規定からも明らかなように，いかなる反撃行為

▷緊急避難
⇨ 1-Ⅱ-7「緊急避難」

▷過剰防衛
⇨ 1-Ⅱ-5「過剰防衛」
▷1　最決昭和52年7月21日刑集31巻4号747頁。
▷2　最判昭和44年12月4日刑集23巻12号1573頁。事案は，被告人は，Vが突然被告人の左手の中指及び薬指をつかんで逆にねじあげたので，痛さのあまりこれを振りほどこうとして右手でVの胸の辺りを1回強く突き飛ばし，Vを仰向けに倒してその後頭部をたまたま付近に駐車していたVの自動車の後部バンパーに打ちつけさせ，よってVに対し加療45日間を要する頭部打撲症の傷害を負わせた，というもの。
▷3　防衛におよそ役立たない行為は，そもそも「防衛するため」の行為といえず，過剰防衛にもならないと解される。この意味でも，防衛に役立つという意味での必要性の機能は乏しい。

54

であっても許されるわけではない。侵害から逃げる義務がないことを前提に，反撃手段として必要最小限度のものであることを要する。

しかし，反撃行為者は「急迫不正の侵害」にさらされて緊迫した状況に置かれており，また被侵害者の利益は優越することから，後から冷静に考えればより穏当な手段があったという理由で直ちに相当性を否定すべきではない。論理的にはより穏当な手段が考えられるとしても，反撃行為者に行為当時において要求しえた反撃手段の中で必要最小限といえる手段であれば，相当性が肯定されるべきである。

このような反撃手段であれば，前記判例がいうように「その反撃行為により生じた結果がたまたま侵害されようとした法益より大であっても，その反撃行為が正当防衛行為でなくなるものではない」。ただし，反撃行為によって生じた結果がいかなる意味でも考慮できないと考えるべきではない。重大な結果が発生したということは，それだけ反撃行為が危険なものであったということを推認させ，反撃行為の必要最小限度性・相当性を判断するための一資料となるからである。

③ 相当性の判断方法

相当性の判断に際しては，侵害の危険性と反撃行為の危険性の比較衡量が重要である。危険性の高い侵害を排除するにはより強い反撃行為が必要となるし，要求しえた手段も少なくなろう。他方，危険性の高い反撃行為が行われる場合には，より穏当な反撃行為が想定されやすくなるのである。

危険性の内容は抽象的に捉えるべきではなく，いかなる法益に対するいかなる態様の危険性であるのかを具体的に検討する必要がある。例えば，すでに継続的かつ執拗に行われている暴行と目前に迫った短時間で終了すると考えられる暴行とを比較すると，仮に同じく身体に対する危険性であったとしても，前者の方がより危険性が高いといえる。

危険性の内容・程度に影響するため，凶器が使用された場合には，それがどのようなものであったかが重要となる。ただし，例えば素手による侵害に刃物で反撃したということから直ちに相当性を否定すべきでない。凶器の用法も考慮されなければならない。刃物の使用方法が防御的なものに終始しているのであれば，危険性の高い反撃行為とはいえないからである。反対に，刃物で威嚇すれば十分に侵害の排除が可能であったのに，直ちに刃物で刺すという態様で反撃した場合，相当性は否定されよう。

また，凶器でないという意味では同じ素手同士であっても，侵害者・反撃行為者の主体に関する事情として，体力の違いや柔道・空手などに習熟していたかといった事情が考慮されるべきである。

以上のような視点を考慮しながら，個別具体的な状況のもとで実質的に反撃行為の相当性を検討する必要がある。

(荒木泰貴)

▷ 4　自己の権利を防衛する場合であれば反撃行為者と被侵害者は一致するが，他人の権利を防衛するための正当防衛（緊急救助）の場合，反撃行為者と被侵害者は別人となる。

▷ 5　緊急避難は，避難行為「によって生じた害が避けようとした害の程度を超えなかった場合に限り」成立する（害の均衡）。正当防衛との違いの根拠は，ここでも①で述べた利益状況の違いに求められる。

▷ 6　最判平成 9 年 6 月16日刑集51巻 5 号435頁参照。

▷ 7　最判平成元年11月13日刑集43巻10号823頁参照。

▷ 8　最決昭和62年 3 月26日刑集41巻 2 号182頁参照。

II 違法性

過剰防衛

1 刑の任意的減免の根拠

「防衛の程度を超えた行為」を過剰防衛という（36条2項）。正当防衛（36条1項）の要件のうち，「やむを得ずにした行為」といえない場合に成立する。過剰防衛は違法な犯罪行為であるが，刑が任意的に減免される。

その根拠は諸説あるが，違法性・責任の減少が根拠になっていると解される。過剰な反撃行為とはいえ自己または他人の正当な利益を防衛したという点および不正な侵害者の要保護性は低下する点で違法性が減少する。また，急迫不正の侵害という緊急状況下では反撃行為者の心理が圧迫されて冷静な判断ができず，許される範囲内で反撃行為を行うことを十分に期待できないため，責任が減少する。過剰な部分は完全な犯罪が成立しているのであるから，違法減少だけでは減軽を超えて刑の免除まで認めうることの説明が困難となる。また，責任減少だけでは正当防衛状況でのみ過剰防衛となりうることの説明が困難である。両者は単純な足し算ではなく，過剰防衛の要件・効果との関係で併用することが必要と考えられる。

2 質的過剰防衛

質的過剰防衛とは，木刀による反撃で十分であるのに日本刀で反撃したなどの，手段の侵害性がすでに必要性・相当性を超えた過剰なものをいう。これが過剰防衛になりうることに争いはない。

3 量的過剰防衛

量的過剰防衛は，第一行為で反撃としては十分であるのに第二行為まで行ったために過剰となった場合をいう。

量的過剰防衛には二つの区別されるべき問題が存在する。①第二行為が急迫不正の侵害の終了後に行われた場合に36条2項を適用できるか。②第一行為単独でみれば正当防衛になると思われる反撃行為であったのに，過剰な第二行為が行われたことで全体を過剰防衛として（第一行為をも違法と評価して）よいか。

①につき，判例は肯定している。例えば，最初の一撃によって侵害者が横転して被告人に対する侵害的体勢が崩れ去ったことを認めながら，恐怖・驚愕・興奮・狼狽のあまり引き続いて3～4回にわたって追撃行為に出た一連の行為は，

▷ 1 ⇨ 1-Ⅱ-4 「防衛行為の相当性」。他の要件が充たされない場合，過剰防衛にもならない単なる犯罪行為となる。文言上は，そのような行為は防衛行為ではないから「防衛の程度を超えた行為」にあたらないと解されよう。

▷量的過剰防衛
量的過剰防衛の定義には，a）侵害の終了後にも反撃行為を継続した，b）反撃を継続しているうちに量的に行きすぎた（侵害の終了を問題にしない定義），という二つがありうる。本文中①の問題を考えるのであればa）がわかりやすいが，②は侵害の終了前に行われた複数の反撃行為でも問題となるから，その点ではb）がわかりやすい。定義に拘泥するのではなく，何が問題かを意識する必要がある。

それ自体が全体として「防衛の程度を超えた行為」にあたる，とした原判決を是認したものがある。過剰防衛の責任減少の観点から①を肯定することは可能だが，違法減少の観点からも説明しうる。各行為が全体として一連一体の反撃行為と評価されることで，追撃行為も侵害に対する反撃と評価されうるからである。

②の問題が先鋭化するのは，それ自体は相当といえる第一行為から人の死亡結果等が発生した事案においてである。後の第二行為が行われることで遡って第一行為が違法となっているのではないかが問題となる。判例は，第一暴行によって侵害者が転倒して頭を強打して動かなくなったことを十分に認識しながらもっぱら攻撃の意思で第二暴行に及んだが，死因となる傷害は第一暴行によって形成されたという事案において，両暴行は時間的場所的に連続するものの，侵害の継続性及び防衛の意思の有無の点で明らかに性質を異にして断絶があるとして，第一暴行を傷害致死罪の正当防衛，第二暴行から発生した傷害について単なる傷害罪の成立を認めた。これに対し，別の判例は，机を押して被害者を押し倒すというそれ単独では相当な反撃行為を行い（第一暴行），反撃や抵抗が困難な状態になった被害者に対し，その顔面を手けんで数回殴打した（第二暴行）が，傷害は第一暴行によって発生したという事案につき，両暴行は急迫不正の侵害に対する一連一体のものであり，同一の防衛の意思に基づく１個の行為と認めることができるから，全体的に考察して１個の過剰防衛としての傷害罪の成立を認めるのが相当である，とした。そして，第一暴行から傷害が発生したという事情は有利な情状として考慮すれば足りるとしたのである。

量的過剰防衛については，第一行為と第二行為の時間的場所的近接性を考慮しつつ，侵害の継続性及び防衛の意思の同一性によって，両行為が一連一体のものといえるか，という視点が重要である。

④ 誤想防衛，誤想過剰防衛

誤想防衛とは，正当防衛にあたる事実の存在を誤信した場合，言い換えると，行為者の誤信した事実が仮に現実となったら正当防衛といえるような事実であった場合をいう。行為者の認識した事実は正当防衛を構成する適法な事実であるから故意が認められず，過失犯が成立しうる。

誤想過剰防衛とは，急迫不正の侵害の存在を誤信し，かつ，誤信した侵害が現実に存在したとしても不相当な反撃行為の認識であった場合をいう。行為者の認識した事実は違法な事実であるから故意犯が成立するが，その心理状態は過剰防衛と同様であるから，36条２項を準用して刑の任意的減免をすることが考えられる。過剰防衛の責任減少の観点からは，誤想過剰防衛の場合も責任の減少が認められるため，準用が肯定できよう。なお，この責任減少は誤想防衛の場合にも認められるから，過失犯が成立する場合には36条２項が準用できると解される。

（荒木泰貴）

▷2 最判昭和34年２月５日刑集13巻１号１頁。また，最判平成６年12月６日刑集48巻８号509頁も参照。

▷3 最決平成20年６月25日刑集62巻６号1859頁。

▷4 最決平成21年２月24日刑集63巻２号１頁。

▷誤想防衛
急迫不正の侵害の存在を誤信した場合や相当な反撃であると誤信して不相当な反撃をした場合等が考えられる。事実認識に誤りはないが「これはすでに急迫不正の侵害となる」「この程度は相当である」と考えたにすぎない場合は，認識した事実は単なる違法な事実であるから故意が認められ，36条２項の準用もない。

▷誤想過剰防衛
誤信した侵害に対して相当といえる反撃行為の認識であった場合，認識した事実は適法な正当防衛の事実であるから誤想防衛になる。

Ⅱ　違法性

自招侵害

1　自招侵害とは

　自己の法益が侵害されうる状況を，自らの落度で招いた者が，正当防衛をなすことはできるか。これが自招侵害と正当防衛の問題である。そうした状況を自ら招く行動としては，相手に挑発的な言葉を浴びせること，前方を走行する車を追い抜き，その前に割り込むこと，大きな音量で音楽を聴き続け，隣人を怒らせることなど，犯罪を構成しないものを含め様々考えられるが，この問題について，リーディングケースとなる判例を素材として考えてみる。

2　最高裁平成20年5月20日決定

　まず，最決平成20年5月20日である。些細な言い争いをきっかけに，被告人がいきなりAの頬を手拳で1回殴り，すぐに立ち去ったところ，Aが被告人を追いかけ，その殴打現場から約90メートル離れたところで追いつき，自転車に乗った状態で，水平に伸ばした右腕で後方から強く殴打したため，被告人は前方に倒れた。起きあがった被告人は，護身用に携帯していた特殊警棒を衣服から取り出して，Aの顔面等を数回殴打する暴行を加え，加療約3週間を要する傷害を負わせた。

　最高裁はこのケースについて，「被告人は，Aから攻撃されるに先立ち，Aに対して暴行を加えているのであって，Aの攻撃は，被告人の暴行に触発された，その直後における近接した場所での一連，一体の事態ということができ，被告人は不正の行為により自ら侵害を招いたものといえるから，Aの攻撃が被告人の前記暴行の程度を大きく超えるものでないなどの本件の事実関係の下においては，被告人の本件傷害行為は，被告人において何らかの反撃行為に出ることが正当とされる状況における行為とはいえない」と述べ，正当防衛の成立を否定した原判断を支持した。

　従来，自招侵害の問題は，**挑発防衛**の事例について語られることが多かった。だが，自招侵害の問題には，上掲した平成20年決定のケースように，原因行動が挑発ではない場合も含まれる。つまり，闘争状態が生じたことについて何らかの落度がある者が，反撃をすることは許されるかということが一般論として問題となる。

▷1　参考になるケースとして，最判平成元年11月3日刑集43巻10号823頁がある。「防衛行為の相当性」に関するリーディングケースであるが，被告人の駐車の仕方が原因でトラブルが生じた自招侵害の事案である。

▷2　最決平成20年5月20日刑集62巻6号1786頁。

▷3　最初の暴行現場から約90メートル離れたところまで自転車で追いかけ，背後から攻撃をしたというAの行動を，「被告人の暴行に触発された，その直後における近接した場所での一連，一体の事態」とすることは，評価が分かれよう。
▷挑発防衛
防衛行為を行う者が相手方を意図的に挑発したことに，正当防衛状況が生じたそもそもの原因あるというケースである。

❸ 「急迫性」とその他の要件

　もめ事の原因をつくった当事者は，相手方から一定の侵害を受けることを，少なからず予期できるだろう。侵害を予期しえたということが，当該事例における正当防衛成立の否定につながるとすれば，それは，**急迫性の要件**に照らして導かれる結論である。だが，平成20年決定のケースでは，被告人は当初暴行を働いてはいるものの，Aによる背後からの攻撃を予期したとは言い切れない。つまり，ここで正当防衛の成否を考えるとき，「急迫性」とは異なる観点の検討が必要となる。

　「急迫性」とは異なる観点で，正当防衛の成立を制限することについては，防衛行為をなそうとする者が特段の負担なく侵害を回避しうる場合には，**侵害回避義務**が課されるという見解が主張されている。だが，これに対しては，以後に行われる防衛行為よりも時間的に先行し，いわば背後にあるといいうる義務違反たる態度を，実行行為に含めてしまう考え方ではないかとの批判がなされている。また，相手方の行為も違法なものであることからすれば，その相手方の法益を保護する必要性も減弱していると考えられ，防衛行為者側の状況に重きを置いて，法的な侵害回避義務の存在を肯定してしまうことにも疑問が生じる。

❹ 解決の視点

　自招侵害が問題になるケースで，防衛者側に落度があるのだとすれば，その落度の高さに応じて，防衛者の法益を保護する必要性（要保護性）は減少・消滅するといいうる。この点，刑法36条1項に照らして考えると，要保護性（ないし権利性）が減弱している防衛行為者については，「やむを得ずにした行為」が認定が厳格となり，防衛行為として取りうる手段も限定されると解することができる。そして，正当防衛が，不正な侵害に対する正当な行為として，「正対不正」の関係において承認されるものならば，その落度の度合いからして，もはや「正」の存在として評価できない防衛行為者には，正当防衛としての違法性阻却を認める余地もなくなるといいうる。その場合，同人には，攻撃から退避（ないし攻撃の甘受）という選択しかない。

　以上の法理にもとづいて，平成20年決定のケースを考えてみると，先に暴行をはたらいたのは被告人であり，その落度は被告人の要保護性を消滅させると考えれば，正当防衛を認めなかった判例の結論を支持できる。他方，Aの不意打ち的な仕返し攻撃も違法なものである以上，被告人の要保護性，権利性は未だ完全には否定されず，正当防衛を認める余地があると評価することもありえよう。だが，そうだとしても，落度ある被告人が取りうる手段は，落度の高さによって限定される。そして，被告人の当該防衛手段は「相当性」を欠くと評価するならば，**過剰防衛**の結論が導かれる。　　　　　（榎本桃也）

▷急迫性の要件
詳しくは，1-Ⅱ-2「急迫不正の侵害」を参照。判例によれば，予め侵害が予期されていた場合でも，必ずしも「急迫性」は否定されない（最決昭和52年7月21日刑集31巻4号747頁を参照）。近時の，最決平成29年4月26日刑集71巻4号275頁が重要である。

▷侵害回避義務
現場からの退避や警察への通報など，比較的容易であった他の手段を選択せずに防衛行為を行った者は，侵害回避義務違反にあたり，正当防衛としての違法阻却が認められないとするものである。有力な学説により提唱される概念である。

▷4　相手方も違法行為をなしており，その帰責性からして要保護性は減弱していると考えることができる。そもそも，自招侵害のケースで，もめ事の原因をつくった防衛者にも正当防衛を認めうる理由はここにある。つまり，当該防衛行為を，「権利を防衛するため」（刑法36条1項）に該当するか否かを検討するとき，攻撃者と被攻撃者それぞれの利益状況の考量がなされるのである。

▷5　つまり，当該防衛行為に法確証の利益，すなわち，不正な攻撃に対する反撃を認め，正当な権利の不可侵性を公に示し，それによって法秩序を安定させようとする利益が認められないということである。

▷過剰防衛
⇨1-Ⅱ-5「過剰防衛」を参照。要保護性が消滅しているのであれば，過剰防衛成立の余地もない。

II 違法性

7 緊急避難

1 正当防衛と緊急避難の違い

　正当防衛とは不正の侵害に対して正当な利益を防衛する行為である。しかし，常に違法な攻撃者に対して立ち向かって反撃できるとは限らない。場合によっては，身に降りかかる危難を無関係の第三者に転嫁して初めて，その危難から逃れて正当な利益を守れることもある。例えば，Xに殺されそうになったYが傍らのZを突き飛ばして怪我をさせて逃げた場合や，Zの家に無断で逃げ込んだ場合などが考えられる。このような事態をカバーするのが，37条1項の緊急避難である。緊急避難には**二つの類型**があるが，正当防衛との違いは，正当防衛が「正対不正の関係」にあるのに対して，緊急避難が「正対正の関係」にあることである。この点から，緊急避難の要件は，正当防衛の場合と比べてより厳格なものが要求されている。

2 緊急避難の法的性質

　緊急避難の法的性質をどのように理解するかについては，学説上争いがある。通説は，条文上「生じた害が避けようとした害の程度を超えなかった場合」，つまり行為者によって守られた法益が，その者によって侵害された法益よりも価値が小さくない場合に処罰されないのであるから，緊急避難の本質は優越的利益保護の考えに基づく違法性阻却事由であるとする。また，緊急避難は緊急状態下でなされるので，適法な行為にでることを期待できない点に本質があるとする責任阻却事由説も主張されている。近時有力なのが**二分説**である。この見解は，緊急避難を原則的に違法性阻却事由とするが，守られた法益と侵害された法益が同等の場合，または生命対生命のように比較して優劣をつけることに馴染まない場合には責任が阻却されるに過ぎないと主張する。このような見解の相違は，緊急避難行為に対して正当防衛が可能か否かに関する結論の違いとなって現れてくる。

3 緊急避難の要件

　緊急避難が成立するためには，まず自己または他人の法益に対する「現在の危難」がなければならない。「現在の危難」とは法益に対する危難が現にあるか，差し迫っていることであり，**正当防衛における「急迫性」**と基本的に同じ

▷二つの類型
本文で挙げた無関係の第三者に危難を転嫁する場合を攻撃的緊急避難といい，危難の発生源となっている法益を避難行為を通じて侵害する二面的構造をもつ類型を防御的緊急避難という。

▷二分説
二分説には様々なバリエーションがある。本文で紹介した違法性阻却をベースとするもののほかにも，緊急避難の本質を基本的に責任阻却事由としながら，守られた法益が，犠牲になった法益に比べて価値的に著しく優越する場合に違法性の阻却を認める二分説もある。

▷正当防衛における「急迫性」
⇒ 1-II-3 「防衛の意思」

であると考えてよい。正当防衛が「侵害」を対象とするのに対し、緊急避難では「危難」が問題となる。危難とは、法益に対する客観的な実害・危険を指し、その原因が何であるかは問われない。つまり、人の行為が危難を引き起こす場合だけでなく、動物の攻撃、その他自然現象による危難も含まれる。また、「不正の侵害」を対象とする正当防衛とは異なり、危難の原因が適法か違法かという点も問われない。

緊急避難となるためには、「危難を避けるため、やむを得ずにした行為」でなければならない。まず、「危難を避けるため」の行為といえるためには、自己または他人の法益を守るのに役立つ行為がなされなければならないが、ここで通説は主観的要件として「避難の意思」が必要であるとする。「やむを得ずにした行為」というのは、正当防衛とは異なり、法益を守るためにほかにとるべき手段がなく、その避難行為が唯一の方法であることを意味する。これを**補充性の原則**という。

さらに、緊急避難は、避難行為から「生じた害が避けようとした害の程度を超えなかった場合に限り」認められる。これを法益均衡性の原則という。つまり、37条1項によれば、価値のより高い法益を救うために価値の低い法益を犠牲にしたり、同価値同士の法益の一方を救うために他方を犠牲にすることだけが緊急避難として許されるのである。

また、学説には、緊急避難を認めることが適切ではない場合を除外するために、緊急避難が成立するための要件として「**避難行為の相当性**」を挙げる見解もある。

❹ 過剰避難

避難行為が補充性の原則に反した場合、あるいは法益均衡性の原則に反した場合には過剰避難となる。37条1項ただし書は、過剰避難について刑を減軽または免除できる旨を規定している。その根拠については、責任減少説と違法責任減少説が対立している。

（飯島　暢）

▷補充性の原則
緊急避難は正対正の関係にあるため、法益を守るためにほかの手段がある以上はそれを選ぶべきであり、むやみに危難を転嫁して他者の正当な法益を犠牲にすることは許されないのである。

▷避難行為の相当性
補充性と法益均衡性の要件が満たされるだけで緊急避難を肯定してよいとなると不合理な場合がでてくる。例えば、すぐにでも腎臓を移植しないと生命の危険がある患者を救うため、他人から強制的に腎臓を摘出して移植するしかほかにもう手段が残されていない場合（補充性・法益均衡性の要件は満たされる）には、強制的な腎臓の摘出が許されることになってしまう。そこで、学説の一部は避難行為の相当性を要求し、そのような場合は相当ではないとして、緊急避難の成立を否定する。また、人格の自律性の概念を合わせて考慮することによって問題を解決しようとする見解もある。

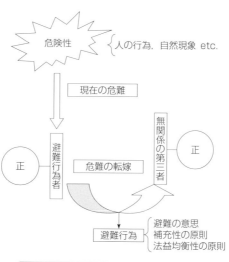

図1.Ⅱ.7-1　（攻撃的）緊急避難のパターン

出所：筆者作成。

Ⅱ 違法性

8 被害者の同意

1 自己決定権の行使としての被害者の同意

　法益の主体が，その侵害に対して同意を与えることを被害者の同意（承諾）という。自分のことを自分で決めることは，自己決定権の行使として尊重されるが，それは幸福を増進するようなポジティブな内容だけではなく，ネガティブに自己の利益を放棄することをも含んでいる。従って，被害者が自己の法益に対する侵害に同意することも自己決定権の行使として尊重されなければならない。ここから，被害者の同意に基づく法益侵害行為が原則として適法とみなされ，処罰されないという結論が導き出される。こうして，学説の多くは，被害者の自己決定権を同意における適法化の根拠に据えて，法益の主体が自主的に法益を放棄する場合には刑法によって保護する必要がなくなり，たとえ法益侵害行為がなされても，その違法性は阻却されるとしている。ただし，**被害者の意思に反することを法益侵害の前提にする犯罪類型**においては，被害者の同意によって，法益侵害自体がなくなり，そもそも構成要件該当性を否定することができる。また，生命に関しては，その重要性から法益主体の自己決定権が制限されるため，たとえ被害者が殺害されることに同意していても，殺害行為の違法性は阻却されずに減少するにとどまり，同意殺人罪（202条後段）が成立することになる。

2 同意の有効要件

　同意の対象となる法益は，被害者が放棄できるものでなければならないので，原則として個人的法益である。そして，同意が有効となるためには，まず被害者が同意の内容と意味を理解できる能力（**同意能力**）を有していなければならない。それ故，幼児や精神障害者の同意は無効である。そして，同意能力のある被害者が，無理に強要されたり，だまされたりしないで，任意に法益侵害に対して同意を行わなければならない。ただし，被害者が錯誤に陥って同意を与えた場合については，その錯誤の意義をめぐり争いがある。通説・判例は，被害者の意思決定にあたり重要な影響力をもつ錯誤がある場合には同意を無効とする。これに対し，最近の有力説は，放棄される法益の内容に関する法益関係的錯誤とそれ以外の動機の錯誤を区別して，後者の錯誤の場合には法益が失われること自体をきちんと認識して同意を与えているとして，その有効性を認め

▷被害者の意思に反することを法益侵害の前提にする犯罪類型
例えば，監禁罪，住居侵入罪のような自由に対する罪が挙げられ得る。他人の住居に同意を得て立ち入ることは，もはや「正当な理由がないのに，人の住居……に侵入」（130条）したとはいえないのである。

▷同意能力
刑法は，性的自由に対する侵害である強制わいせつ罪・強制性交等罪について，13歳未満の被害者の同意能力を否定している（176条後段，177条後段）。これは，わいせつ行為，性交等の行為について，13歳未満の者は適切に理解することができないとみなされるからである。

る（**法益関係的錯誤の理論**）。

　また，同意の存在を行為者が認識している必要があるか否かという問題がある。有力説は行為者の認識は不要とし，そもそも同意は被害者の内心にあるだけでよく，それが外部に表示される必要もないとしている。

❸ 同意傷害の問題

　被害者の同意に基づく傷害（同意傷害）において，どのような範囲で違法性が阻却されるのかについて学説上の対立がある。判例（**最決昭和55年11月13日刑集34巻6号396頁**）及び従来の通説は，被害者の同意だけでなく，同意を得た（傷害行為者の）目的，行為の手段・方法・態様，生じた結果の重大性等の様々な要素をも総合的に考慮して社会的に相当といえる場合に傷害罪の違法性を阻却させる。つまり，身体という法益が侵害されることに被害者が同意していても，それだけでは違法性は阻却されないというのである。しかし，これでは被害者の身体という法益の保護とは無関係に，主観的に違法な目的を行為者が有しているか否か，あるいは侵害行為が社会倫理や公序良俗に反しているかどうかという観点から違法性の有無が決められてしまいかねない。そこで，近時の有力説は，同意傷害は原則として適法だが，傷害の程度に着目して，死ぬ危険性があるような重大な傷害について同意を与えている場合には違法性が阻却されないとする見解を唱えている。生命については同意による違法性阻却の効果は完全ではなく，同意殺人罪が成立する。しかも，刑法はその未遂も罰している（203条）。つまり，同意があっても生命にとって危険となる行為は違法とされるのであるから，それに類似した重大な傷害を与える行為についても同意による違法性の阻却は認められないと有力説は解するわけである。ただし，学説の中には，自己決定権をより重視して同意傷害は全面的に不可罰であるとする見解もある。

❹ 推定的同意

　推定的同意とは，被害者が現実には同意を与えていないが，もしその者が事態を正しく認識していたら同意していたであろうと推定されることをいう。推定的同意に基づく法益侵害行為の違法性は阻却される。例えば，意識不明の負傷者を医師が手術する行為や火災の際に不在者宅に勝手に入って貴重品を持ち出す行為などが考えられる。被害者の現実の同意がないのに，それを推定して違法性を阻却できる理由について，有力説は，被害者の同意が現実には存在しなくても，行われた法益侵害行為がその者の意思に合致していると合理的に判断できる点を挙げている。また，あくまでも推定的同意は被害者の現実の同意を補充するものなのであるから，推定的同意を援用できるのは，現実の同意を得ることが不可能な場合だけとなる。これを補充性の原則という。　（飯島　暢）

▷**法益関係的錯誤の理論**
この理論によれば，被害者が処分する法益の種類や範囲について錯誤がある場合にのみ同意は無効となる。例えば，輸血のために血液を採取する場合に，約束した量よりも多くの血液を採る場合には，法益関係的錯誤が認められ，同意は無効となって傷害罪が成立する。これに対して，礼金として金を払うからといってだまして，約束した量の血液を採取した場合には，被害者はその量だけ血液を採られることをきちんと認識しているため同意は有効となり，たとえ礼金がもらえる点について錯誤に陥っていたとしても，それは動機の錯誤でしかないので同意の有効性には関係がないことになる。この法益関係的錯誤の理論は，偽装心中の事例の解決においても問題となる。これについては，2-1-3「殺人罪と同意殺人罪の限界」参照。

▷**最決昭和55年11月13日刑集34巻6号396頁**
本事案は，XとYら数人がわざと交通事故を起こして保険金をだまし取ることを共謀し，Xは車をYの運転する車に衝突させ，Yらに身体傷害の結果を生じさせたが，Yらはそれに同意を与えていたというケースである。最高裁は，Yらに対する傷害が軽いものであり，彼らがそれに同意していたとしても，ここでの同意は保険金詐欺という違法な目的のためになされたものであるため，違法性の阻却は認められないとした。

Ⅱ 違法性

9 安楽死と治療中止

1 それぞれの意義と問題の所在

「安楽死」という言葉にはいくつかの意味がある。議論の中心となっているのは，積極的安楽死（直接的安楽死）が許されるかどうかである。積極的安楽死とは，死に直面して激しい肉体的苦痛にあえぐ患者を，その苦痛から解放するために，本人の要求に基づいて殺すことをいう。

治療中止（尊厳死）とは，治癒不能な病気にかかって死期が迫り，意識を回復する見込みもなくなった患者について，治療を中止することにより，「自然な死」ないし「尊厳ある死」を迎えさせることをいう。苦痛から解放するために行われるものではない点が安楽死と異なる点である。

積極的安楽死も治療中止も生命を短縮する行為である。患者の意思に反して行えば殺人罪（199条）が成立する。また，刑法は自殺関与罪及び同意殺人罪（202条）を処罰しており，生命の処分権（自己決定権）は制限されている。そのため，患者が真に望んでいても同意殺人罪等に該当する。しかし，いずれも終末期における極限的な行為であることから，例外的に違法性が阻却されないか，されるとすればどのような要件の下でなのかが議論されている。

2 積極的安楽死に関する判例

これまでに，実際に積極的安楽死行為を適法と判断した事案は見当たらない。しかし，一般論として積極的安楽死が許容されるための要件を示した下級審裁判例が二つある（名古屋高裁及び横浜地裁が示した要件は，次頁の表を参照）。

生命の短縮という究極の不利益を与えることの許容性については，その不利益を被る本人の意思を抜きに論じることはできない。積極的安楽死が許容されるとすれば，その根拠は，患者本人が「残りわずかな（耐え難い苦痛を伴う）生命」と「耐え難い苦痛からの解放」とを比較し，自己決定権に基づいて後者を選んだ場合には，法は，その「究極の選択」を尊重して，もはや介入・干渉しないというところに求めるほかはない。横浜地裁の示した要件は，患者の同意を必須としており（要件④），自己決定権を理論的支柱とするものといえる（名古屋高裁の要件は，患者の同意を必須としておらず〔要件④〕，むしろ周囲の者にとって見るに忍びないこと〔要件②〕や方法の妥当性・倫理性を重視しており〔要件⑤⑥〕，人間的な同情に基づく人道的行為であることを根拠とするものといえる）。

▷1 「安楽死」にはほかに，①純粋な安楽死（末期患者の身体的苦痛を緩和するために，生命の短縮を伴わない鎮痛剤の投与などの措置を行うこと），②消極的安楽死（患者本人が耐え難い苦痛が引き延ばされることを拒否して延命治療を望まない場合に，医師が延命措置をとらないこと），③間接的安楽死（苦痛の緩和・除去のための措置が間接的効果として死期を早めること）がある。いずれも患者の同意を前提に，①と③は治療行為として許され，②は医師の治療義務が否定されると考えられている。

▷2 安楽死をテーマにした小説として森鷗外の「高瀬舟」がある。

▷3 自殺関与罪及び同意殺人罪に関しては，2-Ⅰ-3「殺人罪と同意殺人罪の限界」参照。

▷4 ただし，ひとたび末期患者であることを理由に生命の保護の緩めると，保護を必要としない「無価値な生命」を認めることにつながりかねない点は留意する必要がある。積極的安楽死も治療中止も違法とする見解も有力である。

Ⅱ-9 安楽死と治療中止

表1.Ⅱ.9-1 積極的安楽死の許容要件

名古屋高判昭和37年12月22日[4]	横浜地判平成7年3月28日[4]
①病者が現代医学の知識と技術からみて不治の病に冒され，しかもその死が目前に迫っていること ②病者の苦痛が甚しく，何人も真にこれを見るに忍びない程度のものであること ③もっぱら病者の死苦の緩和の目的でなされたこと ④病者の意識がなお明瞭であって意思を表明できる場合には，本人の真摯な嘱託又は承諾のあること ⑤医師の手によることを本則とし，これにより得ない場合には医師によりえないと首肯するに足る特別な事情があること ⑥方法が倫理的にも妥当なものとして認容しうるものであること	①患者が耐えがたい肉体的苦痛に苦しんでいること ②患者は死が避けられず，その死期が迫っていること ③患者の肉体的苦痛を除去・緩和するために方法を尽くし他に代替手段がないこと ④生命の短縮を承諾する患者の明示の意思表示があること ※1　本判決は，患者の同意（要件④）について，積極的安楽死の場合は明示的な意思表示を要するが，間接的安楽死の場合は推定的な意思表示で足りるとする。 ※2　本判決は，「治療中止」の許容性・許容要件についても判断を示している。

出所：筆者作成。

3 治療中止に関する判例

　治療中止についても，実際に適法と判断した事案は見当たらない。その許容性が問題となった事案としては，川崎協同病院事件（最決平成21年12月7日刑集63巻11号1899頁）がある。事案は，気管支ぜん息の重責発作で病院に運び込まれて昏睡状態が続いていた患者の主治医である被告人が，㋐気道確保のために挿入されていた気管内チューブを抜管し，㋑筋弛緩剤を注射して，患者を死亡させたというものである。被告人は殺人罪で起訴され，患者の家族の要請に基づく抜管行為（㋐）が治療中止として適法か否かが争われた。

　最高裁は，①抜管の時点では被害者の「回復可能性や余命について的確な判断を下せる状況にはなかった」こと，また，②ⓐ被害者本人は「こん睡状態」にあり（患者の現実の同意はなく），ⓑ家族からの要請は被害者の病状等について適切な情報が伝えられていない状況でなされたもので，抜管が「被害者の推定的意思」に基づくとも認められないことに言及して，本件被告人の抜管行為は「法律上許容される治療中止には当たらない」と判断した。

　最高裁は，本件で治療中止の一般的な許容要件を示したわけではない。しかし，上記①からは医師の治療義務の限界が適法化のための根拠の一つとなり，上記②ⓐⓑからは「患者の自己決定権」がもう一つの根拠となる，という考え方が窺われる。このような考え方の基礎には，治療中止を適法と評価するためには，生命の短縮という不利益を受ける患者本人の意思（推定的意思）に基づくことは必須であるが，それだけでは少なくとも同意殺人罪（あるいは殺人罪）に該当するため，医師が治療義務を尽くしたという事情も加わる必要がある，という理解がある。

（薮中　悠）

▷名古屋高判昭和37年12月22日

高刑集15巻9号674頁。脳溢血で倒れて2年前から全身不随の父親を看護していた被告人が，容態が悪化して苦しむ父親をみかねて，有機燐殺虫剤を混ぜた牛乳を飲ませて死亡させた事案。被告人は尊属殺人罪（当時。1995（平成7）年改正による削除前の200条参照）で起訴された。名古屋高裁は，被告人の行為について，（要件④の判断は留保しつつ）要件⑤⑥を欠き違法性は阻却されないと判断した。しかし，被害者による嘱託を認めて同意殺人罪の成立を肯定し，被告人を懲役1年・執行猶予3年に処した。

▷横浜地判平成7年3月28日

判タ877号148頁（東海大学病院安楽死事件）。医師である被告人が，末期がん患者の長男らに懇願されて，点滴などの治療を全面的に中止し，塩化カリウムなどを注射して，患者を死亡させた事案。横浜地裁は，被告人の行為について，要件①③④を欠くとして殺人罪の成立を認め，被告人を懲役2年・執行猶予2年に処した。

III 責　任

責任主義，責任の本質

1 責任主義の原則

　刑法の基本原則として，罪刑法定主義と並んで重要なのが，**責任主義**の原則である。この原則によれば，行為者に責任を問い得ない行為，いいかえれば，意思決定を非難できない行為は，これを処罰することはできない。また，刑罰の分量も，行為に対する非難の程度に見合った重さの刑を超えるものであってはならない（⇨ 1-Ⅵ-2 「量刑理論と刑罰目的」）。

　刑罰が本質的に応報であり，刑は犯人に対する非難としての意味をもつ限度で正当化されるとする応報刑論の立場からは，責任主義は当然の帰結である（⇨ 序-3 「刑罰の理論」）。たとえ何人もの被害者を死亡させるような重大な結果を引き起こしたとしても，その行為が異常な精神状態・心理状態で行われた場合には，行為者を非難することはできない。例えば，意思決定をコントロールできない精神障害者には責任能力（⇨ 1-Ⅲ-2 「責任能力」）が欠如し，その違法行為を理由として刑罰を科すことは許されない（39条1項）。また，責任を問うためには，故意か，少なくとも過失が必要であり，過失もない行為を理由として行為者を処罰することはできない。

2 違法性と責任の区別の必要性

　法益は侵害したが，違法性が阻却される行為（例えば，正当防衛行為）は，法が許容する「やってよいこと」である。違法ではあるが責任が否定される行為（例えば，精神障害者による違法行為）は，法秩序に反する「やってはならない」行為ではあるが，「仕方がない」ことであり，刑を科すことが正当化できないから犯罪とならない。違法と責任とを区別することによって，評価においてかなり違いのある二種類の行為を分けることができる。そればかりでなく，適法行為に対しては正当防衛をもって対抗することはできないが，責任を問い得ない行為でも違法行為である以上（例えば，精神障害者が通行人にいきなり殴りかかってきたとき），これに対して身を守る行為は正当防衛となり得る。さらに，**違法判断は共犯者に対しても連帯的に作用するが，責任判断は個別的なもの**である。

▷**責任主義**
この原則は「責任なければ刑罰なし」という標語で言い表わされることもある。この原則が承認されるまでは，重大な結果を生じさせた以上，本人に主観的な責任を問いえないような場合でも処罰されたり（結果責任），また，他人の犯罪についても連帯責任を問われることがあった。責任主義はこれらを否定するもので，行為者の意思決定が主観的かつ個人的に非難可能な場合でなければ処罰できないとするのである。

▷**違法判断の連帯性，責任判断の個別性**
適法行為に協力したとき，協力者たる共犯者の行為も原則として適法であり，逆に，違法行為に協力した共犯者の行為は同様に違法であるのが通例である。これに対し，責任があるかないかは，その個人がノーマルな精神状態・心理状態にあるかどうかの問題であるから，その人ごとに個別に判断されるべき問題である。

③ 責任の本質

　刑罰についての考え方の違い（⇨ 序-3 「刑罰の理論」）は，責任の本質についての見解の対立として現れる。応報刑論によれば，違法行為を思い止まることもできたのに，あえて違法行為に出たところに道義的非難が可能であり，それこそが責任の本質である（**道義的責任論**）。この立場からは，責任の根拠は個々の行為における非難されるべき意思決定であり，行為に対する責任が問われるべきことになるから，行為責任論が採られる。これに対し，目的刑論の立場からは，行為者が犯罪を思い止まることができないという「性格の危険性」をもつことが刑を科す根拠であり，そういう人は，社会に迷惑がかからないように刑罰を受けるべき義務がある。社会的に危険な犯人が再犯防止のための刑を受けるべき負担こそが責任の本質ということになる（**社会的責任論**）。この立場からは，責任の問われる根拠は行為者の危険な性格であり，性格責任論が採られる。現在では，応報刑論を基本とする立場が支配的であり，社会的責任論・性格責任論は支持者を失っている（⇨ 序-3 「刑罰の理論」）。

④ 責任の要素

　責任の要素（ないし責任の要件）をどのように捉えるかをめぐり，心理的責任論と規範的責任論という見解の対立があった。かつての心理的責任論は，「行為者の心の中にある心理的事実の確認」が責任判断であるとし，故意と過失という「責任の種類」があり，責任能力は責任そのものではなく「責任の前提」であるとした。しかし，やがて責任の本質は，意思決定の非難可能性という否定的価値判断であると考えられるようになり，しかも，故意・過失という心理的事実があっても責任を問い得ない場合，すなわち「適法行為の期待可能性」がない場合があることが気づかれるに至った。例えば，1人で乳児を育てている若い母親が収入を得られず生活に困って，赤ちゃん用の粉ミルクを万引きしたという窃盗（235条）の事例を考えてみよう。このケースでは，責任能力も故意もあるかも知れないが，責任の程度は低いと考えられ，よくよくの事情があったのであれば，責任を否定することが認められてよいであろう。そのことは，適法行為の期待可能性もまた責任要素として認められなければならないということを意味するのである。現在の通説たる規範的責任論は，責任の実体を意思決定に対する非難可能性に求め，「責任の要素」として，責任能力，故意・過失の他に，適法行為の**期待可能性**（さらに，違法性の意識の可能性）が必要であるとしている（⇨ 1-Ⅲ-3 「違法性の意識」）。　　　　　　（井田　良）

▷ 道義的責任論
この見解によれば，精神病や薬物の影響による場合など，病的な精神状態・心理状態で行われた行為（39条1項）や14歳に満たない子どもの行為（41条）の意思決定に対しては「けしからん」という非難ができないことから責任が問われないと説明されることになる。

▷ 社会的責任論
社会的責任論を徹底すれば，性格の危険性のあらわれとして違法行為が行われるかぎり，行為者が精神障害者であろうと，子どもであろうと，刑事責任を肯定しない理由はない。目的刑論・社会的責任論の立場からは，刑罰と保安処分（⇨ 序-3 「刑罰の理論」，1-Ⅲ-2 「責任能力」）の区別は否定される（一元主義）。

▷ 期待可能性
刑法の規定をみると，期待可能性の思想が基礎にあると考えられるものが少なくない。過剰防衛（36条2項）や過剰避難（37条1項ただし書）において寛大な取扱いを受けることがあるのは，緊急の事態のもとで行き過ぎた行為を行わないように意思決定することの困難さ，すなわち期待可能性の減少が考慮されたものと理解することができる。よりはっきりと，期待可能性の欠如による不処罰の場合を規定したと解されているのは，「盗犯等ノ防止及処分ニ関スル法律」1条2項である。

III 責 任

責任能力

1 責任能力とは

　行為が構成要件に該当し，違法性があると評価されても，なお，行為について行為者を非難できなければ，つまり，責任がなければ，犯罪は成立しない。行為者を非難するためには，行為者に一定の能力（責任能力）が必要と解されている。現行刑法上，責任能力の意義に関する条文は存在せず，解釈に委ねられているが，責任能力が欠ける場合（心神喪失者・刑事未成年）と，責任能力が限定されている場合（心神耗弱者）に関する規定はある。39条1項は，「心神喪失者の行為は，罰しない」とし，39条2項は，「心神耗弱者の行為は，その刑を減軽する」とし，41条は，「14歳に満たない者の行為は，罰しない」と定めている。

　責任能力とは，事物の是非・善悪を弁識し（**弁識能力**），かつ，この弁識に従って行動する能力（制御能力）というと解されている。心神喪失とは，精神の障害により，弁識能力がなく，または制御能力のない状態である。心神喪失の場合には，行為者に対して責任非難を差し向けることができず，犯罪は不成立である。心神耗弱とは，精神の障害により，弁識能力または制御能力が著しく減退した状態である。心神耗弱の場合には，犯罪自体は成立するが，責任能力が著しく低減しており，必ず刑を減軽しなければならない。

2 責任能力の判断基準

　心神喪失・耗弱は，生物学的要素（精神の障害）と，心理学的要素（弁識・制御能力）によって判断される。精神の障害としては，幻覚・妄想等を伴う精神病（**統合失調症**など），覚せい剤中毒，アルコール中毒などがある。心神喪失・耗弱にあたるか否かは，まず精神疾患などの有無が精神医学的観点から分析され，これをふまえ，刑法という行為規範を意識しながら，自己の行動を統制できたかという心理学的観点も加味されて，判断される。判断にあたっては，専門家である精神医学者の専門的知見が必要であり，精神鑑定が極めて重要になる。

　それでは，専門家による精神鑑定を裁判所はどのように判断したらよいのだろうか。判例・通説によれば，責任能力の有無・程度の判断は，法律判断であり，鑑定をどのように捉えるかは，専ら裁判所の判断に委ねられているとする。

▷**弁識能力**
行為の違法性を認識できる能力のこと。
▷1　大判昭和6年12月3日刑集10巻682頁。
▷2　罪に問われない者に対しては，精神保健福祉法，医療観察法による医療措置がなされ得る。

▷3　混合的方法：生物学的要素（精神の障害）と，心理学的要素（弁識・制御能力）の両面から心神喪失・耗弱を判断する方法。
▷**統合失調症**
精神分裂病ともいい，責任能力の判断にあたり問題となることが多い。裁判例では，統合失調症の程度が重症である場合には，責任能力が否定される傾向にあるが，統合失調症＝責任無能力ではない（本文の昭和59年判例参照）。

そして，責任能力の有無・程度については，犯行当時の病状，犯行前の生活状態，犯行の動機・態様等を総合して考慮して，判定される。それゆえ，犯行当時，統合失調症により心神喪失の情況にあったという旨が鑑定書に記載されていたとしても，犯行当時の病状，犯行前の生活状態，犯行の動機・態様等を総合して，心神耗弱の状態にあったと判定することは許される（昭和59年判例）。

ただ，専門家である精神医学者の意見を採用しない場合には，合理的根拠が必要である。最高裁は，責任能力の有無・程度の判断は，法律判断であり，鑑定をどのように捉えるかは，専ら裁判所の判断に委ねられているとする従来からの判例の立場を前提にした上で，鑑定人の公正さや能力に疑いが生じたり，鑑定の前提条件に問題があったりするなど，これを採用し得ない合理的な事情が認められるのでない限り，裁判所は，その意見を十分に尊重して認定すべきとしている（平成20年判例）。鑑定の前提条件に問題があるなど，合理的な事情が認められれば，裁判所は，その意見を採用せずに，責任能力の有無・程度について，被告人の犯行当時の病状，犯行前の生活状態，犯行の動機・態様等を総合して判定することになる。また，先に述べた通り，責任能力の判断は法律判断であり，最終的には裁判所の判断に委ねられているので，鑑定意見の一部を採用した場合においても，その意見の他の部分に事実上拘束されることなく，裁判所が，責任能力を判断し得る（平成21年判例）。

③ 刑事未成年と少年法

14歳に満たない者（刑事未成年）については，一律に責任能力が否定され，不可罰となる（41条）。12歳程度になれば，実質的な責任能力は備わると解されているが，年少者は心身ともに発展途上であるため，刑法上の非難を差し控えるという政策目的から，同条が規定されている。

14歳以上であっても，必ず刑法によって裁かれるわけではなく，**少年法**による措置を講ずることが原則である。少年法に基づき，家庭裁判所において審判が行われるとなると，家庭裁判所は，少年院送致，児童自立支援施設及び児童養護施設送致，保護観察という保護処分ができる（少年法24条）。

なお，送致を受けた家庭裁判所が，一定の重大事件について，刑事処分を相当と認めるときは，事件は検察官に送り返され（同法20条1項），16歳以上の少年が，故意の犯罪行為により被害者を死亡させた罪の事件については，原則検察官に送致される（同法20条2項）。これらの場合には，通常の刑事手続によることになる。

（濱田　新）

▷4　最決昭和59年7月3日刑集38巻8号2783頁。

▷5　最判平成20年4月25日刑集62巻5号1559頁。鑑定意見を採用し得ない「合理的な事情」が認められた事例として，最判平成27年5月25日判タ1415号77頁。

▷6　最判平成21年12月8日刑集63巻11号2829頁。

▷少年法
少年の刑事事件について特別の措置を講ずることを目的とした特別法。少年法は，20歳未満の者に対して適用される（少年法2条1項）

▷7　逆送：送致を受けた家庭裁判所が，事件を検察官に送り返すことを，逆送という。

Ⅲ 責任

違法性の意識

1 「違法性の意識」と「違法性の錯誤」

「違法性の意識」とは，自己の行為が違法であることを知っていることをいう。犯罪事実を認識しながら実行に及ぶ場合には，行為者は行為の違法性を現に認識していることも多い。違法性の意識があるにもかかわらず犯罪を実行した者に対しては，強い非難を加えることができる。

しかし，当該行為が法的に禁止されていることを知らなかったり（「法の不知」），刑罰法規の解釈を誤り違法ではないと誤解したことにより（「あてはめの錯誤」），違法性の意識を欠いて犯罪を行う場合もある。犯罪に当たる事実は認識しているが，その法的評価を誤り，自己の行為は違法ではないと誤信していることを「違法性の錯誤」という。行為者が違法性の錯誤に陥った状態で犯行に及んだ場合に，それでもなお行為者を非難することができるのかが問題となる。この問題は，行為者を非難するためには「違法性の意識を有していること」が必要なのかという問題（違法性の意識の要否）と表裏の関係にある。

2 違法性の意識の要否

違法性の意識の要否に関しては，現に行為者が違法性の意識を有していることを要求する見解もある（必要説）。しかし，現在の通説的見解は，責任非難のためには，現に違法性の意識を有している必要はないが，少なくとも違法性の意識の可能性（違法性を意識することが可能であったこと）は必要だと考えている（可能性説）。この見解によれば，違法性の錯誤に陥ったことに「相当の理由」がある場合（ないし錯誤が回避できなかった場合）には，違法性の意識の可能性が認められず，結論的に責任が否定されて犯罪は成立しないことになる。

判例は，昭和40年代頃までは，違法性の意識（及びその可能性）は犯罪の成立要件ではないという立場（不要説）に立つことを明示していた。しかし，比較的最近の事案では，違法性の意識が不要であるとは明言せずに，被告人が違法性の意識を欠いていたとしても相当の理由は認められないとした原審の判断を是認する形で結論を導いた。これは最高裁が将来的に立場を見直す可能性を示唆したものとみられている。下級審裁判例では，これまでにも，被告人が違法性の錯誤に陥ったことには相当な理由があるとして無罪を言い渡した例が散見されている。

▷1　「違法性」の内容については，行為が「道徳や倫理に反すること」の認識では足りず「法律上許されないこと」の認識が必要だとするのが多数説である。しかし，近時は，刑事責任を問えるかが問題となっている以上，「刑法上許されないこと」の認識が必要だとする見解が有力である。
▷2　「非難」の意味に関しては，1-Ⅲ-1「責任主義，責任の本質」参照。
▷3　この見解は，責任故意の内容として違法性の意識が必要であるとする（厳格故意説）。
▷4　可能性説には，違法性の意識の可能性を，①故意の内容とする見解（制限故意説）と，②独立の責任要素とする見解（責任説）がある。
▷5　飲食店を経営する甲が，①百円札に似たサービス券を作ろうとして警察に相談したが，その際の注意を重く受け止めず，違法なサービス券を作成し，②それを警察署で配っても何も言われなかったのでさらに同様のサービス券を作成し，また，③飲食店の営業に関わる乙も甲から話を聞いて同様のサービス券を作成した事案（最決昭和62年7月16日刑集41巻5号237頁〔百円札模造事件〕）。

Ⅲ-3　違法性の意識

表1.Ⅲ.3-1　違法性の意識の要否と体系的位置づけ

必要説	犯罪事実の認識（故意）＋違法性の意識（故意）…………………厳格故意説		
可能性説	犯罪事実の認識（故意）＋違法性の意識の可能性（故意）…………制限故意説		
	犯罪事実の認識（故意）＋違法性の意識の可能性（責任要素）……責 任 説		
不要説	犯罪事実の認識（故意）………………………………………………判例の立場		

出所：本書第2版の表（南由介作成）を本文に即して一部変更。

③ 違法性の意識の可能性が否定される場合

　可能性説からは，どのような場合に違法性の錯誤に相当な理由が認められて行為者が免責されるのかが重要な問題となる。[6]

　この点に関しては，行為者が法に無関心で自己の行為が違法か否か気にも留めていなかった場合や何の根拠もなく勝手に法解釈を誤った場合には，もちろん免責は認められない。刑罰法規は法益保護の要請や行政上の取締り目的があって存在しており，このような場合にまで簡単に免責が認められるとなると，その要請や目的の実現が著しく阻害されることになりかねない。

　実際の事案で問題となっているのは，行為者が第三者の（誤った）判断を信用した場合である。この場合については，例えば，公的機関（特にその法律を所管する行政機関）に照会して，公式に示された法解釈を信じて行動したときには，相当の理由が認められて免責されると考えられている。また，確立した最高裁判例を信じた場合も同様である。[7]評価が分かれるのは，私人（特に弁護士）の助言を信じた場合である。この場合には免責を認めない見解が多数である。しかし，弁護士は，一般の市民に法的情報を提供してくれる身近な存在であり，また，国により公認された法的情報の提供者であって公的機関に準ずる存在であることなどから，免責の余地を認める見解も有力に主張されている。

④ 「事実の錯誤」と「違法性の錯誤」との区別

　判例の立場（不要説）では，事実の錯誤の場合は故意が阻却されて犯罪が成立しない可能性があるが，違法性の錯誤の場合は犯罪の成否には影響しない。異なる結論に至る両者をいかに区別するかが問題となる。

　この点については基本的に，故意を認めるためにはどのような事実認識が必要かを明らかにし，[8]そのような認識がない場合は事実の錯誤であり，認識はあるがそれが違法であるとの評価を誤った場合が違法性の錯誤となる。しかし，実際には両者の区別が困難な場合も少なくない。[9]また，判例については，（現時点では）違法性の錯誤の場合に免責の可能性を認めていないので，刑事責任を問うことが躊躇される事案では事実の認識を欠くとして故意を否定している，との評価もなされている。[10]

（薮中　悠）

▷6　相当な理由があったと認めた最近の例として，大阪高判平成21年1月20日判タ1300号302頁。

▷7　なお，この点に関しては，最判平成8年11月18日刑集50巻10号745頁も参照。

▷8　この点に関しては，1-Ⅰ-8「故意概念」を参照。

▷9　類似の事案で評価が分かれた判例として次の二つがある。

　むささび・もま事件（大判大正13年4月25日刑集3巻364頁）は，被告人が「もま」をそれが禁猟獣の「むささび」の俗称であることを知らずに捕獲した事案である。

　たぬき・むじな事件（大判大正14年6月9日刑集4巻378頁）は，被告人が「むじな」をそれが禁猟獣の「たぬき」の俗称であることを知らずに捕獲した事案である。

　前者は違法性の錯誤，後者は事実の錯誤とされた。その理由は，後者の事案では行為者は「むじな」と「たぬき」を別物として認識しており，「たぬき」捕獲の事実について「意味の認識」を欠いていた点にあると考えられる。

▷10　故意を否定した事案については，最判平成元年7月18日刑集43巻7号752頁など参照。

71

Ⅲ 責 任

違法性阻却事由の錯誤

1 違法性阻却事由の錯誤

　思っていた事実と実際に起こった事実とが食い違うという場合は多々あるが，それは，構成要件に関する事実のみならず，違法性阻却事由に関する事実においても生じ，その故意の成否が問題となる。つまり，違法性を阻却する事実があると行為者は思い込んでいたが，実際にはそのような状況になかったという場合である。このような錯誤を**違法性阻却事由の錯誤**という。

　違法性阻却事由の錯誤のうち，正当防衛状況がないにもかかわらず，そうした状況があると誤信して攻撃した場合を**誤想防衛**という。例として，男Ａが冗談で女友達Ｂを殴るまねをしていたところ，通行人ＸはＡがＢを本気で殴っているものと勘違いし，Ｂを救出するためにＡを殴った，というものがあげられる。問題は，この際に，行為者の故意が阻却され得るのか，故意が阻却されるとすれば，犯罪論の体系上，どのように説明されるのか，である。

2 誤想防衛

　判例及び通説は，誤想防衛であった場合，事実の錯誤として故意を阻却する。なぜならば，防衛状況を誤信している行為者の認識は，36条の要件を充足する正当防衛状況そのものであって，適法な事実だからである。

　ただし，通説の考える故意阻却とは，構成要件要素としての，構成要件該当事実の認識である故意（構成要件的故意）の阻却ではなく，責任要素としての故意（責任故意）の阻却である。このことは，通常の事実の錯誤においては，構成要件該当事実の認識が欠けることによって故意が阻却され，違法性が否定されるのに対し，誤想防衛では，構成要件該当事実の認識（構成要件的故意）が認められる以上，違法性は肯定されるが，責任要素としての故意（責任故意）が欠けることにより犯罪が不成立になる，ということを意味する。このような考えには，正当防衛にあたる事実が実際には存在しないにもかかわらず違法性を否定するという判断を避けることができるというメリットがある。

　しかし，通説の考え方に問題がないわけではない。通説は，違法性阻却事由の錯誤が認められた場合，誤信したことについて過失があったならば過失犯の成立を認めるのだが，構成要件該当事実の認識（構成要件的故意）があるにもかかわらず，何故，過失が認められるのかという疑問である。「構成要件的」故

▷**違法性阻却事由の錯誤**
正当化事情の錯誤あるいは違法性に関する事実の錯誤ともいわれる。

▷**誤想防衛**
緊急避難にあたる事実を誤信した場合である誤想避難や，その他の違法性阻却事由にあたる事実の存在を誤信した場合においても，誤想防衛の理論をそのまま適用することができる。

意を認めることは，構成要件段階で故意と過失は別物である，つまり，故意が認められるならば過失は認められない，ということを意味しているからである。

他方，通説とは異なり，違法性阻却事由の錯誤を違法性の錯誤として故意を阻却しないとするのが**厳格責任説**である。この見解によれば，責任要素としての故意の存在を認めない（責任から心理的事情を一切排除する）ことから責任要素としての故意（責任故意）阻却は考えられず，また，行為者は構成要件に該当する事実を認識して行為した（通行人Ｘは男Ａを殴るという認識がある）以上，行為者の誤信は**違法性の錯誤**であって故意は成立すると考えるのである。これに対しては，行為者の認識においては「適法」であるにもかかわらず故意の成立を認めるという点で批判がなされている。

なお，構成要件的故意を認めない結果無価値論は，責任段階で初めて故意と過失を区別するため，通説に対する批判は回避することができる。

客観面		主観面		
急迫の不正の侵害	防衛行為の必要性相当性	急迫の不正の侵害	防衛行為の必要性相当性	
なし	あり※	あり	あり	→誤想防衛①
あり	なし	あり	あり	→誤想防衛②
なし	なし	あり	あり	→誤想防衛③
なし	なし	あり	なし	→誤想過剰防衛④
あり	あり	あり	あり	→正当防衛
あり	なし	あり	なし	→過剰防衛

※行為者の認識していた事実が存在していた場合を想定して

（図1.Ⅲ.4-1　誤想防衛・誤想過剰防衛における主観面・客観面）

出所：筆者作成。

③ 誤想過剰防衛

誤想防衛には，三つの類型がある。上述の例のような，①「急迫不正の侵害がないのにあると誤信した場合」や，正当防衛をする際，攻撃するために角材で相手を殴ったがその角材の先に釘が刺さっていることに気づかなかったため大ケガをさせたというような，②「急迫不正の侵害はあるが，防衛行為の相当性に関して相当でないのに相当であると誤信した場合」，また，①②がともに生じたような，③「急迫不正の侵害，防衛行為の相当性に関し，ともに誤信した場合」，である。これらはすべて主観面において正当防衛であり，誤想防衛とされてもよい。それに対し，④「急迫不正の侵害がないのにあると誤信し，防衛行為が相当性を超えている（過剰）と認識して攻撃をした場合」は誤想過剰防衛とされ，行為者の認識事実は過剰防衛であることから，誤想防衛とは区別され，過剰防衛の規定（36条2項）に従って処理される（刑が減免され得るが故意犯が成立することに変わりはない）。最高裁も同様に考えている（**最決昭和62年3月26日**）。

（南　由介）

▷**厳格責任説**

行為無価値論を徹底した責任説という意味で，厳格責任説と呼ばれている。責任説については，[1-Ⅲ-3]「違法性の意識」を参照。

▷**違法性の錯誤**

違法性の錯誤の場合は，故意犯の成立が認められ（過失犯成立の余地はない），錯誤が回避できなかった場合に限り，違法性の意識の可能性が否定されることによって責任が阻却される。詳しくは，[1-Ⅲ-3]「違法性の意識」を参照。

▷**最決昭和62年3月26日**

「かん違い騎士道事件」。空手3段のイギリス人が，男Ａと酩酊して暴れている女Ｂを目撃し，ＡがＢに暴行を加えていると誤解して助けに入ったのだが，その際，Ｂが「ヘルプミー」と叫び，Ａはファイティングポーズのような姿勢をとったため，Ａが自分に襲いかかってくると誤信し，とっさに回し蹴りをして顔面付近に当てて転倒させ，Ａを頭蓋骨骨折等により死亡させた事案。最高裁は，傷害致死罪が成立し，誤想過剰防衛にあたるとして36条2項により刑を減軽した原判断を正当とした（刑集41巻2号182頁）。

Ⅳ 未遂犯

1 未遂犯と実行の着手

1 実行の着手の意義

　未遂犯とは,「犯罪の実行に着手してこれを遂げなかった」場合をいう（43条）。これに対し, これを遂げた場合, すなわち犯罪を完全に実現した場合を既遂犯という。刑法は原則的に既遂犯の処罰を予定しており, 未遂犯は各則にこれを処罰する旨の規定がある場合に限り処罰される（44条）。しかし, 実際には, ほとんどの主要犯罪に未遂犯処罰規定が置かれている。一方, 未遂以前の行為は大部分が不可罰とされている。従って, この場合, 未遂犯の要件である実行の着手は, 可罰的な領域と不可罰の領域を画す重要な境界線となる。また, 特定の重大犯罪については, 未遂以前の行為も**予備罪**や**陰謀罪**として処罰されることがあるが, その場合も既遂犯の刑と比べて格段に軽い刑が定められていることから, **刑の任意的減軽**に留まる未遂犯とこれらとを区別する実行の着手は重要である。

2 学説の対立

　実行の着手の判断基準をめぐっては, 大きく分けて**主観説**と客観説とがある。わが国では客観説が通説であり, 客観説の中で学説が対立している。

　まず, 形式的客観説と実質的客観説の対立がある。形式的客観説は, 実行の着手の有無は, 構成要件に該当する行為の少なくとも一部が行われたかという形式的基準によって判断すべきだとする。窃盗罪を例にとれば,「窃取」にあたる行為があったかが基準となる。この見解のメリットは, 着手時期を明確に画することができ, 罪刑法定主義に忠実であるという点にある。他方で, これをあまり厳格にすると, 窃盗罪では財物に直接触れる行為まで着手が認められないことになり, 未遂が成立するのが遅すぎるという問題がある。これに対し, 実質的客観説は, 未遂犯の処罰根拠を既遂結果発生の具体的危険に求めた上で, このような危険が認められるかという実質的な基準から着手の有無を判断すべきだとする（判例では, 最決昭和45年7月28日, 最判平成20年3月4日, 最判平成26年11月7日など）。窃盗でいえば, 占有侵害の危険性が認められれば, 着手が認められることになる。この見解は現在の多数説であるが, 弱点もある。すなわち,「危険性」という基準は伸縮自在であるため, 着手時期が曖昧になりかねないのである。このことから, 現在では, 結果発生の危険性という基準と構成

▷**予備罪**
予備とは, ある特定の犯罪を実現しようとして行われた謀議以外の方法による準備行為をいう。刑法典上, 内乱予備罪（78条）, 外患誘致及び援助の予備罪（88条）, 私戦予備罪（93条）, 放火予備罪（113条）, 殺人予備罪（201条）, 身の代金目的略取等予備罪（228条の3）, 強盗予備罪（237条）がある。さらに, 通貨偽造等準備罪（153条）, 支払用カード電磁的記録不正作出準備罪（163条の4）も, 予備罪の一種である。なお, 2017年の組織的犯罪処罰法の改正により, いわゆる「テロ等準備罪」が新設された（同法6条の2）。同罪については, 刑法典上の予備罪とは異なり,「団体の活動として, 当該行為を実行するための組織により行われるものの遂行を2人以上で計画した者は」という要件により処罰範囲の限定が図られていることに注意が必要である。

▷**陰謀罪**
陰謀とは, 2人以上の者が特定の犯罪を実行することについて謀議し, 合意することをいう。刑法典上の陰謀罪は, 内乱罪陰謀罪（78条）, 外患誘致及び援助の陰謀罪（88条）, 私戦陰謀罪（93条）に限られる。

要件該当行為への接着性という形式的基準とを併用する見解も有力である（判例では，最決平成16年3月22日[4]）。

次に，実質的客観説の内部で，行為説と結果説が対立している。両説の対立は，**間接正犯**及び**離隔犯**の着手時期をめぐって顕在化する。例えば，XがAに毒入り酒を郵送し，Aを殺害しようとしたとしよう。この場合，行為と結果との間に時間的・場所的離隔が存在する。そこで，行為（郵送行為）の時点で着手を認めるべきか，結果発生が切迫した時点（Aが毒入り酒をいつでも飲める状態になった時点）で着手を認めるべきかが争われているのである。上記の例で郵送の途中に毒入り酒が紛失した場合，行為説からは未遂犯が認められるのに対し，結果説からは未遂犯は認められないことになる。この問題には，**行為無価値論と結果無価値論**の対立が反映するとされている。行為無価値論は，行為の規範違反性を違法性の本質とみるから，行為の時点からみた危険性が重視される。従って，行為終了後の事情によって着手の有無が左右される結果説とは結びつきにくい。これに対し，結果無価値論は法的に望ましくない事態という結果を違法性の本質とみるので，裁判時からみてそのような事態が生じたか否かが重視される。従って，結果発生の切迫という事態の発生を待つ結果説に合致するのである。

❸ 行為者の主観をどの程度考慮するか

最後に，実行の着手時期を判断するにあたって，行為者の主観をどの程度考慮すべきかにつき対立がある。形式的客観説であろうが実質的客観説であろうが直面する問題であるが，これについては，①行為者の主観を全く考慮しない見解，②故意の限度で考慮する見解，③行為者の犯行計画全体を考慮する見解がある。結果無価値論を最も徹底した立場は①説を採るが，行為者の主観を度外視して着手時期を判断するのは困難なため，支持者は少ない。現在，②説と③説が有力であるが，行為者が犯行の重要部分をなし終えたか否かという観点からは，具体的な犯行計画を考慮する③説が妥当であろう。なお，判例（前掲最決平成16年3月22日）も同様の立場を採っているものとみられる。

（佐藤拓磨）

▷**刑の任意的減軽**
ある犯罪に対する刑は，その犯罪を規定する刑罰法規に定められた刑（法定刑）の範囲内で決せられるが，一定の事由が存在するためこれが修正される場合がある。そのような事由を刑の加重・減軽事由というが，これは法律上の事由と裁判上の事由に分かれる。法律上の減軽の中には必要的減軽事由と任意的減軽事由があり，未遂は後者にあたる。任意的減軽の場合，裁判官の裁量によって刑を減軽するかどうかが決せられる（法律上の減軽の方法については68条以下）。

▷**主観説**
主観説は，行為者の犯罪実現意思が外部的行為に現れた時点で実行の着手を認めるものである。かつては有力に主張されたが，この見解に従うと着手時期が早くなりすぎるという問題があり，現在では支持されていない。

▷1　刑集24巻7号585頁。
▷2　刑集62巻3号123頁。
▷3　刑集68巻9号963頁。
▷4　刑集58巻3号187頁。

▷**間接正犯**
⇨ 1-V-2 「間接正犯」

▷**離隔犯**
行為と結果との間に時間的・場所的な間隔が存在する犯罪を離隔犯という。

▷**行為無価値論と結果無価値論**
⇨ 序-6 「行為無価値と結果無価値」

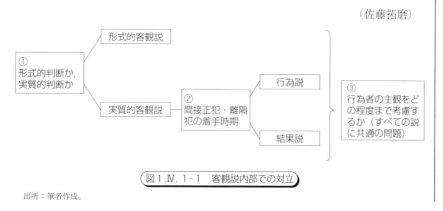

図1.IV.1-1　客観説内部での対立

出所：筆者作成。

Ⅳ 未遂犯

不能犯

1 不能犯とは

　不能犯とは，行為者は犯罪を実現する意思で行為したが，その行為の性質上，結果を発生させることのおよそ不可能であった場合のことをいう。結果発生が不可能であることが何に由来するかにより，主体の不能（構成要件が予定する主体が存在しない場合），方法の不能（用いた方法が結果を発生させる性質を有しない場合），客体の不能（客体が存在しない場合）に分かれる。わが国では，不能犯は不可罰な行為を指す概念であり，「不能犯」という犯罪が存在するわけではない。行為者が犯罪を実現しようとしたが成功しなかったという点では未遂犯と不能犯は共通するため，両者をいかなる基準によって区別すべきが問題となる。これが不能犯論である。不能犯論は，未遂犯として処罰されるのはいかなる場合かという問題といいかえることができるから，未遂犯はなぜ処罰されるのかという問題（未遂犯の処罰根拠論）と表裏の関係にある。また，未遂犯の処罰根拠論は，未遂犯が違法とされるのはなぜかという議論に他ならないから，必然的に**違法論**とも深いかかわりをもつことになる。

▷違法論
⇨ 序-6「行為無価値と結果無価値」

2 行為の危険性か行為者の危険性か

　かつては，未遂犯の処罰根拠を，行為者の性格の危険性に求める見解も主張されていた。この見解は，行為者の性格の危険性を示す犯罪意思が外部に表出されれば，未遂犯として処罰すべきだとする。これを**主観説**という。しかし，行為者の危険性を根拠に処罰をするという考え方は今日支持されていないため，主観説も支持を失っている。現在の通説は，未遂犯の処罰根拠を行為が結果発生の危険性を有することに求めている。従って，不能犯と未遂犯も結果発生の危険性の有無によって区別されるべきだという点で見解の一致がみられる。問題は危険性の有無をどのような公式によって判断するかである。これめぐって学説が激しく対立している。

▷主観説
主観説は未遂犯の成否について行為者の犯罪的意思を基準とするため，これを首尾一貫すれば，不能犯を認める余地がなく，「不能犯」という概念自体が無用なものということになる。

3 行為時を基準とした判断か，裁判時を基準とした判断か

　危険判断においては，①いつを判断の基準時とするか，②いかなる事情を危険判断の資料とするか，③いかなるレベルの法則的知識を適用すべきかが重要な問題となる。このうち，特に①の危険判断の基準時をめぐって激しい対立が

ある。

この点，行為無価値論からは，行為時を基準とする危険判断が採用されることが多い。行為無価値論によれば，刑法は，構成要件を通じて，「法益を侵害する行為（または，法益を侵害する危険性のある行為）をしてはならない」とするルールを国民に提示し，これを守らせることにより法益を保護するのであるから，行為の時点で結果発生の危険性が認められれば，このルールに対する違反が認められ，当該行為を違法と評価すべきだとするのが一貫していると考えられるからである。その上で，いかなる事情を基礎とし，いかなる法則的知識を適用すべきかについては，行為当時において**行為者が特に認識していた事情**，及び，一般人が認識できたであろう事情を基礎として，行為当時の一般人の法則知識を基準として，当該行為が結果発生の危険性を有していたかを判断すべきだとするのが，この立場から主張される最も有力な見解である。これを，**具体的危険説**という。具体的危険説によれば，X が Y に毒薬を飲ませて殺害しようとしたが，Y に飲ませた物質は実は砂糖であったという場合，「毒薬」という X の認識は真実と合致していないから，行為当時の一般人の認識が問題となり，一般人でも当該物質を「毒薬」だと認識したであろうといえる限りで，行為の危険性が認められ，殺人未遂罪が成立する。

これに対し，法益侵害またはその危険という結果を違法性の本質とみる結果無価値論からは，裁判時を危険判断の基準時とすべきだとされる。なぜなら，客観的に「危険な事態」が生じていたかは，行為後に明らかになった事情も考慮に入れて初めて判断可能になるからである。このように，裁判時を基準とし，裁判時までに明らかになったすべての事情を基礎にして危険判断を行う見解を**客観的危険説**という。

④ 裁判時基準の問題点と修正の試み

しかし，客観的危険説には重大な問題がある。未遂犯においては，結果が発生していない以上，裁判時までに明らかになった全事情を考慮し，最高度の法則的知識を用いて判断した場合，危険の存在を認める余地はないのではないか，仮にあったとしてもその範囲は狭くなり，未遂犯の処罰範囲が不当に制約されないかという問題である。そこで，現実に存在した事情の代わりにどのような事情が存在していれば結果が発生していたであろうかを問い，そのような事情（仮定的事情）が存在していた可能性を一般人を基準に判断し，相当程度の可能性があると認められれば未遂犯を認めるべきだとする見解（修正された客観的危険説）も有力に主張されている。 　　　　　　　　　　　　　（佐藤拓磨）

▷**行為者が特に認識していた事情**
一般人が認識し得ない事情であっても，行為者だけが知っている特別の事情については考慮に入れるべきだという趣旨である。

▷**具体的危険説**
これに対し，抽象的危険説という見解もある。これは，行為時に行為者が認識していた事情を基礎とし，一般人の法則的知識を基準にして，危険を判断する見解である。この見解では，X が砂糖を毒薬だと誤信し，Y を殺害する目的で Y にこれを与えたという場合，行為時の状況において砂糖を毒薬と間違えることが一般人からみれば不合理な場合であっても，X が当該物質を毒薬だと思っていた以上，これが判断の基礎に置かれ，殺人未遂罪が成立することになる。しかし，処罰範囲が広くなりすぎるとされ，わが国では支持されていない。

▷**客観的危険説**
客観的危険説の一種として，絶対的不能・相対的不能説という見解がかつて有力に主張された。この見解は，「およそ結果が発生しない場合」と，「たまたま結果が発生しない場合」とに分け，前者を絶対的不能として不能犯とし，後者を相対的不能として未遂犯とする。しかし，絶対的不能と相対的不能の区別の基準が不明確であるとの批判がなされており，今日では支持が少ない。判例は，伝統的にこの見解を採用しているとされてきたが，具体的危険説を採用したとみられる例も少なくない。

IV 未遂犯

 中止犯

1 中止犯とは

中止犯とは、犯罪の実行に着手したが、「自己の意思により犯罪を中止した」場合をいう（43条ただし書）。43条の中に規定されているため、その犯罪が既遂に達していないことが前提となる。そのため、中止未遂と呼ばれることもある。**通常の未遂犯**が刑の任意的減軽に留まるのに対して、中止犯については、刑が必ず減軽されるか、場合によっては免除されるのである。中止犯が成立するためには、①「自己の意思により」（これを任意性の要件という）、②犯罪を中止したといえることが必要である。

2 刑の必要的減免の根拠

中止犯が寛大に扱われる根拠について、政策説と法律説が対立している。政策説は、中止犯を寛大に扱うことにより、犯罪の中止を奨励し、法益の侵害を未然に防ごうという政策的考慮にその根拠があるとする。しかし、43条ただし書は、「刑を減軽し、又は免除する」と規定しているが、政策説の説明のみでは、どのような場合に刑が減軽され、どのような場合に免除されるのかにつき、基準を提供できないという問題がある。そこで、中止犯規定の**政策的側面**は認めつつも、中止犯が寛大に扱われる根拠を、犯罪の成立要件に関連づけて説明する法律説が多数説である。法律説は、**違法減少説**、**責任減少説**、両者を併せて考える違法・責任減少説に分かれ、いずれも有力である。

3 任意性

中止犯が認められるためには、行為者が任意に中止行為を行ったことが必要である。そこで、どのような場合に任意の中止といえるかが問題となる。

これについては、まず、行為者が、外部的事情から影響を受けずに、行為者の心の中から生じた動機により中止をしたときに任意性が認められるとする見解がある。これは**主観説**と呼ばれる。しかし、外部的事情に影響を受けない内部的動機というものは実際上あり得ない。例えば、被害者の哀願する姿を見て「かわいそうだ」と思い犯行を中止した場合は任意性を認めるべきように思われるが、被害者が哀願したという外部的事情が行為者の内心に影響を与えたということを否定できない以上、主観説によると任意性が否定されかねないので

▷通常の未遂犯
中止未遂と区別して、障害未遂と呼ばれる。

▷政策的側面
中止犯も未遂犯の一種である以上、すでに実行の着手があることが前提であり、従って未遂犯の違法性・有責性は具備している。法律説は、中止行為によって違法性や責任が減少するとするが、すでに行われた未遂行為についての法的評価が、その後の中止行為の有無によって変化するというのは、理論的には説明し難い。このことから、中止犯規定の背後には犯罪論上説明できない政策的考慮があることは否定できないとされている。

▷違法減少説
中止犯の場合、障害未遂と比べて、違法性が減少しているとする見解である。本説に対しては、43条ただし書は任意性を要件とするが、任意性は責任の問題ではないかという批判がある。

▷責任減少説
中止犯の場合、障害未遂と比べて、行為者に対する責任非難が減少するとする見解である。本説に対しては、真剣な中止行為が行われる限り、たとえ結果が発生したとしても責任非難は減少するはずであるから、本説によれば、既遂犯の場合についても刑の減免を認めな

ある。そこで，現在では，外部的事情の影響により中止した場合であっても任意性が認められる場合があるということを前提とした上で，任意性の有無を区別する基準は何かということが問題の焦点となっている。

　この点につき，客観説と呼ばれる見解は，当該外部的事情が，一般の経験上，意思に対して強制的影響を与えるような性質のものであったかどうかを基準とすべきだとする。しかし，客観説に対しては，外部的事情が行為者の動機に与えた影響を度外視して，一般の経験のみを基準とすることは，「自己の意思により」という主観的要件の解釈としては難しいのではないかという批判がある。そこで，折衷説と呼ばれる見解は，**外部的刺激が行為者の動機に与えた影響**を具体的に検討すべきだとし，外部的刺激が行為者の動機に与えた影響が中止を強制するような物理的な障害に相当する程度のものか，または，そこから生理的障害が生じて中止に至った場合は，任意性が否定され，そうでない場合には任意性が肯定されるという基準を提示する。客観説と折衷説はともに有力に主張されている。

4　中止行為

　次に，「犯罪を中止した」といえるためには，行為者がどのような行為をしなければならないかが問題となる。この問題は，かつては，**実行行為の終了時期**の問題と関連づけて論じられてきた。すなわち，実行行為の終了以前については，それ以降の犯行の継続を放棄するという不作為で足りるのに対し，実行行為の終了後については，積極的な結果防止措置という作為がなければ中止とはいえないとされてきたのである。しかし，最近では，実行行為が終了していたかということと，中止行為としてどのような行為が要求されるべきかということは別問題だとする見解が有力である。これによれば，端的に，中止行為が問題となる時点を基準にして，**作為による結果防止**が必要か，単なる犯行の継続の放棄で足りるのかが判断されるべきだとされる。

5　中止行為と結果不発生との間の因果関係

　中止行為が認められたとしても，さらに中止行為と結果の不発生との間に因果関係が必要かという問題がある。これを必要とする見解もあるが，因果関係を必要だとしてしまうと，例えば，金庫の中の宝石を盗もうとしたが気が変わったため中止したという場合，中に宝石が入っていれば中止犯となるが，宝石が入っていなかった場合には，中止行為がなかったとしても結果は発生しないから，中止行為と結果不発生との間に因果関係が認められず，中止犯が認められないことになり，結論が不均衡になるのではないかという問題が生じる。そのため，因果関係を不要とする見解が有力である。

（佐藤拓磨）

い理由はないが，これは中止犯を未遂犯の一種として規定している現行法に反するという批判がある。

▷**主観説**
限定主観説という見解もある。この見解は，改悛，同情などの広義の後悔に基づく場合に，任意性が認められるとする見解である。この見解に対しては，倫理的評価と法的評価とを混同するものだとの批判があり，現在では少数説である。

▷**外部的刺激が行為者の動機に与えた影響**
例えば，流血を見て実行を中止したという場合であっても，「流血」という事情が，行為者の内心にどのようなインパクトを与えたかは多様であり得る。流血を見たことによって「大変なことをした」と思って後悔する場合もあるだろうし，流血を見て驚愕し，身がすくんだという場合もあり得る。折衷説は，このような事情まで考慮して任意性を判断すべきだとしているのである。

▷**実行行為の終了時期**
実行行為の終了時期については，実行行為時の行為者の計画を基準とする主観説と，客観的に結果を発生させるのに適した行為が行われたかを基準とする客観説がある。

▷**作為による結果防止**
作為による中止が要求される場合については，中止行為の要件として，結果防止に向けられた真摯な努力が必要だとされることがあるが，結果防止のために必要かつ相当な行為が行われれば足りるとするのが通説である。

Ⅴ 共犯

正犯と共犯

1 正犯と共犯の区別

わが国の刑法は，犯罪に関与した者を正犯と共犯に区別して処罰の対象としている。正犯は単独正犯と共同正犯（60条）に区分され，共犯は教唆犯（61条）と幇助犯（従犯。62条）に区分される。単独正犯に関しては，直接に形式的な意味における実行行為を行った場合をいう直接正犯のほか，判例・通説によれば，直接実行者／被害者の行為を利用した背後の人間についても，一定の要件の下に正犯性が認められる場合がある（これを**間接正犯**という）。共同正犯は，複数の人間が犯罪に関与している場合であるので広義での共犯に含まれるが，正犯として責任を問われるものである（⇨ 1-Ⅴ-5 「共同正犯」）。

▷間接正犯
⇨ 1-Ⅴ-2 「間接正犯」

2 正犯概念：正犯と共犯の関係

諸外国の法制の中には，犯罪結果との間に因果関係の認められる行為を行った者をすべて正犯者として処罰し，個々の関与者の当罰性の程度については量刑で区別を行うという考え方を採用しているものもある（統一的正犯概念）。しかし，わが国は上でみたように，このような体系を採用せずに条文上正犯と共犯を区別することを明示している。そこで，正犯としての処罰範囲と共犯としての処罰範囲がいかなる関係にあるのか，という点が問題となるが，この点に関しては以下の二つの考え方があり得る。まず，結果の発生に因果的な影響を及ぼした者は，原則としてすべて正犯であるが，現行法が教唆・幇助に関する規定を設けているので，これらの規定の要件を満たす場合には，例外的に共犯として処罰されることになる，という考え方がある（**拡張的正犯概念**）。これに対して，逆に，行為が一定の危険性を有しており，かつ発生した結果との間に因果関係が認められるというだけでは未だ正犯性を認めるには足りず，その中で構成要件に該当する行為を行った者だけが「正犯」足りうると解する考え方がある（**限縮的〔制限的〕正犯概念**）。この考え方からは，教唆犯・幇助犯は本来の構成要件に該当する行為を行う者ではなく，61条や62条という特別の規定によって修正された形で構成要件の実現に寄与する者であるということになる。わが国の通説は限縮的正犯概念に立っているが，その際に，①直接に構成要件該当行為を自ら行う者のみが正犯であると解する（形式的客観説）のか，それとも，②より実質的にみて構成要件に該当する行為を行ったと評価しうる場合

▷拡張的正犯概念，限縮的（制限的）正犯概念
60条以下の共犯規定自体の適用につき異論のない故意犯・作為犯の場合には，本文で述べたように限縮的正犯概念が採用されているが，これに対して，過失犯・不作為犯の場合には，むしろ拡張的正犯概念を採用すべきであるとする議論も有力である。

には，これも正犯に含めてよいと解する（実質的客観説）のか，という問題がある。最初に触れたとおり，わが国の判例・通説は間接正犯の概念を認めており，②実質的客観説の立場を前提としている。そこで，直接正犯以外のいかなる場合に正犯性を肯定すべきか，その要件をどのように説明すべきかにつき激しい議論が行われているのである。

3 共犯の従属性：実行従属性と要素従属性

狭義の共犯である教唆犯と幇助犯に関しては，かつて，その成立につき正犯行為の存在が必要であるとする立場（共犯従属性説）と，このような従属性（実行従属性）を否定して，共犯は自ら行った行為のみを理由として処罰されるとする立場（共犯独立性説）とが対立していた。例えば，未遂犯の処罰時期に関しては，共犯従属性説によれば，教唆・幇助行為が行われたとしても，正犯が実行に着手する段階に至らない場合には未遂犯として処罰することはできないのに対して，共犯独立性説によれば，正犯の実行の着手を待つ理由はないから，教唆・幇助行為が行われた段階で，未遂犯として処罰することが可能となる。しかし，共犯行為が行われただけでは，客観的な結果発生の危険性はきわめて低いのであり，この段階で未遂犯としての処罰を認めるのは妥当でない。今日では学説は共犯従属性説で一致している。

そこで次に，共犯の成立を認めるためには，正犯行為にいかなる要件が備わっていればよいか（要素従属性）が問題となる。かつては，正犯が構成要件に該当し，違法であり，かつ有責な行為を行っていなければ共犯は成立しないとする考え方（**極端従属性説**◁）が有力であった。これは，正犯が「犯罪」を実行することを規定している61条の解釈としては文理に忠実であるといえる。しかし，責任があるかどうかは行為者ごとに個別的に考えられるものであり，刑事未成年者や責任無能力者などの行為を教唆したり幇助したりする形で関与した場合には共犯の成立を認めるべきであるという批判を受けて，今日の多数説は，正犯が構成要件に該当する違法な行為を行っていれば共犯は成立しうるとする立場（**制限従属性説**）を採用している。さらにすすんで，共犯が成立するためには，正犯が構成要件に該当する行為を行っていればよいとする立場（**最小従属性説**◁）もあるが，正当防衛などの適法行為に関与する者を共犯として処罰するのは妥当でないという理由からあまり支持されていない。　　　（照沼亮介）

図1.V.1-1　正犯と共犯の区別

出所：筆者作成

▷**極端従属性説，制限従属性説，最小従属性説**

ドイツにおいて，このような要素従属性の分類を最初に示したエム・エー・マイヤーによれば，共犯の従属形式は以下のように区別される。

①最小従属形式…正犯が構成要件を実現すれば足りる

②制限従属形式…正犯が構成要件を違法に実現すれば足りる

③極端従属形式…正犯が構成要件を違法かつ有責に実現する必要がある

④誇張従属形式…正犯に一身的な刑の加重・減軽事由（身分）が存在する場合には，その有無が共犯にも影響する

なお，わが国の教科書では，④の代わりに，「正犯が構成要件を違法・有責に実現するだけでなく，さらに客観的処罰条件が備わっている必要がある」という定義を掲げるものもある（客観的処罰条件に関してはコラム「客観的処罰条件・一身的処罰阻却事由」を参照）。

Ⅴ 共犯

間接正犯

1 間接正犯とは何か

間接正犯とは，直接行為者である他人の行為を「自己の犯罪実現のための道具として利用した」背後者のことをいう。直接行為者は被利用者，背後者は利用者とも呼ばれる。典型的には，殺意のある医師Xが事情を知らない看護師Aに毒入りの注射器を渡して患者Bに注射させて死亡させた場合，XはB殺害の直接正犯ではなく，間接正犯となる。刑法には間接正犯の明文規定はないが，判例・通説は，他人を利用する行為が実質的に直接正犯による**実行行為**と同等であると評価しうる限りで，解釈上，間接正犯を認めている。

2 間接正犯の正犯性

では，いかなる場合に間接正犯による他人の利用行為を直接正犯の実行行為と同視しうるのか。これについて，現在の判例の立場は必ずしも明らかではないが，学説は，利用者の行為に注目する㋐危険性説，㋑行為支配説，逆に，被利用者に注目する㋒規範的障害説，㋓自律的決定説の主に四説が対立している。

㋐は，間接正犯の行為が直接正犯の行為と同様に結果発生の現実的危険性を有することから正犯性が認められるとする。㋐はかつての通説であるが，**教唆犯**の行為も正犯行為と同様に結果発生の危険性があることから，現在，㋐では正犯（間接正犯）と共犯（教唆犯）が区別できないと批判されている。

㋑は，犯罪が実現する過程を利用者が支配していれば正犯性が認められるとする。支配とは，利用者が被利用者を意のままに操縦できることではなく，犯罪の実現を第一次的に帰せられる程度に犯罪を実現する過程で利用者が主導的な役割を果たしていることとされている。㋑に対しては，支配という概念には明確な基準がなく，要件としては不十分であるとの批判がある。

㋒は，被利用者に規範的障害がないことを利用者の正犯性の根拠とする。規範的障害とは，被利用者が事情を知っているために自己の行為を思いとどまる動機・分別をもっていることとされている。㋒に対しては，被利用者の性質がなぜ利用者の正犯性を基礎づけるのかが不明であるなどの批判がある。

㋓は被利用者に自律的決定がないことを利用者の正犯性の根拠とする。自律的決定とは，被利用者が犯罪の結果を認識しながら強制されることなく自由に決断してその結果を生じさせることとされている。㋓に対しては，利用者の行

▷1　最小一決平成9年10月30日刑集51巻9号816頁。
▷2　間接正犯の場合，例外はあるものの，一般的には直接行為者（本件のA）が故意犯（本件のBに対する殺人罪）として処罰されることはないとされている。また，偽証罪や重婚罪などのように他人を介してはおよそ行いえない犯罪を自手犯といい，この場合も間接正犯は成立しないとされている。

▷実行行為
⇨1-Ⅰ-5「条件関係」における「実行行為」の項目を参照。

▷教唆犯
⇨1-Ⅴ-1「正犯と共犯」などを参照。

為を軽視しているためその正犯性を十分に根拠づけていないなどの批判がある。

3 間接正犯の実行の着手時期

間接正犯（**離隔犯**）の**実行の着手**時期については，㋐利用者の利用行為時・発送時に求める利用者説（発送主義），㋑被利用者の行為時・到達時に求める被利用者説（到達主義），㋒個別的に判断すべきだとする個別化説がある。最高裁判例はまだないが，大判大正 7 年11月16日は，X が事情を知らない郵便局員 A に毒入りの砂糖を届けさせた離隔犯の事例で㋑を採用している。

4 間接正犯の成立が認められる場合

判例・通説は，概ね次の八つの場合に間接正犯の成立を認めている。すなわち，❶責任無能力者などの意思能力のない者，❷暴行・脅迫などの強制により意思を抑圧されている者，❸欺罔などにより錯誤に陥っている者，❹故意のない者，❺「目的なき故意ある道具」，❻「身分なき故意ある道具」，❼「故意ある幇助的道具」，❽適法行為を行っている者などの行為を利用する場合である。

❶最決昭和27年 2 月21日は，精神病に罹患しているため，自殺の何たるかを理解せず，しかも X の命ずることは何でも服従する A に対し，縊首の方法を教えて自殺させた X には，自殺関与罪ではなく，殺人罪が成立するとした。

❷最決昭和58年 9 月21日は，日頃からタバコの火を押し付けられるなど X の言動に畏怖し意思を抑圧されてはいるが，是非善悪の判断能力は有している12歳の少女 A に窃盗をさせた X には窃盗の間接正犯が成立するとした。

❸最判昭和33年11月21日は，X が A と心中する意思がないにもかかわらず，A を欺罔して X も A の後から追死するものと誤信させて A に服毒自殺させた場合，X には，自殺関与罪ではなく，殺人罪が成立するとした。

❹最決昭和31年 7 月 3 日は，X が A に対する債権を回収するため，A の所有する掘削機械をあたかも自己の所有物のように装って善意の第三者 B に売却して B に解体・搬出させた場合，X には窃盗罪が成立するとした。

❺通説は，X が行使目的を秘して A に文書を偽造させた場合，X には文書偽造罪の間接正犯が成立するとしている。

❻通説は，公務員 X が事情を知っている非公務員 Y に賄賂を収受させた場合，X には収賄罪の間接正犯，Y にはその幇助犯が成立するとしている。

❼最判昭和25年 7 月 6 日は，会社の代表取締役 X が会社の使用人 A に命じ自己の手足として米を運搬輸送させた場合，A がその事情を知っていたとしても，X の行為が食糧管理法に違反する運搬輸送の実行正犯となるとした。

❽大判大正10年 5 月 7 日は，X が堕胎行為により妊婦 A の生命に危険を生じさせたため，医師 B に依頼し胎児 C を排出させた場合，X には B の緊急避難行為を利用した堕胎罪の間接正犯が成立するとした。　　　　（後藤啓介）

▷ **離隔犯**
⇨ 1-Ⅳ-1 「未遂犯と実行の着手」における「離隔犯」の項目を参照。

▷ **実行の着手**
⇨ 1-Ⅳ-1 「未遂犯と実行の着手」を参照。

▷ 3 　大判大正 7 年11月16日刑録24輯1352頁。

▷ 4 　最小一決昭和27年 2 月21日刑集 6 巻 2 号275頁。
▷ 5 　最小一決昭和58年 9 月21日刑集37巻 7 号1070頁。
▷ 6 　最小二判昭和33年11月21日刑集12巻15号3519頁。なお，本判決については，2-Ⅰ-3 「殺人罪と同意殺人罪の限界」も参照。
▷ 7 　最小三決昭和31年 7 月 3 日刑集10巻 7 号955頁。
▷ 8 　学説の中には本件 A のような「目的なき道具」を利用した X の事案を本文❸にいう錯誤に陥っている者の行為を利用した事例に分類する説もある。
▷ 9 　X と Y の双方を収賄罪の共謀共同正犯とする説や，X を自ら賄賂を収受した収賄罪の直接正犯とし，Y は不可罰とする説もある。
▷10　最小一判昭和25年 7 月 6 日刑集 4 巻 7 号1178頁。なお，学説の中には本件の X を間接正犯ではなく，直接正犯であるとする見解などもある。
▷11　大判大正10年 5 月 7 日刑録27輯257頁。

V 共犯

3 原因において自由な行為

1 同時存在の原則

　責任能力が欠如している場合には責任非難を行うことができないために犯罪が成立しない（39条1項）し，責任能力が著しく低下している場合には刑は必ず減軽される（39条2項）。しかし，飲酒や薬物使用（原因行為）により一時的な責任無能力・限定責任能力状態に陥り，その状況下で構成要件該当事実を実現する行為（結果行為）を行ったような場合に常に39条の規定の適用を認めなければならないとするのは不当である。このような場合には，原因行為時に「自由」な意思決定がなされていたことを根拠に39条の適用を排除し，完全な責任非難を認める余地があるのではないか。これが原因において自由な行為の問題である。判例も古くからこのような場合にも完全な責任非難が可能であることを認めてきた（例えば**最決昭和28年12月24日**）。しかし他方で，責任は個々の具体的な犯罪行為との関係において追及されるものであり，責任能力などの責任要素は実行行為時に存在していることが要求される。これを実行行為と責任の同時存在の原則という。そこで，原因において自由な行為を認めるとすれば，この原則に対する例外を認めることになるのかどうかが問題となる。

2 結果行為説と原因行為説

　学説においては原因において自由な行為を否定する見解も存在するが，ごく少数にとどまっており，多数である肯定説は，どの部分に実行行為性を認めるかにつき結果行為説と原因行為説に分かれる。結果行為説とは，あくまで責任無能力・限定責任能力状態下での結果行為に実行行為性を認めるものであり，原因行為の時点において行為者に意思決定の自由が存在したということを根拠に，以後の結果行為についての非難可能性を肯定するもので，同時存在の原則の例外を認める立場である。これに対して原因行為説とは，原因行為に実行行為性を認め，同時存在の原則を維持する立場である。この点，結果行為説に対しては，なぜ同時存在の原則に対する例外の存在を認めて，原因行為に対する「非難可能性」を根拠に結果行為に対する「非難」を加えうるのかが問われることになる。結果行為説からは，原因行為の時点における一つの意思決定に貫かれる形で結果行為＝実行行為が行われているから，その全体を一つの意思の実現過程として「行為」ととらえることができるので，意思決定を行う原因行

▷1　自己の限定責任能力状態（1-Ⅲ-2「責任能力」を参照）を利用する場合については，結果行為の段階でもなお責任能力が残存しているため，これを「道具」のように利用する「間接正犯」として，原因において自由な行為の成立を認めることは困難であるという点が問題とされてきた。しかし，「道具」というのは比喩に過ぎず，結果行為時の状況を確実に把握した上で構成要件実現に向けた統制を行ったといえるような状況が存在した場合には，正犯性を否定する理由はないであろう。判例も，飲酒により限定責任能力状態になった後での道路交通法上の酒酔い運転の罪につき，39条2項の適用を否定し，完全な責任非難が可能であることを認めている（最決昭和43年2月27日刑集22巻2号67頁）。

▷**最判昭和28年12月24日**
麻薬中毒患者である被告人が麻薬入手の資金を得るために窃盗を行った事案につき，旧麻薬取締法上の「麻薬のために自制心を失う罪」の成否が問題となったが，最高裁は，被告人が自制心を失った時点において責任能力がなかったとしても，麻薬を使用する際に責任能力があり，かつ，自己

為の段階で責任能力が備わってさえいれば完全な責任非難が可能であるとされている。しかし，責任能力の存在時期を原因行為の時点まで遡らせてよいのだとすれば，その他の責任要素や故意の存在時期についても原因行為の時点で存在していれば足りるということになりかねない。また，結果行為説からは，処罰範囲を限定するために，通常の故意に加えて自分が責任無能力の状態に陥ることについての認識も必要である（二重の故意）とされることがあるが，それは結局，原因行為に実行行為性を認めることに限りなく近づくであろう。以上の理由から原因行為説が支持されるべきであるが，従来はこの見解は「間接正犯類似説」という形で説明されてきた。すなわち，原因行為によって自分を責任無能力の状態に陥れ，その状況下の自己の行為（結果行為）を利用して構成要件を実現するという意味で，間接正犯と同様の構造をもつものであると解するのである。いわば，この問題を（結果に対する因果性の問題ではなく），複数存在する自己の行為のうち，責任能力を備える原因行為につき「正犯性」を認めることができるかどうかの問題としてとらえる立場といえよう。これに対しては，原因行為について実行行為性を認めてしまうと，未遂犯の成立時期が著しく早くなるという批判が加えられてきたが，近年では「実行行為」の存在だけでは必ずしも未遂の成立は肯定されないとする理解が多数となっており，決定的な批判とはなり得ないであろう（ 1-Ⅳ-1 「未遂犯と実行の着手」を参照）。

③ 原因において自由な行為の成立の限界

　原因において自由な行為の成立の限界が問題になる場合としては，特に以下の二つが重要である。①過失犯の場合には，そもそも自分が責任無能力のような状態に陥ることを防ぐ注意義務が存在したことが証明できれば，そのような注意義務に違反した行為を端的に実行行為として認定できるので，原因において自由な行為の理論を採用する必要がないとされている。判例も，飲酒をすると病的酩酊に陥って暴力をふるう性癖のある行為者が，自分の性癖を自覚しつつ不注意な飲酒によって責任無能力の状態に陥り他人を殺害したような場合には，その飲酒自体を過失致死罪の実行行為と認定している（最大判昭和26年1月17日刑集5巻1号20頁）。②実行の着手後に責任無能力／限定責任能力状態に陥った場合については（少なくとも未遂犯が成立するのは別論として），行為に出た時点で自分がそのような状況に至ることについて認識を欠いた場合に，39条が適用され，既遂結果についての責任が否定されないかが問題となる。もっとも，裁判例では，限定責任能力状態に陥る以前に実行に着手した事案について，「同一の機会に同一の意思の発現にでたもの」として39条2項の適用を否定したもの（**長崎地判平成4年1月14日**）をはじめ，責任を認めたものが多い。

（照沼亮介）

が麻薬中毒症状に陥ることについての認識があれば，原因において自由な行為として処罰しうるとした（刑集7巻13号2646頁）。

▷**二重の故意**
結果行為説からは，原因において自由な行為は完全な責任非難ができる範囲を拡張する論理であるから，必要以上に処罰範囲が拡張しないようにするために，意思決定時に自己が責任無能力／限定責任能力状態に陥ることについての認識も必要である（二重の故意）と説かれる。しかし，それでは本文で述べたように理論的な一貫性が失われることになる。逆に，原因行為説からは，間接正犯において背後者の行為に正犯性を認めるための検討とほぼ対応する形で考えればよいのであるから，原因行為時に，通常の故意のほかに結果行為時の状況に関する認識の有無を検討することは至って自然なことであるといえる。

▷**長崎地判平成4年1月14日**
長時間にわたって被害者に暴行を加え死亡させたが，被告人は犯行開始後，その過程において飲酒を継続し，犯行の途中より複雑酩酊となり限定責任能力状態に陥っていたという事案につき，長崎地裁は，刑を必要的に減軽すべき実質的根拠があるとは言い難いとして39条2項の適用を否定し，傷害致死罪についての完全な責任非難を認めうるとした（判時1415号142頁）。

Ⅴ 共　犯

 共犯の処罰根拠

「堕落説」と「惹起説」

狭義の共犯については正犯の行為に対する従属性の存在が認められているが，そもそも共犯はどのような根拠に基づいて違法とされ，処罰の対象とされるのか，という点が問題となる。この議論を通じて，共犯成立の範囲を理論的な根拠から明確化することが期待されるのである。この点に関して，かつて責任共犯論という考え方が説かれた。これは主に教唆犯の説明を念頭に置いたもので，他人を「堕落」させて正犯としての罪責と刑罰とに引きずり込み，それによって社会内に犯罪者を作り出したということに共犯の処罰根拠を求める考え方である（この意味で「堕落説」とも呼ばれる）。この見解では，正犯者に違法かつ有責な行為を行わせることが前提となるため，制限従属形式の立場と相容れないこと，すでに犯行に出ている＝堕落している正犯に関与する場合でも成立する幇助犯の説明としては妥当しないことなどが問題となり，今日では支持されていない。これに対して，今日では，共犯も正犯と同じく法益侵害を行ったこと，違法な事態を引き起こしたこと（惹起したこと）を理由として処罰されるべきであり，それを他人の行為を介して間接的に行っている点でのみ正犯と区別されるとする考え方が支配的である。これを因果的共犯論（「惹起説」）という。

惹起説の展開と内部での対立

上でみたように，共犯成立のためには正犯を介して少なくとも違法な事態を生じさせる必要があるとする考え方が支配的となったが，その内部ではさらに議論は対立している。まず，惹起説本来の考え方を徹底し，共犯者はあくまで自分自身が引き起こしたことについてのみ罪責を問われるのであり，その意味で「共犯からみて違法な事態」が生じていれば処罰根拠は満たされるとする考え方がある。これを**純粋惹起説**という。しかし，この立場からは，正犯の実行行為を介した共犯成立，すなわち実行従属性は必ずしも要求されないことになり，共犯の成立範囲が不明瞭な形で著しく拡張されてしまう。例えば，Xがある刑事事件の犯人Yを教唆して，Yの事件に関する証拠を偽造させた場合，証拠偽造罪を規定した104条によれば，Yは「他人」の刑事事件に関する証拠を偽造してはいないのでそもそも構成要件に該当しないため，それに加担したXも正犯の不法が存在しない以上，不可罰になるべきであるが，純粋惹起説

▶純粋惹起説
本文で述べたように，実行従属性を要求する理由が存在しないので，独立性志向惹起説ともいわれる。その背景には，何らかの意味で「違法な結果」を因果的に引き起こせば足りるとして，共犯の成立要件を緩く解する（その意味で「拡張的共犯論」といわれる）ことで，その分，間接正犯の成立範囲を限定する（あるいは否定する）という意図が存在している。例えば，XがYを欺いてY自身の所有物を破壊させた場合，通説からはXには共犯成立の余地はなく，器物損壊罪（261条）の間接正犯が成立する余地があるということになるが，純粋惹起説からは，Yの自損行為もXからみれば「違法な事態」である以上，これに対する教唆犯成立の余地が残されていることになる。

によれば教唆犯が成立しうることになってしまう。このような意味で，共犯の従属性を前提とする以上，共犯の処罰根拠論においても「正犯からみて違法な事態」の存在は必要とされるべきである，という批判を受けて，純粋惹起説は少数説にとどまっている。以上の前提から，惹起説を実行従属性の観点から修正した見解，すなわち**修正惹起説**が主張された。この見解では，正犯を介して正犯の構成要件に該当する違法な結果を惹起すれば共犯は成立することになる。

　しかし，正犯不法の惹起が存在したとしても，同時に共犯にとって違法な事態の惹起が常に存在するわけではない。例えば，死ぬことを望んでいる X が Y に対して自己の殺害を依頼し，Y がこれに応じて殺害行為を実行したが，X が生き残ったという場合を考えてみると，Y は嘱託殺人罪の未遂犯（202条後段，203条）の罪責を負うため，「正犯」としての不法が存在しているが，これを教唆した X に同罪の教唆犯が成立することはあり得ないであろう。X 自身は「被害者」であり，自分の法益を Y を介して侵害したに過ぎないのである。現行法が自殺（未遂）を処罰していない以上，それを間接的に引き起こす行為についても共犯行為としての不法は認められないというべきであろう。また，例えば未成年者 X が自ら Y に働きかけて自分を親元から連れ去らせたような場合に，Y は未成年者誘拐罪（224条）の罪責を負うとしても，X にはやはり共犯行為としての不法が欠けるため，同罪の教唆犯が成立することにはならないであろう（このように，共犯の処罰根拠論はいわゆる**必要的共犯**の問題についても解決の視点を提供するものである）。以上のように，共犯が成立するためには，「共犯にとっても正犯にとっても違法な事態」が生じていなければならないとする考え方を**混合惹起説**といい，近年有力化しつつある。

③ 未遂の教唆

　例えば，X が Y を陥れて警察に突き出す目的で，致死量に満たない量の薬物を Y に手渡して，これを A に飲ませて殺害するように依頼し，結果的に A は腹痛を起こした程度で生命に別状はなかったという場合のように，最初から正犯の行為を未遂に終わらせる意図で教唆する場合を**未遂の教唆**という。この問題については，責任共犯論のように「正犯を罪責に陥れれば足りる」と考えれば，共犯の故意には結果実現の意思までは不要であるとして，X に殺人未遂罪（203条）の教唆犯の成立を認める余地がある。これに対して，共犯も正犯と同様に法益侵害を惹起したことに基づいて処罰されるとする惹起説からは，共犯であっても「殺人」という結果実現についての故意がなければ処罰し得ないことになるため，教唆犯は成立しない（ただし A の健康を侵害することについては故意が認められるので傷害罪〔204条〕の教唆犯が成立する）。惹起説からは故意の内容を正犯と共犯で区別する理由が存在しないのである。

（照沼亮介）

▷**修正惹起説**

従属性志向惹起説ともいう。純粋惹起説が「共犯からの結果惹起」のみを要求するのに対して，修正惹起説は「正犯からの結果惹起」のみを要求するものである。

▷**必要的共犯**

構成要件上，二人以上の者の行為を前提として規定されている犯罪をいう。例えば，内乱罪（77条）のように多数の者が同一方向で協力して行為する場合（衆合犯）と，賄賂罪（197条以下，198条）における贈賄者と収賄者のように複数の者が互いに向き合った方向で行為する場合（対向犯）がある。

▷**混合惹起説**

従属的法益侵害説ともいう。共犯が成立するためには，正犯の構成要件に該当する違法な事態（＝正犯不法）が必要であるとする点で，実行従属性，制限従属形式に調和しており，また，本文でみたように，共犯自身にとっても違法な事態（＝共犯不法）が実現されていなければならないとする点で，各々の共犯類型固有の不法内容を満たすことを求める立場であるといえる。

▷**未遂の教唆**

例として，警察官が，おとり捜査により逮捕する目的で行為者に犯罪の実行に着手させる場合が挙げられる（「教唆する司法巡査」という意味でアジャン・プロヴォカトゥールと称する）。なお，教唆行為自体が完遂しなかったような場合を教唆未遂（共犯従属性説からは不可罰），教唆された正犯者が実行に着手するに至った場合は未遂犯に対する教唆と称する。

Ⅴ 共　犯

共同正犯

▶最決平成4年6月5日
問題となった事案は以下の通りである。すなわち，XはYの協力を得てAに仕返しをしようと考え，闘争になった場合を予想して，Yに「やられたらナイフを使え」と指示し，包丁を持たせてAの勤務先である店に向かった。店の出入口付近でXの指示を待っていたYは，AにXと間違えられて手拳による殴打などの暴行を加えられたため，身の危険を感じ，身を守るために包丁でAの胸などを数回突き刺して死亡させたというものであるが，ここで自身は出入口からは離れた場所にいて待機していたXに，Yに成立した過剰防衛（36条2項）の効果が及ぶか否かが争われた。最高裁は，共同正犯が成立する場合における過剰防衛の成否は各人につきそれぞれの要件を満たすかどうかを検討して決するべきであり，YにとってはAの暴行が急迫不正の侵害であったとしても，Aに対する積極的加害意思を有していたXにとっては急迫性を有するものではなかったとして，Yに過剰防衛が成立するとしてもXには成立しないとした（刑集46巻4号245頁）。

1 「因果性」と「正犯性」

60条は「二人以上共同して犯罪を実行した者は，すべて正犯とする」と規定しているが，その内容は以下の二つの側面から説明される。

まず第一に，例えば，XとYが意思を通じて，殺意をもってAを狙い発砲したところ，Xの弾丸は外れて命中しなかったが，Yの弾丸は命中してAを死亡させた場合に，共同正犯が成立すると，XとYはそれぞれ殺人「既遂」の「正犯」として処罰される。この例で仮に意思の連絡が存在しなかったとすれば，弾丸を命中させられなかったXには死亡結果について責任を問われず殺人未遂罪にとどまるが，ここではXはYと意思を通じることにより，Yの行為を介して構成要件の実現に寄与し，Aの死亡という結果を引き起こしたということができる。このように，他の者と意思を通じ，その心理を介した形で獲得される因果性を心理的因果性といい，これにより単独犯と比べて因果性の範囲が拡張される点に共同正犯規定の意義を認めることができる。しかし，第二に，因果性が存在したことが認められても，それだけでは広義の共犯全体に共通した特徴があることが示されたに過ぎないのであり，なぜ各人が「正犯」として処罰されるのかは別途説明されなければならない。例えば，XとYが意思を通じて強盗を行う場合に，Xが被害者Aにけん銃を突きつけて脅迫し，Aが動きを静止させられている間にYがAのバッグを奪い去る，という形で実行した際には，強盗罪（236条1項）の実行行為のうち，XもYもそれぞれその一部分しか分担していないとしても，それぞれ全体について「正犯」としての罪責を問われる。その理由は，各人が分担した寄与が，結果を実現する上で「重要な役割」を果たしたからだと考えられている（❸，及び 1-Ⅴ-6「共謀の意義」参照）。なお，判例は，一人の共同正犯者への過剰防衛規定の適用が他の共同正犯者にも影響を及ぼすかという問題については，否定的に解している（**最決平成4年6月5日**）。ここでは他の者の行為への「従属」が認められておらず，その意味で正犯性が重視されているといえる。

2 何についての「共同」か？

共同正犯の「本質」をめぐり，従来わが国では以下の二つの考え方に分かれるとされてきた。まず行為共同説は，共同正犯は関与者各人がそれぞれの犯罪

を遂行するものであり，それぞれが実現した犯罪に従って罪責が決定されるので，各人が実現する構成要件相互の間に「重なり合い」がなくとも共同正犯は成立しうるとする（このうち，共同正犯においても個人責任原理が前提とされるとする主張は適切なものであろう）。これに対して犯罪共同説は，関与者各人が少なくとも「重なり合い」の認められる範囲内の構成要件に関与していなくては共同正犯は成立しないとする。例えばＸが殺人罪の故意で，Ｙが傷害罪の故意で共同してＡに暴行を加え，結果として死亡させたような場合に，ＸとＹはそれぞれいかなる罪の共同正犯として処罰されるべきかという問題につき，行為共同説からは，ただちにＸには殺人罪（199条）が，Ｙには傷害致死罪（205条）が成立し，両者は共同正犯の関係に立つことになる。しかし犯罪共同説からは，両者の行為は「傷害致死罪」の範囲においてのみ重なり合うので，ＸとＹには同罪の共同正犯が成立するが，そのほかに，Ｘが殺意をもって結果を発生させた点については殺人罪の「単独正犯」として評価されることになる。確かに共同正犯の正犯性は「いかなる構成要件の実現について重要な役割を果たしたのか」という問題であるから，共通の不法の実現が認められる範囲においてのみこれを肯定すべきであり，その意味では犯罪共同説の主張に理由があろう。ただし，結論的にＸが殺人罪，Ｙが傷害致死罪の刑を科されるという点では両説の差異はない（**最決昭和54年4月13日**参照。なお，最決平成17年7月4日刑集59巻6号403頁は，殺意のあった者につき，殺意のない共犯者との間では「保護責任者遺棄致死罪の限度で共同正犯となる」としており，より犯罪共同説に親和的である）。

③ 共謀共同正犯

　判例は古くから，共同正犯が成立するためには実行行為の一部分担は必ずしも要求されず，各人が共謀した上で，一部の者が実行に出れば，共謀者全員について共同正犯が成立しうるとする立場を貫いてきた。特に，いわゆる練馬事件最高裁判決（**最大判昭和33年5月28日**）は共謀共同正犯に関するリーディングケースとされており，学説においてもこれ以降は共謀共同正犯について肯定的な立場を採るものが支配的となっている。そこでは，実行者の背後に存在する組織の「黒幕」のような大物的存在は「正犯」という名前の下に処罰すべきであり，きわめて重要な役割を担った者については，仮に実行行為の一部を分担していなかったとしても「正犯」として処罰すべきであると考えられている。多数説によれば，犯罪の計画を立てたり，犯行道具・逃走手段などを調達したり，犯行によって得た収益の分け前に多く与ったりした人物は，犯罪の実現にとり「重要な役割を果たした者」であって，正犯性が認められるとされる。

（照沼亮介）

▷**最決昭和54年4月13日**
本文で述べたような事案につき，最高裁は「殺人罪の共同正犯と傷害致死罪の共同正犯の構成要件が重なり合う限度で軽い傷害致死罪の共同正犯が成立する」とし，殺意の存在しなかった共犯者についても殺人罪の共同正犯の成立を認めてその刑のみを傷害致死罪の限度で処断するのは誤りであるとした。結論的には殺意のあったＸには殺人罪，それ以外の共犯者には傷害致死罪の成立が認められている（刑集33巻3号179頁）。

▷**最大判昭和33年5月28日**
Ｘが被害者を襲撃する計画をＹと謀議し，Ｙが謀議に従って具体的な犯罪の実行を指導する内容の計画を立て，その後Ｙの指導に基づきＺら数名が被害者を襲撃して傷害を与え，結果として死亡させたという事案につき，最高裁は，「共謀共同正犯が成立するためには，2人以上の者が，特定の犯罪を行うため，共同意思の下に一体となって互いに他人の行為を利用し，各自の意思を実行に移すことを内容とする謀議をなし，よって犯罪を実行した事実が認められなければならない。したがって右のような関係において共謀に参加した事実が認められる以上，直接実行行為に関与しない者でも，他人の行為をいわば自己の手段として犯罪を行ったという意味において，その間刑責の成立に差異を生ずると解すべき理由はない」と述べ，Ｘ，Ｙを含むすべての被告人につき傷害致死罪の共同正犯の成立を認めた（刑集12巻8号1718頁）。

第1部 刑法総論

V 共犯

 共謀の意義

▷共同正犯
⇨ 1-V-5 「共同正犯」
▷共謀
実務では,「共謀」という言葉以外にも,「共同犯行の認識」「意思の連絡」「通謀」「謀議」などの用語が使われているため,後述するように,「共謀」が客観的要件なのか主観的要件なのかをめぐる学説の激しい対立がある。
▷共謀共同正犯
共謀共同正犯は,「実行の着手」⇨ 1-Ⅳ-1 「未遂犯と実行の着手」)を前提とするため,それ以前の行為は処罰できない。他方で,いわゆる「テロ等準備罪」は,実行の着手以前の段階での処罰を可能とするが,(1)「組織的犯罪集団」が関与し,(2)犯罪の実行を2人以上で「計画」し,かつ,(3)計画に基づいて「実行準備行為」がなされる必要があり,「共謀」のみで処罰が可能なわけではない。
▷一部行為(ないし実行)の全部責任の法理
全体行為の一部しか分担していない者も,実現された違法事実の全体についての正犯とされる法理のことをいう。
▷練馬事件判決
最大判昭和33年5月28日刑集12巻8号1718頁。

1 なぜ共謀が重要なのか

60条にいう**共同正犯**のうち,2人以上の者が,ある犯罪の実行を**共謀**し,共謀者のうちの誰かが共謀にかかる犯罪を実行したとき,他の共謀者にも60条にいう共同正犯を認める場合を**共謀共同正犯**という。

共謀は,共同正犯における**一部行為の全部責任の法理**が適用される根拠となる心理的因果性を根拠づけ,また,正犯性を根拠づける。心理的因果性については,例えば,XとYがAの殺害を共謀し,実際にはYがAを殺害した場合,Xが実行行為を分担していないのにAに対する殺人既遂罪とされうるのは,共謀によってXがYを精神的に強く拘束し,XがAの死亡結果の発生に間接的な因果性を及ぼしているからである。正犯性については,後述するように,裁判実務によれば,例えば,XとYが実行行為を共同しても,両者の間に共謀がなければ,共同正犯(いわゆる片面的共同正犯)は成立しないとされている。

このように共謀は,共同正犯の理解にとって極めて重要な概念である。そこで,以下では,共謀という概念が判例・学説によってどのように理解されているのか,さらに,実務上なぜ片面的共同正犯は否定され,実務・通説上なぜ片面的幇助犯は肯定されているのかについて見てみることにしよう。

2 共謀とは何か:客観的謀議説と主観的謀議説

何をもって共謀というのかについては⑦客観的謀議説と⑦主観的謀議説の対立がある。⑦は,共謀を具体的な外部的行為たる「謀議行為」と解する説である。⑦は,共謀を「共同犯行の認識」ないし「意思連絡」と解する説である。⑦の背景には共謀共同正犯の成立範囲を客観的に限定したいなどの要請があるのに対し,⑦の背景には意思連絡が時間の経過と共に徐々に醸成され,特定の日時・場所における謀議行為として把握できない場合があるなどの理由がある。今日の実務では⑦の立場が支配的であるといわれるが,この二説と判例との関係をどのように理解するかをめぐっては,実際にはさらに見解の対立がある。

練馬事件判決は,「共謀共同正犯が成立するには,二人以上の者が,特定の犯罪を行うため,共同意思の下に一体となつて互に他人の行為を利用し,各自の意思を実行に移すことを内容とする謀議をなし,よつて犯罪を実行した事実が認められなければならない」とした。そのため,この判決については,⑦の

90

立場を採用したとする見解がある一方，他方では，同判決が「謀議の行われた日時，場所またはその内容の詳細」まで具体的に判示する必要はないとしていることなどを根拠に㋑の立場にあるとする見解も有力に主張されている。

スワット事件決定は，暴力団の組長である被告人が，部下の組員が自発的に被告人を警護するためにけん銃などを所持していることを確定的に認識・認容し，そのことを組員も承知していた場合，被告人と部下との間にけん銃などの所持につき「黙示的に意思の連絡があったといえる」とした。そのため，この決定では，㋑の立場が採用されたとする見解がある一方，他方では，スワット事件が練馬事件とは「事案を異にする」と説示されていることを理由に，共謀共同正犯には「謀議行為」を要するものと，これがなくても「意思連絡」があれば足りるものとの二つの類型があるとする見解もある。後者の見解によれば，共謀共同正犯が成立するためには，練馬事件のように被告人が犯行時に犯行現場にいない場合には事前の「謀議行為」が必要であるのに対し，スワット事件のように被告人が犯行時に犯行現場（付近）にいる場合には「意思連絡」があれば足りるということになる。もっとも，これに対しては，㋑の立場から，60条は二つの類型の共同正犯を別々に規定しているわけではないから，両者をことさらに区別するような説明は妥当ではないとの批判もなされている。

③ 共謀の有無：片面的共同正犯と片面的幇助犯

片面的共同正犯とは，共同実行の事実はあるが，共同実行の意思は共同者の一方にしか存在せず，他方には存在しない場合をいう。実務は，すでに大審院判例で共同正犯については，相互の「意思連絡」たる「共謀」が必要であるとし，それがない場合には共同正犯が成立しないとして片面的共同正犯を否定していた。学説は，**(部分的) 犯罪共同説**によれば，共同正犯が成立するためには特定の犯罪に対する合意が必要であるから，一方が共同実行の事実を認識しているのに対し他方がそれを認識していない場合に共同正犯は成立しないため，片面的共同正犯も認められないとされる。これに対し，**行為共同説**によれば，特定の行為に対する合意さえあれば特定の犯罪についての合意までは必要とされないため，その限りで片面的共同正犯も成立しうるとされる。

片面的幇助犯とは，幇助行為の事実はあるが，共犯者間に相互的な意思疎通がなく，一方にのみ他方に対する加担意思が存在する場合をいう。最高裁判例はまだないが，東京地判昭和63年7月27日は，上記の大審院判例などに従い，相互の意思連絡がなく，寄与が形式的で，犯罪収益の分配が少ない場合に共同正犯の成立を否定し，片面的幇助犯の成立を認めている。通説は，62条の「正犯を幇助した者」という文言からは一方的な幇助意思に基づく幇助行為も排除されないため，片面的幇助犯を肯定しうるとする。

(後藤啓介)

▷スワット事件決定
最小一決平成15年5月1日刑集57巻5号507頁。

▷1 大判大正11年2月25日刑集1巻79頁，大判大正14年1月22日刑集3巻921頁，大判昭和3年3月9日刑集7巻172頁，大判昭和8年12月9日刑集12巻2272頁。なお，片面的共同正犯が否定される場合には，同時犯または片面的幇助犯が成立する余地がある。

▷ (部分的) 犯罪共同説
⇨ 1-V-5 「共同正犯」

▷行為共同説
⇨ 1-V-5 「共同正犯」

▷2 東京地判昭和63年7月27日判時1300号153頁。本件は，フィリピン人の被告人Xの実兄Yら3人が共謀し，大理石風木製テーブル内に隠したけん銃などの密輸入を企てたが，税関職員に発見されたため目的を遂げなかった事案において，X が，テーブル内にけん銃などが隠されているかもしれず，Yらがこれを日本に密輸入して売り捌くつもりかもしれないと考えながら，妻名義の小切手で送料を支払うなどしてけん銃などが隠されたテーブルをマニラから日本に向けて発送する手続を行い，Yらの犯行を容易にさせたという事案である。

第1部 刑法総論

Ⅴ 共犯

 共謀の射程

▷共謀
⇨ 1-Ⅴ-6 「共謀の意義」
▷1 以下では，特に断らない限り，「共犯」という言葉を 1-Ⅴ-1 「正犯と共犯」で示した「広義の共犯」の意味で用いる。

▷共犯の逸脱
本稿は「共犯の錯誤」の問題と「共謀の射程」の問題を区別するため，あえて「共犯の逸脱」という言葉を使用する。従前，XとYがAの殺害を共謀したが，YがXの予期に反してBを殺害した場合は「共犯の錯誤」の問題とされてきた。すなわち，B殺害は， 1-Ⅰ-9 「具体的事実の錯誤」の問題として，「客体の錯誤」であれ「方法の錯誤」であれ，判例・通説である法定的符合説によれば故意を阻却せず，XもB殺害の責を負うとされた。しかし，「共謀の射程」という議論によれば，B殺害が「共謀の射程外」である場合，特にXとYが当初の共謀時にA以外を殺害しないことを固く約束していた場合などは，故意の存否を問題とするまでもなく，XはB殺害について無罪とされうる。
▷2 「共犯関係の解消」や「共犯関係からの離脱」の場合にも，共犯関係を構築させた当初の共謀がその後の解消や離脱にどのような影響を及ぼすのかという

1 共謀の射程の意義

共謀は，共同正犯における一部行為の全部責任の法理が適用される根拠となる心理的因果性を根拠づけ，また，正犯性を根拠づける。しかし，XとYが共謀した内容以外のことをYがXの予期に反して実現（XとYがAの殺害を共謀したが，YがXの予期に反してBを殺害）すること（**共犯の逸脱**）や，XとYが共謀した内容以上のことをYがXの予期に反して実現（XとYが窃盗を共謀したが，Yが強盗を実現）すること（共犯の過剰）がある。これらの場合，Yによる逸脱・過剰行為は共謀に基づくものではないため，XにはYの行為は何ら帰責されないとする余地がある。もっとも，犯罪が具体的な事情に即して臨機応変に行われる場合，共謀からの逸脱・過剰が事前に想定されることも十分にある。ゆえに，すべての逸脱・過剰を共謀に基づくものではないとすることも妥当ではない。では，Yによる逸脱・過剰行為について，どこまで当初の共謀に基づいてYによる行為をXに帰責することが許されるのか。このように，共謀の内容と行為の内容に食い違いがある場合に，行為が「共謀に基づく」と評価できるか否かが「**共謀の射程**」の問題である。

2 共謀の射程の内容

共謀の射程の内容をめぐっては，主に，㋐共謀による心理的因果性が及ぶ範囲とする説と，㋑共謀による因果性と相互利用補充関係の双方の及ぶ範囲とする説の二つがある。㋐は共謀の内容と実行の内容の乖離が重大である場合，㋑は当初の共謀とは異なる新たな共謀がなされている場合，逸脱・過剰は「共謀の射程外」にあるとされ，当該逸脱・過剰について，㋐によれば不可罰とされ，㋑によれば共同正犯の成立が否定され，教唆犯・幇助犯の成立余地が残る（ゆえに，異論の余地もあるが，後記**5 ❷～❹**に基づいて実務は㋐とする説もある）。

いずれの見解も，逸脱・過剰が「共謀の射程外」にある場合には故意の有無は問題とならず，「射程内」にある場合にのみ，当該逸脱・過剰について各共同正犯の故意の存否を判断し，それに応じた罪名が決定されるとする（後記**4 ❶**）。

3 共謀の射程の判断方法

実務の立場は明らかではなく，学説も諸説あるが，主に，㋕実行の日時・場

所，被害者，行為態様，保護法益などの客観的要素と故意，動機，目的などの主観的要素を総合的に勘案する説や，㋖これらの要素を考慮しつつも実行に及ぼす心理的影響に注目し，犯行動機の同一性・連続性を重視する説などがある。

④ 「共謀の射程内」にある犯行の事例とみなされうる判例

❶最決昭和54年4月13日[3]は，XらとYがAの暴行・傷害を共謀したところ，Yが殺意をもってAを殺害した事案で，殺意の有無という主観面に差異があるだけで，その余の犯罪構成要件要素は同一であることを理由に，Xらには「殺人罪の共同正犯と傷害致死罪の共同正犯の構成要件が重なり合う限度で軽い傷害致死罪の共同正犯が成立する」とした。本件の場合，Aの死亡はXらとYの共謀と無関係に生じたものではなく，因果性などに重大な齟齬はない。ゆえに，「共謀の射程内」ではあるが，Xらには殺意が欠けているとされた。

⑤ 「共謀の射程外」にある犯行の事例とみなされうる判例

❷東京高判昭和60年9月30日[4]は，暴力団組長Xが部下YとA拉致の謀議をし，Yがさらにらと共謀の上これを実行しようとしたが失敗した後，YやZらが新たにA殺害の謀議をして実行した事案で，拉致の謀議と殺害の謀議との間に同一性，連続性がなく，殺害は拉致の謀議に基づく実行行為中のものともいえないことを理由にXを無罪とした。本件殺害の謀議が「共謀の射程外」とされるにあたっては，XがA殺害の主導的な立場ではなかったことや，上位組織幹部の指示に基づくXの消極的な対応などの事情も考慮されている。

❸最判平成6年12月6日[5]は，Aの侵害に対し，X・Yらが共同して防衛行為としての暴行に及び，Aの侵害が終了した後もYのみが暴行を続けた事案で，当初の「反撃行為については正当防衛が成立し，追撃行為については新たに暴行の共謀が成立したとは認められない」ことを理由にXを無罪とした。学説は，適法行為である防衛行為についての「共謀」がそもそもありえないとする説と，防衛行為についての「共謀」もありうるが，本件の追撃行為は当初の防衛行為に関する「共謀の射程外」にあるとされたとする説が対立している。

❹東京地判平成7年10月9日[6]は，XがYらと昏酔強盗を共謀し，Aに睡眠薬を飲ませて金品を取ろうとしたが，Aが眠り込まなかったため待ち切れなくなったYがXの予期に反してAに暴行を加えて傷害を負わせ金品を強取した事案で，「昏酔強盗とは手段方法が質的に異なっている暴行脅迫を手段とする強盗についての共謀が認められない」としてXとYとの強盗致傷罪の共同正犯を否定した。しかし，一部の学説は，昏酔強盗が通常の強盗に移行することは十分に想定され，構成要件も実質的に符合しうるため，本件が「共謀の射程外」にあるとされたのは，現場での計画変更がYの独断でありXとの共謀による心理的因果性が弱いなどの理由もあるとしている。　　　　　（後藤啓介）

観点からは，「共謀の射程」が問題となりうる。

⇒ 1-Ⅴ-10「共犯関係の解消」

▷3　最小一決昭和54年4月13日刑集33巻3号179頁。なお，教唆犯の事例としては，XがYにA宅への住居侵入窃盗を教唆したところ，YがB宅への住居侵入強盗をした場合に，Xは後者の罪について住居侵入窃盗の範囲で教唆犯となるとした判例（最小三判昭和25年7月11日刑集4巻7号1261頁）がある。

▷4　東京高判昭和60年9月30日刑月17巻9号804頁＝判タ620号214頁。

▷5　最小三判平成6年12月6日刑集48巻8号509頁。

▷6　東京地判平成7年10月9日判時1598号155頁＝判タ922号292頁。もっとも，XはYらによるAへの暴行・脅迫を認識し，反抗抑圧状態を積極的に利用してAから財物を奪取したため，Xには強盗罪の承継的共同正犯が成立するとされている（Aの傷害結果については承継が否定されている）。

⇒ 1-Ⅴ-9「承認的共犯」

Ⅴ 共 犯

共犯の因果性

1 共犯の「因果関係」とは？

惹起説（因果的共犯論）が支配的である今日では，共犯においても正犯と同様に結果に対する因果関係が必要とされている。しかし，いかなる程度の「因果性」が存在していれば足りるのかをめぐっては議論がある。

2 幇助犯における「促進」関係の内容

教唆犯は，犯罪を決意していない者に対して新たに決意を生じさせ，実行行為を行わせるという特徴を有している（それゆえ正犯と同等〔61条〕という重い刑を科されると考えられる）が，これに対して幇助犯の場合にはそのような関係はなく，すでに犯行を決意している者に対して働きかけ，その実行に加担すればよい。そこで，幇助犯については，「結果」に対する因果関係までは必要なく，実行行為を促進することで結果発生の危険を生じさせれば足りるとする見解も存在する。しかし，このような考え方からは，およそ正犯の犯罪実行に関わった場合にはすべて既遂結果についても罪責を負うことになり，「既遂犯に対する幇助」と「未遂犯に対する幇助」の区別がつかなくなってしまう。

そこで，幇助犯の場合も結果との関係で因果性が存在する必要があるとする見解が支配的となっているが，他方で，単独犯における条件関係（⇨ 1-Ⅰ-5 「条件関係」）が，幇助犯の場合にも必要であるかどうかが問題となる。しかし，もしこのような関係が必要であるとすると，「幇助行為がなかったとしても犯罪は実行可能であったが，しかしとりあえず結果発生の役には立っている」という場合には，常に既遂犯に対する幇助は成立しないことになってしまう。例えば，Aの家へ侵入して窃盗を行う決意を固めたYに対し，Xがこれを支援する意図でAの家の合鍵を与えたが，合鍵がなくともA宅への侵入は可能であったというような場合，Yの寄与がなくとも結果は発生していたことになり，Xには既遂結果についての罪責が問えないことになってしまう。このような理由から，共犯の場合には条件関係までは必要なく，何らかの形で，正犯の実行行為を通じて結果発生を促進していれば足りる（**促進的因果関係**）と解されている。なお，幇助犯が成立するためには，「正犯行為を通じた結果惹起」が存在すればよく，正犯における実行行為のように手段が限定されているわけではない。従って，幇助は犯行の手段や場所を提供するような有形的方法の場

▷促進的因果関係
ただし，このような関係が認められるためには，問題となる幇助行為自体が社会的に許されない程度の危険性を有していることが必要である。判例の中には，強盗犯人に犯行に使用する鳥打帽子と足袋を与えたという行為につき，促進関係の存在を否定して幇助の成立を認めなかったものがある（大判大正4年8月25日刑録21輯1249頁）。

合（物理的幇助）に限定されず，例えば，犯行に関する情報を提供したり，助言を与えたり，あるいは躊躇を取り除いたり勇気づけたりするような方法（無形的方法）によって，正犯者の心理過程を介して実行を促進する場合（**心理的幇助**）であってもよい。もっとも，幇助行為，因果性，故意のそれぞれの存否につき，慎重な判断が求められる場合もある（コラム3「中立的行為による幇助」参照）。

3 判例の立場

この問題に関して，判例は古くから，幇助は犯罪の遂行を容易にしていれば足り，結果の発生にとって必要不可欠であることまでは要しないとしていたが（**大判大正2年7月9日**），近年の重要な裁判例として以下のものがある。すなわち，強盗殺人の実行に際して，正犯者Yは当初地下室を被害者の殺害場所として計画を立てていたが，被告人Xは，けん銃の発射音が外に漏れないよう入口戸をガムテープで目張りしたり，排気口を毛布で塞ぐなどの行為をした（①）が，実行に際してYが計画を変更し，走行中の自動車内で被害者を射殺したときに，Xは別の車両でYに追従し，殺害現場に至るなどの行為をした（②）という事案につき，裁判所は，①の行為が犯罪実行を幇助したというためには，①の行為それ自体がYを精神的に力づけ，強盗殺人の意図を維持ないし強化することに役立ったことが必要であるが，本件ではYが①の行為を認識していないために幇助犯は成立しないとしたが，②の行為については，Yは自分の後からXが追従してくることを心強く感じていたのであり，既遂結果との関係で幇助犯が成立するとしたのである（**東京高判平成2年2月21日**）。

この点，(1)幇助犯を危険犯であると考え，結果に対する因果性までは不要であると解すれば，①の行為についても既遂犯に対する幇助が成立しうることになろうし，逆に，(2)幇助の場合にも条件関係が必要だと解すれば，①も②も結果実現のために必要不可欠であったとはいえないので，いずれについても既遂犯に対する幇助は成立しないことになろう。しかし，(1)ではあらゆる場合に既遂結果につき罪責が問われるため不当であるし，(2)では逆に帰責の範囲が狭くなりすぎて不当である。そのため，多数説は②の行為についてのみ心理的幇助としての因果性の存在を認めた本判決の結論を支持している。　（照沼亮介）

▷**心理的幇助**
心理的幇助により正犯の実行を容易にしたという関係を認めるためには，例えば犯罪遂行にとって不可欠な情報を提供したというように，具体的な形で正犯者の心理を強化する作用を与え，それが犯罪実行にとっての動機を与えたといえるだけの関係が必要であろう。

▷**大判大正2年7月9日**
賭博場開帳に際し被告人が自分の居宅を提供した事案につき，大審院は，幇助が成立するためには，犯罪が行われることを認識した上で，犯人に犯罪遂行の便宜を与え，これを容易にさせることだけで足り，その遂行に必要不可欠な助力を与えることまでは必要ないとした（刑録19輯771頁）。

▷**東京高判平成2年2月21日**（判タ733号232頁）
なお，原審である東京地判平成1年3月27日（判タ708号270頁）は，逆に①の目張り行為もYの一連の計画に基づく犯罪実現の危険性を高めたものと評価できるとして，①，②双方の行為について結果に対する因果性の存在を肯定していた。

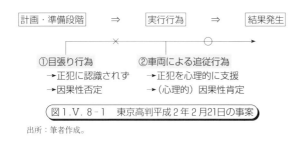

図1.V.8-1　東京高判平成2年2月21日の事案

出所：筆者作成。

第1部　刑法総論

V　共犯

承継的共犯

▷大判昭和13年11月18日
本文で述べた事案につき，大審院は，強盗殺人罪は強盗と殺人とが結合して一罪を形成するものであって，殺害の事実を認識した上で全体の一部に関与した以上は，犯罪全体について幇助犯が成立するとした（刑集17巻21号839頁）。

▷横浜地判昭和56年7月17日
先行行為者が被害者に対し暴行・脅迫を加えて金員を要求し畏怖させていたところへ後行行為者が現れ，その事情を知りつつ，先行行為者の指示に従って，自らは暴行を加えることなく被害者から金員を受け取ったが，被害者は先行行為者の暴行によって傷害を負ったという事案につき，後行行為者は被害者の畏怖状態を認識・認容した上で金員受領行為に加担しているので恐喝罪の共犯は成立するが，傷害結果の発生やその拡大につながるような行為はしていないから傷害の点については共犯は成立しないとされ，結論的に恐喝罪の幇助犯の成立のみが認められた（判時1011号142頁）。

▷大阪高判昭和62年7月10日
先行行為者が被害者に暴行を加えて傷害を生じさせた時点で現れた後行行為者が，それまでの事情を察知し，

1　途中からの関与・全体に対する責任

先行行為者が実行行為の一部を終えた段階で，後行行為者が初めてこれに加わり，以後の犯行に関与したような場合，後行行為者には，自分の関与以前に先行行為者がすでに実現していた部分を含めて，構成要件実現の全体について罪責を問われることがあり得るか。例えば，例①：Xが強盗の目的で被害者に暴行を加えたのちに，偶然通りがかったYがXと意思を通じて，被害者から財布を奪う行為を手伝ったような場合，Yには（窃盗罪の部分だけでなく）強盗罪全体について共犯が成立するのであろうか。これを承継的共犯といい，承継的共同正犯と承継的幇助とに分かれる。

2　判例・学説の状況

判例はかつて，夫が強盗殺人の目的で被害者を殺害した後にこれに関与し，灯火をかざして財物の強取を容易にした妻の行為につき，強盗殺人罪全体について幇助犯の成立を認めていた（**大判昭和13年11月18日**）。学説においても状況を把握した上で先行行為者と意思を通じ以後の犯罪に加担した以上は，自己が直接分担しなかった部分も含めて犯罪全体についての罪責を問われるとする考え方（全面肯定説）が多数であった。しかし，その後の裁判例では，単に先行行為者が生じさせた事態について認識するにとどまらず，それを「自己の犯罪遂行の手段として積極的に利用した」といえる場合に限って「承継」を認めるとするものが増えていった（例えば**横浜地判昭和56年7月17日**，**大阪高判昭和62年7月10日**など）。学説上も，これと同様に解した上で，ただ，例えば，例②：強盗致死傷罪における致死傷の結果が，すでに後行行為者の関与の時点で発生してしまっているような場合については，それらの結果については共犯は成立しない（強盗罪の限度でのみ共犯となる）とする考え方が有力である（限定肯定説）。このほか，**同時傷害の規定（207条）の存在との均衡**を考慮して，共犯の場合においても関与以前に生じていた結果についても帰責を認めるべきであると主張する見解もある。以上に対して，近年の学説では，共犯の処罰根拠論における惹起説を前提として，自己の行為と因果関係を有さない結果については責任を問えないとする見解が多数を占めつつある（否定説）。この見解によれば，例①，例②についてはそれぞれ窃盗罪の共犯のみが成立しうることになる。

その後，以下のような事案につき，承継的共同正犯に関する最初の最高裁判例が出現するに至った。すなわち，先行行為者らが被害者らに暴行を加え（第一暴行），その後Xが現場に到着した際，すでに被害者らは第一暴行により傷害を負っていた。Xはその状況を認識しつつ，先行行為者らと意思を通じた上，被害者らに対して暴行を加え（第二暴行），被害者らはさらに傷害を負った。原判決は，Xが関与以前に生じていた結果を認識，認容し，これを制裁目的による暴行という自己の犯罪遂行の手段として積極的に利用したと評価し，第1暴行による傷害を含めた全体について承継的共同正犯として責任を負うとしたが，最高裁は，加担以前にすでに生じていた傷害結果については「Xの共謀及びこれに基づく行為がこれと因果関係を有することはないから，傷害罪の共同正犯としての責任を負うことはなく，共謀加担後の傷害を引き起こすに足りる暴行によって…（略）…傷害の発生に寄与したことについてのみ，傷害罪の共同正犯としての責任を負う」とした。そして，仮に原判決の認定するような事実があったとしても，「それは，Xが共謀加担後に更に暴行を行った動機ないし契機にすぎず，共謀加担前の傷害結果について刑事責任を問い得る理由とはいえない」とし，承継的共同正犯の成立を否定している（**最決平成24年11月6日**）。

3 共同正犯／幇助犯の本質論からの解決

共同正犯も正犯である以上，事前の意思連絡に基づき構成要件全体を支配していたといえなければ成立しない。関与以前に生じた事態について事後的にそうした関係を形成することは不可能であるため，否定説が妥当である。他方，狭義の共犯である幇助犯は，正犯の実行行為が既遂に達する前であれば，これに関与して結果発生を促進すれば成立し（⇨ 1-V-8 「共犯の因果性」），例えば強盗罪なら「財物奪取」を促進すれば成立し得る。このように考えると，例①，例②については窃盗罪の共同正犯に加えて強盗罪の幇助犯が成立することになる。ただし，死亡・傷害結果が関与以前に生じていた場合，促進は不可能であるから，その部分（強盗致死傷罪）については幇助犯も成立し得ない。

（照沼亮介）

傷害の事実を認識・認容しながら自分もこれに共同して加功する意思で被害者に軽微な暴行を加えたという事案につき，本件では後行行為者が先行行為者の行為・結果を自己の犯罪遂行の手段として積極的に利用したとは認められないので，暴行罪の共同正犯が成立するにとどまるとされた（高刑集40巻3号720頁）。

▷**同時傷害の規定（207条）の存在との均衡**
意思の連絡のない場合にも，207条は誰の行為から生じたのかわからない結果についても帰責を認めているのだから（⇨ 2-I-5 「同時傷害の特例」），意思の連絡が生じた承継的共犯の場合にはなおさら結果についての帰責を認めるべきだとする議論である。

▷**最決平成24年11月6日**
刑集66巻11号1281頁。結論としては，同じ傷害罪の成立範囲に関する解釈適用の誤りがあるに過ぎないこと，第二暴行が傷害を相当程度重篤化させたものであることなどの事情に照らすと，原判決の量刑が不当に重かったとはいえないとして被告人の上告を棄却している。また，「強盗，恐喝，詐欺等」の場合には加担以前の効果を利用することにより因果関係を持ち，承継的共同正犯が成立し得るが，傷害罪については「承継的共同正犯の成立を認め得る場合は，容易には想定し難い」とする補足意見が付されている。

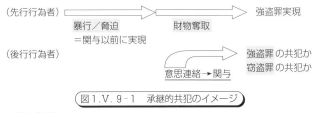

図1.V.9-1 承継的共犯のイメージ

出所：筆者作成。

Ⅴ 共犯

共犯関係の解消

1 共犯関係の解消の意義

　共犯者のうちの一部が共犯関係から離れた場合，離脱者は，その後，残りの共犯者が遂行した犯罪について，共犯としての責任を負うのだろうか。共犯の処罰根拠に関する通説によれば，共犯者は，自らの行為と構成要件実現に因果関係を有するがゆえに処罰される（**因果的共犯論**）。それゆえ，いったん共犯関係が形成されたとしても，自らの因果的影響が解消された場合，離脱者は，離脱後の犯罪について，共犯としての責任を負わないことになる（「**共犯関係の解消**」）。このように解するのが，現在の通説である（因果性遮断説）。

　例えば，AとBが，犯罪を共謀したが，実行の着手前に，AがBとの共犯関係を解消した場合，Aは，その後にBが行った犯罪について，共犯としての責任を負わない（Aは，処罰規定がある場合には，予備罪の罪責を負う）。また，実行の着手後に，AがBとの共犯関係を解消した場合には，Aは，その後のBの完遂した犯罪について，共犯としての責任を負わず，未遂犯の限度で，共犯が成立する（後述するように，さらに中止犯の成否が問題となる）。

2 共犯関係の解消の要件

　従来，共犯関係の解消の類型は，実行着手前の離脱と，着手後の離脱に分けて論じられてきた。もっとも，両者の中間的事案も存在するため，単純に実行着手前後で類型化することは難しい面もある。

　因果性遮断説によれば，共犯関係の解消を認めるにあたって問題となるのは，離脱者の及ぼした物理的・心理的因果的影響の解消の有無である。教唆の場合には，心理的因果的影響の解消が求められ，幇助の場合には，物理的・心理的因果的影響の解消が問題となり，共同正犯の場合には，物理的・心理的因果的影響の解消が必要となる。判例上，**片面的共同正犯**は認められておらず，心理的因果関係の解消があれば，少なくとも共同正犯は成立しないことになる。

　裁判例の傾向としては，実行の着手前の離脱の場合，比較的緩やかに共犯関係の解消が認められ，着手後の離脱の場合には，より慎重に判断されてきた。具体的には，着手前の場合には，他の共犯者に対し，「離脱の意思表明」がなされ，他の共犯者において「離脱が了承」されたなら，共犯関係の解消が認められるが，着手後については，それに加えて，結果の防止措置が必要であると

▷ 因果的共犯論
⇨ 1-Ⅴ-4 「共犯の処罰根拠」

▷ 共犯関係の解消
現場等から離れるという事実行為は，「共犯関係からの離脱」と呼び，法的評価を加えた意味での「共犯関係の解消」と区別される。ただ，論者によっては，「共犯関係からの離脱」と「共犯関係の解消」が同じ意味で用いられることもある。

▷1 共犯者が住居に侵入し，強盗に着手する前に，共犯者の一部が現場から離脱した事例。強盗の着手前ではあるが，すでに共犯者が住居に侵入しており，実質的には実行着手後の離脱に近い事案と指摘されている（最決平成21年6月30日刑集63巻5号475頁）。

▷2 心理的因果性：因果的共犯論を基礎としつつも，共犯の成立根拠として心理的因果性のみを要求する見解によれば，共犯関係から離脱する旨の意思表示を行えば，心理的因果性が消滅することとなり，離脱が認められることになる。

▷3 共同正犯関係の解消：共同正犯関係の解消の場合，残余者による犯罪が，当初の共謀に基づくものかどうかが問題となる。⇨
1-Ⅴ-7 「共謀の射程」

する。例えば，窃盗着手前に犯行を思い止まり，単身引き返したという事案において，裁判所は，共謀者が着手前に離脱を表明し，他の者もこれを了承して残余の者だけで窃盗を行ったときは，離脱者は刑責を負わないとしている。また，暴行着手後に現場から立ち去った事案において，最高裁は，離脱者が現場から立ち去るに際し，残余者がなお被害者に暴行を加えるおそれが消滅していなかったのに，これを防止する措置を講じなかったときは，共犯関係は解消したものということはできないと判示している。[45]

確かに，着手前に「離脱の意思表明と了承」があれば，残りの者は離脱者を除外して実行行為を行うことを決意していると考えられ，離脱者が他の共犯者に及ぼした心理的影響は解消されたといえる。また，実行の着手という結果発生の具体的危険が発生している場合には，離脱者の行為の寄与度は高く，共犯関係の解消のためには，「離脱の意思表明と了承」以上の措置が必要であろう。

ただし，上記の裁判例における要件は，共犯関係の解消を認めるための一応の指針にすぎないと解されている。例えば，実行の着手前に，他の共犯者に対する離脱の意思表明とその了承があれば，直ちに共犯関係の解消が認められるわけではない。事前に凶器を貸す等，物理的な因果的寄与も認められる場合には，その物理的影響の解消が，さらに問題となる。また，他の共犯者に強い心理的影響力を与えている首謀者の離脱の場合には，離脱の意思表明とその了承に加えて，共謀以前の状態に解消させる措置が必要である。このように，因果的影響の解消の有無は，事案に応じた具体的な事情を考慮して判断すべきと解されている。[46]なお，離脱者が，自己の及ぼした因果的影響を完全に消滅させていなくとも，共犯関係の解消は認め得るか否かが問題となる。因果性の有無は規範的に評価されるから，事実上は因果的影響が残存していた場合にも，共犯関係の解消を認める余地はあるといえよう。

③ 共犯の中止と共犯関係の解消

かつて，共犯関係の解消の問題は，共犯における**中止犯**規定の適用の問題として論じられてきたが，現在，共犯関係の解消と共犯の中止とは，別問題であると解されている。例えば結果的加重犯において，重い結果を発生させた傷害行為以前に共犯者が傷害行為から離脱した場合には，その共犯者について傷害致死罪が成立するのか，傷害罪にとどまるのかが問題となるのであって，中止犯の前提としている未遂が問題となる余地はない。このようにして，共犯関係の解消は，共犯における中止犯の成否以前の，共犯そのものの成否の問題として論じられる。それゆえ，共犯関係の解消が認められ，未遂犯にとどまる場合にも，任意性を欠くために，中止犯の成立が否定されることもあり得る。

(濱田　新)

▷片面的共同正犯
⇨ 1-V-6 「共謀の意義」

▷ 4　東京高判昭和25年9月14日高刑集3巻3号407頁。

▷ 5　最決平成1年6月26日刑集43巻6号567頁。

▷ 6　松江地判昭和51年11月2日刑裁月報8巻11・12号495頁。

▷中止犯
⇨ 1-Ⅳ-3 「中止犯」

Ⅴ 共犯

 過失の共犯

1 過失共犯論をめぐる理論状況

　過失共犯については，まず過失犯による（または過失犯に対する）共犯という概念が理論的に成り立ちうるかが問題とされてきた。過失による教唆・過失による幇助について，教唆・幇助という概念自体が故意をもって行うことを想定しているならば，これらは概念としてありえない，ということになろう。過失犯に対する教唆・過失犯に対する幇助についても，消極説が有力である。

　それでは，過失犯の共同正犯はあり得るのだろうか。かつては，2人の大工が屋根から1本の丸太を落とす時，よく注意しなかったために通行人に当たり死亡させてしまった，あるいは2人の大工がそれぞれ屋根瓦を投げ落としたところ，通行人に当たって傷害を負わせたが，どちらの投げた瓦が当たったのか不明だった，という事例などが，過失共同正犯の論じられる典型例とされていた。特に後者は，過失共同正犯を認めなければ2人の大工を有罪にすることができないとして，過失共同正犯を認める実益がある事例とされてきた。

　過失犯の共同正犯が認められれば，A，B2人の者のうちどちらか一方の過失行為により結果が発生したか証明できないときでも，A，Bいずれかの行為から結果が引き起こされたことが証明されれば，過失犯としての処罰がA，B双方につき可能になるからである。しかしこの点が，行為と結果との因果関係を擬制し，処罰範囲を不当に拡大しているとして肯定説批判につながった。

　さて，これらは古くから論じられてきた講壇事例であるが，過失共同正犯論は次第に現代的な意義を有するようになってきた。システム化の進んだ今日の社会では，法益保護のために複数の人間に重複的に義務を課すという事態が頻繁に見受けられるようになったからである。そこで，過失共同正犯の概念を用いて複数の人間に共同注意義務を認めることにより法益の「二重の保証」ないし「重複した保証」を達成しよう，というのである。

　しかしながら，他方において，個人責任の妥当する刑法では，各人の責任はできる限り個別的に検討するべきであり，単独犯で処罰できるならば共犯という概念をなるべく用いるべきではない，とする主張も依然根強い。

2 判　例

　裁判実務は過失共同正犯を認めており，**メタノール販売事件**，**素焼こんろ事**

▷**メタノール販売事件**
飲食店の共同経営者 A, B が，出所不確かな「ウィスキー」と称する液体が30％余のメタノールを含有していたのに，何らの検査もせずに顧客に販売したため，当該液体を飲んだ顧客がメタノール中毒で死傷するにいたった。最高裁判所は，当該飲食店は被告人両名の共同経営にかかるものであり，当該液体販売についても，被告人らは意思を連絡して販売をしたといえる，として有毒飲食物等取締令4条1項後段の罪の共同正犯を認めた（最判昭和28年1月23日刑集7巻1号30頁）。

▷**素焼こんろ事件**
土木出張所の作業員であるA・Bが事務所内で，素焼こんろ2個を使用し，完全な消火措置をしないで帰宅した。判決は，被告人両名は，共同して素焼こんろ2個を床板の上におき煮炊したのであり過熱発火を防止する措置をしないまま帰宅したとして共犯関係の成立を認めた（名古屋高判昭和31年10月22日裁特3巻21号1007頁）。

件，観光船無断運航事件，名古屋高判昭和61年9月30日，世田谷通信ケーブル事件などが著名であるが，その後も過失共同正犯を肯定する判決が地裁レベルで出されている（札幌地裁小樽支判平成12年3月21日，東京地判平成12年12月27日，奈良地判平成24年6月22日）。

こうした中，最高裁平成28年7月12日第三小法廷決定が出され，過失共同正犯による処罰がありうることが明らかにされた。本決定は，花火大会が実施された公園と最寄り駅とを結ぶ歩道橋で多数の参集者が折り重なって転倒して死傷者が発生した事故についての，警察署副署長の過失責任に関するものである。本決定においては，「共同の業務上の注意義務に共同して違反した」ことが認められれば，業務上過失致死傷罪の共同正犯が成立することが認められた。

③ 学説状況

過失共同正犯否定説としては，まず**犯罪共同説**を基礎とする見解が挙げられる。犯罪共同説は共同正犯の本質を一つの犯罪を共同して実現することと考えるので，犯罪結果についての意思連絡がない限り，共同正犯はあり得ないとする。また，過失犯は，意識的部分と無意識的部分の双方にまたがるものであるが，特に無意識的部分が重要であり，意識的部分の意思の連絡を理由に共同正犯を論じるのは過失犯の本質に反する，といった主張もなされた。肯定説の根拠としては，**行為共同説**が挙げられる。同説によれば，行為を共同するという意思の共同があれば共同正犯は成立するから，過失共同正犯（さらには過失犯と故意犯における共同正犯）を認めることは容易である。

ただし現在では，犯罪結果についての意思連絡がなくても，過失行為についての意思連絡はあるのだから，同一の過失実行行為を共同して行うことは考えられるとして，共同注意義務の共同違反を過失共同正犯ととらえる犯罪共同説からの肯定説も多くみられ，犯罪共同説＝否定説，行為共同説＝肯定説，という図式はすでに過去のものといってよい。

近時日本で有力なのは，過失共同正犯を認めなくてもあくまで過失犯の一般理論の枠内で処理しうるとする，実質的不要論からの否定説である。過失共同正犯の成立が論じられるような事例でも，立場が対等な者同士の監視義務違反を肯定することができるから，あえて共同正犯という構成を採る必要はない，というのである。

これに対して肯定説側からは，共同者間には相互監督関係はないから，監督過失による過失犯の同時犯とすることには無理があるなどと反論されている。そして，過失による法益侵害結果の共同惹起や，共同注意義務違反といった基準を用いて，過失共同正犯を肯定する様々な学説が主張されている。

（内海朋子）

▷観光船無断運航事件
船舶運行の技能・経験のないA・Bが，酔余好奇心から観光船を運航しようと企て，桟橋に繋留中の観光船に乗り込み，Aが操舵をBが機関部の操作をなし，共同して同船を運行した過失により，観光船を座礁・破壊した，という事案である（佐世保簡裁略式命令昭和36年8月3日下刑集3巻7・8号816頁）。

▷名古屋高判昭和61年9月30日
料理旅館の食堂拡張工事において予め不燃物で溶接箇所と可燃物とを遮へいする措置を講ずべき業務上の注意義務があるのに，これを怠り，被告人らのうち一方が溶接する間，他方が火花の飛散状況を監視し，途中で各人の役割分担を交替するという方法で溶接作業を実施した過失により，可燃物を発火させた事件，業務上失火罪の共同正犯が認められた（高刑集39巻4号371号）。

▷世田谷通信ケーブル事件
A・Bは，地下洞道に設置された電話ケーブルの断線箇所を探索する作業に従事し，断線箇所を発見した後，一時洞道外に退出するにあたり，各人がそれぞれ使用していた二個のトーチランプが完全に消火しているかを確認しないまま立ち去ったため，一個のトーチランプから防護シートに着火させ，電話ケーブルおよび洞道壁面を焼損させた（東京地判平成4年1月23日判時1419号133頁）。

▷犯罪共同説
⇨ 1-V-5 「共同正犯」
▷行為共同説
⇨ 1-V-5 「共同正犯」

第 1 部　刑法総論

V　共　犯

 不作為の共犯

1　不作為の共犯とは

　不作為の共犯とは一体，どのような犯罪形態だろうか。不作為犯に共犯形態がありうるとするなら，不作為犯に対して不作為で関与する共同正犯・教唆・幇助が考えられるほか，作為犯に対して不作為で関与する，といったケースも想定しうる。これらのうち，不作為による教唆行為については否定的な見解が多い。実務や学界でよく論じられるのは，不作為による幇助，そして不作為の共同正犯である。特に最近では，児童虐待と関連して「作為犯に対する不作為による幇助」が問題になっている。例えば，X が子ども A に暴行を加え，怪我させた場合，それを横で見ていた A の母親 Y が，X の行為を止めなかったこと（不作為）について，傷害罪の幇助に問われるのである。

2　作為犯に対する，不作為による共犯（特に幇助犯）

　他人の犯罪行為（作為）を止めることなく，ただ傍観している人間に対して不作為犯としての責任を問えるのだろうか。そもそもまず，不作為犯において正犯と共犯の区別ができるのか問題である。結果回避のための作為義務は不作為正犯の要件であり，幇助を認める余地はない，と考えれば，不作為犯には共犯という概念が存在しない，ということもできる。しかし，判例は，「他人の犯行を阻止すべき義務」を負う者は不作為による幇助者になる，とする。より具体的には，①他人の犯行を認識しながら，②他人の犯行を阻止すべき法律上の義務を有しているにもかかわらず，③これに違反して犯行を容易にしたこと，を要求していることが多い。

　要件②については，初期の判例は，業務性から導いたもの，条理から導いたもの，他者の犯罪行為を誘発しやすい危険状態を作出したとして先行行為から導いたものなど，形式的三分説を採るものが多いが，近時では排他的支配性をも考慮した，より具体的な基準を定立している。内縁の夫がわが子に対し激しい折檻を加えるのを阻止しないで放置したため，子どもを死亡させた場合の母親につき，傷害致死罪の不作為幇助を認めうるかが議論の焦点となった**釧路地判平成11年2月12日**は，親権者という形式的根拠に加え，夫の行為を阻止しうる者がほかにいなかったとして排他的支配性を考慮した。

　学説上は，不作為正犯としての罪責を問えるとする原則正犯説，不作為幇助

▷1　選挙の選挙長となって選挙会の取締の任にあるという任務から認めるものとして，大判昭和3年3月9日刑集7巻172頁。保険会社の代理店という業務から認めるものに大判昭和13年4月7日刑集17巻244頁。高松高判昭和28年4月4日判特36号9頁は，倉庫係としての職務上の義務から導く。
▷2　不動産侵奪罪の事例（大阪地判昭和44年4月8日判時575号96頁，判タ234号194頁）。このほか，自己の勤務していたゲームセンターと同じビル内にあるパチンコ店に強盗に入る計画を，他の従業員から明らかにされたにもかかわらず，警察に通報するなどの措置を採らなかった者に関する東京高判平成11年1月29日判時1683号153頁は，具体的な職務内容を検討している。
▷**釧路地判平成11年2月12日**
(ｱ)被告人には一定程度強度な作為義務が存在するが，極めて強度とまではいえないとしながら，(ｲ)被告人に具体的に求められる作為の内容としては，結果行為と因果性の認められる行為を想定すべきであるとして，本件では内縁の夫の犯行をほぼ確実に阻止しえた行為，

の罪責を問えるとする原則共犯説が対立し，そのほかに**義務二分説**が唱えられている。

原則正犯説は，作為義務の有無を検討する場合，法益侵害の危険の生じた原因が自然力か他人の行為かといった差異は重要ではないとして，①で挙げた事例についてYには単独正犯が成立すると考える。つまり，Xの暴行を放置していたという不作為は，Aが野良犬に咬み殺されそうになっているのを放置するのと全く同じことであり，Yの母親としての保証人的地位から，不作為正犯の傷害罪が成立する。

一方，原則共犯説は，保護すべき法益への危険が作為の故意行為によって作り出された場合，不作為者はいわば全体事象の片隅にある者に過ぎず，正犯という第一次的な責任を負うことはないと考える。

③ 不作為犯同士の共同正犯

例えば，父母が意思を通じて，自分の子どもが溺れているのをあえて見殺しにするような場合，不作為犯の共同正犯は認められるか。この点については，作為義務違反の共同が認められるとし，不作為による殺人の共同正犯を認めるのが通説的見解である。特に，父母が力を合わせて救助することによって初めて子どもが救済されたであろう場合には，共同正犯を認める必要性が高い（父と母が手をつなげば溺れかかっている子どもに手が届き，子どもを助けることができるが，単独では手が届かないため子どもを助けられないようなケースなど）。もっとも，特に単独正犯で十分処罰できる場合はあえて共同正犯の規定を使う必要はなく，不作為の単独正犯すなわち同時犯とする説もある。

④ 作為と不作為の共同正犯

作為と不作為とが，全く構造の異なる犯罪類型だと考えるのであれば，作為と不作為の共同正犯はあり得ず，それぞれ作為と不作為の単独正犯が成立することになる。しかし，構成要件的に同等とされる作為と不作為が共同正犯たりえないというのは不自然だと考えれば，共同正犯を認める余地もありうる。

これに対し，②で説明した原則共犯説のように，構成要件該当事実を作為で実現する者がいる場合には，不作為犯の果たす役割は一段低いものとなると考えるのであれば，作為と不作為の共同正犯が認められるのは稀であり，原則として幇助が成立するにとどまる，と考えられる。

なお，大阪高判平成13年6月21日は，母親Xが子を持ち上げてこたつの天板にたたきつけたという点につき，父親Yについて，Yが制止しなかったからこそ，Xは殺害行為に及んだこと等を理由として，不作為の幇助ではなく，共同正犯としての処罰を認めている。　　　　　　　　　　　　　　　（内海朋子）

つまり内縁の夫の暴力を実力で阻止することを要求し，ただし，(ウ)男女の体格差及び体力差，被告人が妊娠中であったことなどを考え合わせると，被告人には内縁の夫を実力で阻止することは著しく困難な状況にあったとして，作為容易性の要件が欠けるとして幇助犯としての作為等価性を否定した（判時1675号148頁）。

▷3　一方，控訴審の札幌高判平成12年3月16日は，上記の要件(イ)を不要として，被告人に要求される作為の具体的内容としては，監視や言葉による制止など，犯罪実行阻止につき相当程度可能性がある行為で足りる，とした上で，要件(ウ)との関連において実行によって内縁の夫の暴力を阻止しうる義務の有無についても，その実行が著しく困難な状況にあったとはいえないとして幇助を肯定した（判時1711号170頁）。

▷義務二分説
作為義務を保護的保証義務と監督的保証義務に振り分け，前者が正犯における作為義務であり，後者が共犯における作為義務であるとする学説。

V 共犯

13 共犯と身分

1 「身分」の意義

犯罪の中には，行為者が一定の地位や資格，属性などを有していることが構成要件の内容になっている場合がある。これを身分犯という。例えば，例①：収賄罪（197条以下）は，公務員という資格を有する者に主体が限定されており，民間企業の社員が職務に関して対価を受け取っても処罰されることはない。判例によれば，身分とは「男女の性別，内外国人の別，親族の関係，公務員たる資格のような関係のみに限らず，総て一定の犯罪行為に関する犯人の人的関係である特殊の地位又は状態」を指すとされている（**最判昭和27年9月19日**）。

2 65条1項と2項：連帯する身分と個別化する身分

65条1項は，犯人の身分によって構成すべき犯罪行為に関与した場合には，身分のない者であっても共犯として処罰することを規定している。例えば，例①で，自分は公務員でないXが友人の公務員Yに賄賂を受け取るよう唆した場合には，XはYの収賄罪に対する教唆犯として処罰されることになる。このように，身分のない者（非身分者）が単独で実行すれば犯罪を構成しないタイプの身分犯を真正身分犯（構成的身分犯）という。他方，2項は，身分によって刑の軽重があるときには，身分のない者には「通常の刑」を科すことを規定している。例えば，例②：Yが病気で寝たきりになっている自分の母親の世話をしているときに，親族でないXが，Yに対して母親を人里離れた場所へ置き去りにするよう唆して遺棄させた場合には，Yには保護責任者遺棄罪（218条）が成立するのに対して，Xには65条2項によって単純遺棄罪（217条）の教唆犯の刑が科されることになる。このように，身分の有無によって刑の軽重が区別されているに過ぎないタイプの身分犯を不真正身分犯（加減的身分犯）という。以上のように，65条1項では，身分が共犯者間で連帯して作用することが定められているのに対して，65条2項では，身分は各関与者ごとに個別的に作用することが定められている。このように，一見矛盾した内容をもつように思われる65条をいかに解釈すべきかにつき，学説は対立している。

3 学説の対立

第1説は，1項は真正身分犯のみに適用される規定であり，2項は不真正身

▷**最判昭和27年9月19日**
他人から預かった金銭を占有していた者と共同して当該金銭を費消した被告人につき，最高裁は本文で述べたような根拠に基づいて，横領の目的物を犯人が占有する状態は65条にいう「身分」にあたるとして，横領罪の共同正犯の成立を肯定した（刑集6巻8号1083頁）。その後，この前提から，犯罪の主観的要素である「目的」などについても身分に含まれると解されている（例えば，最判昭和42年3月7日刑集21巻2号417頁参照）。

分犯のみに適用される規定であるとする。判例は基本的にこの立場を採っているとされる（ただし，**最判昭和32年11月19日**では次の第2説が採用されている）が，問題は，なぜ1項では身分の連帯作用が認められ，2項では身分の個別化作用が認められているのか，その実質的な根拠が明らかにされていないという点にある。同じ種類の身分であっても，ある犯罪では1項の身分であり，異なる犯罪では2項の身分である，という例も現行法上みられるところであるが（例えば，同じ公務員を主体とする場合でも，収賄罪は真正身分犯であるが，職権濫用罪〔194条など〕は不真正身分犯である），第1説ではその根拠が説明できないことになる。第2説は，1項はすべての共犯が正犯に「連帯」して成立することを規定したものであり，ただ，2項は不真正身分犯の場合にのみ適用され，その科刑のみを通常の場合に限定するものであると解する。つまり，例②のような場合には，Xにも保護責任者遺棄罪の教唆犯が成立するが，その刑は単純遺棄罪の教唆犯の限度でのみ科されるとするのである。しかし，このように「犯罪の成立」と「科刑」とを分離させることがなぜ許されるのかは不明である。第3説は，今日の多数説であるが，適法な行為に関与した者はやはり適法行為を行ったのであり，違法な行為に関与した者は同様に違法行為を行ったものと評価される，ということを規定したのが65条1項であり，ここでの身分は行為の違法性に関するもの（**違法身分**）であるのに対して，責任が認められるかどうかはあくまでその個人ごとに考えられるべき一身的な問題であって，正犯者の責任の有無は共犯者に影響しないということを規定したものが65条2項であり，ここでの身分は行為の有責性に関係するもの（**責任身分**）であると解する。この説によれば，例①ではYの公務員という身分は違法身分であり，それが公務員でないXにも連帯して作用するので，収賄罪の教唆犯が成立することになるし，例②では，Yの保護責任者という身分は責任身分であって，その有無は個別的に判断されるため，Xには単純遺棄罪の教唆犯のみが成立することになる。業務上の占有者と，業務者でも占有者でもない者が共同して横領を行った場合には，「占有者」は違法身分であり（1項），「業務者」は責任身分であって（2項），非占有者には単純横領罪の共同正犯のみが成立するとされる。

（照沼亮介）

表1.V.13-1　65条の解釈に関する学説の対立

第1説 （判例の主流）	1項は真正身分犯の共犯に関する規定であり，2項は不真正身分犯の共犯に関する規定である
第2説 （最判昭和32年11月19日など）	1項は身分犯の共犯全体の「成立」に関する規定であり，2項は不真正身分犯の共犯の「科刑」に関する規定である ⇒　犯罪の成立と科刑とを分離する
第3説 （現在の多数説）	1項は違法身分の共犯に関する規定であり，2項は責任身分の共犯に関する規定である ⇒　「違法は連帯的に，責任は個別的に」

出所：筆者作成。

▷**最判昭和32年11月19日**
業務として金銭を保管していたZと，そのような業務に従事していなかったX，Yとが共同して金銭を費消したという事案につき，最高裁は，X，Yについては65条1項により業務上横領罪の共同正犯として論ずべきであるが，業務上物の占有者たる身分のない被告人両名に対しては，65条2項により「通常の横領罪の刑を科すべき」であるとした（刑集11巻12号3073頁）。

▷**違法身分，責任身分**
本文で掲げたもののほか，例えば，秘密漏示罪（134条）における医師，薬剤師など，偽証罪（169条）における宣誓した証人，背任罪（247条）における事務処理者などが違法身分であるとされ，常習賭博罪（186条1項）における常習賭博者などが責任身分であるとされている。

▷1　ここでは，他人の財物を占有することで初めて法益である所有権を侵害できる（1項）のに対し，それを業務として行った場合，所有権侵害の重さは変わらないが，高度な信頼関係に背くことで責任非難が一身的に加重される（2項）と解されている。

コラム-3

中立的行為による幇助

1. 中立的行為事例

　従来，幇助犯の成立には，幇助行為・因果関係・幇助故意が必要であると解されてきた。幇助行為とは，犯罪実行を容易にする行為であり，幇助行為によって，正犯の実行が容易になったと認められれば，因果関係が認められる。また，これら客観的成立要件について，少なくとも未必的に認識していれば，故意は肯定される。例えば，「住居侵入犯Ａは，友人Ｂに犯罪計画を話して，Ｂからドライバーを買い取った。Ａはそのドライバーを使って住居侵入を行った」（友人事例）という場合，Ｂには住居侵入罪の幇助犯が成立することになる。

　では，Ａが同じドライバーを，金物屋で調達した場合はどうだろうか。「住居侵入犯Ａは，金物屋でドライバーを注文した。金物屋の店主Ｃは，客Ａが住居侵入を計画していることを偶然知っていたが，自分には関係ないと思って，ドライバーを販売した。Ａはそのドライバーで住居侵入を行った」（金物屋事例）。先の幇助の成立要件にあてはめれば，Ｃが売ったドライバーは，実際にＡの住居侵入を容易にしたのであり，Ｃがそれを知っていたのであれば，幇助行為・因果関係・故意も欠けるところはない。Ｃの行為は，幇助の成立要件を充足することになる。

　しかし，Ｃはいつも仕事でしているようにドライバーを販売したに過ぎず，販売した物も，他でたやすく入手可能な日用品である。しかもＣはＡの住居侵入を助けようと思ってもいない。友人Ｂの事例とは異なり，金物屋Ｃにつき，幇助犯の成立要件充足を認めることに対し，躊躇を覚える人は多いのではないだろうか。

　金物屋事例のように，日常的で，少なくとも外形上は犯罪的な意味をもたないようにみえる行為（中立的行為）によって，犯罪を容易にしたという事例は，中立的行為事例と呼ばれている。中立的行為事例では，従来の考え方によれば，幇助の成立要件を満たすが，それでよいのかが問題となる。そこで，中立的行為事例の処罰範囲の限定をめぐって，学説上活発な

議論がなされている。

2．解決のアプローチ

中立的行為事例に関する初期の議論においては，結論の妥当性を確保するため，幇助の一般的成立要件とは別の，特殊な基準の提示によって中立的行為事例を解決しようとする傾向があった。例えば，中立的行為による幇助犯を肯定するには，関与者に特殊な主観的成立要件である促進意思が存在することを必要とする見解等もあった。先の金物屋事例でいえば，金物屋には犯罪促進意思はないから，不可罰となる。しかし，提示された特別な理論が処罰感情に合った基準であったとしても，幇助犯一般に適用しえないのならば，場当たり的な基準であるとの評価を免れない。一定の行為類型のみに適用可能な，特別な処罰範囲限定理論を提示するという方法は，支持を得られていない。最近では，幇助犯の一般的成立要件を再検討するという方法で，処罰範囲を画するという立場が有力である。

3．関連判例

関連する代表的な判例として，価値中立的なファイル共有ソフトのウィニーをインターネット上で不特定多数に提供した開発者が，著作権法違反幇助に問われたウィニー事件（最決平成23年12月19日刑集65巻9号1380頁）がある。二審判決は，幇助犯一般に妥当する基準ではなく，ソフトをインターネット上で提供する場合についての，特別の限定基準を提示した。しかし，最高裁は，二審判決の基準を退けた上で，幇助犯の客観的成立要件該当性は認めつつも，幇助故意が欠けると判示した。最高裁が，価値中立的なソフトの提供行為について，広く幇助犯の成立を認めることを否定した点，また，二審と異なり，幇助犯の一般的成立要件に基づいて，ウィニー事件を解決した点は，学説においても支持されている。　　　（濱田　新）

Ⅵ 犯罪の数と量刑理論

 罪数論

1 罪数と犯罪競合

犯罪が成立すると，それに対してどのような刑が科されるべきかが問題となる。有罪であることが確認された被告人に対し，法律上認められた範囲内で，言い渡すべき刑を確定する裁判所の作用のことを刑の量定ないし量刑と呼ぶ。刑法は，法定刑を出発点として，これに**刑の加重・減軽**を行った上で処断刑をつくり，その範囲内で最終的な宣告刑を決めることにしている（⇨ 1-Ⅵ-2 「量刑理論と刑罰目的」）。

ある事実につき一つの刑罰法規のみが適用される場合は，その規定にある刑，すなわち法定刑が（法律上の加重・減軽または／および酌量減軽が行われた上で）処断刑となり，その範囲内で，被告人に言い渡される宣告刑が決められる。これに対し，複数の刑罰法規が適用されるときには，それぞれの法定刑を前提にそこからどのように処断刑と宣告刑が決められるかが問題となる。ここでは，(1)単一の刑罰法規の適用で足りるのか，それとも複数の刑罰法規による評価（ないしは同一の刑罰法規による複数回の評価）が必要かを明らかにすることと，(2)複数の刑罰法規による評価が必要とされた場合に，科刑上どのように取り扱われるべきかを明らかにすることとを区別することができる。両者を含めて**罪数**の問題とされる。

通説によれば，(1)の犯罪の個数の意味における罪数を決定する標準は「構成要件」である（ここでは，構成要件という用語が，「刑罰法規」ないし「罰条」の意味で使われているといえよう）。一つの「構成要件」により一回的に評価される場合が一罪であり，数回の評価を必要とする場合が数罪である。一つの構成要件でどの範囲まで一回的に評価できるかは，条文の解釈によって決まる。

2 法条競合と包括一罪

一つの刑罰法規のみが一回だけ適用され，従って一罪とされる場合の中で，特に理解が難しいのは，規定の文言の上では複数の刑罰法規の適用が問題となり得るが，結局は一個の規定のみが適用される場合である。その中には，法条競合の場合と包括一罪の場合とがある。**法条競合**とは，複数の刑罰法規に触れるようにみえる事実があるが，それらの刑罰法規相互の関係により，結局，そのうちの一つのみが適用される場合をいう。包括一罪とは，異なった構成要件

▷**刑の加重・減軽**
刑の（必要的）加重事由としては，併合罪加重（45条以下）や再犯加重（56条以下）がある。刑の減軽事由としては，過剰防衛（36条2項），過剰避難（37条1項ただし書），法の不知（38条3項ただし書），未遂犯（43条本文）などの任意的減軽事由と，心神耗弱（39条2項），中止犯（43条ただし書），幇助犯（63条）などの必要的減軽事由とがある。任意的減軽事由は，裁判所が減軽することもしないこともできる場合であり，必要的減軽事由とは刑を減軽しなければならない場合である。以上が「法律上の減軽事由」であるが，そのほかに，減軽の判断を大幅に裁判官の裁量にまかせているものとして酌量減軽（66条）がある。

▷**罪数**
厳密には，(1)が犯罪の個数の問題，従って狭義の罪数の問題であり，(2)は犯罪の競合の問題である。

▷**法条競合**
法条競合には，例えば，特別関係の場合がある。背任罪（247条）と特別背任罪（会社法960条以下など）のどちらにもあたる事実があるとき，特別法たる後者の刑罰法規が優先的に適用される。また，吸収関係と呼

にそれぞれ該当するようにみえる行為があるにもかかわらず（または，同じ一つの構成要件に複数回，該当するようにみえる行為があるにもかかわらず）一つの刑罰法規により一回的に包括して評価される場合のことをいう。その中にも，いくつかの種類がある。まず，構成要件がはじめから数個の行為を予想している場合がある（例えば，186条1項の常習賭博罪）。また，同一の条文に，相互に手段・目的または原因・結果の関係に立つ複数の行為が規定されているとき，行為者が複数の行為態様にあたる一連の行為を行った場合，それら数個の行為は，その刑罰法規によって包括的に評価される（狭義の包括一罪）。行為者が同一の人を逮捕し，引き続いて監禁したとき，220条にあたる包括一罪である。さらに，**接続犯**と呼ばれる場合もある。

3　併合罪と科刑上一罪

　併合罪とは，複数の独立した犯罪が同時に審判され，これに対して刑が量定される場合，この同時に処断されるべき数罪をいう（45条以下参照）。刑法は，例えば，有期の自由刑（懲役・禁錮）につき，各犯罪の刑のうちの最も重い刑の長期を1.5倍にして得られた重い処断刑から一個の刑を求めるべきこととしている（加重単一刑主義）。これに対し，科刑上一罪は，併合罪と同様に，上記(2)の場合，従って実質的には数罪の場合でありながら，刑が加重されない。それには観念的競合と牽連犯とがある（54条）。観念的競合とは，一個の行為が数個の刑罰法規による評価（または一個の刑罰法規による複数回の評価）を受ける場合をいう。公務執行中の警察官を殴ってケガをさせれば，公務執行妨害罪（95条1項）と傷害罪（204条）との観念的競合である。牽連犯とは，二個以上の犯罪行為の間に，一方が他方の手段であるか，他方が一方の結果であるという関係が存在する場合をいう。住居に侵入して窃盗をすれば，住居侵入罪（130条前段）と窃盗罪（235条）の牽連犯である。

4　科刑上一罪と一事不再理の効力

　観念的競合と牽連犯は，併合罪と異なり，刑を科す上で一罪として扱われるので，科刑上一罪と呼ばれる。全体が一罪であるから，科刑上一罪の関係にある罪の一つ（例えば，一回の爆発でAとBを殺害した場合〔観念的競合〕におけるAに対する殺人既遂罪や，Cの住居に侵入して強盗した場合〔牽連犯〕における住居侵入罪の部分）について判決が確定したときは，全体について**一事不再理の効力**が及び（憲法39条を参照），残りの部分（例えば，Bに対する殺人罪やCに対する強盗罪の部分）をあらためて起訴し有罪とすることはできない。科刑上一罪の関係にある数罪の全体は，訴訟法上は一罪として取り扱われ，一回の手続で訴追と処罰が行われなければならないのである。

（井田　良）

▷接続犯

時間的・場所的に接近した状況の下で，同一の法益の侵害に向けて行われた数個の行為が一罪とされる場合である。例えば，短時間のうちに一つの倉庫から数回にわたって物を盗み出したとき，一個の窃盗罪とされる。

▷一事不再理の効力

有罪・無罪の判決が確定すると，一事不再理の効力が生じ，同じ人について同一の犯罪を理由としてふたたび公訴提起を行うことはできなくなる（憲法39条，刑訴337条1号）。同一の犯罪について一人の人を「二重の危険」にさらすことは禁止されるのである。「同一の犯罪」とは，刑法上，一つの犯罪，すなわち一罪とされる犯罪であるから，1罪とされる範囲の全体について一事不再理の効力が及ぶ。

ばれる場合もあり，例えば強盗（236条）の手段として暴行（208条）が行われたとき，強盗罪の規定のみが適用され，暴行はそれに「吸収」されて独立の犯罪としては評価されない。

VI 犯罪の数と量刑理論

量刑理論と刑罰目的

1 刑の量定

犯罪の成立が認められると，裁判所は被告人に対して法律上認められた範囲において言い渡すべき刑を確定する作業を行う。これを広い意味での刑の量定（量刑）というが，そこではまず，①個々の刑罰法規に定められた一定の範囲をもつ刑（法定刑）について加重・減軽を行って量定の基礎となる刑（処断刑）を形成し，次に，②その範囲内で被告人に言い渡す刑（宣告刑）を決定する，という手順が踏まれることになる。①の過程においては，例えば**再犯加重**（56条, 57条）のような加重事由や，**自首**（42条）などの任意的減軽事由，心神耗弱（39条2項）などの必要的減軽事由，その他裁判官の裁量に委ねられている**酌量減軽**（66条）が考慮され，また，複数の刑罰法規の適用の有無が問題となるような場合には罪数／犯罪競合の判断を行った上で，例えば「半月以上5年以下の懲役」のような形で処断刑が形成される。その後，②において，処断刑の範囲内で具体的に被告人に言い渡される刑が決定されることになるが，この②の過程を狭い意味での「量刑」と称する。②の狭義の量刑判断に際しては，いかなる事実がいかなる観点から考慮されるべきかという問題，すなわち量刑基準の問題が生ずる。ここでは，一方において，個々の被告人の罪責に見合った刑を科すためには可能な限り多様な状況について検討を加えるべきであるが，しかし他方において，同等の重さをもった犯罪を行った者の間で可能な限り不平等を生じさせないようにすべきである，という相反する要請を満たすというきわめて困難な課題が待ち受けているのである。

2 量刑基準と刑罰目的の関係

行為者にどの程度の刑罰を科すべきか，という問題を考えるのであれば，それは必然的に「刑罰は何のために科されるのか」という問題に至ることになる。現在では，刑罰はあくまで犯した罪の限度において，責任非難に見合う範囲内で科されるものではあるが，その枠内において，可能な限り一般予防や特別予防の効果についても考慮しようとする考え方（**相対的応報刑論**）が主流である。この考え方によれば，純粋な応報の観点からは刑の重さは同等であると思われる場合であっても，個別具体的な予防効果の程度に応じて刑の重さは変わり得ることになる。このような考え方を一応の前提として量刑基準の問題に目を向

▷**再犯加重**
56条1項は，懲役に処せられた者が，その執行を終わった日又はその執行の免除を得た日から5年以内に更に罪を犯した場合において，その者を有期懲役に処するときは再犯とすることを規定しており，57条は，再犯の刑はその罪について定めた懲役の長期の2倍以下とすることを規定している。

▷**自首**
犯罪事実又は犯人が誰であるかが捜査機関に発覚する前に，犯人自らが捜査機関に対して犯罪事実を申告し，その処分に服する意思を表示すること（42条）。なお，特別の規定によって刑の免除事由となることもある（例えば，内乱罪に関して80条参照）。

▷**酌量減軽**
裁判所は刑を言い渡すに際して犯罪の情状に酌量すべきものがあるときは，一定の基準（71条, 72条）に従って，法定刑より軽い刑の範囲で処断することができる（66条）。

▷**相対的応報刑論**
刑罰の目的を応報の観点から説明する見解（応報刑論）と，逆に予防の観点から説明する見解（目的刑論）を折衷した考え方。詳しくは序-3「刑罰の理論」を参照。

けるとき，処断刑という一定の範囲をもった「責任刑」の枠内で考慮され得る事情には，おおまかに分けて以下のようなものがあると考えられる。まず第一に，その犯罪結果がどれだけ重大なものであったか，行為の態様がどれだけ悪質なものであったか，いかなる動機から犯罪行為に出たのか，というような，その犯罪の違法性・責任の程度に直接関係してくる事情を挙げることができる。第二に，例えば犯罪がきっかけとなって被害者が自殺したり被害者の家族に様々な悪影響が及んだりした場合には，それらの事実は違法性や責任の程度には直接関係してくるものではないとしても，行為者に対する非難の度合いが具体的にどの程度であるのかを調べるための手掛かりとして位置づけることができるであろう。第三に，行為者の性格や，前科の有無等の経歴，行為者周囲の環境，さらには犯行後に示していた態度，例えば被害者やその家族に対する損害賠償の有無などの諸事情は，本人が再び犯罪行為に出る危険性がどの程度存在するのか（特別予防の必要性の程度）の判断に関わってくるであろうし，社会全体に与えた衝撃や不安の程度という事情については，同種の事案の再発の危険性がどの程度存在するのか（一般予防の必要性の程度）の判断に関わってくるであろう。第四に，行為者本人も大きな怪我を負ったりすでに厳しい社会的制裁を受けているというような事情については，責任非難や予防効果とは一応区別された形で，最終的に刑を科すこと自体の必要性をチェックするための事情として位置づけることができる。

 量刑判断における今後の課題

従来は，量刑判断はもっぱら裁判官の裁量に委ねられるものと考えられてきた部分があり，その基準を理論的に明確化しようとする試みは必ずしも成功してきたとは言い難い。しかし，**裁判員制度**の導入等に伴い，実務家の直感や経験だけに頼って解決を図ることはもはや不可能となっている。例えば被害者の処罰感情が著しく厳しい場合に，それと量刑との関係をいかに考えればよいのかといった問題は，量刑基準の早急な理論化が要請されていることを示しているように思われる。

（照沼亮介）

表1.Ⅵ.2-1　量刑基準の内容

①量刑判断の基礎となる事情（違法性・責任の程度に直接関係する事情）	例えば，結果の重大性，行為態様の悪質性，動機の悪質性など
②行為責任のおおまかな範囲を判断するための事情	例えば，被害者やその家族に及ぼした悪影響の度合いなど
③特別予防・一般予防の必要性の程度を判断するための事情	例えば，行為者の性格・経歴・周囲の環境・犯行後の態度，社会に与えた衝撃の程度など
④刑罰を科すこと自体の必要性を判断するための事情	例えば，行為者自身も負傷している場合や，既に厳しい社会的制裁を受けている場合など

出所：筆者作成。

▷**裁判員制度**
2004年5月に公布された「裁判員の参加する刑事裁判に関する法律」により，国民の中から選任された裁判員が，一定の対象事件について裁判官とともに合議体を形成して刑事司法手続に関与することが定められた。
▷1　裁判員裁判における量刑と控訴審・上告審：裁判員裁判による第一審が非常に重い刑を科したが，職業裁判官による控訴審や上告審においてこれを覆す判断がなされた場合には，とりわけ量刑判断の基準や正当性が議論の対象とされ易い。このような場合に第一審の量刑が重過ぎるとした最高裁判例が現れており，注目されている（検察官の求刑を超える量刑を行った第一審判決とこれを是認した控訴審判決を不当として破棄したものとして最判平成26年7月24日刑集68巻6号925頁があり，被告人を死刑に処した第一審判決を破棄して無期懲役に処した控訴審判決の判断を是認したものとして最決平成27年2月3日刑集69巻1号1頁，最決平成27年2月3日刑集69巻1号99頁がある）。

第2部 刑法各論

guidance

　刑法各論は，それぞれ個別の犯罪類型を定めた刑罰法規の解釈を通して，各犯罪の具体的な内容と成立要件，犯罪類型の相互関係などを明らかにしようとする。広い意味での刑法各論の研究対象には，極めて多く存在する特別刑法の諸規定も含まれ，これらの中には，現代社会における犯罪対策を考える上で重要なものが多く含まれる。しかし，大学で法律学を修める過程では，刑法典の第2編「罪」にある諸規定の解釈を学ぶことでひとまず十分である。

　各刑罰法規の解釈にあたり，これを類推解釈することは許されない。基本は，言葉の意味（語義）として可能な範囲内で，それぞれの規定が保護しようとする法益を最も適切に保護することができるような解釈（目的論的解釈）を選ぶことである（⇨序-1「刑法と刑法学」）。そこで，各犯罪類型の解釈にあたっては，保護法益を明らかにすることが必要不可欠である。刑法各論の対象となる犯罪類型の体系化（グループ分け）も，保護法益を基準としてこれを行うのがふつうである。法益は，その利益の主体が個人であるか，社会であるか，国家であるかにより，個人的法益，社会的法益，国家的法益の三つに分類され，これに応じて犯罪も大きく三つのグループに分けられる。現行刑法も，国家的法益に対する罪（第2編第7章まで），社会的法益に対する罪（第24章まで），個人的法益に対する罪（第26章以下）の順序で，各犯罪を配列している（もっとも，位置づけがあまり理論的でない規定もある）。ただ，個人に最高の価値を認める日本国憲法のもとでは，個人的法益に対する罪→社会的法益に対する罪→国家的法益に対する罪の順に規定を置くべきであるとする意見も強い。刑法各論の教科書のほとんどもその順序で書かれている。

I 個人的法益に対する罪

 # 刑法における生命の保護

1 「人」の始まりと終わり

　刑法の「人」としての保護は，いつ始まっていつ終了するのだろうか。生物学的には，ヒトの生命は，受精→受精卵→受精卵の子宮内への着床→胎児→出生→人→死亡→死体という経過をたどる。刑法上の保護が始まるのは，子宮内着床以降，すなわち胎児となってからである（出生までの期間，胎児として堕胎罪で保護される）。それ以前の段階の受精卵については保護規定がない。受精卵は「物」ではないから，器物損壊罪も成立せず，母体外の体外受精卵を破壊する行為は不可罰とされる。死亡後は，死体に対する加害行為について**死体遺棄・損壊罪**（190条）の成立があり，また財物罪に関して，死亡直後の被害者についてはその財物の所持をなお保護すべきだとする「**死者の占有**」についての議論や，**死者に対する名誉毀損罪**（230条2項）の規定などもある。

▷死体遺棄・損壊罪
ただし，本罪の保護法益は，死者を尊ぶ人々の感情と解されている。
▷死者の占有
⇒コラム6「死者の占有」
▷死者に対する名誉毀損
摘示した事実が虚偽でなければならない点で通常の名誉毀損罪とは異なっている。保護法益については，死者の名誉とする説と遺族の死者に対する敬愛の感情とする説が対立している。

2 「人」の始期に関する学説

　法律の世界では，人としての保護は，出生に始まり，死亡によって終了する，とされる。しかし，医療技術の発達等によって，この時点で「出生」しました，「死亡」しました，とは簡単に割り切れなくなっているのが現状である。まず，人の始期，すなわち出生に関しては，①母体外において独立して生命を保続しうる状態になったときとする独立生存可能性説，②出産開始説，③母体から子どもの体の一部が出たときとする一部露出説，④母体から子どもの体の全部が出終わったときとする全部露出説，⑤独立して呼吸を始めたときとする独立呼吸説などの学説が対立している。

　通説は，一部露出説を採る。子どもが母体から一部出た時点で，すでに外部からの攻撃が格段に容易になるので，その時から人として保護する必要性が生じるからである。注意すべきは，民法上の通説は，全部露出説を採用しているということである。一方，独立生存可能性説は，子どもがすでに母体外において生命を保続しうる状態にまで成熟しているならば，人としての保護を与えてもよい，と考える。

▷1　民法では，出生は，相続などを考えるときに，いつから権利・義務の主体としての地位を獲得するのかを決定する要素となる。

3 「人」の終期に関する学説

　人の終期は死であるが，その概念については心臓死説と脳死説の激しい対立

がある。従来の実務・判例は，心拍停止，呼吸停止，瞳孔反応消失の三要件を満たせばよいとする，三徴候説，すなわち心臓の機能停止を重視する心臓死説を採用していた。

これに対し，脳死は脳幹をも含めた脳全体の不可逆的機能停止である。不可逆的機能停止とは，脳細胞全体が死亡していることを要求するものではなく，脳機能の喪失で足りる。注意を要するのは，いわゆる植物状態は脳死とは違うということである。植物状態では，大脳の機能だけが失われ，意識が消滅するが，脳幹の呼吸・消化・血液循環といった生命維持機能は維持されている。

4 脳死と「臓器の移植に関する法律」

脳死を人の死と認めるか否かの議論の背景には，実は臓器移植の問題があった。人工臓器には技術的に大きな問題がある現段階で，臓器移植は，患者を長期にわたる病苦から解放する，優れた治療法である。脳死状態にある人間でも，人工呼吸器を装着することにより，肺臓・心臓等の機能を維持することができるため，脳死体からの臓器移植は特に治療効果が高いといえよう。

そこで，1997（平成9）年10月16日に施行された，臓器の移植に関する法律（臓器移植法）は，6条において，本人が書面により臓器提供の意思表示をしており，遺族が臓器の摘出を拒否しない（あるいは遺族がいない）場合，脳死判定をし，脳死した者から臓器を摘出すること（及びそれに伴う心停止）が，合法化されることになった。

この法律の規定が，人の死についてどのような立場を前提としているのかについては，①心臓死説を前提とし，臓器摘出要件を違法性阻却事由とする，②臓器摘出要件が具備されれば，脳死をもって人の死とするが，それ以外の場合には，心臓死を人の死としている，という2通りの立場が考えられよう。しかし，①によれば，末期患者については臓器摘出を認めず，脳死した者からはこれを許容する点についての合理的説明がつかない。他方，②によれば，心臓死と脳死という2つの死の概念が認められることとなってしまう，といった問題がある。

2009（平成21）年に臓器移植法は改正され，同法6条1項2号では，臓器を提供するかしないかについて本人の意思が書面で明確に示されていない場合であっても，遺族が書面で同意すれば，臓器を摘出することが認められた。すなわち，提供者の意思が不明な場合にも移植を可能とする道が開けたのであり，立法は従来よりも広く臓器移植を認める方向へと大きくシフトした。また，従来臓器提供が許されていなかった15歳未満の者についても，臓器を摘出し移植することが可能になった。

（内海朋子）

脳死

脳幹を含めた脳全体の機能が失われ，二度と元に戻らない。日本を含む世界のほとんどの国で，脳全体の機能が失われた状態を「脳死」としている。

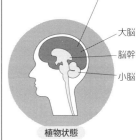

大脳
脳幹
小脳

植物状態

脳幹の機能が残っていて，自ら呼吸ができることが多く，回復することもある。

それぞれの機能
大脳：知覚，記憶，判断，運動の命令，感情などの高度な心の動き
小脳：運動や姿勢の調節
脳幹：呼吸・循環機能の調整や意識の伝達など，生きていくために必要な動き

図2.I.1-1
脳死と植物状態の違い

出所：『日本の移植事情』(社)日本臓器移植ネットワーク，2004年，9頁。

第2部　刑法各論

Ⅰ　個人的法益に対する罪

 胎児性致死傷

1　「胎児性致死傷」とはどのような問題なのか

「胎児性致死傷」とは，母体を通じて胎児に侵害を加え，出生により胎児が人となった段階で傷害あるいは死亡の結果が発生した場合に，人に対する殺傷罪の規定を適用できるのか，という問題のことをいう。

刑法は，「胎児」に対する罪（堕胎の罪。212条以下）と「人」に対する罪とを区別して規定している。しかし，胎児性致死傷の事案では，事態が「胎児」の段階（侵害作用時）と「人」の段階（結果発生時）にまたがって推移する。そのため，胎児に対する罪と人に対する罪の相互関係，それぞれの適用範囲・適用要件が正面から問われることになる。

2　熊本水俣病事件の事案と問題の所在

胎児性致死傷の問題が注目を集めたのは，**熊本水俣病事件**においてである。事案は，被告人が有毒なメチル水銀を含む工場排水を排出して付近の海域に生息する魚介類を汚染し，汚染された魚介類を摂取した妊婦の体内で胎児が胎児性水俣病に罹患したというものである。被害者Ａは，胎内でメチル水銀の影響を受けて脳の形成に異常を来たし，出生後は健全な成育を妨げられ，12歳9か月で水俣病に起因する栄養失調・脱水症により死亡するに至った。

本件被告人の行為は（死傷結果発生の点は）過失によるものであるが，現行法上，過失堕胎罪は処罰されていない。また，Ａは出生しており，自然の分娩期により先に母体外に排出されてもいないし，母体内で殺されてもいないため「堕胎」に当たらない。したがって，堕胎の罪は適用できない。そこで，被告人に刑事責任を問えるかどうかは，出生により「人」となったＡに死亡結果が生じた点を捉えて，業務上過失致死罪を適用できるかどうかによることとなる。

3　最高裁の判断と学説の評価

熊本水俣病事件では，第一審から最高裁まで一貫して業務上過失傷害罪の成立が認められた。しかし，理由づけは各審級で異なっている。最高裁は，次のような理由で同罪の成立を肯定した。「現行刑法上，胎児は，堕胎の罪において独立の行為客体として特別に規定されている場合を除き，母体の一部を構成するものと取り扱われていると解されるから…（中略）…胎児に病変を発生さ

▷1　殺人罪（199条），傷害致死罪（205条），過失致死傷罪（209条以下）など。
▷2　胎児性致死傷には，①出生して人となった後に症状が悪化する場合（症状悪化型。胎児性水俣病など）のほか，②症状は固定したままの場合（症状固定型。サリドマイドによる奇形など）もある。
▷熊本水俣病事件
最決昭和63年2月29日刑集42巻2号314頁。

▷堕胎
「堕胎」に関しては，コラム4「堕胎罪と人工妊娠中絶」も参照。
▷3　後述の母体傷害説からは，母親に対する業務上過失傷害罪は成立しうる。
▷4　第一審の熊本地裁は，侵害作用が人の段階で及ぶことは必要ではなく，死亡結果が生じた時点で人であればよいとした。また，控訴審の福岡高裁は，胎児が人となる一部露出の時点まで母体を介して侵害作用が継続的に及んでいるとした。

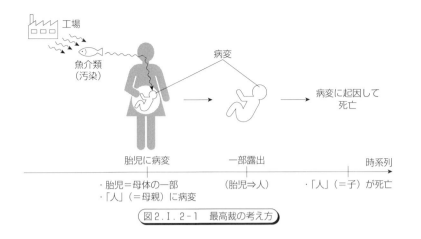

図2.I.2-1　最高裁の考え方

せることは，人である母体の一部に対するものとして，人に病変を発生させることにほかならない。そして，胎児が出生し人となった後，右病変に起因して死亡するに至った場合は，結局，人に病変を発生させて人に死の結果をもたらしたことに帰する」。これは，次のような理解を基礎としている。Ⓐ胎児に対する攻撃は，母体に対する攻撃である（母体傷害説。ただし，堕胎罪に当たる行為には堕胎罪が優先的に適用される）。Ⓑ本件では「人（母親）」に侵害作用が及び，「人（子）」が死んでおり，「人を死傷させた」（211条）といえる（「法定的符合説」と同様の発想）。

学説では，現行法は胎児の保護をもっぱら堕胎罪に委ねているとの理解から，業務上過失致死罪の成立を認めることに否定的な見解が多数である。主な論拠としては，①現行法は（母体傷害説によれば自傷行為として不可罰な）自己堕胎罪（212条）を処罰しており，胎児を母体と別の存在として位置づけている，②結果が人に生じるだけでなく，侵害作用がその人に及んでいなければ「人を死傷させた」といえない，③肯定説は実質的に現行法上不可罰な過失堕胎や胎児傷害を処罰するものである，などの指摘がなされている。

4　自動車交通事故と胎児性致死傷

胎児性致死傷は，自動車事故により母体と胎児を傷害し，胎児の出生後にその傷害が悪化したり，傷害が原因で死亡した事案でも問題となる。この種の事案について，上記の最高裁以降の下級審裁判例は，業務上過失致死傷罪の適用を肯定する傾向にある。例えば，鹿児島地判平成15年9月2日は，㋐胎児に病変を発生させることは人である母体の一部に病変を発生させることである，㋑胎児が出生して人となった後，その病変が原因で傷害が悪化した場合は，人に病変を発生させて人に傷害を負わせたといえる，と上記の熊本水俣病事件の最高裁決定と同様の論理で（妊婦に対する業務上過失傷害罪のほかに）子に対する業務上過失傷害罪の成立を認めている。

（薮中　悠）

▷5　本文のⒷは，「人（Aさん）」を殺すつもりで「人（Bさん）」を殺した場合に，AとBの違いを捨象し，「人」に対する故意で「人」を殺したとして殺人罪の成立を認める法定的符合説（最決昭和53年7月28日刑集32巻5号1068頁参照）の発想を犯罪の客観面で用いるものといえる。

法定的符合説については，1-I-9「具体的事実の錯誤」を参照。

▷6　LEX/DB 文献番号28095497。

コラム-4

堕胎罪と人工妊娠中絶

1. 堕胎罪における違法性阻却事由

堕胎とは、自然の分娩期に先立って胎児を母体外に排出することであり、胎児の生命・身体に対する具体的危険犯である（胎児を殺す必要はない）。保護法益については、国家の健全な人口構成という国家的法益や、性風俗の維持という社会的法益、との見解もかつてはみられたが、現在では胎児や母体の生命・身体の保護という、個人的法益として理解されている。

ところで、堕胎罪の規定は、現在日本ではほとんど適用されていない。それは、母体保護法14条により、一定の事情がある場合に人工妊娠中絶の違法性阻却が認められているからである。その事情とは、①妊娠の継続または出産が身体的・経済的理由から、母親の健康を著しく害するおそれがあるとき、②暴行・脅迫によって、あるいは抵抗・拒絶のできない間に（強姦や準強姦のようなケース）姦淫されて妊娠したとき、であるが、①の経済的理由が大変緩やかに解釈されているため、人工妊娠中絶が広く行われているのである。ただし、胎児が母体外において生命を保続することのできない時期でなければならない。

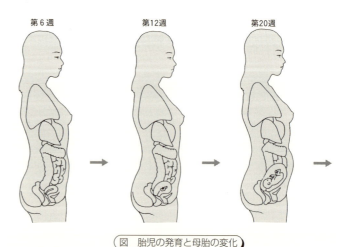

図　胎児の発育と母胎の変化

出所：『人体構成図』（大島正光総監修「健康体系」VOL2）テクノ出版、1988年、366-367頁。

2．人工妊娠中絶の要件

諸外国に目を向けてみると，堕胎罪処罰規定，および人工妊娠中絶を不可罰とする要件は，実に多種多様である。それは，堕胎の規制に関しては，まだ人として誕生していない生命の保護という観点の他に，母親の健康・自己決定権，父親のパートナーとしての利益，社会情勢の変化，人口政策上の目的といった様々な要因が絡み合うためである。

人工妊娠中絶の不処罰要件については，一定の妊娠期間まで人工妊娠中絶を認めるとする期限型解決策と，一定の許容条件が存在する場合にかぎり人工妊娠中絶を認める適応事由型解決策，相談の後に妊婦の最終責任においてなされる決定に基づいて人工妊娠中絶を認める緊急状態志向型討議モデル等に分類される。第三の緊急状態志向型討議モデルは，妊婦に妊娠継続の意思を持つよう促し，妊婦に助言と支援を与えて緊急状態・葛藤状態に陥った妊婦を救済しようとする発想がある。　　　　（内海朋子）

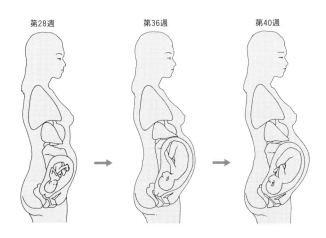

I 個人的法益に対する罪

3 殺人罪と同意殺人罪の限界

1 刑法199条と刑法202条

　法益の中で最も価値が高く，手厚く保護されなければならないのは生命である。そのために刑法はいくつかの規定をもっているが，代表的なのが故意による生命侵害を処罰する199条の殺人罪の規定である。では，被害者本人が死にたがっているので，その求めに応じて殺してあげた場合はどうなるか。ここで被害者は自己の生命という法益を放棄する自己決定を行っているわけだが，生命という法益は非常に重要であり，一度放棄すると取り返しがつかなくなってしまう。そこで，刑法はそのような自己決定権の行使を制限して後見的に生命を保護する立場をとっている。従って，被害者の求めに応じて殺してあげた場合，引き起こされた被害者の死という法益侵害はいまだ処罰されることになる。このことを明らかにしているのが，202条後段の同意殺人罪（嘱託殺人と承諾殺人の二つの類型を含む）の規定である。また，202条前段は，自殺する気がない者をそそのかして自殺させたり，自殺の意思がすでにある者を手助けする行為を処罰している。これを自殺関与罪という。

2 同意殺人罪と殺人罪の区別

　同意殺人罪と殺人罪の区別は，被害者が死ぬことについて同意しているか否かによる。有効な同意があると認められるための要件としては，「被害者の同意」の要件が基本的に妥当する（⇨ 1-Ⅱ-8 「被害者の同意」）。

　まず，殺害への有効な同意があるといえるためには，死の意味をきちんと理解した上で，自分が死ぬことを認識し，それを受け入れる意思の下で被害者は同意を与えなければならない。次に，同意は強要されずに，あくまでも自由な意思決定によって任意になされなければ有効とはいえない。例えば，自由な意思決定を奪う程度に強度な脅迫・抑圧を被害者に加えて同意させた場合は任意性が欠けるので同意は無効となる。ただし，問題となるのは，被害者が死ぬことを認識して，強要されることもなく同意を与えたが，実は被害者は勘違いをしていて，本当の事情を知っていたならば，そのような同意をしなかったといえる場合である。このような問題が生じるのは，いわゆる**偽装心中**の事例においてである。

▷偽装心中
心中とは，本来相愛の男女が一緒に自殺することであるが，一般に，2人以上の者が共に死を遂げることまでを含むとされている。故に次頁の事例はXとYが一緒に自殺しようとするわけではないので，厳密には「心中」ではないのかもしれないが，一応広い意味での「偽装心中」の事例といえるであろう。

③ 偽装心中の事例

　以下のような事例を考えてみよう。「X は恋人 Y に別れ話をもちかけたところ，Y が包丁を握って『一緒に死んで！』と迫ってきたので，平静を装い，それに同調するふりをしながら，『俺も後から首を吊って死ぬからまずはお前が先に逝ってくれ』とだまし，喜んで殺害されることに同意した Y の胸元に包丁を突き刺して殺した。その後，ただちに X は現場から逃走した」。ここで被害者 Y は，きちんと自分が死ぬことを認識しながら，強要されることなく同意を与えている。しかし，そのような同意を与えた動機は，X が後から自分を追って死んでくれると信じていたからである。だが X の本心はそうではなかった。だまされた Y は，同意を与えた動機の点で錯誤に陥っていたのである。

　ここで，被害者が動機の錯誤に陥っていた場合でも同意を有効とすべきかどうかが問題となる。同種の事案（ただし，**自殺関与罪と殺人罪の限界**が問題となる）について最高裁は，意思決定過程に重大な瑕疵があるといえる動機の錯誤の下での同意は無効であって，普通の殺人罪が成立するとしている（最判昭和33年11月21日刑集12巻15号3519頁）。学説における通説的見解も基本的に同様に解している。

　これに対して，近時の有力説は，同意を無効にするのは法益の種類や範囲に関する錯誤だけであり，動機の錯誤のようなその他の事情に関する錯誤は同意の有効性には関係がないとする（**法益関係的錯誤の理論**）。この見解からすれば，被害者 Y は自分が死ぬことをきちんと認識していて，生命という法益を放棄することをわかっていながら同意したのであるから，法益に関係する錯誤は認められず，同意も有効ということになる。法益関係的錯誤の理論の狙いは，同意を無効にする被害者の錯誤の範囲を当該刑罰法規が保護する法益の内容だけに限定することによって，同法規が予定する法益保護の実現には役立たない処罰を回避しようとするところにある。

　しかし，法益関係的錯誤の理論からすると，巧妙な方法で被害者を動機の錯誤に陥れ，殺害されることに同意させた場合でも，同意殺人罪として軽く処罰されてしまい，巧妙狡猾な手段で相手を殺害することを奨励することにもなりかねない。そもそも，動機の錯誤に過ぎなくても，それが重大である場合は，やはり意思決定に与える影響は大きく，結果的に殺害への同意は，被害者にとって不本意なものとなるはずである。ここで，不本意な同意をあくまでも有効なものとして扱い，行為者を軽く処罰するということは，その分だけ被害者の生命という法益の要保護性を弱めることになってしまう。　　　　（飯島　暢）

> ▷自殺関与罪と殺人罪の限界
> 同意殺人の場合とは異なり，自殺関与罪と殺人罪の限界においては，同意にあたる自殺意思の有効性だけでなく，自殺行為を行わせる関与者の正犯性の有無も問題となる。

> ▷法益関係的錯誤の理論
> この理論によれば，被害者が処分する法益の種類や範囲に錯誤がある場合にのみ同意は無効となる。しかし，具体的にどのような事情まで「法益関係的錯誤」の範囲に含まれるのかが問題となる。法益関係的錯誤の対象は，法益の有無・程度・性状等といわれることもあるが，その範囲は具体的な価値判断抜きには確定できない。つまり，当該の範囲を広くとれば，それだけ法益関係的錯誤として同意が無効となる場合は多くなる。

I 個人的法益に対する罪

4 暴行と傷害

1 暴行の意義

刑法上,「暴行」は,公務執行妨害罪(95条)や暴行罪(208条),強盗罪(236条)などの様々な犯罪で構成要件要素となっている。暴行概念を理解する際に基礎となるのは,暴行罪における暴行概念(人の身体に対する有形力の行使)である。暴行概念をめぐっては,①有形力が傷害発生の危険性を備えていることは必要か,②有形力が身体に接触することは必要か,について議論がある。

判例は,いずれも不要とし,暴行概念を広く理解している。すなわち,上記①については,人の頭や顔に塩を振りかける行為のように,傷害発生の危険性がないものについても(身体に接触していれば)暴行と認めている。また,上記②については,狭い室内で被害者を脅かすために日本刀の抜き身を振り回す行為のように,身体に接触しないものについても(傷害発生の危険性があれば)暴行と認めている。しかし,有形力に傷害発生の危険性がなく,かつ,それが身体に接触していない場合にまで暴行と認めるかは明らかではない。

2 傷害の意義

「傷害」も,傷害罪(204条)だけでなく,強盗致傷罪(240条前段)などの各種の結果的加重犯でも構成要件要素になっている。その意義については,Ⓐ生理的機能に障害を与えることと理解する見解(生理的機能障害説)と,Ⓑ生理的機能の障害だけでなく外貌を含む身体の完全性を侵害することと理解する見解(完全性毀損説)が基本的に対立している。もっとも,後者は前者を内容的に含む見解と理解されており,骨折や打撲,疾病の罹患,失神,意識障害などはいずれの見解からも傷害に当たる。外傷後ストレス障害(PTSD)や抑うつ状態などの精神的機能の障害も同様である。上記の二つの見解で結論に差が生じるのは,頭髪の切断の評価である。生理的機能障害説(判例)によれば,頭髪の切断は傷害には該当しないが,人の身体に対する有形力の行使であることから,暴行罪で処罰される。完全性毀損説によれば,外貌に重大な変化を生じさせる頭髪の切断も傷害に該当し,傷害罪で処罰される。

傷害罪や結果的加重犯(「○○致傷罪」)が成立するか否かは,被害者の傷害が各構成要件の要求する程度(重さ)に達しているかにも関係する。傷害の程度に関しては,傷害罪の傷害概念には程度の軽いものも含まれると解されてい

▷1 一般に次の四つに分類されている。①最広義の暴行(人に対するもののほか,物に対するものも含むすべての有形力の行使。106条など),②広義の暴行(人に向けられた有形力の行使。物に対するものでも人に向けられていればよい〔いわゆる間接暴行〕。95条など),③狭義の暴行(人の身体に対する有形力の行使。208条),④最狭義の暴行(人の反抗を抑圧する〔236条〕または著しく困難にする程度〔177条など〕の有形力の行使)。

▷2 音響や放射線,光線等の広い意味での「物理力」も暴行に当たる。他方,嫌がらせや催眠術などの心理的作用は当たらない。病毒の感染や睡眠薬の投与などの化学的・生物学的・薬理的作用の行使については争いがある(債権者に毒入りの飲料を飲ませて殺害し,債務を免れた場合などで罪責に差が生じる)。

▷3 最決平成24年7月24日刑集66巻8号709頁。

▷4 大判明治45年6月20日刑録18輯896頁は,女性の頭髪を根元から切断した行為について,傷害罪の成立を否定し,暴行罪の成立を認めた。

る。法定刑の下限が1万円の罰金（15条参照）と軽いからである。これに対して，例えば強盗致傷罪については，傷害罪よりも程度の重い傷害を要求する見解が主張されている[5]。下級審裁判例の中には，ⓐ日常行為に支障を来さないこと，ⓑ傷害として意識されないか，日常生活上看過される程度であること，ⓒ医療行為を特別に必要としないことなどを一応の標準とし，この程度であれば，傷害罪の傷害にも，強盗致傷罪の傷害にも該当しないとしたものがある[6]。しかし，最高裁は，「軽微な傷」であっても240条前段の「負傷」に該当するとの立場である[7]。傷害概念の相対性を認めず，統一的に理解している。

❸ 傷害罪の手段と暴行罪・傷害罪・傷害致死罪の関係

犯罪の成立を認めるためには，原則として故意が必要である（故意犯処罰の原則。38条1項本文）。これは傷害罪にも妥当する。例えば，怪我をさせるつもり人を殴ってケガをさせた場合には故意犯としての傷害罪が成立する。しかし，判例・通説は[8]，暴行を手段として傷害を負わせた場合には，暴行の故意があれば傷害の故意はなくても傷害罪が成立すると理解している（結果的加重犯としての傷害罪）[9]。このように理解しないと，暴行の故意で暴行の事実を実現したにとどまる場合には暴行罪が成立するのに，傷害の結果まで発生した場合には軽い過失傷害罪（209条）しか成立せず[10]，刑が不均衡になるからである。また，傷害罪にはその結果的加重犯として傷害致死罪（205条）が存在している。そのため，被害者に暴行を加えて死亡させたケースでは，行為者に暴行の故意があれば，暴行罪の結果的加重犯としての傷害罪が成立し，さらに，それを基本犯とする傷害致死罪が成立することになる（二重の結果的加重犯）。

傷害罪は，暴行以外の手段（無形的方法）により傷害を負わせた場合にも成立する。しかし，手段が暴行以外の場合には，原則どおり傷害の故意がなければ傷害罪は成立しない（故意犯）。例えば，長期間にわたり隣家に向かって騒音を流し続けて被害者にストレスを与え，慢性頭痛症などを負わせたケースは無形的手段による傷害の一例である[11]。この場合に傷害罪の成立を認めるためには，被害者が傷害を負うことについて（少なくとも未必の）故意が必要となる。

（薮中　悠）

表2.Ⅰ.4-1　暴行罪・傷害罪・傷害致死罪の関係

	a 結果不発生	b 暴行事実の実現	c 傷害結果の発生	d 死亡結果の発生
①過　失	不可罰	不可罰	過失傷害罪	過失致死罪
②暴行の故意	不可罰	暴行罪	傷害罪（※1）	傷害致死罪（※3）
③傷害の故意	不可罰	暴行罪	傷害罪（※2）	傷害致死罪（※4）
④殺人の故意	殺人未遂罪（※5）	殺人未遂罪	殺人未遂罪	殺人罪

（注）※1：結果的加重犯　※2：故意犯　※3：（二重の）結果的加重犯　※4：結果的加重犯　※5：具体的な事案あるいは未遂犯の理解次第では不可罰となる可能性もある。
出所：井田良・佐藤拓磨『刑法各論　第3版』弘文堂，2017年，31頁参照。

▷5　この見解は，①240条前段の法定刑が非常に重いことや，②手段としての強度の暴行・脅迫に通常伴う軽微な傷害は，強盗罪の法定刑において考慮済みであることを理由とする。もっとも，①に関しては，2004（平成16）年改正により，法定刑の下限が「6年の懲役」となり，酌量減軽（66条）をすれば全部執行猶予（25条1項）が可能になっており，軽微な傷害を除く必要性は相対的に低下したといえる。

▷6　名古屋高金沢支判昭和40年10月14日高刑集18巻6号691頁。

▷7　最決平成6年3月4日集刑263号101頁など。強制性交等致傷罪（181条2項前段。2017（平成29）年改正前の強姦致傷罪）についても同様である（最決昭和38年6月25日集刑147号507頁など）。

▷8　最判昭和22年12月15日刑集1巻80頁など。

▷9　判例・通説によれば，「暴行を加えた者が人を傷害するに至らなかったとき」と規定する208条が，38条1項ただし書の「特別の規定」となる。

▷10　傷害結果が生じた場合には，「人を傷害するに至らなかった」（208条）とはいえず，暴行罪の成立を認めることはできない。

▷11　最決平成17年3月29日刑集59巻2号54頁。

I 個人的法益に対する罪

 同時傷害の特例

1 207条の趣旨：どのような点が「特例」なのか

207条は、「二人以上で暴行を加えて人を傷害した場合において、それぞれの暴行による傷害の軽重を知ることができず、又はその傷害を生じさせた者を知ることができないときは、共同して実行した者でなくても、共犯の例による」、つまり、**共同正犯**（60条）の関係になくても、全員が傷害結果について責任を負うと規定している。これは、傷害の**同時犯**のケースについて、暴行と傷害の因果関係の**挙証責任**を例外的に検察官から被告人側に転換する規定と理解されている。

例えば、「甲と乙がVに対して暴行を加えて傷害を負わせた」という事例で、①甲と乙が共同正犯の関係にある場合は、個々の暴行と傷害との因果関係が不明でも、甲と乙は生じた傷害について責任を負う。共謀により因果性が拡張されるからである。これに対して、②甲と乙が共同正犯の関係にない場合は、検察官が個々の暴行と傷害との因果関係を証明できなければ、甲も乙も暴行罪（208条）の罪責しか負わないというのが原則的帰結である。なぜなら、傷害罪（204条）の単独犯の成立を認めるためには、暴行と傷害の間に因果関係が存在することが必要であり、そして、刑事裁判では検察官が犯罪事実を証明しなければならないのが大原則だからである。

207条は、二人以上が暴行を加えた事案においては傷害の原因となった暴行を特定することが困難なことが多いことに鑑み、上記②の原則的帰結は不当だと考えて、因果関係の挙証責任を転換し、被告人が自己の行為が傷害の原因ではないこと（因果関係の不存在）を立証しなければ、傷害の責任を負うとしている。しかし、これは同時に個人責任主義の例外を認め、（傷害については）無実でありうる者に傷害の責任を問うことになる点で、207条の合理性は疑問視されている。

2 207条の適用要件・効果

判例（最決平成28年3月24日刑集70巻3号1頁）によれば、207条を適用するためには、検察官が①「各暴行が当該傷害を生じさせ得る危険性を有するものであること」と、②「各暴行が外形的には共同実行に等しいと評価できるような状況において行われたこと、すなわち、同一の機会に行われたものであるこ

▷共同正犯
⇨ 1-V-5「共同正犯」参照。

▷同時犯
複数の者が意思の連絡なしに、時・場所を同じくして同一被害者に対して犯罪行為を行う場合のこと。

▷挙証責任
証拠調べを尽くしても事実の存否が明らかにならなかった場合に、当該事実について不利な認定を受ける当事者の地位のこと。刑事裁判では原則として検察官が挙証責任を負い、ある事実が真偽不明な場合、裁判所は、検察官に不利に（つまり被告人に有利に）事実を認定する（「疑わしきは被告人の利益に」の原則）。

▷1 207条は、本文のような取扱いを規定するものであり、殺人罪や窃盗罪のような独立犯罪を定めるものではない。

▷2 207条の「共犯の例による」とは、共同正犯として処断するという趣旨である。

と」を証明する必要がある。②の「同一の機会」については，厳密に同時である必要はなく，各暴行の時間的・場所的近接性，加害者相互の関係性，暴行を加えた経緯・動機などを考慮して社会通念に従って判断される[3]。検察官が上記①②の証明に成功した場合は，被告人は，③「自己の関与した暴行がその傷害を生じさせていないこと」を立証しない限り，生じた傷害結果について責任を問われる。

3 207条の適用範囲

207条を傷害致死罪（205条）[4]の成否が問題となる事案で適用できるかについて，判例は肯定している[5]。2人以上の者の暴行により傷害が生じ，さらにその傷害から死亡の結果が生じた事案（Ⓐ）では，㋐207条の適用により各人が傷害について責任を負うことになれば，㋑その傷害と死亡結果との因果関係が肯定されていることと相まって，「傷害し，よって人を死亡させた」として傷害致死罪の成立を認めることができる[6]。もっとも，このような理解による場合，上記㋑は207条とは無関係に証明されていなければならない点は注意を要する。207条の適用により帰責される傷害とは別の原因（持病など）で被害者が死亡した可能性がある事案（Ⓑ）では，上記㋑を肯定できないため，被告人の罪責は傷害罪の限度にとどまることになる。

207条の適用範囲に関しては，一部に共犯関係がある場合（承継的共同正犯が否定された事案や共犯関係の解消が肯定された事案）に適用できるかも問題となっている。207条は生じた傷害結果について誰も責任を負わないという不都合を避けるための規定であると理解すると，承継的共同正犯や共犯関係の解消の事案では，承継または解消の前後を通じて関与し続ける者がおり，その者は生じた傷害の責任を負うので，207条の適用は否定すべきこととなる。これに対して，2人以上の者に全く共犯関係がない場合に207条が適用されるのに，（より共同正犯に近い）一部に共犯関係がある場合に適用されないのは不均衡であると考えると，207条の適用を肯定すべきこととなる[7]。　　　　（薮中　悠）

> 3　「同一の機会」については，肯定例として東京高判平成20年9月8日判タ1303号309頁などがあり，否定例として札幌高判昭和45年7月14日高刑集23巻3号479頁などがある。

> 4　強盗致傷罪（240条前段）や強制性交等致傷罪（181条2項前段。2017（平成29）年改正前の強姦致傷罪）への適用について否定する裁判例がある（前者につき，東京地判昭和36年3月30日判時264号35頁，後者につき，仙台高判昭和33年3月13日高刑集11巻4号137頁）。

> 5　最判昭和26年9月20日刑集5巻10号1937頁，前掲・最決平成28年3月24日。

> 6　207条が責任を問うことを認めるのはあくまで傷害罪の限度であるとして，傷害致死罪が問題となる事案での適用を否定する見解も有力である。

> 7　承継的共同正犯の事案として，大阪高判昭和62年7月10日判タ652号254頁，大阪地判平成9年8月20日判タ995号286頁などのほか，近時，207条の適用を肯定する旨判示した最決令和2年9月30日刑集74巻6号699頁。共犯関係の解消の事案として，名古屋高判平成14年8月29日判時1831号158頁。

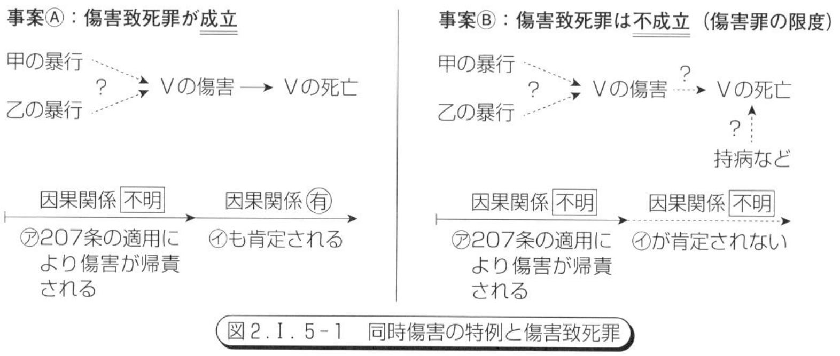

事案Ⓐ：傷害致死罪が成立

甲の暴行
　　　　　 ？ → Vの傷害 → Vの死亡
乙の暴行

因果関係[不明]　　因果関係[有]
㋐207条の適用により傷害が帰責される　㋑も肯定される

事案Ⓑ：傷害致死罪は不成立（傷害罪の限度）

甲の暴行
　　　　　 ？ → Vの傷害 ？ → Vの死亡
乙の暴行　　　　　　　　　　　 ？
　　　　　　　　　　　　　　持病など

因果関係[不明]　　因果関係[不明]
㋐207条の適用により傷害が帰責される　㋑が肯定されない

図2.Ⅰ.5-1　同時傷害の特例と傷害致死罪

出所：筆者作成。

I 個人的法益に対する罪

遺棄の概念

1 遺棄罪の構造

遺棄罪とは,「老年,幼年,身体障害又は疾病のために扶助を必要とする者」の生命・身体を危険にさらす罪である。217条（単純遺棄罪）と218条（保護責任者遺棄罪）に規定がある。このうち,保護責任者遺棄罪は,保護責任者という身分ゆえに単純遺棄罪より刑が加重されるため身分犯を論ずる上でも興味深い犯罪であるが,218条の「遺棄」概念には不作為も含まれる（＝**不真正不作為犯**）とされ,また「保護しない」という**真正不作為犯**規定も含んでおり,刑法理論の論点宝庫ともいえる条文の一つである。ここでは保護責任者遺棄罪における遺棄概念について考えてみよう。

2 遺棄罪の保護法益

遺棄罪として処罰するために,実際に危険が現実化することが必要かについては,判例・通説は不要としている。文言上,危険の発生は要求されておらず,**抽象的危険犯**と解されているのである。一方,**具体的危険犯**と理解する説は,例えば,育児に疲れた母親が捨て子をしようとして,路上に自分の赤ん坊を置いたが,他人が拾い上げるのを確かめた上で立ち去ったような場合に,（保護責任者）遺棄罪の成立を認めるのは不当である,とする。しかし,抽象的危険説においても,このような場合は遺棄にあたらない,などとして,不可罰にすることは十分可能である。

3 遺棄する, とは

さて,単純遺棄罪と保護責任者遺棄罪とは,ともに「遺棄する」ことを処罰しているが,その内容は両罪では異なる,と考えるのが通説である。そこで,217条と218条で「遺棄」概念がそれぞれどのように理解されているかは遺棄罪を知る上での重要なポイントとなる。

まず「遺棄」とは,広義には,保護を要する者を保護のない状態に置くことによって生命・身体の危険にさらすことであり,要保護者と保護者の間に場所的離隔を生じさせることをその本質とする。これに対し,「不保護」においては,要保護者と保護者との間に場所的離隔を生じさせる必要はない。そして広義の遺棄は,要保護者を他の場所へ移転して危険な状態に置く「移置」（狭義

▷**不真正不作為犯**
⇒ 1-I-4 「不作為犯」
▷**真正不作為犯**
⇒ 1-I-4 「不作為犯」

▷**抽象的危険犯**
犯罪の成立に具体的な危険の発生を要せず,構成要件中に記述されている行為がなされることによって保護法益に対する抽象的危険が発生したものとされる犯罪。ただし,このような危険の擬制に対しては批判も多く,何らかの実質的な危険の発生を成立要件とする,という見解が支配的である。（⇒コラム5「犯罪の分類概念」）
▷**具体的危険犯**
構成要件の内容として特に危険の発生を明示している犯罪。（⇒コラム「犯罪の分類概念」）

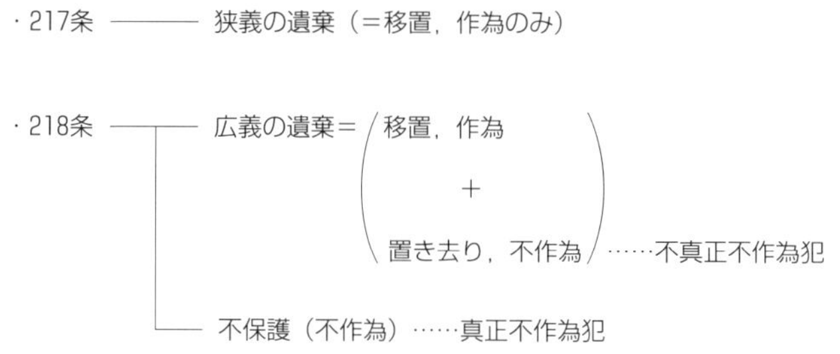

```
・217条 ──── 狭義の遺棄（＝移置，作為のみ）

・218条 ──┬─ 広義の遺棄＝／移置，作為    ＼
          │                ＋                ……不真正不作為犯
          │              ＼置き去り，不作為／
          │
          └─ 不保護（不作為）……真正不作為犯

※通説的理解による
```

図2.Ｉ.6-1　遺棄罪における処罰の対象

出所：筆者作成。

の遺棄）と，要保護者を危険な状態に置いたまま立ち去る「置き去り」に，さらに分けられる。

　通説は，217条の「遺棄」は狭義の遺棄を，218条の「遺棄」は広義の遺棄を指す，と考えている。なぜこのように217条と218条で遺棄の内容が異なってくるのだろうか。単純遺棄罪における遺棄とは，たとえていうなら，被害者を保護の傘の下から連れ出して雨ざらしにすることである。すなわち，単純遺棄罪の成立には，被害者を保護者の下から引き離し，生命・身体に危険が及ぶ場所へ連れ出してそこに放置する（従って移置がその重要な要素となる）必要がある。ところが，保護責任者遺棄は，保護しなければならない人間が保護を必要としている者に対する保護義務を放棄・懈怠する行為である。保護責任者は要保護者が自分の保護の傘の下から出て行くのを止めない（置き去り），あるいは保護の傘の下にあってももはや保護をしない（不保護），といった形で犯罪を犯すことも可能なのである。なお，「置き去り」は通常，遺棄の不作為形態（不真正不作為犯）と理解されている。

　このような通説の理解に対しては，同じ「遺棄」という概念が条文ごとに異なる内容をもつとする点に関して批判もある。そこで，①不作為形態による処罰として，218条の「不保護」があるのだから，「遺棄」については217条・218条とも作為のみに限定するべきだ，という見解，逆に，②217条の遺棄も218条と同様，不作為形態も含むと考えるべきだ，という見解も主張されている。このうち特に②は，**218条の保護責任**は，不真正不作為犯に要求される作為義務とは別物だと考える。通説は218条の保護責任が同時に遺棄における不真正不作為犯の作為義務を基礎づけると考えるが，このように考えると218条の遺棄が217条の遺棄に比べて加重して処罰されていることが説明できないからである。また，通説は217条の遺棄に不作為を含めないため，本来ならば217条の不作為犯として処罰されるべき行為を，218条の保護責任を拡張することによって218条の不作為に取り込んで，218条で重く処罰しているのではないか，との疑問も投げかけられている。

（内海朋子）

▷218条の保護責任
⇨ 2-Ｉ-7 「保護責任の発生根拠」

Ⅰ　個人的法益に対する罪

保護責任の発生根拠

▷不真正身分犯
⇨ 1-Ⅴ-13 「共犯と身分」

▷真正身分犯
⇨ 1-Ⅴ-13 「共犯と身分」

1 保護責任とは

　保護責任者遺棄罪（218条前段）は，通説的理解を前提とする場合，単純遺棄罪との関係では単純遺棄罪よりも刑が加重される**不真正身分犯**であり，保護責任者不保護罪（218条後段）は，217条に「単純不保護罪」なるものは存在しないので，**真正身分犯**である。このように，保護責任者という身分は，刑を加重し，あるいは根拠づける役割を果たしているが，その根拠となる義務は，病者等の生命・身体の安全を保護すべき高度の法的義務でなければならず，当然のことながら，道徳的あるいは倫理的義務では足りない。

　通説・判例は，保護責任の根拠を，法令，契約，事務管理，慣習，条理，先行行為などに求めている。判例により保護責任が認められた例としては，違法な堕胎を行った医師がその未熟児を放置した例，ホテル客室に同伴した少女に覚せい剤を注射し，錯乱状態に陥れながら放置した例，3歳の幼児を連れた女性と数日間同棲した者が，幼児を高速道路上に放置した例，歩行者を誘い，助手席に乗せて自動車を走行中，停車を求められたが停車しなかったため，その者が飛び降りて重傷を負った例などがある。

2 保護責任の法的性質

　不真正不作為犯としての遺棄は，218条の保護責任者遺棄罪においてのみ問題となると考える通説的立場では，不真正不作為犯を基礎づける作為義務と保護責任者としての保護義務は，同一のものと解されている。これに対しては，保護責任者としての義務は不真正不作為犯における作為義務よりも重いものでなければならないとする見解もある。後者は218条における不真正不作為犯の成立を限定する立場と関連しており（⇨ 2-Ⅰ-6 「遺棄の概念」），保護責任を厳格に解する立場といえよう。その具体的内容としては，「日頃から相手方の生活について配慮すべき地位」，「継続的保護関係を中心とする保護の引受けに基づいて保護すべき義務を負う場合」，「長期の密接な人的関係を基礎として，要扶助者を保護する動機をもつことが強く期待できる場合」などが挙げられている。

　なお，保護責任をめぐっては，責任要素とする見解と違法要素とする見解とがあるが，この点については，保護責任者遺棄罪が成立するときに，保護責任

者でない共犯者はどのような罪責を負えばよいのかに関連して重要となる（⇨ 1-V-13 「共犯と身分」）。

3 ひき逃げ

保護責任があるかどうかについて，特に問題になるのは，交通事故を起こした自動車運転者についてである。自動車運転者が被害者を怪我させたまま放置して逃走する，いわゆる**ひき逃げ行為**について，保護責任者遺棄罪は成立するだろうか。ひき逃げは，救護義務違反（道路交通法72条1項前段，117条）に該当するので，少なくとも法令上の根拠はある，といえるだろう。また，交通事故によって被害者に怪我をさせ，保護の必要な状態にした，という意味で先行行為もあるといえる。

そうだとすると，保護責任者遺棄罪を認めてもよさそうである。しかし反面において，道路交通法は交通事故の現場における安全の確保や負傷者の救護という行政目的達成のために定められたもの（事故が無過失で引き起こされた場合であっても逃れることのできない義務である）で，直ちに刑法上の義務を根拠づけるわけではない，という考え方もありうる。

そこで，保護責任者遺棄罪の成立をもう少し限定する必要があると考える立場は，引受け行為や排他的支配の獲得を要求する。単純なひき逃げだけでは保護責任者遺棄罪の成立には十分ではなく，負傷した被害者をいったん車に乗せて移動してその上で置き去りにするなど，被害者の世話の引受けやあるいは自車への引入れ行為による排他的支配の設定がある場合に限って，保護責任者遺棄罪を認めるのである。

▷ひき逃げ行為
自動車運転に関する刑事責任については，コラム9「自動車運転死傷処罰法」を参照。

4 殺人罪との区別

単純遺棄罪または保護責任者遺棄罪を犯して人を死傷させた場合には，219条で刑罰が加重されるが，それでは人の死亡について予見がある場合には，殺人罪が成立するのであろうか。特に不作為による遺棄あるいは不保護の場合に，不作為による殺人罪が成立するかどうか問題となる。この点については，①主観面に注目し，殺意がある以上，不作為による殺人罪の成立を認めざるを得ないとする見解と，②客観的要素，すなわち義務違反性に注目して，218条の保護義務違反以上の特に重大な作為義務違反がなければ殺人罪は成立しないとして，義務の程度により区別する見解とが主張されている。

最決平成17年7月4日（シャクティパット事件）は，未必の殺意があった被告人に不作為による殺人罪を認めたのに対し，殺意のない被害者の親族には保護責任者遺棄致死罪を認めており，主観的要素で区別をしたと考えられる。

（内海朋子）

▷最決平成17年7月4日決定（シャクティパット事件）
⇨ 1-I-4 「不作為犯」

I 個人的法益に対する罪

8 逮捕監禁罪の保護法益

1 逮捕監禁罪とは

逮捕とは，人の身体に対して直接的な支配を行使して場所的移動の自由を奪うことである。このため，逮捕といえるためには，ある程度の時間の経過が必要である。

監禁とは，人が一定の場所から脱出するのを不可能にしたり著しく困難にしたりすることである。その手段は暴行や脅迫，欺く行為もありうる。入浴者の衣類を持ち去るなど，被害者の心理に働きかける行為も監禁となり得る。なお，本罪の罪質は継続犯である。

▷1 継続犯とは実行の着手以降も実行行為が引き続いている犯罪である。従って，被害者が監禁された後に監禁行為に加担した者は共犯である。

2 保護法益：現実的自由か可能的自由か

逮捕監禁罪の保護法益をめぐって，現実的自由説と可能的自由説の対立がある。用語に目を奪われると理解しづらいので，監禁罪を中心に，両説の中身を明確にしよう。

現実的自由説は，被害者の場所的移動の自由が現実に侵害されたかどうかを問題にする。「現実」という言葉の響きから，場所的移動の自由に対する侵害を客観的に判断するかのような印象を受ける。しかし，その逆で，被害者の認識（主観面）を判断の基準にする。そして，意思能力のない者，場所的移動の自由が侵害されていないと誤認している者は，場所的移動の自由が奪われているとは認識していないため，これらの者に対する監禁罪の成立を否定する。現実的自由説の狙いは監禁罪の処罰範囲を限定することにある。監禁罪には未遂犯を処罰する規定がないことから，同罪を侵害犯として理解し，未遂犯的な行為も処罰対象から外すのである。

▷2 例えば，睡眠中の者，泥酔している者，一時的に意識を喪失している者など。

可能的自由説は，保護法益を，移動しようと思えば移動できる自由，として理解する。「移動しようと思えば」という語感から，被害者の主観面に焦点をあてるようにも感じられる。しかし，そうではなく，場所的移動の自由に対する侵害を，被害者の認識に関係なく，客観的に決めてゆく。およそ場所的移動の自由が侵害される危険性が肯定されればよい。このため，可能的自由説は，現実的自由説よりも処罰範囲が広げられることになる。実際，場所的移動の自由は侵されていないと誤認している被害者も，可能的自由説に立てば，監禁罪により保護されることになる。

③ 保護法益の捉え方によって差異が生じる事案

　1歳7カ月の乳児を監禁することは監禁罪を構成するか。現実的自由説から
は，移動の自由が奪われている認識を被害者がもちえない以上，同罪の成立は
否定される。これに対し，京都地裁は，嬰児の監禁は認められないが，1歳7
月の乳児は「自然的，事実的意味において任意に行動しうる者である以上，そ
の者が，たとえ法的に責任能力や行為能力はもちろん，幼児のような意思能力
を欠如しているものである場合でも，なお，監禁罪の保護に値すべき客体とな
りうるものと解する」のを相当とした。

　次に，欺罔によって場所的移動の自由が奪われた事例について考えてみよう。
甲は，逃げた従業員A女を連れ戻すため，「入院しているお母さんのところへ
行こう」とA女を誘い出し，A女を甲の運転する自動車に同乗させたものの，
自動車が病院を通り過ぎたため，A女は甲に対して，「ここで降ろして」と懇
願したのにもかかわらず，甲はそのまま自動車を走らせた，というものであ
る。

　現実的自由説からは，A女は，少なくとも病院までは，場所的移動の自由
に制限が加えられることについて同意しており，現実に場所的移動の自由は侵
害されていないとする。他方，可能的自由説は，甲がA女を騙して同乗させ
た時点から，すでに，A女の場所的移動の自由は客観的に侵害されたとして，
同乗の時点から監禁罪の成立を認める。

　病院までの間に，仮にA女が自動車から脱出し，死傷した場合を想定する
と，両説の違いはさらにはっきりしてくる。可能的自由説に立てば，監禁致死
傷罪が成立し，現実的自由説によれば，過失があれば業務上過失致死傷罪が成
立する。

④ 逮捕監禁致死傷罪

　逮捕行為や監禁行為によって死傷結果を発生させた場合は，結果的加重犯と
して逮捕監禁致死傷罪（221条）に当たる。特に，監禁致死傷罪について重要な
判例がある。

　まず，自動車の後部トランクに監禁された被害者が後続の自動車が追突した
ことにより死亡した事案について，最高裁は監禁致死罪が成立するとした（最
決平成18年3月27日刑集60巻3号382頁）。たしかに追突の可能性は高くはないが，
現実にそのような事故は類型的に発生している。しかも監禁行為により被害者
はこのような追突の危険にさらされている。

　次に，監禁行為により被害者が外傷後ストレス障害を発症した場合，最高裁
は監禁致傷罪にあたるとした（最決平成24年7月24日刑集66巻8号709頁）。精神障
害も傷害に当たるとした最高裁の初の判断であった。　　　　　（野村和彦）

▷3　京都地判昭和45年10
月12日刑月2巻10号1104頁。

▷4　カフェーの給仕とし
て採用した女性をだまして
連れ戻そうと自動車内に監
禁した事例（最決昭和33年
3月19日刑集12巻4号636
頁）。その他，姦淫目的で
第二種原動機付自転車の荷
台に女性を乗せ1000メート
ル走行した事例（最決昭和
38年4月18日刑集17巻3号
248頁）など。

▷5　⇨1-I-7「第三者
の行為の介在と因果関係」

▷6　⇨2-I-4「暴行と
傷害」

Ⅰ 個人的法益に対する罪

9 略取誘拐罪

1 略取誘拐罪の保護法益は何か

　略取誘拐罪は，略取・誘拐行為によって，被害者を現在の生活環境から離脱させ，行為者または第三者の支配下に置くことを処罰する。略取とは暴行または脅迫を，誘拐とは欺く行為あるいは誘惑を手段とする。

　略取誘拐罪の保護法益は移動の自由であるが，その重点は被害者の安全にあるとみるべきである。たしかに，逮捕・監禁行為は移動の自由を確実に奪う行為であるのに対し，誘拐行為は被害者の移動の自由に対する侵害の程度は低い。また，未成年者略取誘拐罪（224条）が，親告罪（229条）とされていることも，その侵害の程度が低いことを示している。しかし，未成年の場合は今おかれている生活環境から引き離されること自体が，成年の場合は特定目的のために略取誘拐されることが，被害者の安全に脅威を与えると捉えるべきであろう。現に，未成年者略取誘拐罪は目的犯ではないが，営利目的等略取誘拐罪や身代金目的略取誘拐罪（225条の2，1項），所在国外移送目的略取誘拐罪（226条）は，目的犯とされている。なお，2005年に新設された人身売買罪は，被害者が未成年成年にかかわらず，また，目的にかかわらず，人を買い受ける行為を禁じている。

2 略取誘拐罪と親権

　婚姻関係がこじれ別居中の共同親権者の一方が，他方が監護している未成年の子を連れ去る行為が略取誘拐罪に該当するのかが問題となっている。この問題は専ら人身保護法がその守備範囲としてきた。最高裁判例は，子の現在の監護環境や連れ去り手段の態様を重視している。別居中の母親により監護され入院中の子（2歳4カ月）を，オランダ国籍の父親がオランダに連れ去る目的で，子の両足を引っ張って逆さにつり上げ連れ去った事案（最決平成15年3月18日刑集57巻3号371頁），母親の監護下にあり保育園から退園しようとしていた子（2歳）を父親が抱きかかえて連れ去った事案（最決平成17年12月6日刑集59巻10号1901頁）について，それぞれ国外移送略取罪，未成年者略取罪の構成要件該当性を肯定した上で，監護状況に問題がないこと，連れ去りの態様が強引粗暴であることから，たとえ親権を有していたとしても，違法性は阻却されない，と判示した。

▷1　なお，性犯罪の改正（平成29年法律第72号）に伴い，229条の規定も改められた。以前の規定では，わいせつや結婚を目的とした営利目的略取誘拐罪やその被略取者引渡し等罪，これらの未遂罪は親告罪とされていた。また，被害者が犯人と婚姻したときは，婚姻の無効等が裁判で確定した後でなければ，告訴の効力はない，とされていた。229条の規定も性犯罪の厳罰化の影響を受けている。

▷2　「国際組織犯罪防止条約人身取引議定書」を国会が承認したことを受け，人身売買罪が新たに創設された。この議定書は特に女性や児童を被害者とする人身取引の防止を目的にしている。人身取引とは，搾取のために，暴行や脅迫，欺罔的手段などを用いて，人を獲得，輸送，蔵匿，収受などをすることと定義づけられている。

▷3　なぜなら，両者ともに子に対する親権（民法818条）を有し，子を監護及び教育する権利をもち義務を負っている（民法820条）から，子を連れ去る行為は略取誘拐罪の構成要件に該当するとしても，親権及び監護権を根拠に違法性が阻却されるとの主張も可能だからである。

なお，後者の決定に対し，父親の行為は社会的相当性の範囲内の行為であるとして違法性を阻却するべき旨の反対意見が付されている。すなわち，①別居中のとき，一方が他方から子を連れ去る行為は珍しくない，②このような紛争は家庭裁判所に委ねられるべきである，③連れ去り行為が当罰的だとすると，子の監護に関する紛争を決着させる場が家庭裁判所から刑事手続に移行してしまい，それは子の福祉に反する，とされる。

③ 身の代金目的略取誘拐罪

近親者，その他，略取あるいは誘拐された者の安否を憂慮する者の憂慮に乗じて，その財物を交付させる目的で，人を略取あるいは誘拐した者は無期懲役または３年以上の有期懲役に処される（225条の２，１項）。未遂（228条）だけでなく予備（228条の３本文）も処罰される。ただし，実行前に自首した者は刑が必ず減免される（同条ただし書き）。略取誘拐後に財物を交付させた者や要求した者も処罰される（225条の２，２項）。

ここでいう財物とは「身の代金」のことをいう。身の代金とは，被害者の解放を願う近親者や安否を憂慮する者に，被害者の身柄解放の対価として支払わせる金銭である。略取誘拐後に被害者が殺されることもまれではないため，法定刑が重めに設定されている。「安否を憂慮する者」には，判例によれば，単なる同情から被害者の安否を気遣う第三者は含まれないが，被害者の近親者でなくても，被害者の安否を親身になって憂慮するのが社会通念上当然とみられる特別な関係にある者は含まれるとする（最決昭和62年３月24日刑集41巻２号173頁）。

④ 略取誘拐行為後に加担した者は共犯か

略取誘拐罪の罪質はどう捉えるべきであろうか。同罪は，まず略取・誘拐行為があり，その後，行為者の支配下に被害者は置かれる。一連の過程を通じて実行行為が継続している（継続犯）とみるならば，途中から加わった者は共犯として扱われる。これに対し，実行行為は略取誘拐行為で終了し，後は違法状態にある（状態犯）と捉えるならば，途中から加わった者は共犯とはならない。

結論からいうと，略取誘拐罪は状態犯と解すべきだろう。なぜなら，現行法は，被拐取者を引き渡し，収受し，輸送し，蔵匿し，または隠避させる行為を独立の犯罪として規定しているが（227条１項〜３項，４項前段），このことは，これらの行為が略取誘拐罪の共犯にはあたらないことを示していると考えるのが自然だからである。

（野村和彦）

▷4　なお，祖父母が，男性と交際中である母親の監護下にある３歳４か月の孫を連れ去った事案について，未成年略取罪は成立するが，孫が男性から虐待されることを恐れたものであり，孫の監護状況にも問題があることを理由に，実刑判決は妥当でないとした裁判例もある（最判平成18年10月12日最高裁裁判集290号517頁判時1950号173頁）。

▷5　なお，225条の２の罪を犯した者が，公訴が提起される前に被害者を安全な場所に解放した場合は，刑を必ず減軽する（228条の２）。被害者のいち早い救出につなげるのがこの規定の趣旨だから，「安全な場所」を狭く解するべきではない。近親者等や警察が救出するまでの間，被害者が実質的具体的な危険にさらされなければよい（最決昭和54年６月26日刑集33巻４号364頁）。

▷6　この問題は罪数の問題にも波及する。⇨ Ⅰ-Ⅵ-1「罪数論」

コラム-5

犯罪の分類概念

　教科書等を読んでいると，しばしば「〇〇犯」などといった用語が出てくる。これらは，犯罪のある特徴に着目して犯罪を分類することにより得られる概念である。

1. 結果犯と挙動犯

　まず，構成要件要素として結果が必要とされているか否かという観点から，犯罪は，結果犯と挙動犯（単純行為犯）とに分類される。大部分の犯罪は，結果を構成要件の要素としているが，このような犯罪を，結果犯という。ここでいう結果とは，客体の変化を意味する。例えば，殺人罪は，行為の客体である「人」を死亡させることが必要とされているから，結果犯である。また，108条以下の放火罪も，それぞれの構成要件で規定されている客体を焼損することが必要とされていることから，結果犯に分類される。これに対し，結果を要素とせず，行為者の一定の身体的活動だけを構成要件要素とする犯罪もある。このような犯罪を，挙動犯という。偽証罪や住居侵入罪などが代表例とされている。

2. 実質犯と形式犯

　結果犯・挙動犯という概念と似て非なるものとして，実質犯と形式犯という概念がある。結果犯と挙動犯は客体の変化という結果が構成要件の要素とされているか否かによって区別されるのに対し，実質犯と形式犯は，構成要件が法益侵害またはその危険を内容としているか否かによって区別される。ここで，客体と法益とは別の概念であることに注意しなければならない。例えば，殺人罪の客体は「人」であるが，保護法益は人の生命なのである。実質犯とは，構成要件が法益侵害またはその危険を内容とするものをいう。実質犯は，さらに，法益の侵害を内容とする侵害犯と，法益侵害の危険を内容とする危険犯に分かれる。危険犯は，さらに，危険の発生が法文上構成要件の要素として規定されている具体的危険犯（109条2項，110条など）と，危険の発生が法文上規定されていない抽象的危険犯（108条，109条1項など）とに区別される。抽象的危険犯は，個別具体的な状況にお

ける具体的な危険ではなく，構成要件該当行為があれば通常法益侵害の危険が生じるという関係がある場合に，そのような一般的・類型的な危険性に着目して行為を処罰するものである。108条を例にとれば，住居を焼損すれば，通常，公共の危険が生じるという関係が認められるから，108条は抽象的危険犯とされているのである。形式犯とは，抽象的危険の発生すら内容とされていないもので，免許証提示義務違反罪（道路交通法95条2項，120条1項9号）など，行政取締法規にしばしばみられるものである。

3．即成犯，状態犯，継続犯

最後に，犯罪の成立時期と法益侵害との関係という観点からの犯罪の分類概念について説明したい。まず，構成要件的結果が発生し犯罪が既遂となると同時に法益が消滅する犯罪を，即成犯という。殺人罪が即成犯の典型例だとされている。次に，犯罪が既遂になった後も法益が消滅せず，法益侵害状態が存続するが，その法益侵害状態は犯罪とはされないものを状態犯という。状態犯の典型例である窃盗罪を例にとれば，占有の取得によって窃盗罪は既遂に達するが，その後も，盗品を返還しない限り，被害者の占有侵害という違法な状態は存続する。しかし，その占有侵害状態は犯罪を構成しないとされているのである。最後に，犯罪が既遂になった後も，法益侵害状態が継続する間，犯罪の継続が認められるものを，継続犯という。継続犯の典型は監禁罪で，人を監禁すれば監禁罪は既遂に達するが，その後も被害者が解放されるまでは監禁罪が継続する。ある犯罪がいずれに該当するかは，個々の構成要件の解釈の問題である。即成犯・状態犯と継続犯の区別は，共犯は犯罪が既遂に達し終了した後は成立しないこと，また，公訴時効の起算点は「犯罪行為が終わったとき」（刑事訴訟法253条1項）とされていることなどとの関係で重要だとされている。しかし，特に，状態犯と継続犯は，どちらも犯罪が既遂に達した後も違法状態が存続するものであることから，ある犯罪がそのどちらにあたるかは難しい解釈問題になることが多い。

（佐藤拓磨）

I 個人的法益に対する罪

10 性的自己決定権に対する罪

1 性犯罪規定の改正

新しい性犯罪の規定が2017（平成29）年7月13日から施行された。改正の主なポイントは、①強姦罪が廃止され、新たに強制性交等罪が制定され、法定刑の下限も引き上げられた点、②監護者わいせつ・強制性交等罪が新設された点、③**非親告罪化**された点、である。1907（明治40）年に現行刑法典が制定されて以降、性犯罪の規定はそのまま維持されてきた。今回の改正では、規定そのもの、さらにその根底にある性犯罪の基礎理論を大きく変更している。以下、説明する。

2 保護法益

性犯罪の保護法益は、個人の性的自己決定権にある。問題は、その内実は何かである。それは性的自由であるともいわれることがある。性的関係をどの相手と結ぶか、どのような性交をするか、ということになろう。しかし、法定刑の重さや性犯罪に伴う精神的・身体的被害の重大さを考慮に入れるならば、性的自由という見解は性犯罪の保護法益を説明し尽くしていない。

そこで、性的自己決定権の具体的内容を、特定の相手にしか接触を許さない身体的内密領域に対する防御権、あるいは、より傷害の罪に近づけ、性的関係における身体の保護、と解する説が提唱されている。

3 強制性交等罪（刑法177条）

旧強姦罪と新設された強制性交等罪の条文を比較してみよう。

犯行の手段に関する規定は維持されている。暴行・脅迫は、被害者の反抗を著しく困難にする程度でなければならない。暴行は被害者の身体に直接向けられる場合だけでなく、被害者がその場から逃げることを困難にする間接暴行も含まれる。脅迫は被害者の意思活動を不自由にすることである。暴行・脅迫によって性行為がなされるのが典型であるが、暴行・脅迫と性行為が同時の場合や、先行する性行為を維持するための暴行・脅迫もありうる。

大きく変化した点は三つある。第一に、犯行の主体とその被害者である。旧強姦罪においては、被害者は女性とされていた。姦淫行為とは男性器を女性器へ挿入することを指すこととの関係上、犯行の主体は男性が前提とされていた。

▷**非親告罪化**
親告罪とは、告訴（刑訴法230条）、すなわち犯罪被害者が捜査機関に対し犯人を刑事訴追したい旨の意思を表示することを要する犯罪である。ただし、告訴は犯人を知った日から6ヶ月以内にする必要がある（刑訴法235条）。その親告罪の規定が削除されたことにより、性犯罪被害は公的なものとなり、その被害の防止のため国は責任を負うこととなった。

▷1 その他、強盗強姦罪を改め、強盗・強制性交等及び同致死罪が制定されている。刑法241条を参照。

▷2 ⇒ 2-I-4「暴行と傷害」、2-I-5「同時傷害の特例」

▷3 旧強姦罪本文は「暴行又は脅迫を用いて、十三歳以上の女子を姦淫した者は、強姦の罪とし、3年以上の有期懲役に処する。」としている。強制性交等罪本文は「十三歳以上の者に対して、暴行又は脅迫を用い性交、肛門性交又は口腔性交（以下、性交等という。）をした者は、強制性交等の罪とし、5年以上の有期懲役に処する。」としている。

▷4 ただし、最高裁は、被害者の年齢、性別、素行、経歴等やそれがなされた時間、場所の四囲の環境その

しかし，強制性交等罪ではこの前提を改めた。すなわち，犯行の主体もその被害者も，男性と女性の双方がありうるとした。第二に，姦淫が削除され，新たに強制性交等の概念が導入された点である。性交とは，従前の姦淫と同じである。肛門性交とは，陰茎を肛門に挿入することである。口腔性交とは，陰茎を口腔に入れる行為である。女性が自己の膣内に陰茎を挿入させること，男性が自己の陰茎を男性の肛門に挿入することも処罰対象に含まれる。第三に，法定刑の下限が2年分引き上げられた点である。これにより刑を執行猶予する際のハードルが上げられた[45]。

④ 強制わいせつ罪（刑法176条）

暴行や脅迫を用いて，強制性交等以外の性行為を行う罪である。犯行の主体もその被害者も男女ともなりうる。強制性交等罪は強制わいせつ罪の加重類型である。従前は，口腔性交や肛門性交は強制わいせつ罪とされていたが，現在は両者ともに強制性交等罪に該当する。わいせつ行為は，乳房や臀部を弄ぶ行為やキスをする行為などである。男性器に模した器具を女性器や口腔，肛門へ挿入する行為は，本罪にあたる。女性器同士を接触させる行為も強制わいせつ罪である。

なお，最高裁は，従前，本罪については行為者に性的意図が必要であるとし，相手を辱める意図では本罪に問えないとしていた[46]。しかし，最高裁はこの判例を変更し，本罪において性的意図は不要とした[47]。

⑤ 準強制わいせつ及び準強制性交等罪（刑法178条）

心神喪失や抗拒不能に乗じて，あるいは，そのようにさせて，被害者に対し強制わいせつ及び強制性交等をすることを処罰している。暴行または脅迫以外の手段（例えば欺く行為）による性犯罪を処罰する規定である。

抗拒不能とは，心神喪失以外の場合で，物理的・心理的に，被害者の抵抗が不可能あるいは著しく困難な状態のことをいう[48]。

⑥ 監護者わいせつ・監護者性交等罪（刑法179条）

18歳未満の者に対し，監護者としての影響力に乗じて，わいせつ行為あるいは強制性交等を行った場合，それぞれの罪に問うという規定である。

監護者とは，18歳未満の者を保護および監督する者をいう。ただし，監護者には，民法820条に規定する親権者だけでなく，それに準ずる関係，すなわち，被害者の生活全般にわたり，経済的・精神的に，依存・被依存，保護・被保護関係がある者も含まれる。

（野村和彦）

他具体的事情を考慮するべき，としている（最決昭和33年6月6日最高裁判所裁判集刑事126号171頁）。衆参両院の法務委員会も性犯罪改正の附帯決議の中で，被害者と行為者の関係性や被害者の心理を適切に捉えるべきであるとしている。

▷5　刑の執行猶予は，その全部あるいは一部に関わらず，行為者への宣告刑が3年以下の時に可能である（刑法25条，27条の2）。法定刑の下限が3年から5年に引き上げられたことにより，執行猶予をつけるためには，酌量減軽（刑法66条）により，その理由を示して法定刑の下限を下げなければならなくなった（5年→2年6月。刑法68条3号）。この意味において厳罰化されている。その他，法定刑の引き上げとの関係で，集団強姦罪が削除された。

▷6　最判昭和45年1月29日刑集24巻1号1頁。

▷7　最大判平成29年11月29日刑集71巻9号467頁。

▷8　行為者と被害者との関係性も重要である。裁判例では，牧師（京都地判平成18年2月22日判タ1229号344頁）や塾の長（横浜地判平成16年9月14日判タ1189号347頁）等の事案がある。

Ⅰ 個人的法益に対する罪

 住居等侵入罪

1 保護法益

　住居侵入罪の保護法益については，戦前の判例は，家長が有する住居権だと理解していた（旧住居権説）。この立場からは，家長の意思に反する立入りが「侵入」（130条前段）となる。例えば，大審院は，家長である夫Aの不在中に妻Xの不倫相手YがXの同意を得て住居内に立ち入った事案で，夫Aの意思に反していることを理由に，Yに住居侵入罪の成立が認めている。しかし，戦後になり，このような封建的な思想は否定され，旧住居権説は支持を失った。

　現在は，住居の事実上の平穏を保護法益と理解する「平穏説」と，居住者の住居権を保護法益と理解する「住居権説」とが対立している。現在の住居権説は，誰を住居に立ち入らせるかという立入り許諾権が保護法益であり，それは各居住者が有するものと理解している。判例は，住居権説に親和的な立場だと考えられている。

2 「侵入」の意義

　「侵入」の意義の解釈は，保護法益の理解と関連している。平穏説によれば，住居の事実上の平穏を害する態様での立入りが「侵入」に当たる（平穏侵害説）。この「平穏を害する」については，住居内の安息と平和を害すること，具体的には，居住者の生命・身体・業務・財産・プライバシーを害する危険性のあることと理解する見解が有力である。このような意味での「平穏」を害するか否かは，居住者の意思のほか，立入りの目的，客観的な立入りの態様（凶器所持の有無など）も考慮して判断される。住居権説によれば，居住者の意思に反する立入りが「侵入」に当たる（意思侵害説）。判例は意思侵害説であると理解されている。

　平穏侵害説と意思侵害説は多くの事例で結論が一致する。それは，居住者の意思に反する立入りは，通常は住居の平穏を害するといえるし，また，居住者の同意がある場合は，被害者の同意により，平穏侵害説によっても本罪は成立しないからである。結論が異なるのは，居住者の意思には反するが，平穏を害さないような態様での立入りの場合である。例えば，マンションの入口に「セールスお断り」や「チラシの投函お断り」などと掲示してあるのに，それを無視してマンションの共用部分に立ち入った場合である。平穏侵害説からは，立

▷1　130条後段は，退去要求を受けたにもかかわらず退去しなかった場合を処罰の対象としている（不退去罪。真正不作為犯である）。
▷2　大判大正7年12月6日刑録24輯1506頁。

▷3　最判昭和58年4月8日刑集37巻3号215頁は，「刑法一三〇条前段にいう『侵入シ』とは，他人の看守する建造物等に管理権者の意思に反して立ち入ることをいうと解すべきであるから…（中略）…該建造物の性質，使用目的，管理状況，管理権者の態度，立入りの目的などからみて，現に行われた立入り行為を管理権者が容認していないと合理的に判断されるときは…（中略）…同条の罪の成立を免れない」と判示している。

表 2.Ⅰ.11-1　住居等侵入罪の客体

種　類		意　義	具体例
「住居」*		人が起臥寝食のために日常的に使用する場所	マンションやホテル内の各居室，病室も該当する
「人の看守する…」＝守衛を置き，施錠するなど，他人が事実上支配しており，侵入防止のための人的・物的設備を施していること	「邸宅」*	居住用の建造物で住居以外のもの	空き家やシーズンオフの別荘など[4]
	「建造物」*	屋根があり壁または柱により支持されて土地に定着するもの	学校の校舎，官公庁の庁舎，デパート，警察署の敷地の塀（判例）など
	「艦船」	軍艦及び船舶のこと	

（注）　＊　「住居」や「邸宅」，「建造物」には，その「囲繞地（いにょうち）」（建物のすぐ周りあり，塀などにより取り囲まれた付属地。例えば，学校の校庭など）も含まれる[45]。
出所：筆者作成。

入りの態様次第では「侵入」に当たらないと解する余地がある。意思侵害説からは，管理者の意思に反する以上，「侵入」に当たるとするのが素直な帰結といえる[46]。

③ 違法な目的を隠した立入り

　行為者が違法な目的を隠して住居等に立ち入った場合にも，平穏侵害説と意思侵害説で結論に差異が生じる。欺罔により居住権者から許可を得た上で住居に立ち入った事例では，平穏侵害説からは，その目的や態様を考慮して平穏を侵害するといえる場合には「侵入」と認められる。例えば，行為者の目的が殺人や強盗の場合には平穏は害され，セールスである場合には平穏は害されないとされている[47]。これに対して，意思侵害説では，欺罔により惹き起こされた錯誤に基づく同意の有効性が問題となる[48]。騙されなければ同意をしなかった場合には同意を無効とする立場を採れば，ほとんどの場合に「侵入」と認められる。立入りの点に錯誤がなければ同意は有効であるという立場からは，「侵入」とは認められないことになる。

　これと同様の問題は一般に立入りが許容されている建造物（デパートなど）に違法な目的（万引きや盗撮など）を隠して立ち入った場合にも生じる。平穏侵害説からは，目的及び態様を考慮して判断がなされるのに対して，意思侵害説からは管理者の意思に反するか，あるいは（推定的）同意が認められるかが問題となる。判例は，現金自動預払機（ATM）利用客のキャッシュカードの暗証番号などを盗撮する目的で，営業中の銀行の派出所内に立ち入った行為について，建造物侵入罪の成立を肯定しており，目的が違法な場合に広く建造物侵入罪の成立を認めている[49]。学説では，違法な目的が外観から判明しない場合には，仮に管理者がその場に居合わせたとしても立入りの許諾を与えていただろうとして，「侵入」を否定する見解も有力である。　　　　　（薮中　悠）

▷ 4　居住者とは別に管理者がいる集合住宅（公務員宿舎のように国が管理し，公務員が居住する場合など）の共用部分は「邸宅」となる（最判平成20年4月11日刑集62巻5号1217頁）。この場合，「侵入」の判断に際しては管理権者の意思に反するかどうか注目することになる。

▷ 5　最判昭和51年3月4日刑集30巻2号79頁。

▷ 6　最判平成21年11月30日刑集63巻9号1765頁等参照。もっとも，可罰的法性等を問題にする余地はある。

▷ 7　行為者の目的が明らかになった段階で不退去罪の成立を認めれば保護として十分か否かで区別する見解である。背後にあるのは，強盗犯人には退去を求めても無力であるが，セールスマン等であれば目的が判明した段階で退去要求すれば，不退去罪による保護が可能であり，それで足りる，という考慮である。

▷ 8　錯誤に基づく同意については，2-Ⅰ-3「殺人罪と同意殺人罪の限界」参照。

▷ 9　最決平成19年7月2日刑集61巻5号379頁。

Ⅰ 個人的法益に対する罪

12 名誉の概念

1 法益としての名誉

人の名誉を，刑法は重要な個人的法益の一つとして保護の対象としている。名誉という法益は，生命・身体・自由と同様に一身専属的な人格的法益であると解されている。つまり，他人に譲り渡すことはできず，あくまでも法益主体としての一個人だけに帰属するわけである。しかし，生命・身体・自由が個人の自然的存在性に着目した，生存していく際に基盤となる法益であるのに対し，名誉は人の社会的存在性に関係する法益であり，人が社会において円滑な活動を展開していく上で基盤となるものである（同様の観点から，名誉だけでなく**信用や業務**も刑法は保護している）。刑法は，名誉に対する罪として，230条の名誉毀損罪（1項で生きている人に対する名誉毀損，2項で**死者に対する名誉毀損**が問題となる）と231条の侮辱罪の二つを規定している。何故に刑法が名誉を社会活動に関係する法益として保護するのかというと，人は社会生活を維持する上で一定の名誉をもっており，これが侵害されると，私的な生活だけでなく，例えば職場にいづらくなるように，社会生活上も重大な不利益を受けてしまうからである。特に現代社会ではプライバシーが重視され，名誉の価値が重要なものとなっていることも合わせて考慮しなければならない。

2 名誉毀損罪と侮辱罪

230条1項の名誉毀損罪は，公然と事実を摘示して人の名誉を毀損した場合に成立する。また，231条の侮辱罪は事実を摘示しないで公然と人を侮辱した場合に成立する。まず，双方共に公然性を犯罪成立の要件としている。通説・判例によれば，不特定または多数の者が認識できる状態がある場合に**公然性**が認められる。例えば，駅前での演説，新聞や雑誌の記事等について公然性は認められる。名誉毀損罪が成立するためには，事実の摘示が必要である。摘示されるのは，他人の名誉を毀損するだけの具体的な事実でなければならないが，その真偽は問われない。なぜなら，条文で「その事実の有無にかかわらず」となっているからである。つまり，摘示する事実が真実であろうがなかろうが，場合によっては**虚名**を剝ぐ行為ですら，原則として処罰の対象となる。真実を公表して何が悪いのかといいたくなる人もいるかもしれない。だが，公表される事実が真実であればあるほど，被害者は社会生活において大きなダメージを

▷**信用や業務**
刑法は，233条前段の信用毀損罪によって，人の信用を保護している。ここでの信用とは，経済的側面における人の社会的評価のことであり，支払い能力や商品の品質等に関する社会的信頼を指す。名誉の一種であるともいえるが，刑法は独自の保護の対象としている。業務に関しては，それを保護するために，刑法には233条後段の偽計業務妨害，234条の威力業務妨害，234条の2の電子計算機損壊等業務妨害の三つの条文がある。

▷**死者に対する名誉毀損**
230条2項は，死者に対する名誉毀損行為を処罰の対象とする。しかし，ここでは1項とは異なり，「虚偽の事実を摘示」した場合だけが処罰される。通説は，230条2項によって，死者が生前有していた名誉が，死後も延長されて保護されると解している。これに対して，学説の中には死者を敬う遺族の感情や社会全体の死者に対する評価を保護法益として考える見解もある。

▷**公然性**
不特定または多数の者が知ることを期待して，特定かつ少数の者に名誉毀損となる事実を摘示した場合をど

受けることもあるのである。侮辱罪においては，事実の摘示は必要ではなく，公然と他人の人格に対する抽象的な軽蔑の価値判断を表示するだけで処罰の対象となる。例えば，公衆の面前で証拠を示すことなく「おまえは変態桃色遊戯にふけっている」と罵る場合などである。

名誉毀損罪と侮辱罪はともに**親告罪**（232条）であり，また，自然人だけでなく，法人も被害者になりうると通説・判例は解している。

3 名誉概念の分類

では，名誉毀損罪または侮辱罪で保護される名誉という法益をより詳しくみてみよう。一般に名誉概念は三つに分けることができる。まず，本人または他人が与える評価とは独立して客観的に存在している，人の人格的価値（真価）そのものである①内部的名誉がある。次に，人に対して社会が与える評価（評判）としての②外部的名誉（社会的名誉）がある。そして，最後に本人が自己に対して抱いている評価としての③主観的名誉（名誉感情）がある。ここで，他人による評価から超越した客観的な真価である内部的名誉は，他人の行為によって外部から侵害されることはありえないので，名誉毀損罪と侮辱罪の保護法益とする必要はない。そこで，学説の一部は，名誉毀損罪は②外部的名誉を保護法益とするが，侮辱罪は③主観的名誉を保護法益とするという二分説を主張している。この見解によれば，侮辱罪は名誉毀損罪よりも軽い法定刑を予定しているので，侮辱罪はより低い価値の法益を保護していると解さざるを得ないというのである。しかし，侮辱罪でも不特定多数の者に認識させるという公然性が要件となっている。これは，名誉毀損行為だけでなく，侮辱行為も人の社会的評価（つまり，②外部的名誉）を低下させることに関係しているということを示している。もし侮辱罪の保護法益が単なる個人の名誉感情であるならば，公然性の要件は必要ではなく，不特定多数者の前で侮辱しないでも，被害者一人の面前で行うだけで十分のはずである。また，二分説のように解すると，名誉感情をもたない幼児や精神障害者に対して侮辱罪が成立しないことになってしまいかねない。そこで，通説・判例は，名誉毀損罪と侮辱罪の保護法益はどちらも②外部的名誉であると解している。ただし，人に対する社会的評価である外部的名誉も，本来あるべき評価（規範的名誉）と社会で事実上通用している評価（事実的名誉）に分けることができる。230条1項は，本来あるべき評価ではない虚名も社会で現実に通用している限りは保護するのであるから，事実的名誉を前提にしているといいうる。これに対して，規範的名誉の方を重視する見解も学説においては有力である。 （飯島　暢）

のように取り扱えばよいのかが問題となる。判例は直接の相手方が特定または少数でも，そこから情報が伝わっていき，不特定または多数の者が認識しうる可能性があれば公然性を認めてよいとする考え方（伝播性の理論）をとっている。学説の多くは賛同しているが，批判的な見解も有力である。

▷虚名
例えば，本当は裏では反吐がでるほどダーティーな生活をおくっているのに，世間一般はその人が清貧な聖人君子であると思っている場合などでは，その世間一般が信じている彼の姿は虚名でしかない。しかし，そのような虚名も社会で通用している限りは，保護されることになるわけである。

▷親告罪
公訴の提起に告訴・告発または請求を必要とする犯罪のこと。例えば，器物損壊罪もこの親告罪である。

第2部　刑法各論

Ⅰ　個人的法益に対する罪

 真実性の証明

プライバシー保護と表現の自由の調和

　230条1項の名誉毀損罪は，公表された事実が真実ではなくても成立するのが原則である。従って，ある人の本来ふさわしくない不当に高い社会的評価（虚名）を剥ぐ行為も処罰されてしまう。このように事実上通用している社会的評価である限り，虚名も事実的名誉として保護する現行法の立場は，プライバシー保護の見地からすれば理由がないわけではない。しかし，民主主義社会においては，事実的名誉を保護する以上に，表現の自由と国民の知る権利（憲法21条）を優先させなければならないときがある。そこで，憲法の保障する表現の自由・知る権利と名誉の保護の調和を図るため，刑法は真実性の証明に関する規定である230条の2を有している。230条の2が掲げる一定の要件を満たす場合には，230条1項によって名誉毀損罪になるとされていた，真実を述べて虚名を剥ぐ行為は，例外的に不処罰となる。つまり，その限りでは，本来その人にふさわしい社会的評価である規範的名誉だけが刑法で保護されることになる。

2 刑法230条の2の要件

　230条の2第1項によれば，名誉毀損行為が不処罰となるためには，次の三つの要件を満たすことが必要となる。①摘示された名誉毀損的事実が公共の利害に関する事実であること（事実の公共性）。②摘示の目的が専ら公益を図るためのものであること（目的の公益性）。③事実の真実性が証明できたこと（真実性の証明）。

　まず①事実の公共性の要件であるが，これは，それを公表することが一般多数人の利益に適う，つまり，隠すよりもむしろ明らかにして人々の批判にさらす方が社会のためになるような事実でなければならないことを意味している。不処罰となるためには，まずはこのような事実が摘示されなければならない。また，私生活上の事実であっても，他の公共性のある事実を判断するための資料になる場合には，①の要件を満たすことがあり得るとされている（**月刊ペン事件判決**）。

　次に，不処罰となるためには，②目的の公益性の要件を満たさなければならない。これは，行為者が公共性のある事実を摘示するにしても，その際の目的・動機が，主として公の利益を図ることに向けられていなければならないことを意味する。

　以上の①と②の要件を満たして初めて，裁判の場で，公表された事実が真実

▷**月刊ペン事件判決**
最高裁は本判決において「私人の私生活上の行状であっても，そのたずさわる社会的活動の性質及びこれを通じて社会に及ぼす影響力の程度などのいかんによっては，その社会的活動に対する批判ないし評価の一資料として，刑法230条ノ2第1項にいう『公共ノ利害ニ関スル事実』にあたる場合があると解すべきである」として，某巨大宗教団体の当時会長であった人物の女性関係に関する事実について公共性を認めた（最判昭和56年4月16日刑集35巻3号84頁）。

▷**挙証責任**
裁判の場で当事者双方が立証活動を尽したが，裁判所がどちらの主張が正しいのか判断できない場合，不利

142

であることを証明することが許される。そして，それに成功すれば処罰されない（③の要件）。しかし，最終的に証明に失敗して摘示事実の真偽が不明である場合，被告人は230条1項によって処罰されてしまうので，リスクは被告人側が負担することになる。この意味で，**挙証責任**は被告人側に転換されている。

③ 刑法230条の2の法的性質

　以上の三つの要件を満たす場合であれば，名誉毀損行為は罰せられないが，その法的性質をめぐっては争いがある。当初有力であった見解は，230条の2の三要件を満たした場合でも，犯罪としての名誉毀損罪は成立する（つまり，構成要件該当性・違法性・有責性は肯定される）が，表現の自由の保障という政策的理由により処罰はされないとする処罰阻却事由説である。しかし，230条の2は，個人の名誉の保護と表現の自由を調和させるために，公共の利害に関する事実についてだけ，公益を図る目的で，裁判の場で証明できる真実を述べることを「正当な表現の自由の行使」として保護する趣旨に基づくものであると解される。従って，正当な表現の自由の行使が，処罰はされないものの違法な行為として扱われることはおかしい。そこで，現在の通説は，230条の2の要件が満たされる場合には，名誉毀損罪の構成要件該当性は認められるが，真実である事実の公表が正当な表現の自由の行使として評価されることによって違法性は阻却されるとする違法性阻却事由説をとっている。

　行為者が，公益を図る目的で公共の事実を真実であると思って公表したが，結果として真実性の証明に失敗した場合の処理が問題となる（真実性の誤信）。通説・判例は，公表された事実が裁判において証明可能な程度に真実であることが違法性を阻却させる理由であるとし，行為者が裁判になったら証明可能と思われる程度の資料・根拠に基づいて真実性を誤信した場合は，誤信に**相当の理由**が認められ，違法性阻却事由の錯誤として故意（または責任）が欠けると説明する。そもそも，ある程度確実な資料・根拠に基づく言論活動は，たとえ裁判時に真実ではないことが判明したとしても，表現の自由の保障との兼ね合いで正当な行為として認められなければならないであろう。何故なら，一定の程度で真実であろうと思われる事実を公表することも許容されるのでなければ，表現の自由の保障の達成はあり得ないからである。そこで最近の有力説は，あくまで230条の2を，確実な根拠に基づかない事実の公表でも裁判時にたまたま真実性の証明に成功した場合には処罰されないことを明らかにした処罰阻却事由の規定と理解し，確実な根拠に基づいた事実の公表については，そもそも35条の正当行為として違法性が阻却されるとしている。また，真実の事実を公表することについてのみ，違法性の減少による処罰阻却または違法性の阻却を認め，真実ではない事実については，その虚偽性を認識しなかった点について過失責任を問題にする見解も有力に主張されている。　　　　　（飯島　暢）

益に扱われる当事者が挙証責任を負う。刑事手続においては，検察官が原則として挙証責任を負っているが，例外的に被告人が挙証責任を負う場合がある。これを挙証責任の転換という。

▷**相当の理由**
真実性の誤信における相当の理由につき，最高裁は「行為者がその事実を真実であると誤信し，その誤信したことについて，確実な資料，根拠に照らし相当の理由があるときは，犯罪の故意がなく，名誉毀損の罪は成立しない」としている（最大判昭和44年6月25日刑集23巻7号975頁）。しかし，近時インターネットの個人利用者による名誉毀損行為とその際の真実性の誤信について，同様の基準が妥当するのか否かが争われた（ラーメンフランチャイズ事件）。第一審の東京地裁は，①被害者もインターネットを利用して反論が容易であること（対抗言論の法理），②個人利用者がインターネット上で発信した情報の信頼性は一般的に低いものと受けとめられていることから緩和された基準が適用されるべきとして，被告人を無罪とした（東京地判平成20年2月29日判時2009号151頁）。これに対し，第二審の東京高裁が従来の基準を緩和すべきではないとして有罪としたところ，最高裁もインターネットの個人利用者の表現行為であっても異なる扱いをするべきではないとして，上記最大判昭和44年における従来の基準が妥当することを明らかにした（最決平成22年3月15日刑集64巻2号1頁）。

Ⅰ 個人的法益に対する罪

14 公務と業務

1 業務としての公務

公務は業務妨害罪（233〜234条の2）における業務として，保護の対象となるのであろうか。公の職務といえども，およそ業務といえるのであれば，業務妨害罪の保護の対象外とする理由はない。しかし刑法は95条1項に，国家的法益に対する罪として，公務執行妨害罪という公務のみを保護する処罰規定を置いている。加えて，公務に強制力が認められる場合などは，一般の業務と異なって実力行使が可能な場合もあるから，特に業務妨害罪の対象とする必要もない，と考えることもできる。そうだとするならば，あえて公務執行妨害罪と業務妨害罪により二重の保護をする必要もなく，業務妨害罪の成立は否定すべきとも考えられる。一体どちらの考え方が妥当なのだろうか。

2 判例の立場

公務に対する業務妨害罪の成立については，偽計を用いて裁判所の競売を妨害した事案について，偽計業務妨害罪が肯定されたが，尋常小学校教員が，校長の保管する教育勅語謄本等を持ち出して教室の天井裏に隠匿したという事案については，校長による教育勅語の保管は公務に属するもので，業務妨害罪の業務には含まれない，とされた。

戦後になると，国鉄（当時）の貨物運行業務を威力で妨害した事件について，国鉄の業務が公務とされるのは高度の公共性等の理由によるものであって，その実態は民営鉄道職員の業務と何ら変わるところはないから，業務妨害罪が成立する，とされた。その後，県議会の委員会室に乱入し，条例案の採決等を威力によって妨害したという新潟県議会事件においても，条例採決等の事務は，業務妨害罪の業務にあたるとされ，公務もその一部は業務に含まれるとの立場が次第に確立していった。

さらに近時では，東京都が，動く歩道の設置に伴う環境整備工事のため，地下通路上に起居する路上生活者が使用していたダンボール小屋等を撤去した際に，妨害行為を受けた事件において，動く歩道の設置に伴う環境整備工事は強制力を行使する権力的公務ではないから威力業務妨害罪にいう「業務」にあたるとした，**新宿動く歩道事件**がある。

1 大判明治42年2月19日刑録15輯120頁。
▷2 大判大正4年5月21日刑録21輯663頁。
▷3 最判昭和35年11月18日刑集14巻13号1713頁。
▷4 最決昭和62年3月12日刑集41巻2号140頁。
▷**新宿動く歩道事件**
最決平成14年9月30日刑集56巻7号395頁判時1799号17頁判タ1105号92頁。控訴審は東京高判平成10年11月27日，第一審は東京地判平成9年3月6日。なお，第一審は，段ボール小屋の撤去を含む本件工事である都職員の業務は，強制力を行使する権力的公務であるとし，また法定の手続をとらずに段ボール小屋を撤去した点につき手続上の瑕疵があるとして，無罪を言い渡した。

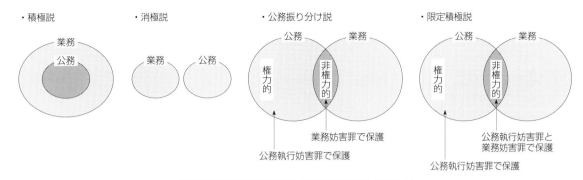

図 2.I.14-1 公務と業務の関係についての各説の理解

出所：筆者作成。

3 学説の立場

　学説は，公務はすべて業務に当たり，業務妨害罪の対象となるとする積極説，反対に公務は業務に含まれないとする消極説，一定の基準により公務を振り分ける公務振り分け説，限定積極説などに分かれている。

　まず，積極説の理解によれば，警察官の行う逮捕行為のほか，郵便業務や旧国鉄の業務，官庁における公務員のデスクワーク，国公立病院の業務なども業務妨害罪と公務執行妨害罪両罪の保護を受けることになる。しかし，このように理解すると，公務執行妨害罪にあたる行為は常に威力業務妨害罪にあたるのだから，公務執行妨害罪の存在意義が薄れることになるのではないか，との疑問が投げかけられている。また，国公立病院の業務が公務執行妨害罪によっても保護されるのに，職務内容にほとんど差がないと思われる私立病院の業務が，業務妨害罪でしか保護されないのは理由のあることであろうか。もしこのような区別が不当であると考えるならば，公務執行妨害罪で保護される公務は，もっと限定されたものでなければならない。こうして，一定の基準により公務を区分する見解は，公務執行妨害罪により保護される公務は，①権力的公務に限る，とするか，あるいは②非現業的ないし民間類似性のない非私企業的公務に限る，などとする。これらの基準により，公務を公務執行妨害罪の保護対象となるものと，業務妨害罪の保護対象となるものに振り分けるのである。

　公務振り分け説は，振り分けられた公務のうち，一方を業務妨害罪の保護対象，残りを公務執行妨害罪の保護対象とするものであるが，限定積極説は，公務の振り分けを行った上で，一方については業務妨害罪と公務執行妨害罪の両方の保護を受ける（残りは公務執行妨害罪のみによる保護を受ける）とする。ただし，公務執行妨害罪は欺罔による場合は成立しないため，限定積極説を採りつつも，偽計については，権力的公務であっても偽計業務妨害罪の保護の対象となる，とする説もある。

（内海朋子）

▷5　例えば，Aを現行犯逮捕しようとしている警察官に対し，「真犯人はBだ！」と偽って別人のBを逮捕させ，Aを逃亡させるような行為は，公務執行妨害罪では処罰されない。

第 2 部 刑法各論

I 個人的法益に対する罪

 財産犯の体系

1 財産罪の体系化の試み

財産犯（財産罪）を体系化しようとする試みはこれまで様々な視点からなされてきた。財物罪・利得罪とに分けられるとするもの，領得罪・毀棄罪とに分けられるとするもの，**個別財産に対する罪・全体財産に対する罪**に区分した上で財産毀損罪と財産取得罪に分けられるとするものなど，これまで実に様々な見解が公にされてきたのである（その他，犯罪学的要因・社会学的要因を考慮して，困窮的財産犯・知能的財産犯・日常的財産犯・公共危険的財産犯の 4 種に分類する見解も提唱されている）。

2 財物罪と利得罪

まず，財産犯は，原則として，侵害される客体を基準に，財物罪と利得罪とに区分される。現行刑法では，**利益窃盗**は不可罰であるが，強盗罪・詐欺罪・恐喝罪においては，財物を侵害する形態に加えて，財産上の利益を強取・詐取・喝取する形態が独立して処罰されている。

また，248条には準詐欺罪が，246条の 2 には電子計算機使用詐欺罪（1987年に刑法典に導入）がそれぞれ規定されているが，これらの規定においても，財産上の利益を取得する形態が処罰されている。財物とは原則として有体物を意味するが，通説・判例によれば，電気も財物であると考えられている（大判明治36年 5 月21日刑録 9 輯874頁）。財産上の利益の取得方法には種々の方法があるが，労務・サービスの提供を受けることや，債権を取得し債務を免れること，企業秘密などを取得することがこれに含まれると一般に考えられている。また，期限の利益の取得も，原則として，財産上の利益の取得であると考えられている。

背任罪は，その客体が財物と財産上の利益の両者を含むので，財物罪にも利得罪にも分類することができない。このことは視野に入れておく必要がある。

3 領得罪と毀棄罪

財物罪は，領得罪と毀棄罪とに分類される。現行刑法典は，器物損壊罪などの毀棄罪よりも窃盗罪などの領得罪の方をより重く処罰している。物を盗まれても戻ってくる可能性はあるが，物が破壊されてしまえばその対象物は二度と戻ってはこないだろう。にもかかわらず，現行刑法は，毀棄罪よりも領得罪の

▷個別財産に対する罪・全体財産に対する罪
全体財産に対する罪においては個々の財物や利益を被害者が失っても（全体として）財産状態が悪化しなければ，犯罪は成立しないと考えられている。詐欺罪が個別財産に対する罪であるか全体財産に対する罪かをめぐっては見解の対立があるが，仮に，詐欺罪が全体財産に対する罪だとすると，騙されて 1 万円支払ったが 5 万円相当の商品を受け取った場合には，財産状態全体としては損害が発生していないので，原則として詐欺罪が成立しないことになる。これに対し，個別財産に対する罪だとすると，騙された結果，被害者は 1 万円支払っているので，当該金員の喪失が被害となり，詐欺罪が成立することになる。現在の通説では，背任罪だけが全体財産に対する罪だとされている。

▷利益窃盗
例えば，メダル状のものを公衆電話機に挿入して通話をしたり，サッカー場によじ登り有料のサッカーの試合を観戦したりしても，このような行為は，現行法上，利益窃盗として不可罰とな

146

方を重く処罰している。それは何故なのであろうか。われわれは、通常、物を破壊するよりもその物を自分の物にしたいという衝動を強く感じるはずである。例えば、美しい宝石を目にしたとき、誰もがその宝石を手に入れたいとの利欲的衝動に駆られるものと思われるが、その宝石を破壊したいとの衝動を覚える人はほとんどいないといってよいであろう。刑法は、このような見地から、毀棄罪よりもわれわれにとって誘惑的な領得罪の方を、より厳しく禁圧することにしたわけである。このような理由で、領得罪の方が毀棄罪に比べてかなり重く処罰されているのである。

また、領得罪は、直接領得罪と間接領得罪とに分類される。間接領得罪に属するのは、盗品等関与罪である。直接領得罪は、占有侵害を伴う奪取罪と占有侵害を伴わない横領罪に分けることができるが、奪取罪は、被害者の意思に反する盗取罪と被害者の意思に基づく占有移転である交付罪にさらに細分化される。窃盗罪・不動産侵奪罪・強盗罪は盗取罪に属し、詐欺罪・恐喝罪は交付罪にカテゴライズされる。

以上の分類は主に財物罪を念頭に置いたものだが、このような区分方法は原則的に利得罪にもあてはまる。ただ、電子計算機使用詐欺罪は、同罪の名の下で、実質的には利益窃盗にとどまる行為を一部可罰的にしているので、単純に交付的利得罪に位置づけることはできない。

❹ 体系化の狙い

財産犯を体系化することについては、どこまで実益があるか疑問も提起されている。しかし、体系的に整理することによって、少なくとも、どこに処罰の間隙があるか、財産犯相互の関係（例えば、窃盗罪と詐欺罪）がどうなっているか、どの犯罪で捕捉するのが妥当であるか、等がある程度明らかになるものと思われる。

（大山　徹）

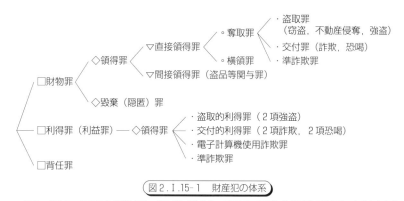

図 2.Ⅰ.15-1　財産犯の体系

出所：井田良・佐藤拓磨『刑法各論　第 3 版』（弘文堂，2017年），89頁と筑間正泰「財産罪の大系」森本益之・加藤久雄・生田勝義編『刑事法学の潮流と展望：大野真義先生古稀祝賀』（世界思想社，2000年），304頁に依拠した。

I 個人的法益に対する罪

 16 財産犯の客体

▷1 横領罪及び器物損壊罪は客体を「物」と規定するが、財物と同じ意味であると解されている。
▷2 強盗罪・詐欺罪・恐喝罪は財産上の利益についてその2項に規定することから、財産上の利益に対する罪は2項犯罪と総称される。もっとも、電子計算機使用詐欺罪は2項に規定されていないため、財物罪と対比して利益罪(利得罪)とも総称される。
▷3 ⇒ 2-I-33 「損害概念と図利加害目的」を参照。
▷4 245条は「電気は、財物とみなす」と規定し、第37章詐欺及び恐喝の罪に準用される(251条)が、第38章横領の罪、第39章盗品等に関する罪、第40章毀棄及び隠匿の罪には準用規定はない。準用規定がないのは客体が「物」と記述されている犯罪類型である。
▷**処罰創設規定**
この規定がなければ処罰しえないものを処罰するために設けられた規定。
▷5 大判明治36年5月21日刑録9輯874頁。
▷6 民法85条「この法律において『物』とは、有体物をいう」
▷7 これは本来には異なるものに対して同一の効果を付与する規定方法である。
▷8 そこで物理的な管理可能性に限定するものもあ

1 「財物」と「財産上の利益」

窃盗罪(235条)・横領罪(252条以下)・盗品等関与罪(256条)・毀棄罪(258条以下)は「財物」のみを客体とするのに対して、強盗罪(236条)・詐欺罪(246条)・恐喝罪(249条)は「財物」及び「財産上の利益」を客体とし、電子計算機使用詐欺罪(246条の2)は「財産上の利益」のみを客体とする。財産犯の中で最も基本的な類型である窃盗罪で「財産上の利益」は保護されていないことから(したがって、単純な債務不履行は処罰されない)、「財物」の方が厚く保護されているといえる。

背任罪(247条)は「財産上の損害を加えた」場合に成立し、個別の「財物」「財産上の利益」に対する攻撃でなく、資産全体の減少が問題とされている。

2 「財物」の意義：有体性説と管理可能性説

何が「財物」であるか、245条の意義と関連して問題となる。一定の空間を占める物体(固体・液体・気体)を「財物」と考える有体性説は、245条を**処罰創設規定**と考える。これに対して、有体物だけでなく管理可能なものであれば「財物」であるとする管理可能性説は、電気も本来「財物」であるから245条を注意規定と解し、電気以外のエネルギー等も「財物」に含めて考える。

現在は有体性説が通説となっている。民法との調和、財物概念の明確性等が根拠に挙げられる。「みなす」という規定を注意規定とみることは困難であるし、管理可能性説では債権等の典型的な「財産上の利益」も財物に含まれてしまうという問題がある。

財産犯の客体であるから「財物」には財産的価値が必要であるが、これには経済的価値(交換価値)・主観的価値・消極的価値が含まれる。

不動産は、有体物であるものの不動産侵奪罪(235条の2)が存在することから窃盗罪の客体からは除かれる。そこから、窃盗罪と罪質を共通にする強盗罪においても、不動産の強取は「財産上の利益」の強取であると考えられる。詐欺罪・恐喝罪・横領罪については不動産も「財物」「物」に含まれる。

覚せい剤等の禁制品は、一定の手続きによって所有権が剝奪されるにすぎないから、財産犯の客体たる「財物」に含まれる(覚せい剤を他人から窃取すれば窃盗罪になる)。

人体（の一部）は，財産権の客体にはなりえないので「財物」に含まれない。人体から分離されたものついては財物性を肯定しうる（かつらのための毛髪等）。臓器・精子・卵子等も，有力な反対があるが，人体から分離されたものは財物性を肯定しうる。

3 「財産上の利益」の意義

財物を除くすべての財産上の利益を指す。積極的な財産の増加だけでなく，消極的な財産の減少も含まれる。債権の取得や役務・サービスを受けること等は前者に，債務免除や支払猶予等は後者にあたる。

労務・サービスは，それが有償のものでなければならないと解されている[12]。人間の行動それ自体は財産権の対象ではなく，有償の役務として提供されることでその客観的財貨性が明らかになるからである。

近時，財産上の利益を「〜できる地位」と記述する裁判例が散見される[13]。金銭債権も「金銭の支払いを受けられる地位」と記述可能であるから，記述すること自体は否定されないが，財物罪との均衡から，当該地位の中身が財物に比肩するだけの具体性・現実性を有していることが必要と考えられる[14]。

「財産上の利益」の定義の包括性ゆえに，「財産上の利益」として補足可能なものは複数考えうる。したがって，その中身を具体的に把握し，それが財物と比肩しうるものであるといえるのか，という判断過程を経ることが重要である。

4 移転性との関係

窃盗・強盗・詐欺・恐喝は，「財物」「財産上の利益」がその占有者から失われて行為者または第三者に移転する移転罪である。「財産上の利益」は無形の利益であるために移転したといえるかが特に問題となる。例えば，債務者が債権者を殺害した場合に常に2項強盗殺人罪となってしまうことは問題ではないか[15]，などが議論される。

もっとも，「財産上の利益」の移転を「財物」の移転と全く同様に考えるべきではない。金銭の交付を約束させることも2項犯罪になりうるが[16]，この場合，債務の負担と債権の取得が対応していることで利益の移転が肯定されているからである。客体が目に見える形で右から左へ移動するという「移転」という言葉がもつ語感は，「財物」にはよく妥当するが，「財産上の利益」には妥当しない。重要なのは，被害者から何が失われて行為者が何を取得したといえるのかである。

利益の移転性という観点から情報の詐取等に2項犯罪の成立を否定する見解が有力である。その根拠は，情報は欺罔等によって誰かに知られたとしても情報保有者と情報取得者との間で共有されるにすぎず，移転するわけではない（情報保有者から失われるわけではない）という点に求められている[17]。　（荒木泰貴）

▷るが，債権等も紙等の物理的媒体によって物理的に管理されているともいいうる。

▷9　思い出のラブレター等に認められる，個人的な使用価値や愛情価値。

▷10　財物が悪用されないように手元に置いておく価値。

▷11　被害者の意思に反して財物（・財産上の利益）を移転させる盗取犯である。

▷12　欺罔してタクシーに乗せてもらうことは2項詐欺罪になりうるが，欺罔して友人に車で送ってもらうことは2項詐欺罪にならない。

▷13　東京高判平成21年11月16日高刑速報平成21年138頁等。

▷14　そのほか，レベルが高くなるが，「相続人たる地位」に関する東京高判平成元年2月27日高刑集42巻1号87頁及び「経営上の権益」に関する神戸地判平成17年4月26日判時1904号152頁を，利益自体の性質としての具体性・現実性の問題と次に述べる利益の移転性（移転過程）に関する問題とに分けて検討していただきたい。

▷15　最決昭和32年9月13日刑集11巻9号2263頁，大阪高判昭和59年11月28日高刑集37巻3号438頁等。

▷16　最決昭和26年9月28日刑集5巻10号2127頁等。

▷17　情報が記録された媒体物につき窃盗罪等の財産犯の成立を肯定する裁判例は存在する。東京地判昭和59年6月28日刑月16巻5＝6号476頁等。 2-I-17 「刑法における秘密の保護」も参照。

I 個人的法益に対する罪

 # 17 刑法における秘密の保護

1 高度情報社会における秘密の保護

秘密とは，個人や組織体が保有している情報で，他者に知られたくない情報をいう。企業秘密や国家機密のように，特定の少人数の間で共有される秘密もある。秘密が何者かによって探られ，漏らされ，盗まれ，そうした秘密が利用されるならば，多様な損害が生じうる。それだけ秘密は様々な価値を有している。また，現代のような高度情報社会においては，秘密情報は他者によって盗取される危険に常にさらされている。情報技術を駆使すれば，他者の住居に侵入することなく，他者の秘密情報を盗取することさえできる。プライバシーの保護の観点からも，秘密は，以前にも増して保護の必要性が高まっている。

2 刑法・特別法による秘密の保護の仕組み

秘密は，電波，電気通信・有線通信（電話，携帯電話，ケーブルテレビ，インターネットなど）など様々な通信手段上を流通しているが，ここではいくつかに絞って，秘密がどのように保護されているか確認したい。

まず，刑法の信書開封罪（133条）や不正アクセス禁止法は，秘密保護との関連でいえば，秘密を探る段階の行為を処罰する。信書開封罪は，正当な理由なく，封のしてある信書を開封する行為それ自体を禁ずる。封書が郵便物の場合は，郵便法に特別の規定があり，信書開封罪よりも保護がなされている。2000年から施行された不正アクセス禁止法は，他人のIDやパスワードを利用して，アクセス制御機能を有するコンピュータに不正にアクセスする行為を処罰する。例えば，他人のIDやパスワードを無断で利用して，メールサーバーにアクセスし，他人のウェブメールをのぞき見する行為は，不正アクセス行為である（不正アクセス禁止法3条，および4条）。

刑法の秘密漏示罪（134条）は，医師，薬剤師，医薬品販売業者，助産師，弁護士，弁護人，公証人の職にある者もしくはそれらの職にあった者が，仕事上知り得た秘密を漏らすことを禁ずる（1項）。宗教家についても同様である（2項）。保護する「秘密」とは，もっぱら個人の秘密のことをいう。それらの職にある者が個人の秘密を容易に漏らしては，人々が安心してそれらの職の者に相談できなくなってしまうとして，相談者とそれらの職にある者との信頼関係も保護しているとの見解もあり，説得力がある。

▷1 電波法109条，109条の2，電気通信事業法179条，有線電気通信法14条などを参照。

▷2 郵便法77条は，正当な理由なく，郵便物を開き，き損し，隠匿し，放棄し，または，受取人でない者に交付した者を，3年以下の懲役または罰金50万円以下の罰金に処すると規定している。また，郵便法80条は，信書の秘密を侵した者は，1年以下の懲役または50万円以下の罰金に処し，事業従事者に対しては2年以下の懲役または100万円以下の罰金に処するとしている。

▷3 家庭裁判所から鑑定を命じられた医師が，鑑定を行う過程で知りえた非行少年及びその父親の秘密を第三者に漏らした行為について，最高裁は，医学的判断が鑑定において求められているから，鑑定において得た秘密は医師としての業務におけるものであるとして，秘密漏示罪にあたるとした。そして，当該父親にも告訴権があるとした（最決平成24年2月13日刑集66巻4号405頁）。

国家公務員法100条1項では，国家公務員に対し，職務上知り得た秘密を在職中のみならず退職後も漏らしてはならないとし，その違反を処罰している（同法109条12号）。同法のいう「秘密」には，個人の秘密のみならず，行政上の秘密も含まれる。なお，国家公務員の秘密漏示罪における「秘密」とは何かをめぐり見解の対立がある。秘密指定を受けた秘密であれば直ちに同罪の保護対象に含まれるとする（形式秘説）のではなく，刑罰を用いてまで保護するに値する秘密に限定されるべきではないか（実質秘説）という問題である。報道機関の取材に対して国家公務員が秘密を漏らした場合，取材した記者が公務員秘密漏示罪のそそのかしの罪（国家公務員法111条）にあたるのかをめぐり，報道の自由（憲法21条1項）との関係で，「秘密」の意義が問題となる。

秘密の保護の範囲は情報化社会の発展に伴い，拡大している。個人情報取扱事業者の責務などを規定した個人情報保護法や，安全保障に関する情報の保護について規定した特定秘密保護法がある。特定秘密の漏示に対しては重い法定刑が設定されている。

3 企業秘密について

企業が開発した新技術は，企業としては他社に知らせたくない秘密情報であろう。このため，企業秘密を刑法で保護すべきだとの議論が高まり，改正刑法草案では企業秘密漏示罪を創設することが提案された。しかし，他方，新技術は公共のために用いられるべきであって，企業秘密を刑法で保護することは企業の私的利益のみの追求を保護してしまうことにつながるとの批判もある。現在では，企業秘密は不正競争防止法で保護されている。

4 刑法における秘密保護の限界

知りえた秘密を刑法上守秘する義務があっても，より優先的に保護されるべき利益のために，秘密を明らかにしなければならない場面はありうる。例えば，要保護児童を発見した場合にはその者には通告義務があり（児童福祉法25条1項），児童虐待を発見した者にも通告義務がある（児童虐待防止法6条1項）。いずれの場合も，秘密漏示罪などの守秘義務よりも優先する旨が規定されている（児童福祉法25条2項，児童虐待防止法6条3項）。また，医師が救急患者に対して尿検査を実施したところ，その尿から違法な薬物の成分が検出されたため，捜査機関に通報した事案について，最高裁は，医師の通報は正当行為（刑法35条）にあたり，秘密漏示行為の違法性が阻却されるとしている（最決平成17年7月19日刑集59巻6号600頁）。

それでもなお，医師や弁護士などが業務上知りえた他人の秘密を守ることを認めるのが証言拒絶権（刑訴法149条，民訴法197条1項2号）や押収拒絶権（刑訴法105条）である。　　　　　　　　　　　　　　　　　　　　　（野村和彦）

▷4　その他にも，関連法令により，地方公務員，自衛隊員も秘密を漏らす行為が禁じられている。また，弁理士，公認会計士，税理士など有資格者が業務上知り得た秘密を漏らし，窃用する行為も処罰されている。

▷5　最決昭和53年5月31日刑集32巻3号457頁。新聞記者が，性的関係にあった外務省職員から日米による沖縄返還をめぐる秘密会談に関する機密情報を聞き出し，新聞記事にした事件。

▷6　特定秘密に従事する者が特定秘密を漏らした場合，10年以下の懲役に処し，情状により10年以下の懲役及び1000万円以下の罰金に処する（同法23条1項前文）。

▷7　「企業の役員又は従業者が，正当な理由がないのに，その企業の生産方法その他の技術に関する秘密を第三者に漏らしたときは，3年以下の懲役又は50万円以下の罰金に処する。これらの地位にあった者が，その企業の生産方法その他の技術に関する秘密を守るべき法律上の義務に違反して，これを第三者に漏らしたときも，同じである」とした（改正刑法草案318条）。

Ⅰ 個人的法益に対する罪

18 刑法における占有の概念

1 民法における占有と刑法における占有

　占有という用語は，刑法や民法に登場する。民法180条によれば，占有（権）とは，自分のために所持することをいう。さらに，民法181条は，現実に物を所持していない者も，代理人によって，占有を取得することができる，とする。いま，甲が，乙の所持している財物を窃取するシーンを考えよう。この財物は，実は，丙が占有代理人乙を通じて代理占有するものであった場合，民法的にみれば，丙の占有（権）をも，甲は侵害していることになる。しかし，刑法が関心をもつ占有は，丙の観念的・非現実的な占有ではない。甲の奪取行為によって侵害されたのは，財物をいま所持している乙の現実的支配である。刑法における占有とは，財物に対する現実的支配のことである。

　このように，民法における占有と刑法における占有とは，同じ言葉でありながら，意味が異なる。それは，民法と刑法の役割の違いに由来する。民法は専ら被害の回復調整のために存在している。しかし，刑法の役割は，財物の保護に関していえば，財物の占有を現実に侵害する行為を止めるよう人々に求め，それにより所有権など本権の保護を狙う点にある。

2 占有離脱物横領罪，奪取罪，横領罪を区別する基準

　刑法における「占有」は，財産犯の仕組みを理解するための，一つのキーワードである。占有の有無，占有の帰属をどうとらえるかにより，成立する犯罪が異なってくる。占有のない財物を盗取すれば，占有離脱物横領罪（254条）が成立する。他方，占有があれば，窃盗罪（235条）をはじめとする**奪取罪**が成立する。両者の法定刑に着目すると，占有の有無によって刑事責任に大きな差が出てくることがわかる。

　占有が誰に帰属するのかという問題も罪責に影響を与える。占有が他人に属するのであれば，窃盗罪をはじめとする奪取罪が成立する。これに対して，占有が自己にあるならば横領罪（252条，253条）の成立が検討されることになる。両者も法定刑が異なる。

3 占有の有無を決める基準

　判例は，最終的には，社会通念によって決めるべきであるとしている。この[41]

▷**奪取罪**
他人の財物の占有を侵奪する財産犯のことをいう。
▷1　最判昭和32年11月8日刑集11巻12号3061頁。刑法上の占有は，物が占有者の支配力の及ぶ場所にあるかどうかで決まるとし，「その物がなお占有者の支配内にあるといい得るか否かは通常人ならば何人も首肯するであろうところの社会通念によって決するの外はない」とする。

ことからもわかるとおり，占有の有無は一義的には決まらないのである。学説によれば，占有の有無は，被害者側の占有事実と占有意思を基準に決めるべきであるとする。そこで，以上の基準を利用して，三つのパターンについて考えてみよう。①家屋の中に財物があり，A が所在を忘れている場合，②置き忘れた荷物を後で気づいて取りに戻る場合，③荷物をホテル・旅館の中に置き忘れた場合。

①について，家屋内の財物は，家屋に住む者の占有として差し支えない。③についても，置き忘れた財物が第三者の直接的管理下にある場合は，第三者の占有として財物を保護してよいであろう。問題は②である。占有意思はあるが，占有事実がないようにみえる。占有意思だけで占有を肯定すると，結局，被害者の記憶によって決めることとなる。往々にして人の記憶は曖昧である。失念した財物が被害者から場所的時間的に離れていない場合や，失念した財物の所在について被害者が具体的に記憶している場合にのみ，占有をかろうじて認めることができるであろう。[42]

4 占有は誰に帰属するか

占有の帰属については，いくつかパターンがある。共同占有とは，複数の人が同一の物を共同して占有することをいう。共同占有者の一人が財物を窃取すれば，他者の占有を侵害することになる。それでは，例えばコンビニエンスストアはどうか。店員は，店長から何らかの権限を委託されて商品を販売しているのではなく，あたかも店長の手足のように補助者として働いているに過ぎない。従って，占有は店長にある。

封をしてある物（封緘物。郵便の封書がいい例）の占有は誰に帰属するか。判例は，封筒全体の占有は配達員にあるとして，封筒全体を盗む行為は横領罪とし，封筒の中身の占有は差出人にあるとして，中身を着服する行為は窃盗罪としている。[43]

5 横領罪における占有

横領行為（252条，253条）とは自己の占有する他人の物を領得する行為であるが，ここにいう「占有」とは事実上の支配だけでなく法的支配も含む。不動産の登記を買主に移転しなければならない売主の立場はその一例である。[44]

なお，銀行口座の預金については，注意が必要である。名義人から委託され通帳と印鑑を所持する者は，預金を引き出しうるという意味において，名義人の預金を法的に支配している。それゆえ受託者による預金の領得は横領行為である。ただし，誤振込された口座の預金は銀行が所有及び占有するとされ，その事情を知って預金を引き出した者には詐欺罪など奪取罪が肯定されている。[45]預金を法的に占有するためには，正当な払い戻し権限を要すると考えられている。

（野村和彦）

▷2　側注1の判決によれば，①被害者がバスを待つ間に写真機を身辺約30センチの箇所におき，行列の移動につれて改札口の方に進んだが，②改札口の手前約3.66メートルのところに来たとき写真機を置き忘れたことに気づいて，ただちに引き返し，③行列が動き始めてからその場所に引き返すまでの間の時間は5分，④写真機を置いた場所と引き返した点との距離は19.5メートルにすぎないような場合は，未だ被害者の占有を離れたものとはいえない，と判示した。

▷3　封緘物全体と封緘物の中身とを区別することに反対して，封緘物全体についても，占有は送り主や郵便局にあるとして，窃盗罪を認める学説もある。

▷4　不動産の売買は登記の移転によって完了するから（民法177条），売主は信義則に基づき買主のために登記を管理しなければならない。したがって，不動産の二重売買の場合，売主は最初の買主との関係で横領罪に問われる。

▷5　最決平成15年3月12日刑集57巻3号322頁。誤振込に際し銀行実務では振込前の状態に戻す「組戻し」が行われており，その実効性を保証することが論拠とされている。なお，名義人による預金の占有を肯定するならば，誤振込人との関係では委託関係が存在しないため，占有離脱物横領罪（254条）が問われるにとどまる。

コラム−6

死者の占有

　物の占有は生きている人間のみがなしうることである。だが，刑法学においては，「死者の占有」について論じられている。ある者が財物を携行したまま死亡したとき，死亡後一定の時間内であれば，当該財物は同死者の占有下にあるとすることができるかという問題である。

　「死者の占有」は，例えば，次の三つのケースで問題になる。すなわち，①財物を奪う目的で人を殺した者が，死亡せしめた被害者の懐中にある財物を獲得したというケース，②単なる人殺しをした者が，被害者の殺害後に同人の懐中にある財物を獲得する気になり，これを持ち去ったというケース，③殺害された被害者の懐中にある財物を，殺害にはまったく関与していない第三者が持ち去ったというケースである。これらについて，どのように考えるべきだろうか。

　死者が物を占有することなどありえないという考えを貫くと，上記①のケースであっても，強盗罪は成立しないという帰結になる。持ち主が死亡した以上，当該財物は人の占有下にはないのだから，殺害後の犯人の財物獲得行為は，せいぜい占有離脱物横領に過ぎないということになるからである。しかし，そうだとすると，強盗殺人罪が成立するのは，被害者がまだ生きているうちに物を奪われたケースに限定されるということになる。このような帰結は，刑法240条の解釈として妥当でない。同条項は，被害者殺害の後に財物を領得するという強盗行為も防ぎとめようとするものであろうし，また，被害者が殺害された以上，財物奪取が未遂であっても強盗殺人罪は既遂として成立するというのが一般的な理解である。

　そこで，強盗犯・殺人犯との関係で論ずる限り，死亡した直後の被害者には，生前携行していた物への占有があるとする考え方が出てくる（最判昭和41年4月8日刑集20巻4号207頁参照）。すなわち，「死者の占有」を承認すれば，強盗目的で人を殺し，その直後に被害者の占有を侵害した①のようなケースには，問題なく強盗殺人罪の成立を認めうる。すすんで，殺人犯がなす②のケースのような財物獲得については，少なくとも窃盗罪の成立を認めることが可能となる。

しかし，「死者の占有」を承認することには，以下のような問題もある。まず，被害者が死亡した後，同死亡者の占有はどの程度の時間存続するのかということについて，明確な判断基準がない（死者の占有の永続を認めるわけにもいかない）。加えて，もし死者にも占有があるとすれば，③のケースの第三者にも窃盗罪を認めるのがやはり筋であろうが，大判大正13年3月28日新聞2247号22頁は，③のケースに成立するのは占有離脱物横領罪だとしている。③のケースの財物獲得は占有離脱物横領だとしながら，他方で，①や②のケースのように，当該財物を領得する者が殺害犯人である場合にのみ死者の占有を肯定し，その占有侵害を強取や窃取とするのは不自然である。占有とは本来客観的な行為であり，「死者の占有」の存否が，各々のケースにおける侵害者の属性に左右されるのはおかしいからである。

　以上のことからすると，「死者の占有」という概念を承認することは，無用の混乱を招きかねない。では，死者が物を占有することはないとしたとき，上記の各ケースについてどのように考えるべきだろうか。

　記述のとおり，①のケースについては，財物の領得がなされたか否かに関係なく刑法240条は既遂になりうるので，強盗殺人罪の成立が認められる。問題は②のケースであるが，当該殺人犯は，被害者殺害にはじまり財物領得に終わる一連の行為によって，被害者が生前有していた占有を侵害しているという見解が唱えられている。これだと，②のケースの財物獲得を窃盗罪とする帰結が導かれる。そもそも実際の事件について，財物が奪われた時点における被害者の生死を正確に確定することは困難であろうし，同様のケースについて窃盗罪の成立を認めている，前掲・昭和41年判決と結論を同じくするものとして，上記の見解は支持できよう。

　以上のような見解をとるにしても，被害者が（生前から有していた）占有は，死亡後どの時点でなくなるのかという問題は残る。処罰範囲をより明確に画そうとする見解は，②と③のケースにおける被害者死亡後は，もはや当該財物の占有者は存しないのだから，両ケースの財物領得は，ともに占有離脱物横領であるとしている。　　　　　　　　　　　　　（榎本桃也）

I　個人的法益に対する罪

19 財産犯の保護法益

1　財産犯の保護法益とは

　窃盗罪の客体は他人の財物であり、それを盗取することによって、所有者の法益が侵害されることは明らかであるが、242条では、自己の財物であっても、他人が占有する物に対しては、窃盗罪が成立することが規定されている。他人が占有する物とは、どのような他人の占有までが含まれるのかが問題となるが、それは、窃盗罪の保護法益をどのように考えるかにより、答えが導かれる。また、242条の規定は、強盗罪（236条）、詐欺罪（246条）、**恐喝罪**（249条）にも適用されることから、窃盗罪の保護法益の問題は、財産犯の保護法益に共通した問題であるということがいえるのである。

2　本権説と占有説の対立

　財産犯の保護法益を所有権その他の**本権**とする見解は本権説と呼ばれ、242条の「占有」に該当するのは、私法上適法な権限を有している場合に限られるとする。それに対し、法的な正当性にかかわらず、すべての占有が保護されると考えるのが占有説（所持説）であり、この見解によれば、242条の「占有」とは、単なる占有と解することになる。つまり、本権説が、法的に裏づけのある占有を保護しようとするのに対し、占有説は、現に物を支配しているという事実上の状態を保護しようとするのである。例えば、事例①所有者Xが、盗まれた自分の物を占有する窃盗犯人Aから取り戻した場合、本権説によれば、Aには所有権その他の本権がないためAを保護する理由はなく、Xに窃盗罪は成立しない。他方、占有説に従えば、どのような占有でも保護されることから、Aの占有も保護されるので、Xは、窃盗罪の構成要件に該当し、**自救行為**として、違法性阻却が認められ得るにとどまる。また、事例②窃盗犯人Aが占有する盗品を、所有者でもないXが盗取した場合は、本権説からはAを保護すべき理由がないのでXに窃盗罪は成立しないが、占有説からはXに構成要件該当性が認められ、事例③所有者Xが、賃貸借期間が過ぎたにもかかわらず返却しないAから物を取り戻した場合、本権説からは窃盗罪不成立となるが、占有説からは構成要件該当性が認められる（ただし違法阻却の可能性あり）。

　判例は、かつての大審院は本権説の立場に立っていた。例えば、担保が禁じられた恩給年金証書を、担保として債権者に渡していた債務者がそれを取り戻

▷**恐喝罪**
恐喝罪の保護法益に関しては、権利行使と恐喝という問題も生じる。⇒ 2-I-29「権利行使と恐喝罪の成否」

▷**本権**
本権とは、占有を正当化する民法上の権利のことであり、所有権、質権、賃借権などがこれにあたる。

▷**自救行為**（自力救済）
自救行為は違法性阻却事由の一つであり、民法上は自力救済と呼ばれる。正当防衛が現に今、行われている攻撃に対する反撃であるのに対し、自救行為は、ひとまず相手側の侵害が終了した後、法的手続（民事手続など）をとらずに自ら権利の救済を図ること（例えば、盗品を取り戻しに行く）である。法治国家においては、原則、自救行為は禁止されており、例外的にしか認められない。

表2.Ⅰ.19-1　財産犯の保護法益と具体的事例の成否

	本権説	中間説		占有説
		本権説よりの見解	平穏占有説	
事例①	×	×	×	○
事例②	×	○	○	○
事例③	×	×	○	○
事例④	×	○	○	○
最決平1.7.7	△※	○	○	○

○…構成要件該当性あり
×…構成要件該当性なし
※融資方法が暴利であったことから本権がなかったともいえるため

出所：筆者作成。

した行為につき，占有が適法でないことを理由に犯罪の成立を否定した。しかし，戦後になって，最高裁は，事実上の占有がある限り構成要件該当性を認め，占有説に立つことを明らかにしている（**買戻約款付自動車売買契約**における自動車の引き揚げが問題となった**最決平成1年7月7日**が重要である）。

③ 本権説と占有説の問題点

　本権説を徹底した形で主張することは困難である。例えば，事例④窃盗犯人Aが盗んだ物を，事情を知らないBが買い受け，それを所有者Xが取り戻した場合，本権説からは窃盗罪が成立しないということになるであろうが，いったん，物が平穏な状態に落ち着いているにもかかわらず所有者の自救行為を認めることは行き過ぎである（権利関係も不明確である）。法治国家においては，自救行為は原則禁止されており，そのかわり誰もが国の機関に法的救済を求めることができるのである。なお，本権説に対しては，**禁制品**の窃取を処罰することができないのではないかという批判がなされるが，法的手続を経た国に対して禁制品の所有権を主張できないだけであって，本権説によっても私人間においては所有者を保護しない理由はないと思われる。事例②の場合についても，所有権者との間では窃盗犯人に保護すべき占有はないが，第三者との間では保護すべきであると考えることは可能である（物の賃貸期間が過ぎたとしても第三者がそれを所有する権利がないことと同様である）。

　他方，占有説については，確かに，複雑な民事上の権利関係を判断することを回避でき，あとは違法性阻却の是非で当罰性を判断するという判断枠組自体，合理的と評価することができる。しかし，保護すべき価値があるか否かを飛び越して，一律に回復行為を禁止するということは過度の禁止であって，刑法の個人財産保護という役割からはずれているといえなくもない。さらに，横領罪，毀棄罪は所有権が保護されている以上，財産犯を統一的に考えるならば，ここにおいても本権を無視することはできないはずである。

　それ故に，**中間説**が主張され，そこでは，平穏な占有（平穏占有説），合理的理由のある占有，保護に値する実質をもった占有があれば保護されることになる。

（南　由介）

> **買戻約款付自動車売買契約**

本件では，金銭の借主Aが，自己の自動車を自動車金融業者である被告人Xに売り渡し，その所有権と占有権をXに移転させるが，買戻し期限までAは自由に自動車を使用することができ，期限までに買戻しをしなければ買戻権を喪失して，Xは任意に自動車を処分することができるという契約であった。しかし，自動車の価格と融資金額が釣り合っていなかった点など，契約には問題があった。

> **最決平成1年7月7日**

自動車金融業をしていた被告人が，買戻約款付自動車売買契約を結んだAから，買戻期限経過後すぐに無断で自動車を引き揚げたという事案で，最高裁は，「かりに被告人にその所有権があったとしても，被告人の引揚行為は，刑法242条にいう他人の占有に属する物を窃取したものとして窃盗罪を構成」し，かつ，「その行為は，社会通念上借主に受忍を求める限度を超えた違法なもの」であるとした（刑集43巻7号607頁）。

> **禁制品**

特別の許可がなければ，所有・所持が禁じられている物で，ピストル，麻薬，覚せい剤などがそれにあたる。法禁物とも呼ばれる。

> **中間説**

ただし，中間説では，具体的事案の解決について一致をみていないことに注意する必要がある。例えば，平穏占有説では，事例①でのみ窃盗罪が否定されるが，本権説よりの見解では事例③の場合でも窃盗罪が否定される。

Ⅰ 個人的法益に対する罪

20 不法領得の意思

1 不法領得の意思

領得罪においては,「他人の財物を窃取する」というような故意のほかに, 不法領得の意思と呼ばれる特別の主観的要件を必要とするのが判例・通説である。判例によれば, それは,「権利者を排除して他人の物を自己の所有物としてその経済的用法に従い利用, 処分する意思」(大判大正4年5月21日刑録21輯663頁) と定義されている。これは二つの要件から構成されていることがわかる。すなわち, 権利者排除意思と利用処分意思である。前者は, **窃盗罪**と**使用窃盗**を区別するため, 後者は, 窃盗罪と**器物損壊罪**を区別するための要件である。また, 判例・通説は, 権利者排除意思, 利用処分意思をともに要求するが, 権利者排除意思不要説や利用処分意思不要説, 不法領得の意思不要説も存在する。

2 権利者排除意思・利用処分意思

権利者排除意思は, 窃盗罪と使用窃盗とを区別するために必要であるとされるが, 問題は, 自動車などの高価な物や機密資料などの一時使用である。判例は, 自転車の一時使用は使用窃盗だとしたものがある一方, これらの物については窃盗罪の成立を肯定している (**最決昭和55年10月30日**)。それ故に, 学説では, 不法領得の意思として権利者排除意思は必要でなく, 軽微な侵害については可罰的な占有侵害がないとすれば足りるのではないかという見解が主張されている。しかし, この見解に対しては, 客観的に可罰的な占有か否かを区別することができるのか, という批判をすることが可能であろう。つまり, 例えば, 自転車を10日間ほど無断借用する意思で1時間後に警察に捕まった場合 (1時間では権利者を排除したとはいえないが10日間の使用は明らかに権利者を排除する意思といえよう), 10日間借用という行為者の主観面抜きに可罰的な占有侵害か否かを判断することはできないのではないか, ということである (客観面では10日間使用意思も1時間使用意思も同じである)。また, 自動車のような経済的価値の高い物は一時使用できない, 機密資料のような場合は持ち出しにより価値が減少する, と考えることも可能であり, 権利者排除意思不要説は妥当でない。なお, 自転車などの一時使用であっても, 乗り捨てるような場合は, 当然に権利者が排除されるので, 不法領得の意思が認められる。

利用処分意思は, 窃盗罪と器物損壊罪を区別するが, 毀棄目的で他人の財物

▷**窃盗罪**(235条)
他人の財物を窃取, すなわち, 占有者の意思に反してその物を自己または第三者の占有下に移す犯罪である。客体は財物でなければならない。⇒ 2-Ⅰ-16 「財産犯の客体」

▷**使用窃盗**
無断で一時的に使用することであり, 損害が軽微であることから犯罪にはならないとされる (不可罰)。例えば, 消しゴムを無断で借用する場合がこれにあたる。

▷**器物損壊罪**(261条)
他人の物を損壊 (毀棄と同じ意味であり隠匿も含まれる) した場合に成立する犯罪であり (建造物に対しては260条, 文書に対しては258, 259条が規定されている), 判例・通説は, 物を物質的に損壊する必要はなく, 効用を失わせれば足りるとしている (効用侵害説)。例えば, すき焼き鍋に放尿する行為や鳥を逃がす行為 (261条の「傷害」は動物を念頭においたものである) も本罪にあたる。

▷**最決昭和55年10月30日**
被告人が元の場所に戻すつもりで自動車を無断で運転した事案であるが, 最高裁は, 4時間余りの間, 乗りまわしていたというのであるから,「不正領得」の意思があったというべきである, とした (刑集34巻5号357頁)。

Ⅰ-20 不法領得の意思

の占有を奪った後に毀棄する意思がなくなり領得したという場合，判例・通説では占有を奪う時点で利用処分意思がないので窃盗罪不成立，毀棄もしていないので器物損壊罪不成立となり，それは不当であると利用処分意思不要説から批判されている。不要説は，この場合，毀棄目的での占有侵害も窃盗にあたると考えるのだが，この見解には問題がある。すなわち，不要説によれば，器物損壊罪が成立するのは物をその場で壊す場合のみとなるが，その場で壊す場合と，移動して壊す場合とで，窃盗罪と器物損壊罪の法定刑の差を説明することができるのか，ということである。窃盗罪と器物損壊罪の法定刑の差は，やはり利用処分意思の有無によって決まると考えるべきであろう。つまり，他人の物を奪って自分の物にしてしまおうというような利欲的行動に対しては，強い非難が可能であり，**一般予防**の必要性も高い。それ故，領得行為は重い刑罰によって強く禁止されていると解するのである。本事例でも，利用処分意思必要説からは，占有離脱物横領罪（254条）を認めることができ，それで十分である。

```
                 ┌ 権利者排除意思………使用窃盗との区別
不法領得の意思 ┤
                 └ 利用処分意思…………器物損壊罪（毀棄・隠匿罪）との区別
```

図2.Ⅰ.20-1　窃盗罪における不法領得の意思

出所：筆者作成。

3 横領罪における不法領得の意思

判例・通説によれば，**横領罪**における横領とは，自己の占有する他人の物について，不法領得の意思を実現するすべての行為であり（領得行為説），占有物に対し権限を越えた行為をすること（越権行為説）ではないとされる。横領罪も利欲犯であり，不法領得の意思が要求されるのであるが，しかし，判例の考える不法領得の意思とは，「他人の物の占有者が委託の任務に背いて，その物につき権限がないのに所有者でなければできないような処分をする意思」だとされている。窃盗罪における不法領得の意思と比較したとき，横領罪においては，自己の占有する他人の物に対する領得が問題となるため権利者排除意思は重要でない。問題は，利用処分意思が要求されていないことである。現に判例は，隠匿した事案について横領罪の成立を認めているが，そうすると越権行為説と結論は異ならない。横領罪は領得犯である以上，利用処分意思は必要だと解すべきである。

第三者に領得させる意思も不法領得の意思に含まれるとされる（判例・通説）。また，使途を定められた金銭やその他の不特定物の一時流用については，判例は横領罪の成立を認めるが，確実な補塡の意思や能力がある場合には，成立を否定する見解も有力である。しかし，機密資料をコピーするための持ち出しなどは，所有者の許容が考えられないので，横領罪は成立することになる。

（南　由介）

▷**利用処分意思**
判例のいう「経済的用法に従い」については，これは，本来の用い方と理解する必要はなく，その財物から何らかの効用を得る目的という意味に理解するのが妥当である。そう考えると，木材を係留するために電線を盗む行為や下着泥棒も窃盗だとすることができる。

▷**一般予防**
⇨ 序-3 「刑罰の理論」

▷1　隠匿と捉えることができる場合は，毀棄罪の成立を認めることも可能である。

▷**横領罪**（252条）
所有者との委託信任関係に基づいて預かり占有・保管している物を領得する犯罪である。それ故，物に対する所有権が保護法益であり，占有侵害は問題とならない。横領した者の占有が業務上の占有であれば業務上横領罪（253条），所有者との間に委託信任関係がなければ占有離脱物横領罪（254条）が成立する。

159

第2部 刑法各論

I 個人的法益に対する罪

 暴行・脅迫後の領得意思

1 強盗罪における暴行・脅迫

▷強取
反抗を抑圧して財物を奪取することをいう。財産上の利益に対する場合も同様に反抗を抑圧して財産上の利益を得ることが必要である。

▷恐喝罪
⇒ 2-I-29「権利行使と恐喝罪の成否」

▷1 最判昭和24年2月8日刑集3巻2号75頁。

▷2 前出最判昭和24年2月8日。

▷3 最決昭和45年12月22日刑集24巻13号1882頁。

強盗罪（236条）とは，暴行または脅迫を用いて財物を**強取**した場合及び財産上の利益を得た場合に成立し，財産犯の側面とともに人身犯罪としての側面ももつ犯罪である。窃盗罪（235条）との違いは，手段を暴行・脅迫とする点，財産上の利益も保護している点にある。

強盗罪だけでなく，**恐喝罪**（249条）も暴行・脅迫を手段とする犯罪であることから，両者の違いをどこに求めるかが問題となる。判例・通説によれば，強盗罪の場合には被害者の反抗を抑圧するのに足りる程度の暴行・脅迫でなければならないとされ，それに至らない程度であれば恐喝罪になる。例えば，何度も拳で殴りつけた場合やナイフを示して脅す場合等が反抗を抑圧する程度にあたり，襟を摑んで財布を出すように迫る場合等は恐喝にとどまるであろう。反抗が抑圧されたか否かの判断基準は，客観的でなければならないとされ，その際，暴行・脅迫の態様だけでなく，犯行場所，犯行時刻，周囲の状況，性別・年齢・体格等も考慮して具体的に判断される。判例は，社会通念上一般に被害者の反抗を抑圧する程度であったか否かにより決定されるとしている。

ここで問題となるのは，客観的に反抗抑圧されるに足る暴行・脅迫が行われたものの，被害者は実際には反抗抑圧されなかったという場合である。強盗罪が成立するためには，暴行・脅迫→被害者の反抗抑圧→財物（財産上の利益）取得，という一連の流れが必要であり，この場合，被害者が抑圧されていない以上，強取といえないのではないかという疑問が生じるのである。そこで，学説の多数は，被害者の事情を考慮し，強盗未遂罪と恐喝既遂罪の観念的競合とする（判例は，強盗既遂罪の成立を認めている）。

なお，いわゆるひったくりは窃盗罪が成立するにとどまる。確かに，ひったくりにおいても暴行（有形力の行使）があるが，しかし，暴行・脅迫により反抗が抑圧されていない（被害者の隙に乗じただけである）ため，強取は認められないのである。ただし，被害者がカバンを盗られまいと必死に摑んだため，行為者が被害者を引きずり続ける形になれば反抗の抑圧は認められうるから，強盗となりうる。

2 暴行・脅迫後の領得意思

　強盗罪にいう「暴行又は脅迫を用い」たといえるには，財物奪取の目的で暴行・脅迫をしなければならないのか，暴行・脅迫による反抗抑圧状態を利用して財物を奪取すれば足りるのかにつき，見解が分かれている。例えば，行為者が被害者を殴打し気絶させたところ，被害者が付けていた時計を奪取する意思を生じ，これを持ち去った，といった事案で問題となる。

　ここで強盗罪の成立を認める見解も存在するが，通説は，財物奪取の意思が生じた以降に新たな暴行・脅迫がなければ強盗罪は成立しないと考えている。かつての判例には新たな暴行・脅迫は不要だとしたと解しうるものもあるが，[44]近時の下級審判決は，通説と同様に必要としているといえる。なお，被害者を[45]殺害した直後に被害者の財物を持ち去った事例において最高裁は窃盗罪の成立を認めたが，新たな暴行・脅迫が不要なのであれば強盗罪とすることも可能で[46]あったはずである。

　新たな暴行・脅迫が必要とされる根拠は二つ挙げられる。第一に，財産という生命・身体に比して重要性の低いものを得るという利欲目的で生命・身体等に重大な危険を及ぼす暴行・脅迫を行うからこそ，暴行罪・脅迫罪と窃盗罪とが別々に行われた場合よりも重い処罰（法定刑）によって強く予防する必要がある点である。第二に，178条は抗拒不能に「乗じ」た性交等を処罰しているが，強盗罪には同様の規定がないという点である。

　新たな反抗を抑圧するための暴行・脅迫が必要だとしても，その暴行・脅迫の程度は通常と異なる。ある高裁判例は，「自己の先行行為によって作出した反抗抑圧状態を継続させるに足りる暴行，脅迫があれば十分であり，それ自体反抗抑圧状態を招来するに足りると客観的に認められる程度のものである必要はない」とした。すでに弱い立場にいる被害者に対しては強度の暴行・脅迫で[47]なくとも反抗を抑圧することは可能であるから，このような立場は是認できる。

　ただし，行為者が現場に留まることそれ自体で足りるといえるかは問題である。被害者にとっては自己の反抗を抑圧する暴行・脅迫をした人間が近くにいることは恐怖の対象であるから，これを肯定する見解もある。これに対して，それは反抗抑圧状態の不解消という不作為を処罰するものであり，単なる反抗抑圧状態の維持ではなく暴行・脅迫による反抗抑圧状態の維持が必要であるから，不作為による暴行・脅迫が認められる限りで強盗罪とする見解もある。

　現場への滞留では足りないと考えるとしても，例えば財物を受領する際に行為者が睨みつけるといった事実が加われば新たな脅迫となりえよう。このように考えると，実際上，新たな暴行・脅迫が必要であると考えることで強盗罪の成立が否定されるのは，領得意思を生じた時点ですでに被害者が死亡・気絶していた場合に限られよう。

（荒木泰貴）

▷4　大判昭和19年11月24日刑集23巻252頁。最判昭和24年12月24日刑集3巻12号2114頁が新たな暴行・脅迫を不要とした判例として引用されることがあるが，不要説を一般論として展開したわけではないし，強姦後に「金を持っているか，その金をよこせ」などと言っている事案であるから，現在の新たな暴行・脅迫必要説からも新たな脅迫があったと認められる事案であるといえる。

▷5　東京高判平成20年3月19日高刑集61巻1号1頁等。この東京高判の事案は，被害者を縛り上げている状態で財物奪取の意思を生じたというものであった。行為者が羽交い絞めにしている場合に新たな暴行（・脅迫）が行われ続けていることに疑いはなく，縛り上げていることはこれと異ならないと考えることも可能であろう。

▷6　最判昭和41年4月8日刑集20巻4号207頁。

▷7　大阪高判平成元年3月3日判タ712号248頁。

I 個人的法益に対する罪

22 事後強盗罪

1 事後強盗罪

刑法は，準強盗罪として，事後強盗罪（238条）及び**昏酔強盗罪**（239条）を規定している。「強盗として論ずる」とされている準強盗罪は，以下の三つのことを意味する。すなわち，法定刑が強盗罪と同じになるということ，強盗致死傷罪（240条）や強盗・強制性交等罪，同致死罪（241条）に規定される「強盗」にもあてはまるということ，予備罪（237条）も適用されるということ，である。

事後強盗罪とは，窃盗犯人が，①財物を得てこれを取り返されることを防ぐため，②逮捕を免れるため，③罪跡を隠滅するため，暴行・脅迫をした場合に成立する。事後強盗罪が強盗と同様に扱われる理由は，窃盗犯が逃走する際，暴行・脅迫を加えることが多いという点や，財物を確保するために暴行・脅迫を用いることは実質的には暴行・脅迫により財物を取得したのと同様に評価できるという点にある。ここで注意しなければならないのは，①は財物を取得した場合であるが，②，③は，窃盗が未遂に終わった場合も想定しているということである。つまり，窃盗未遂犯も本罪の対象となるのである（もっとも窃盗の着手は認められなければならない）。ただし，判例・通説によれば，財物を窃取できなかった以上（窃盗未遂），事後強盗罪の未遂罪が成立することになる（窃盗の既遂，未遂により本罪の既遂，未遂が決まる）。これは，事後強盗罪が財産犯であるという性格の表れである。それ故，①の場合では，窃盗が既遂に達しているため，事後強盗罪の未遂罪は成立しえない（財物を被害者に取り返された場合に未遂罪の成立を認める見解もある）。

事後強盗罪における暴行・脅迫は，強盗罪と同様に，反抗を抑圧するのに足りる程度のものでなければならない。それは，窃盗現場あるいは窃盗の機会の継続中になされる必要がある。また，暴行・脅迫の対象は，被害者に限らず，犯行を見て追跡してきた警察官や第三者であってもよい。

財物取得行為が，暴行・脅迫の前に行われた場合，全てが事後強盗となるわけではなく，強盗罪が成立する余地もある。すなわち，**居直り強盗**と呼ばれる場合であるが，ここでは，占有が行為者に移転していないので，窃盗が既遂に達しておらず，強盗罪が成立することになる。しかし，窃盗が既遂に達した（占有が移転した）後は，事後強盗罪が問題となるのみである。

事後強盗の予備罪については争いがある。例えば，窃盗をしようとする際，

▷昏酔強盗罪
薬物やアルコールなどによって人の意識作用に障害を生じさせ反抗できない状態にして，財物を奪取する犯罪である。行為者が昏酔させる必要があり，すでに昏酔状態となっている被害者に対する財物の奪取は本罪にあたらない。なお，昏酔させることは，傷害にあたるが，240条における傷害にはあたらない（すでに昏酔は239条に予定されている）。

▷居直り強盗
行為者が財物を手にし，まさに占有を取得しようとしている際に被害者に見つかり，暴行・脅迫を加えた場合をいう。

誰かに見つかった場合は暴行・脅迫をしようとしてナイフを準備する行為が予備罪にあたるか否かである。否定説（有力説）は，強盗予備罪が事後強盗罪よりも前の237条に規定されている点，予備罪を認めると実質的に不可罰である窃盗予備が処罰されることになるという点を理由とする。しかし，条文の位置に関しては，昏酔強盗の予備を可罰的に考えるならば否定の根拠とはならず，また，行為者が事後強盗の意思をもっている以上，敢えて成立を否定する理由もなく，居直り強盗も強盗であることから，肯定説が妥当であり，判例も成立を認めている。

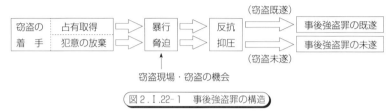

図2.Ⅰ.22-1　事後強盗罪の構造

出所：筆者作成。

2　窃盗の機会

暴行・脅迫が窃盗の機会の継続中にあることを要求するのは，場所的・時間的に窃盗行為と接着している場合，あるいは場所的・時間的に多少離れていたとしても追跡を受けている場合での暴行・脅迫は，財物を奪取する手段として暴行・脅迫を用いたということができ，強盗罪と同じ評価をすることができるからである。逆にこのような状況になければ，「強盗」として評価しえないことになる。判例は，電車内でスリの現行犯として逮捕された後に到着駅のホームで逃走するため暴行・脅迫をする場合や，空き巣により窃盗をした後，その家の天井裏に潜み，3時間後にかけつけた警察官に暴行した場合などで窃盗の機会を認めたのに対し，**最判平成16年12月10日**や窃盗現場から数百メートル離れた場所で事情を知らない警察官に暴行を加えた場合で否定している。

3　身分犯か，結合犯か

事後強盗罪は，窃盗犯人に主体を限定した**身分犯**であるのか，あるいは窃盗と暴行・脅迫の**結合犯**であるのかが争われている。これは，事後強盗の暴行・脅迫段階からはじめて共犯者が加わった場合に，共犯者の罪責との関係で問題となる。本罪を身分犯と解す場合，真正身分犯であるとすれば，共犯者は，事後強盗罪すべての違法を実現し得るので事後強盗罪の共犯となり，不真正身分犯であるとして，暴行・脅迫にのみ加担した点に着目すると暴行・脅迫罪の共犯となる。また，そもそも事後強盗罪は身分犯でないと解し，結合犯であるとすれば，**承継的共犯**の問題として解決される。下級審裁判例は，真正身分犯説と不真正身分犯説に分かれている。

（南　由介）

▷最判平成16年12月10日
住宅に侵入し窃盗を行った被告人が，誰からも発見，追跡されることなく1km離れた公園に行った後，再び同じ住宅に窃盗に入ろうとして現場に戻り家人に発見され脅迫を行った事案につき，最高裁は，「被告人は，財布等を窃取した後，だれからも発見，追跡されることなく，いったん犯行現場を離れ，ある程度の時間を過ごしており，この間に，被告人が被害者等から容易に発見されて，財物を取り返され，あるいは逮捕され得る状況はなくなったものというべきである」として，窃盗の機会の継続中ではないとした（刑集58巻9号1047頁）。

▷身分犯
⇒ Ⅰ-Ⅴ-13「共犯と身分」

▷結合犯
単独でも犯罪となる複数の行為を結合して一つの犯罪としたものを結合犯という。強盗罪（暴行・脅迫＋窃盗）は結合犯の典型例である。

▷承継的共犯
⇒ Ⅰ-Ⅴ-9「承継的共犯」

I　個人的法益に対する罪

強盗致死傷罪

1　規定の性質と構造

　刑法240条は，強盗犯人を主体とする犯罪である。強盗致死傷罪という罪名は，純然たる**結果的加重犯**，すなわち，「① 強盗致死罪（殺意はない場合）」，「② 強盗致傷罪（傷害の故意はない場合）」を示すものと考えられるが，現在の通説は同条につき，「③ 強盗殺人罪（殺意がある場合）」と「④ 強盗傷人罪（傷害の故意がある場合）」をも含む，四つの構成要件からなる規定であると理解している。とりわけ重い240条の法定刑に着目したとき，死傷結果について故意がある場合をも捕捉する規定として考えるのが自然であるし，もし殺意ある場合を，強盗罪と殺人罪の観念的競合であるとしてしまうと，死亡結果について故意がない場合に比して法定刑の下限が軽くなってしまうという問題が生ずるからである。構造について考えると，強盗殺人罪は強盗罪と殺人罪の結合犯，強盗傷人罪は強盗罪と傷害罪の結合犯であるが，強盗致死罪と強盗致傷罪の両者も，それぞれが，純然たる結果的加重犯の場合に加え，強盗罪と傷害致死罪の結合犯，強盗罪と傷害罪の結合犯といいうる場合が想定できる。

2　死傷結果の発生原因

　強盗致死傷罪成立には，いかなる行為から死傷結果が発生することが必要かという点については議論がある。限定的な見解として，財物奪取の手段たる暴行・脅迫から死傷結果が生じたときにこそ，同罪の成立があるとする「手段説（限定説）」がある。もし，同罪が，財物奪取を基本行為とする，純然たる結果的加重犯であるならば，手段説をとることには理由がある。しかし，強盗犯人が，奪取した財物の取り返し阻止や，逃走・罪証隠滅のために，被害者等を殺傷した場合にも，同罪の成立を認めるべきであり，手段説による本条の適用範囲は狭すぎる。これに対して，死傷結果の発生原因を広い範囲に認める「機会説（非限定説）」は，判例が採用するものであり，およそ「強盗の機会」に行われた行為によって，死傷結果が生じたならば，同罪が成立するとする。しかし，機会説が，仲間割れで犯人側の者が負傷した場合や，犯人を追う被害者が，転倒して自ら負傷した場合にも，無条件に同罪の成立があるとするものならば，本条の適用範囲が広くなりすぎる。こうしたことから，強盗行為と密接な関連性を有する行為から死傷結果が発生した場合に，同罪の成立を認めるとする

▷**結果的加重犯**
基本となる犯罪が犯された際に，行為者が認識していなかった重い結果が生じた場合に，基本となる犯罪よりも加重された刑が科される犯罪である。責任主義からすると，その成立には，重い結果について行為者の過失が認められる必要があるが，判例はこれを不要とする（大判昭和4年2月4日大刑集8巻41頁など参照）。

▷1　刑法240条には，結果的加重犯の処罰規定で通常用いられている「よって」という文言がない。純然たる結果的加重犯の構成要件のみを含むものではないとすることは，法文にも反しない。

▷2　最判昭和24年5月28日刑集3巻6号873頁を参照。

▷3　強盗犯人が，被害者に対する恨みをもっていたというケースに関する，名古屋高判平成27年12月7日（LEX/DB25541867）も参考にすべき事案である。

「関連性説（折衷説）」が多数説となっている。さらに，刑法238条との比較で強盗の手段たる暴行・脅迫と，事後強盗罪が想定する状況における暴行・脅迫から重い結果が発生したときにのみ，強盗致死傷罪の成立を認めるべきとする「拡張的手段説」も存在する。ここで重要なことは，判例実務が，同罪の成立範囲を無限定に捉えていると考えるのは早計ということである。諸説あるも，例えば，財物奪取の現場そのものとは言えない状況下でも，被害者が逃げる犯人を追跡している状況など，双方の対立の継続中に殺傷がなされたというケースであれば，同罪の成立を認めることは可能であろう。なお，本罪の**実行の着手**について考えると，同罪が純然たる結果的加重犯だとすれば，財物奪取の開始をもって，実行の着手があるということになろう。しかし，前頁に記した240条における①から④のいずれの構成要件も，生命・身体に対する罪との結合犯の性格を有しており，財物の取得よりも，殺傷の側面を重くみて同条を捉えるときは，殺傷行為の開始時において実行の着手があると考えうる。

③ 原因となる行為の主観的要件

刑法は**故意犯処罰の原則**がとられているが，そうだとすると，強盗致死傷罪については，「暴行の故意」が要件とされるべきとも考えられる。すなわち，傷害罪ないし傷害致死罪の要件を満たすことを必要とするのである。だが，近年では，①脅迫の故意しかない場合や，②被害者自らの行為が死傷結果の一因である場合，③過失による死傷結果の惹起といえるケースでも，同罪を認めるべきだとする見解が多数である。確かに，暴行の意図がないケースについて同罪の成立を認めることは，240条の「強盗が，人を負傷させたとき」の文言に反するとはいえない。なお，例えば，東京地判平成15年3月6日は，脅迫による被害者負傷に強盗致傷罪の成立を認めているが，犯行時，別の部屋いたと評しうる同被害者は，犯人らに認識されていない状況下で，自らの行為によって負傷したケースであった。死傷結果が生じうる危険な状況と，それに対する犯人の認識について，さらに進んだ分析・検討ができる事案である。

（榎本桃也）

▷ **実行の着手**
犯罪の実行行為が開始されたと認められる段階。未遂犯が成立するかどうかをめぐって検討される。詳しくは [Ⅰ-Ⅳ-1]「未遂犯と実行の着手」を参照。因みに，財物の奪取は未遂でも，死傷結果が生じたのであれば，刑法240条は既遂として成立すると考えられている。だとすると，同条の未遂罪は，四つの構成要件のうち，強盗殺人罪についてのみその成立がありうることになる。

▷ **故意犯処罰の原則**
刑法38条1項は，原則として故意犯のみを処罰すること，過失犯を処罰する場合には各則にそのための規定が必要であることを定める。詳しくは [1-Ⅰ-8]「故意概念」を参照。

▷4 同罪の成立を認めても，刑法38条1項ただし書の要請に反しないという理解である。

▷5 東京地判平成15年3月6日判タ1152号296頁。ケースについて，内田浩「強盗の現場に居合わせたが犯人にその存在が認識されていない者に生じた傷害結果と強盗致傷罪の成否」法学教室編集室編『判例セレクト2001-2008』2010年，247頁を参照。

表2.Ⅰ.23-1 強盗致死傷罪をめぐる学説の対立

（結果的加重犯に限定する見解）（故意の場合を含める見解＝通説）

原因行為	手段説	機会説⇒関連性説・拡張された手段説
原因行為の主観的要件	原因行為である暴行につき故意が必要	原因行為である暴行につき故意が必要であるとする見解と，不要であるとする見解（多数説）がある
実行の着手	財物奪取の開始時点	生命・身体への侵害の開始時点

出所：『よくわかる刑法 第2版』167頁の表2.Ⅰ.24-1を筆者が改編。

I 個人的法益に対する罪

24 欺罔行為

▷1 したがって，例えば，欺罔行為は行われたが，欺罔行為の相手方（被欺罔者）は騙されなかったにもかかわらず，哀れみから財物を交付したという場合，詐欺未遂が成立するにすぎない（大判大正11年12月22日刑集1巻821頁）。

▷2 最決平成22年7月29日刑集64巻5号829頁等。

▷3 条文は「人を欺いて」と規定しているから，機械に対する詐欺罪は成立しない。機械を不正に操作して（いわば機械を欺いて）財物を獲得した場合は窃盗罪（235条）が問題となり，財産上の利益を獲得した場合は電子計算機使用詐欺罪（246条の2）が問題となる。後者の罪については 2-I-28 「電子計算機使用詐欺罪における『虚偽の情報』」。

▷4 ⇨ 2-I-26 「詐欺罪における財産的損害」。

▷5 この見解からは，このような錯誤をさせうる欺罔行為が行われなければ詐欺未遂にもならない。同じことは，実質的な財産的損害を要求するのではなく，錯誤の内容を法益関係的錯誤に限定する見解にも妥当する。法益関係的錯誤を惹起するような欺罔行為でなければ，詐欺未遂にもならない。

1 詐欺罪の基本構造

詐欺罪（246条）は，占有者の瑕疵ある意思に基づく占有移転を要件とする交付罪である。欺く行為（欺罔行為）→錯誤→交付行為（処分行為）→物・利益の移転（物・利益の喪失と取得）がなされることが必要であり，これら相互に因果関係が認められることが必要である。各要件相互に因果関係が必要であることから，各要件の内容も相互に関連したものになる。

2 欺罔行為の対象

対象は，それがなければ処分行為を行わなかったといえるような「交付の判断の基礎となる重要な事項」に関して人に錯誤を惹起・維持させるものでなければならず，また人による処分行為に向けられたものでなければならない。要件相互の関連性から，詐欺罪の成立に実質的な財産的損害が必要であると解するのであれば，翻って欺罔行為も「実質的な財産的損害を発生させる財産処分の原因となる事項に関する錯誤」を生じさせる行為でなければならない。

3 挙動による欺罔（作為の欺罔行為）

欺罔行為は錯誤を惹起・維持するものであり，錯誤は被欺罔者の思い描いたことと真実との不一致をいうから，当該欺罔行為が被欺罔者に何を思い描かせる行為をしたかを確定しなければならない。この点で重要なのが挙動による欺罔である。これは行為態度による黙示的な欺罔行為のことをいい，作為によるものであるから後述する不作為による欺罔と区別される。飲食店で料理を注文する行為は，「代金を払う」と明示的に述べているわけではないが，支払意思・能力があることを当然の前提としており，その黙示的な表示も当然に含んでいる。したがって，告知義務・作為義務を問題にするまでもなく，支払意思・能力がないのに注文をすれば欺罔行為にあたる。いわば「言葉にするまでもない」状況であった，といえる場合に挙動による欺罔となる。

一定の事項について黙示的に表示されたといえるか否かは，当該言動の社会的文脈によって異なりうる。従前からの当事者間の取引関係・基本契約，契約の際の確認内容，取引慣行，社会的理解等を総合的に考慮して当該挙動が黙示的に表示する事項を解釈すべきと指摘されている。例えば，従前何度も同じ内

容の売買契約を結んでいた間柄にある者に「また来週もよろしく頼む」と述べた場合，これだけで従前と同じ内容の売買契約を申し込んだものと考えられよう。

この点に関して，暴力団員であることを明示せずにゴルフ場を利用した事案につき，2項詐欺罪の成立を肯定した判例と否定した判例が同じ日に出された[6]。

両事例で共通する事情として，受付時に暴力団関係者でない旨の確認がなされていないこと，被告人側からの積極的な暴力団員でない旨の申し出はないこと，利用細則等で暴力団関係者による利用が禁止されていたこと，が挙げられる。有罪事案では，入会審査の際に暴力団関係者を同伴・紹介しない旨の誓約をさせ[7]，予約時・受付時に利用客の氏名が暴力団関係者情報のデータベースに登録されているか確認するなどして暴力団関係者の利用を未然に防ぐといった取組みをしていた。また，被告人はフロントに行かずに自署が求められていた「ご署名簿」に代筆させていた。これに対して，無罪事案では，暴力団関係者による利用を拒絶する旨の立て看板があったものの，他の排除措置はなされていなかった。このような事案の違いから，ゴルフ場の利用を申し込む行為が，申込者・同伴者が当然に暴力団関係者でないことまで表しているか否かにつき，判断が分かれたのである[8]。

❹　不作為による欺罔

欺罔行為の手段は制限されていないため，不作為犯の一般原則に従い，告知義務が認められる場合には，真実の不告知が不作為による欺罔行為にあたる。

不作為による欺罔で重要なのは，誤振込みの事案である。民事判例上，誤振込みの場合も受取人の銀行に対する預金債権は有効に成立するとされた[9]。しかし，判例は[10]，銀行実務において組戻しという手続きや[11]受取人から誤振込みの指摘があれば誤りの確認措置が行われることの有益性・重要性を強調し，銀行と継続的な預金取引を行っている者には，銀行に上記の措置を講じさせるために誤振込みがあった旨を告知すべき信義則上の義務がある，としたのである[12]。この場合の欺罔行為は「誤振込みがあることを知りながらこれを銀行に告知せずに預金の払戻請求をすること」であると考えられる。

本件では，銀行側の事情である組戻し等の重要性だけから告知義務が認められているのではなく，継続的な取引関係に入っているという行為者側の事情をも考慮して告知義務が認められている点に注意すべきである。

釣銭詐欺（釣銭を多く渡されていることに気が付いていたものの黙ってこれを受領した場合）について不作為による欺罔を肯定する見解もあるが，このような1回的な契約関係において店側の財産を保護すべき義務を認めることとなる告知義務・不作為による欺罔を肯定することには疑問がある。　　　　（荒木泰貴）

▷6　有罪の判断をしたのは最決平成26年3月28日刑集68巻3号646頁，無罪の判断をしたのは最判平成26年3月28日刑集68巻3号582頁。

▷7　ただし，無罪判決における小貫反対意見。

▷8　同じく暴力団員による申込みが問題となった最決平成26年4月7日68巻4号715頁では，ゴルフ場の事例のように挙動による欺罔かどうかは検討されていない。どのような事実から検討するまでもないと考えられたといえるのか，各自で検討してほしい。その他，最決平成19年7月17日刑集61巻5号521頁等の2-Ⅰ-26「詐欺罪における財産的損害」で引用される判例の事案で，欺罔行為の内容（行為者が表示したもの）は何か，それはどのように同定されたといえるか，各自で検討してほしい。

▷9　最判平成8年4月26日民集50巻5号1267頁。

▷10　最決平成15年3月12日刑集57巻3号322頁。

▷11　振込先の口座を誤って振込依頼をした振込依頼人からの申出があれば，受取人の預金口座への入金処理が完了している場合であっても，受取人の承諾を得て振込依頼前の状態に戻す手続きをいう。

▷12　そのほか，社会生活上の条理からも，誤った振込金額相当分を最終的に自己のものとすべき実質的な権利はない，ということも指摘している。

I　個人的法益に対する罪

25　無意識の処分行為

1　無意識の処分行為をめぐる論争：処分意思不要説と処分意思必要説

　窃盗罪と異なり，詐欺罪では，騙される者の意思に基づいて財物や財産上の利益が移転する。単に騙しただけでは詐欺罪は成立せず，詐欺罪が成立するためには，欺く行為，被害者側の錯誤に基づく処分行為，財物・利益の移転といった要件がそれぞれ充足される必要がある（嘘をつき注意をそらして財物を奪取すれば窃盗だし，騙された者が憐憫の情から金員を交付した場合には詐欺の未遂である）。これらの要件のうち，騙される者が主体的に行う処分行為が最も重要な（犯罪成立のための）条件だとされている。そして，この処分行為が意識的なものに限定されるか，無意識的なもので足りるかにつき争いがあるのである。

　無意識の処分行為を認めるか否かをめぐって，学説は，**処分意思不要説**と**処分意思必要説**の立場とにそれぞれ分かれ，これまで鋭く対立してきた。処分意思不要説は無意識の処分行為で足りるとの立場であり，処分意思必要説は意識的処分行為に限定する立場である。処分意思不要説によると，スーパーマーケットで商品の一部を隠してレジを通過し代金を支払わなかった場合や，袋の中に小切手が入っているのに「何も入っていない」と嘘をつき袋をもらった場合には，窃盗ではなく詐欺が成立する。反対に処分意思必要説によれば，こうした事例では，詐欺ではなく窃盗が成立する（このように，財物が客体の場合には，処分意思を緩やかに解すると詐欺の範囲が拡張し，逆に処分意思を厳格に解すると窃盗の範囲が膨張する）。このように，財物が客体の場合，どちらの見解に与するかにより，異なった犯罪が成立することになるので，上記の論争には一定の意味がある。

　しかし，より重要なのは客体が利益である場合である。例えば，Xが電気計量器の指針を逆転させて電気料金の支払いを免れたというケースを例にとって考えてみよう。もし，処分意思不要説を採り無意識の処分行為で足りるとするなら，このケースでは2項詐欺が成立し，Xは処罰されることになる。これに対し，処分意思必要説を採るなら，詐欺罪は成立せず，この事例におけるXは利益窃盗として不可罰となる（このケースで，被害者は未払いの債権があることを知らないし，未払い債権の金額についても認識を欠いている）。従って，利益が客体の場合には，処分意思をめぐる議論は可罰性の限界を画することと関わってくるので，上記の論争は，より重要な意味をもってくる。ちなみに，大審院は上記の事例で詐欺罪の成立を認めている（大判昭和9年3月29日刑集13巻335頁）。

▷処分意思不要説

無意識の処分行為で足りるとする見解を処分意思不要説という。現行法上，利益窃盗は不可罰であるが，欺く行為を手段とする利益侵害の一部を可罰的にできることから，現在に至るまでこの見解が有力な支持を集めている。もっとも，飲食代金の支払いを免れるため「トイレに行く」と偽ってトイレの窓から逃走したケースでは，処分意思不要説も詐欺罪の成立を否定するのが一般である。処分意思不要説に対しては，批判も加えられている。物が持ち去られる直前で被害者の（無意識の）不作為が想定できるので，処分意思不要説からは単純な置き引きですら，場合によっては，詐欺罪として捕捉されることになってしまう。このような批判が提起されている。

▷処分意思必要説

特定の財物・利益を移転する認識までが必要だとする見解を処分意思必要説という。処分意思の有無が問題になる局面は，財物・利益自体の認識を欠く場合と，客体それ自体は認識しているが移転する意思を欠く場合とに分かれる。鉄道や高速道路のキセル利用は前者の問題であるが，「知人を見送りにいく」といって宿泊料金などを免れる形態は後者の問題である。「知人

2 財物が客体の場合

例えば，袋の中に小切手が入っているのに「何も入っていない」と嘘をつき袋をもらう行為は詐欺罪になるのだろうか。あるいは，本の中に1万円が入っていることに気づきながらその本を100円で買い受けた場合に，詐欺罪は成立することになるのだろうか。結論からいえば，これらの事例では詐欺ではなく窃盗が成立すると解するべきである。処分行為という以上，少なくとも意思に基づく財産移転がなくてはならないが，上記の事例では，騙された者は自己が処分する客体である小切手・1万円札を認識しておらず，被害者に処分意思を認めることができないからである。もちろん，処分意思不要説を採り無意識の処分行為で足りるとするのであれば，これらの事例でも詐欺罪が成立するとの結論を導くことはできる。しかし，窃盗罪が意思に反する財産移転であるのに対し，詐欺罪は意思に基づく財産移転である。このような従来からの理解は一応踏まえるべきであろう。もっとも，処分意思の一切の緩和が許されないわけでもない。例えば，封筒の中に9000円入っているのに「8000円しか入っていない」と騙して封筒をもらう事例では窃盗ではなく詐欺が成立する（余分の1000円の認識がないので窃盗になるとは何人も主張しないだろう）。魚箱のアジの量を誤信した事例やジャム瓶の重量を誤信していた事例も同様である。このように，物の個性が問題にならない場合に限って，処分意思の緩和が許されると考えるべきであろう。

3 利益が客体の場合

それでは，鉄道をキセル乗車して下車駅付近の切符だけを呈示し途中区間の運賃を免れた場合に，詐欺罪は成立することになるのだろうか。**キセル乗車の下車駅での事態**では，下車駅の改札係員は，途中区間の料金が未払いであることを認識していないし，未払い運賃の金額についても意識がおよんでいるとはいえない。しかし，「8000円しか入っていない」と騙して9000円が入った封筒を交付させる事例と同様，未払い運賃の金額につき意識がおよんでいないといった事情は重要でないというべきである。これらの者も「鉄道利用に伴う債務から解放する」との認識はもっているはずであり，処分意思を認めるためにはこの程度の認識で十分というべきだからである。 （大山　徹）

表2.Ⅰ.25-1　処分行為と詐欺・窃盗

	詐欺	窃盗
財物	246条1項	235条
利益	246条2項	⇒

出所：前田雅英『刑法各論講義〔第6版〕』東京大学出版会，2015年，235頁

を見送りにいく」と偽って宿泊料金等を免れた場合には，騙された者も代金債権の存在は認識しているので，処分意思を認めてもよいとの意見もある。しかし，「トイレに行く」と偽り飲食代金を免れたケースで，代金債権の存在を認識していることを根拠に詐欺罪の成立を認めるのであれば，そのような結論はやはり妥当ではないであろう。もっとも，最近は，処分意思必要説の側から，処分意思の内容を緩和する見解が登場するに至っている。「物・利益の外形的移転の認識」があればよいとの見解や「財産移転について自由な意思決定をしているという意識」があればよいとの見解などが提唱されるに至っている。こうした新たな見解によれば，「何も入っていない」と嘘をつき小切手入りの袋をもらうケースでも，処分意思が肯定されることになる。

▷キセル乗車の下車駅での事態

乗車駅での詐欺罪の成立を否定し，下車駅の段階で2項詐欺の成立を認める見解を下車駅基準説という。運賃を請求しない不作為態度を処分行為だとする考えと，乗客を改札口から出場させる作為を処分行為だとする考えとが主張されている。なお，高速道路のキセル利用の形態で福井地裁は詐欺罪の成立を認めた（福井地判昭和56年8月31日判時1022号144頁）。

第2部　刑法各論

Ⅰ　個人的法益に対する罪

26 詐欺罪における財産的損害

1 個別財産に対する罪としての詐欺罪

わが国の刑法典の詐欺罪は，窃盗罪などと同様，個別財産に対する罪であると一般的に考えられている（「個別財産説」）。すなわち，欺罔された側において個々の財産が失われれば，計算上相当な反対給付があったとしても同罪は成立しうる。例えば，最決昭和34年9月28日も，被告人が，誇大な事実を告知した上で，価格相当の機器（ドル・バイブレーター）を販売したことにつき，1項詐欺罪の成立を認めている。被害者は，代金相応な商品を受け取ったが，その実際の効能については誤信させらていたケースであった。

2 形式的個別財産説と実質的個別財産説

刑法246条をみる限り，欺罔と錯誤による財産の提供があれば，それだけで，詐欺罪の成立があるとも考えられる。このように，同罪が個別財産に対する罪であることを形式的に捉えるのが「形式的個別財産説」であり，従来の判例の立場でもあったとされる。だが，例えば，未成年者が己の年齢を偽り，成人に対してのみ販売が許されてる商品を，代金を支払って購入したというケースで，直ちに1項詐欺罪を成立させてよいだろうか。一定の欺罔と錯誤は存するものの，それが取引上重要な事項に関わるものか，販売者側が引渡した財産について，損害が観念できるかという疑問からは，詐欺罪の成立を否定すべきにも思われる。このように，詐欺罪が個別財産に対する罪であることを前提としつつも，実質的な考慮を施し，同罪の成立範囲を限定しようとする考え方は，「実質的個別財産説」と呼ばれている。

3 近年の最高裁判例

上掲したドル・バイブレーターの事件は，当該機器の効能という取引上の重要事項といいうる点ついて，欺罔と錯誤が存するケースであった。欺かれたことによる代金支払いにおいて，被欺罔者の財産処分の自由は侵害されており，たとえ，そこに計算上の損失がなかったとしても，詐欺罪の成立は検討されるべきであろう。比較的近年において，欺罔と錯誤の対象事項が，詐欺罪の成立を肯定するほどに重要なものかということについて，より進んだ考察ができる最高裁判例が続けて出現している。例えば，最決平成14年10月21日は，他人名

▷1　背任罪の処罰規定247条と異なり，246条には「財産上の損害」という文言がないことも，個別財産説の根拠となる。対して，「全体財産説」は，相当対価の給付等がなされており，財産の提供側に計算上の損害がない場合は，全体財産が減少していないので，基本的には詐欺罪の成立を認める必要はないとする。

▷2　最決昭和34年9月28日刑集13巻11号2994頁。

▷3　ただし，セールストークにおける多少の誇張・ごまかし等は，程度にもよるが，そもそも欺罔とはいえないだろう。

▷4　未成年者が成年者を装い，飲食店において酒の提供をさせることなどが考えられよう。

▷5　最決平成14年10月21日刑集56巻8号670頁。

義の預金口座を開設し，貯蓄総合口座通帳1冊の交付を受けたという行為に関して，最決平成19年7月17日[46]は，預金通帳とキャッシュカードを他人に譲渡する意図を隠した上で銀行口座を開設し，自己名義のこれらの交付を受けたという行為に関して，それぞれ1項詐欺罪の成立を認めている。かつては，普通預金口座開設において，顧客の本人確認は行われておらず，通称名義による預金取引も可能であった。だが，現代の金融機関にとって，口座開設を希望する者の属性と口座利用の目的は，預金契約を締結する際の重要事項であるといいうる状況になっている[47]。また，最決平成22年7月29日[48]は，不法入国を企てた他人に渡す意図を隠し，航空機搭乗券の交付を受けた被告人の行為について，1項詐欺罪の成立を認めた。このケースは，搭乗券の交付を請求する者自身が航空機に搭乗しないのであれば，航空会社側は交付をしなかったというものであった。安全な航空機運行を確保することは，詐欺罪処罰規定の役割ではないが，本件の諸事情においては[49]，搭乗者本人による請求であるか否かは，当該交付に関する重要事項であったと考えられる。

❹ 財産的損害を検討する意味

　形式的個別財産説の立場にあるとされてきた判例であるが，古くは，大判昭和3年12月21日[10]が，医師の免許を有さずも，医術に関する知識を有した被告人による，適応した売薬の所定の代価での販売行為につき，その相手方が「財産上不正の損害」を被った事実はないことを述べた上で，詐欺罪の成立を否定している。販売者側が医師資格を有することは，当該取引上の軽視しえない基本事項であろうが，反面，上掲のドル・バイブレーターのケースと異なり，購入者側は，適切な品を，相応な価格で受け取っており，購入目的は達成したといいうるので，財産的損害の存在と，詐欺罪の成立は否定しうると考えられる[11]。また，近年の最判平成13年7月19日[12]は，工事を完成させた請負人が，受領する権限を有する請負代金を，内容虚偽の書類を提出することによって，本来あるべき支払い時期よりも早く受領したという行為につき，「詐欺罪が成立するには，欺罔手段を用いなかった場合に得られたであろう請負代金の支払いとは社会通念上別個の支払いに当たるといい得る程度の期間，支払期間を早めたものであることを要する」と述べ，詐欺罪の成立を否定した。ここでは，同種の代金の受け取り行為でも，事情が少なからず異なる他の事案においては，別の評価がなされうることが示されている。判示のいう「別個の支払い」にあたる財産提供は，契約内容と当事者意思に鑑みて理由のないものであろうし，そこには，詐欺罪成立を導く，支払う側の損害が観念できると考えられる。このように，財産的損害の概念は，実質的個別財産説にもとづく議論において，欺罔と錯誤の対象事項に関連した[13]，より事案に即した検討を可能にする。

（榎本桃也）

▷6　最決平成19年7月17日刑集61巻5号521頁。

▷7　本人確認について，犯罪による収益の移転防止に関する法律4条1項参照。なお，最決平成26年4月7日刑集68巻4号715頁は，約款で暴力団員の拒絶を示していた銀行に，暴力団員であるのに暴力団員でないことを表明・確認し，通帳等の交付を受けた行為につき，1項詐欺の成立を認めている。

▷8　最決平成22年7月29日刑集64巻5号829号。

▷9　同種の行為に，常に詐欺罪の適用があると考えるのは早計である。

▷10　大判昭和3年12月21日大刑集7巻772頁。

▷11　財産的損害の概念は，犯罪結果と異なり，故意の対象になるものではない。

▷12　最判平成13年7月19日刑集55巻5号371頁。

▷13　暴力団関係者であることを秘した上でのゴルフ場利用に関する一連のケースがあるが，詐欺罪成立の肯否につき，判例の結論が分かれている。最判平成26年3月28日刑集68巻3号582頁（否定），最判平成26年3月28日刑集68巻3号646頁（肯定）である。暴力団員に対するゴルフ場側の対応と，当該被告人の利用申し込み行為の関係など，欺罔と錯誤の対象となった事実に関連して事案の比較検討ができるが，判例実務において，暴力団員ではないと偽ることが，財産的損害を与える欺罔とされうる状況に至っている。現在は，契約時に，反社会勢力の「排除条項」を規定する書面を交わすことを通常とする業界も増えつつある。

Ⅰ 個人的法益に対する罪

クレジットカードの不正使用と詐欺罪

1 クレジットカード利用をめぐる可罰的行為

　クレジットカード取引がわが国に導入されて50年以上の月日が経過したが、今やクレジットカードはわれわれの消費生活にはなくてはならない支払手段となっている。現金を持ち歩かなくても呈示するだけで様々な商品を購入できるクレジットカードは確かに便利であり、この取引がわれわれの消費生活に急激に浸透したこともうなずける。しかし、反面、利便性のある取引が種々の可罰的行為を生み出すことも世の常である。すなわち、刑法上は、自己名義のクレジットカードを不正使用する形態や他人名義のクレジットカード（偽造されたクレジットカードを不正使用した場合や窃取・拾得したクレジットカードを不正使用した場合や譲り受けたクレジットカードを不正使用した場合等）を不正使用する形態が詐欺罪として問擬されるかをめぐって、活発な議論が展開されているのである。

2 自己名義のクレジットカードの不正使用と詐欺罪

　まず、支払能力も意思もないのに、加盟店で自己名義のクレジットカードを呈示し、時計等の商品を購入する行為は詐欺罪に該当するのだろうか。まずは、**自己名義のクレジットカードの不正使用**の形態につき検討を加えることにしたい。現在、この形態を詐欺罪として捕捉しうるという点については、学説上はほぼ異論は存しない。しかし、どのような理論構成で詐欺罪を肯定するのかをめぐっては種々の見解が主張されている。

　第一の見解は、騙されている者も被害者も加盟店だとし、246条1項の成立を認める立場である（通説）。第一の見解の主張は、大要、以下のとおりである。支払能力も意思もないのに、あるかのように装った点で欺く行為がある。加盟店はカードホルダーに支払能力・意思があると誤信し錯誤に陥った。時計等の商品を販売することが処分行為にあたる。加盟店の手許から時計などの商品が失われているが、これが財産上の損害である。しかし、第一の見解に対しては、時計等の商品はクレジットカード取引の正当な仕組みに則って販売されたものであり、商品の喪失を財産上の損害と捉えることは誤りである、実質的に被害を被るのはカード会社なので、加盟店を被害者として246条1項の成立を認めるのは妥当でない（加盟店を被害者とすると、財産上の損害という要件が形骸化する）との批判が向けられた。

▶自己名義のクレジットカードの不正使用
　自己名義のクレジットカードの不正使用とは、支払能力も意思もないのに、自己名義のクレジットカードを濫用的に使用し、商品を購入する形態のことを指す。カードホルダーが加盟店で時計等の商品を購入する場合、クレジットカードを呈示するだけでなく売上票に署名をしなければならない（通常、売上票は三重の複写式になっており、それぞれが会員の控え用・加盟店の控え用・カード会社への送付用となっている。こうした確認の後、特に問題がなければ加盟店は時計などの商品を提供する。加盟店は売上票の1枚をカード会社に送付し、カード会社は手数料を差し引いて販売した商品に匹敵する代金を加盟店に送付する）。加盟店は売上票の署名とクレジットカード上の署名とが一致するか確認しなくてはならず、さらにはクレジットカード上に記載された有効期限やカード番号を吟味する必要がある。ここでわれわれが銘記しなければならないことは、カードホルダーの支払能力・意思の有無などは加盟店の審査の対象にはなっていないことである。

第二の見解は，騙される者を加盟店，被害者をカード会社だとし，246条1項の成立を認める立場である。カード会社を被害者だとし，246条1項の詐欺罪の成立を認めることが第二の見解の特徴となっている。しかし，時計等の商品がカード会社から行為者へと移転した事実はないので，この説に対しては，利得と損害の物的な同一性を欠き（**素材同一性の要件**ともいわれる），246条1項の詐欺罪を認めることはできないとの批判が提起されている。

　第三の見解は，騙される者を加盟店，被害者をカード会社だとし，246条2項の詐欺罪を認める立場である。行為者が債務を免れた点をとらえて2項詐欺を肯定すること，騙される者と被害者とを分離し**三角詐欺**として理論構成することが本説の特徴である。近時では第三の見解が次第に支持されるようになっている。詐欺罪を肯定するのなら，第三の見解に依拠すべきであろう。

3　他人名義のクレジットカードの不正使用

　それでは，他人名義のクレジットカードを使用し，加盟店から商品を取得する行為は詐欺罪に該当するのだろうか（**他人名義のクレジットカードの不正使用**）。ここで確認しなければならないことは，名義人以外の者がクレジットカードを利用することはカード会社の約款等で禁止されているという事実である。もし，かかる事実に着眼するなら，名義人に成りすまして加盟店に他人名義のクレジットカードを呈示することは欺く行為と考えることができるので，商品を取得した段階で1項詐欺が成立することになる。しかし，この考え方によれば，名義人が承諾の上第三者にクレジットカードを貸与した事例や，名義人の親族がクレジットカードを利用した事例でも，たとえ名義人に支払能力や意思があったとしても詐欺罪が成立する帰結に至る。このような帰結は行きすぎであろう。むしろ，現実には，名義人の親族がクレジットカードを加盟店で利用する事態は多々見受けられる上に，支払能力や意思がある限り加盟店としても可能な限り販売をしたいと考えるのがクレジットカード取引の実態だというべきである。また，名義人が承諾の上第三者にクレジットカードを貸与した事例で，支払能力や意思もある名義人を詐欺罪の共犯と位置づけるのも不自然である。このように考えれば，他人名義のクレジットカードの不正使用であっても，名義の偽りを欺く行為と評価すべきではなく，支払能力・意思を偽ることを欺く行為と評価すべきである。

（大山　徹）

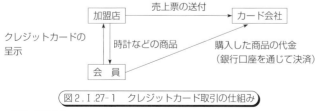

図2.I.27-1　クレジットカード取引の仕組み

出所：筆者作成。

▷**素材同一性の要件**
詐欺罪も財産移転罪である以上，利害と損害との間には，当然，物的な同一性がなければならない。これを素材同一性の要件と呼ぶことがある。

▷**三角詐欺**
詐欺罪においては，騙される者と被害者とは必ずしも一致する必要はないと考えられている（三角詐欺）。ただ，この場合には，騙される者に被害者の財産を処分する権限・地位がなくてはならないとされている。騙される者が被害者の代理人である場合には，むしろ騙される者自身が被害者として位置づけられるので，あえて三角詐欺として理論構成する必要はないであろう。

▷**他人名義のクレジットカードの不正使用**
最高裁で問題になった事案は次のとおりである。被告人XはガソリンスタンドでA名義のクレジットカードを不正使用したが，そもそも当該クレジットカードはBがAから使用を許可されたものであり，XはBから当該クレジットカードを譲り受けたにすぎず，XはAから当該クレジットカードを使用することにつき予め許諾を得ていたわけではなかった。事案はこのようなものであった。本事案では詐欺罪を肯定することは差し支えないであろう。なお，本事案でXは自分にクレジットカードの使用権限があると誤信した旨の主張を展開したが，このような主張は最高裁で斥けられている（最決平成16年2月9日刑集58巻2号89頁）。

第2部　刑法各論

I　個人的法益に対する罪

28　電子計算機使用詐欺罪における「虚偽の情報」

1　総　説

詐欺罪（246条）は「人を欺い」た場合に成立するものであり，機械を欺いたとしても成立しない。例えば，ATMにおいて窃取したキャッシュカードを使用して自己の預金口座に振替送金した場合，詐欺罪を適用することはできない。しかし，その実態は詐欺罪と異ならないから，このような処罰の間隙をなくすべく，電子計算機使用詐欺罪（246条の2）が創られた。客体が財物の場合には窃盗罪（235条）が成立すると考えられることから，本罪の客体は「財産上の利益」に限られている。また，条文に「前条に規定するもののほか」と明記されているように，詐欺罪が成立する場合には本罪は成立しない。

前段（作成型）の行為態様は「虚偽の情報」「不正な指令」を与えることである。前者については次で説明する。後者は，例えば自己の預金残高を不正に増額させる処理を行わせるようなプログラムを作出し，これを電子計算機に用いることをいう。これらの行為により「財産権の得喪若しくは変更に係る不実の電磁的記録を作」ること，例えば銀行の顧客元帳ファイルの預金残高記録を書き換えることが要求される。そして「財産上不法の利益を得，又は他人にこれを得させた」ことで本罪が成立する。

後段（供用型）は，偽造したプリペイドカードを使用して有償のサービスを受けるような場合に成立する。

2　「虚偽の情報」の意義

これは「電子計算機を使用する当該事務処理システムにおいて予定されている事務処理の目的に照らし，その内容が真実に反する情報をいう」と解されている。銀行のコンピューターにハッカーが侵入して自己の預金口座に入金があったと記録する行為は，架空の入金情報の記録であるから，その典型例といえるであろう。これに対して，金融機関の役職員が金融機関名義で不良貸付を行い，これが背任になるとしても，貸付行為自体は民事法上有効となる結果，「虚偽の情報」が与えられたとはいえないこととなる。

3　「虚偽」性の判断方法

「虚偽の情報…（略）…を与え」る行為が要件となっているのであるから，

▷1　ATMにおいて他人のキャッシュカードを使用して現金を引き出せば，（銀行に対する）窃盗罪が成立する。

▷2　行為者は機械が自動的に処理するものと考えていたが，実際には個別に人が財産上の利益を与えるか否かを判断していた場合には，詐欺罪が成立することとなる。抽象的事実の錯誤であるが，故意は阻却されない（⇨1-I-10「抽象的事実の錯誤」）。

▷3　東京高判平成5年6月29日高刑集46巻2号189頁。事案は，銀行の支店長が自己の債務の弁済等のために第三者の口座及び自己の当座預金口座に架空の入金処理をさせた，というものであり，「被告人が係員に指示して電子計算機に入力させた振込入金等に関する情報は，いずれも現実にこれに見合う現金の受入れ等がなく，全く経済的・資金的実体を伴わないものであることが明らかであるから，『虚偽ノ情報』に当たり電子計算機使用詐欺罪が成立する」とした。

▷4　窃取したクレジットカードの名義人氏名・カー

174

①与えられた「情報」がいかなるものであったか，②それは「虚偽」といえるのか，という判断過程を経ることが必要である。平成18年判例[44]を素材に検討していこう。

この事案では，入力されたクレジットカード番号等は真正なカードのものであるから「虚偽の情報」に該当しない，と主張された。なお，クレジットカードによる決済を申し込んだ者がそのカードの名義人本人であることを示す主体認証情報の提供は求められていなかった。

これに対して最高裁は「名義人本人が電子マネーの購入を申し込んだとする虚偽の情報を与え」たとした。クレジットカード番号等のサイト上で入力が要求されている情報に加えて「名義人本人が」という主体に関する情報も読み込んだということができよう。

電子計算機使用詐欺罪における「情報」とは，それが与えられることで当該電子計算機のプログラムに基づいて「財産権の得喪若しくは変更に係る不実の電磁的記録」が作成されてしまうものをいう。したがって，クレジットカードの番号等はここにいう「情報」ではない。「このクレジットカードによる決済でこの金額分の電子マネーの購入を申し込む」というのが「情報」に該当する。クレジットカード番号等それ自体が電子マネーの獲得をもたらすのではなく，購入の申込みが電子マネーという財産上の利益をもたらすのである。

その上で，主体認証情報の入力が求められていないにもかかわらず，「名義人本人の私がこのクレジットカードによる決済でこの金額分の電子マネーの購入を申し込む」と，申込みの主体まで読み込むことの可否が問題となる。クレジットカード制度は名義人に対する個別の信用を基礎に成立しており，一般にカードの貸与・譲渡が禁止されている。そのためカードの所持人と名義人は原則として同一であって，またカードの番号や有効期限等を正しく入力することは通常はカード名義人本人でなければできない。したがって，クレジットカードシステムにおいて名義人本人以外が使用することは予定されておらず，本件で入力された「情報」に「名義人本人の私が」という情報も表示されていたと読み込むことが許される[45][46]。

そうすると，本件では窃取したクレジットカードを利用している以上，名義人以外の者が利用したのであるから，「情報」の内容は真実に反する「虚偽の」ものであったといえる。

何が「情報」の表示内容に含まれるかという視点は，詐欺罪における挙動による欺罔における欺罔行為の内容確定と類似している[47]。　　　（荒木泰貴）

ド番号・有効期限を入力することで，出会い系サイトで利用する有料の電子マネーを取得した事案（最決平成18年2月14日刑集60巻2号165頁）。

▷ 5　クレジットカードシステムの予定する目的を「名義人本人だけに当該クレジットカードを利用させること」と考えるわけである。2-Ⅰ-27「クレジットカードの不正使用と詐欺罪」も参照。

▷ 6　当該電子計算機で確認・検証可能な事項と「虚偽」性：当該電子計算機で確認・検証することが予定されていない事項については「虚偽」性の判断対象から除かれるという考えがありうる。例えば，クレジットカードの名義人本人が支払意思・能力がないのに購入を申し込む場合にはホームページ上で支払意思・能力は確認できないのであるから，「虚偽」かどうかの判断に際して考慮されず，支払意思・能力ない購入申込みは本罪を構成しない，という見解である。しかし，本罪が成立する典型例といえる他人のキャッシュカードを使用してATMにおいて自己の口座に振込送金するという行為は，その振込送金に実体が伴わないことから「虚偽の情報」「不実の電磁的記録」となるのであるが，実体を伴うかどうかはATMでは判断できないと思われる。確認・検証可能な事項であるかどうかは，いかなる「情報」が表示されたのかを判断する際の資料にすぎないと思われる。

▷ 7　⇨ 2-Ⅰ-24「欺罔行為」。

I 個人的法益に対する罪

29 権利行使と恐喝罪の成否

恐喝罪

　恐喝罪（249条）は，詐欺罪と同様に，被害者の意思に基づいて財物または財産上の利益を得る犯罪である。恐喝罪の基本的な構造は，行為者の恐喝行為（暴行または脅迫によって脅すこと）により，被害者側に畏怖状態が発生し，それによって被害者が財物または財産上の利益を処分して（交付行為・処分行為），行為者が財物の占有または財産上の利益を得るというものである。この，恐喝行為→畏怖→処分，という一連の流れが存在しなければ恐喝罪は成立しない。例えば，恐喝行為を受けた際，畏怖するのではなく憐れみから被害者が金銭を渡したというような場合では，恐喝罪の既遂犯成立は認められないのである（ただし，恐喝罪の未遂犯〔250条〕は成立する）。

　なお，恐喝罪と強盗罪の区別が問題となるが，強盗罪が被害者の反抗を抑圧する程度の暴行・脅迫が必要であるのに対し，恐喝罪は，被害者の反抗を抑圧する程度に至らない暴行・脅迫で足りるとして区別することが可能である。天災など，行為者が左右することができない害悪の告知は，暴行・脅迫にはあたらないが，告知する害悪が違法なことである必要はないとされる（例えば，犯罪事実を警察に知らせる旨，あるいは，相手側に不都合な真実をマスコミに知らせる旨を告げて，財物を脅し取る行為も恐喝罪に該当する）。

権利行使と恐喝

　財産犯の保護法益の問題について論じられている**本権説**と**占有説**の対立は，恐喝罪においても問題となる。財物または財産上の利益に関し，その権利者である行為者が，恐喝手段によって財物を取り戻した（財産上の利益を得た）場合，恐喝罪は成立するのか，という具合にである。例えば，貸した物を返してくれないAから，所有者であるXが恐喝により取り戻した場合や，借金を返さないAから，債権者であるXが恐喝によって金銭を取り戻したという場合である。このような問題を，「（広義の）権利行使と恐喝」と呼ぶが，後者の例が特に一般に「**権利行使と恐喝**」といわれて議論されている問題である。前者の恐喝手段による財物の取り戻しに関しては，財産犯（窃盗罪）の保護法益で論じたことがそのままあてはまる（242条は，251条により恐喝罪にも適用される）ので，ここでは，後者の金銭債権の取り戻しについて取り上げることにしたい。

▷**本権説・占有説**
⇨ 2-Ⅰ-19「財産犯の保護法益」

▷**権利行使と恐喝**
詐欺罪にも権利行使と恐喝におけるのと同じ問題が存在し，恐喝罪と同様に解決されうる。

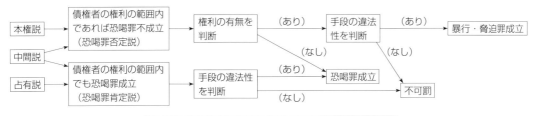

図2.Ⅰ.29-1　本権説・占有説と「権利行使と恐喝」の関係

出所：筆者作成。

　かつての判例は恐喝罪否定説の立場を採っていた。すなわち，権利の範囲内で取り戻した（3万円の金銭債権があり3万円取り戻した）場合は，恐喝罪不成立，権利の範囲を超えて取り戻した（3万円の金銭債権しかないのに6万円取り戻した）場合は，超えた部分（3万円分）について恐喝罪が成立，不可分である（3万円の金銭債権しかないのに6万円相当の金貨を持っていった）場合は全体について恐喝罪成立，権利を有していてもこれを実行する意思がなく，権利の実行に**仮託**した場合や，領得の原因が正当に有する権利とはまったく異なっていた場合は，恐喝罪が成立するとされていたのである。ただし，権利の範囲内であっても，恐喝手段が正当な範囲を超えていた場合は，脅迫罪が成立するとされていた。

　これに対し，戦後の判例は，権利の範囲内であり，かつ，権利実行の方法が社会通念上一般に認容すべきものと認められる程度を超えない限り違法ではないが，この程度を逸脱するときは違法となって，恐喝罪が成立することがあり，債権額を超えた額を**喝取**した場合については，全額について恐喝罪が成立するとした（最判昭和30年10月14日刑集9巻11号2173頁）。これは，権利の有無にかかわらず，手段が違法なものであれば恐喝罪が成立するという，かつての大審院の判例から恐喝罪肯定説へと判例変更を示すものである。

　恐喝罪肯定説の根底には，自力救済禁止が原則であり，民事手続による解決を優先させるべきだ，という考えが存在すると思われる（占有説と同様の考え方である）。この見解に立てば，社会通念上一般に認められない違法な恐喝手段とは何かが重要となる。なぜならば，そのままの形（純粋）の占有説は維持できず（権利行使すべてを違法とはできない），もっぱら手段が違法とされる基準が問題となるからである。一方，恐喝罪否定説も根強い。これは，本権説と占有説の対立の延長線上にあるのが「権利行使と恐喝」であると考える見解であり，恐喝罪の成否は行為者に正当な権利が存在するか否か，逆からいえば，被害者に保護に値する利益が存在するか否かが問題となるのである。このような見解からは，被害者に**期限の利益**がある場合や債権の内容が未確定である場合は，行為者に正当な権利がなく，恐喝罪が成立するが，返済期限の過ぎた債務者に対しては，被害者に損害が発生しないため，債権者による恐喝罪が成立することはなく，場合によって暴行罪・脅迫罪が成立するのみである。このような帰結は，本権説及び本権説に近い中間説から導かれることになる。（南　由介）

▷仮託
口実にすること。

▷喝取
恐喝により財物（財産上の利益）を取得することを喝取という。詐欺罪における騙取に対応した用語である。

▷期限の利益
履行の期限が到来していない債務で，期限まで履行をする必要のない利益のことを期限の利益という。

第2部 刑法各論

I 個人的法益に対する罪

30 二重売買・譲渡担保と横領罪

1 二重売買と横領罪

　AがBに不動産を売却したが，その後，Bへの所有権移転登記が完了しない間に，当該不動産をさらにCに売却し，AがBに先がけてCのために当該不動産の移転登記をした。不動産の二重売買として議論されているのはこのようなケースである。この場合のAがどのような罪責を負うのかがここでの問題であるが，譲渡人のAに委託物横領罪が成立することについては，現在，ほぼ異論は存在しない（最判昭和30年12月26日刑集9巻14号3053頁）。

　一般に，委託物横領罪における占有は事実的な支配だけでなく法的な支配を含むと考えられている（預金による金銭の占有が認められていることからも，このことはイメージできるだろう）。Aが不動産の登記名義人であるならば，当該不動産を現実に支配していなくても，Aが当該不動産の占有者であると評価される。AはBとの間に売買契約を締結しているので，Bの所有権移転登記に協力する義務がある。従って，登記協力義務があるにもかかわらず，Cのために移転登記をしたのであれば，委託信任関係の違背であり，Aに委託物横領罪が成立するのは当然である（Bの当該不動産に対する所有権はこの時点で侵害されるといってよい）。ただ，横領罪が成立するためには，当該不動産がAにとって「他人の物」である必要がある。この点については，Bが少なくとも代金の大部分を支払うまでは当該不動産の所有権はBに移転しないと解するべきである。単にAとBとの間に売買契約が締結されただけの段階では，Bに当該不動産の所有権が移転したと考えるべきではない（民法では，意思主義の原則があるので，売買契約締結時にBに所有権が移転したと考えるべきであろうが，この段階でのBの所有権はいまだ刑法上の要保護性を欠くと解するべきだろう）。

　民法177条は「不動産に関する物権の得喪及び変更は，不動産登記法……その他の登記に関する法律の定めるところに従いその登記をしなければ，第三者に対抗することができない。」と定めているが，この規定によれば，登記なき不動産の譲受人は登記のある第二の譲受人に対抗できないことになっている。従って，上記のケースで，AとBとの間に売買契約が締結されていることをCが単に知っていた場合には，Cは当該不動産の完全な所有権を取得することができる。このように考えれば，Cを横領罪の共犯にすることはできないだろう（最判昭和31年6月26日刑集10巻6号874頁）。さもなくば，民法上，適法に所有

▷横領罪

現行刑法では，単純横領罪（252条），業務上横領罪（253条），遺失物等横領罪（占有離脱物横領罪・254条）がそれぞれ「横領の罪」中に規定されている。他人の所有権を侵害することと占有侵害を伴わないことがこの三つの犯罪類型の特徴となっている。単純横領罪と業務上横領罪は，遺失物横領罪と異なり，委託信任関係を破壊するという点で共通性を有するので，この二つの犯罪のことをあわせて委託物横領罪という。単純横領罪が窃盗罪よりも軽く処罰されるのは，「自己の支配内にある他人の財物の領得は，他人の支配を排斥して実行する領得に比べて，形態において平和的であり，動機において誘惑的である」（滝川幸辰）からだといわれる。

178

権が帰属する者を刑法が横領罪の共犯として独自に処罰することになってしまい，法秩序の統一性を害することになってしまう。ただし，Cが背信的悪意者である場合には，民法上もCは保護されないため，Aに不動産の売買を執拗に働きかけた事情を根拠に，Cを横領罪の共犯として処罰することは可能である。

② 譲渡担保と横領罪

　民法が認めている担保物権は，留置権・先取特権・質権・抵当権の4種であるが，このうち，物的担保として現実社会で重要な役割を果たしているのは質権と抵当権である。しかし，質権は目的物である動産を債権者に引き渡さなければならず，抵当権は目的物を債務者の手許にとどめておくことができるが，目的物が不動産に限定されており，これらの物的担保が社会の要請に十分に応えることができなくなってきた。そこで，登場したのが**譲渡担保**である。この譲渡担保という法形式は，外部的には債権者に所有権を移転するものの，用益的機能は債務者にとどめるというものである。刑法の分野では，弁済期が到来する前に，譲渡担保の目的物を債権者が処分したりする形態が横領罪で問擬できるかどうかが問題となっている。

　例えば，BがAに3000万円を借りて，4000万円の自分の不動産をBが譲渡担保としてAに供したという例について考えてみよう。このケースで，仮に，Aが，当該不動産の所有名義が自分にあることを奇貨として，弁済期到来前に当該不動産を無断でCに売却したとしよう。この場合，Aに横領罪は成立するのだろうか。（内外部とも移転型の場合を念頭に置くと，）譲渡担保権者が実質的な所有権者であるとすれば横領罪は成立しないし，譲渡担保といえどもあくまでも債権の担保制度にすぎないと考えるとすれば反対に横領罪が成立する。最近では，譲渡担保権者も譲渡担保設定者もともに所有権者であり，所有権が分属しているのだから，担保物はどちらにとっても「他人の物」であり，権限を越えて処分すれば，双方とも横領になりうることを示唆する考え方も登場している。この新たな考え方によれば，上記の事案では横領罪が成立する。

　所有権留保と横領罪の成否の問題も横領罪をめぐるトピックの一つである。例えば，500万円の自動車1台を24回の月賦払いで業者から譲受け，3回分の代金を支払った時点で第三者に400万円で転売し，その400万円を競馬やパチンコに使ってしまったというケースにつき考えてみよう。このケースで横領罪が成立するか否かが大いに議論されている。こうした事例では，代金を完済するまでは自動車業者の側に所有権が留保されているのが通常である。民事法に従って形式的に考えれば当該事例でも横領罪が成立することになるが，かかる帰結に対しては，罰金刑を科すこともできる背任罪を適用し柔軟に対処する方がベターではないか，自分の買ったパソコンが気に入らないので転売したというケースですら横領になりかねないといった批判がなされている。（大山　徹）

▷譲渡担保

かつては，譲渡担保は売渡担保と狭義の譲渡担保とに区分されると考えられてきた。そして，売渡担保においては，目的物の所有権は債権者にあると考えられ，債権者が弁済期に先だって目的物を売却しても横領罪にならないと考えられていた。一方，狭義の譲渡担保においては，目的物の所有権が外部的にのみ移転する形態と内外ともに移転する形態の二つがあるとされ，前者では，目的物を債権者が処分した場合に横領罪になると考えられていたのである。しかし，現在では，このような区分にさほど意味があるのか，疑問が呈されている。

I 個人的法益に対する罪

不法原因給付と詐欺・横領の成否

1 不法原因給付とは

　例えば，殺人を依頼し拳銃を手渡した場合や，売春目的で金銭を交付した場合に，原所有者はいったん交付した拳銃や金銭の返還を相手方に請求することができるのだろうか。この点につき，民法708条は，「不法な原因のために給付をした者は，その給付したものの返還を請求することができない。ただし，不法な原因が受益者についてのみ存したときは，この限りでない。」と規定している。民法708条は，公序良俗に反する目的で物や金銭を移転した場合，当初の所有者はこれらの物をとり戻す請求権がない旨規定している。

　このように，公序良俗に反する物や金銭の移転は**不法原因給付**に該当し，法律行為としては無効となり，原所有者は給付した物や金銭に対する返還を請求することができなくなるというのが一般的な考え方になっている。刑法学の分野では，不法原因給付と詐欺罪・横領罪の成否の問題が盛んに議論されている。

2 不法原因給付と詐欺罪

　例えば，麻薬の密輸のためだと騙して金銭を交付させたケースや裏口入学を斡旋するといつわり現金を交付させたケースで，詐欺罪は成立するのだろうか。すでに言及したように，公序良俗に反する目的でなされた物や金銭の移転は法律行為としては無効であり，物や金銭を騙し取られた者に財物の返還請求権はないとするのが民法学の考え方であった。このように考えれば，被害者には，民法上，返還請求権がそもそもないので，こうした事例で詐欺罪を認めることは困難であるようにもみえる。しかし，こうしたケースでは，不法な目的があるとはいえ，被害者は騙されてはじめて適法に占有していた物を失うわけであり，被害者の要保護性が直ちに欠けると考えるべきではないだろう。また，民法708条ただし書は，行為者と被害者とを比較し行為者の不法性がより大きい場合には，こうした被害者でもその返還請求権が消失しないことを示唆している。従って，民法708条ただし書を援用することによって，上記のケースで詐欺罪の成立を肯定するのも十分に成り立ちうる考え方であるように思われる。

3 不法原因給付と横領罪

　不法な目的で物や現金などを委託し，受託者がその財物を処分したような場

▷**不法原因給付**
不法原因給付における不法の意義につき，最高裁は昭和37年3月8日民集16巻3号500頁の判決で，「反道徳的な醜悪な行為として顰蹙すべきほどの反社会性がある」ことが不法だと判示している。不法原因給付だとされるためには，公序良俗に違反している（民法90条）ことが前提となるが，民法学では，こうした考え方が一般的なものとなっている。なお，単なる統制法規違反で給付した物が民法708条にいう不法原因給付にあたるか否かについては，さかんに議論がなされている。

合に，委託物横領罪が成立するかどうかも大きな問題となっている。例えば，賄賂として第三者に提供するよう委託した現金を受託者が使い込んでしまったケースや，仇敵を殺害するために渡した金銭を受託者が持ち逃げしたケースで横領罪を認めてよいかが議論の対象になっている。

横領罪を認めてよいかどうかという問いに答えるためには，提供した物や金銭の所有権が誰に帰属するのかをまず明らかにしておく必要がある。もし，不法目的で提供した物や金銭の所有権が相手方に帰属するのであれば，その物や金銭は受託者の物となるので，そもそも受託者が横領罪に問われる余地はないことになる（自分の物や金銭を自分でどう使おうとその人の自由である）。しかし，物や金銭の所有権が委託者にとどまるのであれば，受託者が物や金銭を使い込んだり持ち逃げしたりすれば，このような行為は委託者に対する所有権侵害として当然横領罪に問われることになろう。

ところが，最高裁は，昭和45年10月21日判決（民集24巻11号1560頁）で，不法な原因で給付された物や金銭の所有権は反射的に相手方に移転すると判示した。すなわち，最高裁は，不倫関係の維持のために未登記の建物を愛人に贈与したというケースで，「給付者は不当利得に基づく返還請求が許されないばかりでなく，所有権が自己にあることを理由として給付した物の返還請求をすることも許されず，その反射的効果として目的物の所有権は受贈者に帰属する」と判示したのである。最高裁の論理によれば，不法原因給付物だと判断されれば，原所有者に提供した物や金銭に対する返還請求権が認められないだけでなく，相手方に所有権が反射的に移転してしまい，受託者に横領罪が成立する余地はないことになる。しかし，本当に，賄賂として第三者に提供するよう委託した現金を受託者が使い込んでしまったケースや，仇敵を殺害するために渡した金銭を受託者が持ち逃げしたケースで横領罪は否定されるべきなのであろうか。最近では，不法原因給付と不法原因寄託とを区別し，上記のケースはすべて（不法原因給付ではなく）**不法原因寄託**にあたるので，所有権は委託者にとどまり，横領罪を肯定してもよいとの結論を導く見解が登場するに至った。この見解は支持するに値する考え方である。

（大山　徹）

▶**不法原因寄託**
不法原因給付と不法原因寄託とを分ける考え方が最近有力に主張されている。この新たな考え方に従うと，不法原因給付とは給付者の意思が所有権の移転に向けられている場合であり，不法原因寄託とは相手方に対し物の所有権を移転する意思がない場合である。不法原因給付だとされると所有権も相手方に帰属することになるが，不法原因寄託だとされると物の所有権は依然として原所有者の手許に残る。例えば，贈賄目的で金銭を第三者に委託したが使いこまれたケースでは，不法原因寄託となり委託者に当該金銭の所有権は残ることになる。横領罪の成立を比較的容易に導くことができる点で注目に値する考え方である。

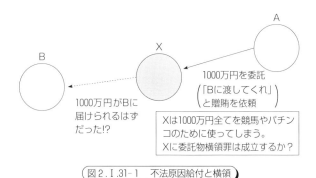

図2.I.31-1　不法原因給付と横領

出所：筆者作成。

I 個人的法益に対する罪

32 背任罪の性質

1 規定の構造

247条は「他人のためにその事務を処理する者」（**事務処理者**）が，「自己若しくは第三者の利益を図り又は本人に損害を加える目的」で，「その任務に背く行為」（**任務違背行為**）を行い，その結果として「本人に財産上の損害を加えた」場合に背任罪が成立することを規定している。ここでは，いかなる者を事務処理者に含めうるかという問題を中心に検討する。

2 権限濫用説と背信説

背任罪の実行行為は「その任務に背く行為」であるが，その意義をめぐっては大きく分けて二つの学説が対立してきた。まず，①権限濫用説は，任務違背行為となるのは，委託者に与えられた代理権を濫用した法律行為に限定されると解した。しかし，この見解では法的な意味での代理権を授与されていない**事実行為の場合**にはすべて任務違背行為には含まれないことになり，背任罪の成立範囲を狭くし過ぎるという批判が加えられた。そこで，これらの事実行為も含めて，本人との信頼関係を侵害する行為を広く含ませる②背信説が多数説となった。任務違背行為の典型例としては，金融機関の役職員が回収の見込みの立たない不良貸付を行うことや，会社の役職員が会社名義で不正に小切手の振出や債務保証を行い，会社に債務を負担させる場合などが挙げられている。

ただし，背信説では，どのような場合に信頼関係に背いたといえるのかの基準が必ずしも明確でないために，逆に処罰範囲が広くなり過ぎるおそれがある点が疑問視されている。例えば，債務者が借金を債権者に返済しないという典型的な債務不履行の場合にも，債権者の信頼に反して「債権者のための事務」を怠ったことになり，背任罪が成立する余地が生じてしまう。そのような問題意識から，近年では，権限濫用説から出発しつつ，法定の代理権限濫用だけではなく，事務処理上有している一定の事務処理権限を濫用した場合も任務違背行為に含めてよいとする見解（③背信的権限濫用説）や，逆に背信説から出発しつつ，裁量の余地のない事務を除外して信頼関係を高度なものに限定しようとする見解（④限定背信説）などが主張されている。近年の学説では，背任罪は経済活動の発展に伴って財産の組織的運用が適正に行われることを保護するために設けられた規定であり，従って，本人の自由な財産処分の過程に関与する

▷事務処理者の任務違背行為に関する判例
最決平成16年9月10日刑集58巻6号524頁は，信用保証協会の役員が銀行頭取からの要求を受けて代位弁済に応じることで，今後も同銀行からの負担金の拠出を受けるべきかを慎重に検討すべき立場にあったことを指摘し，代位弁済に応じたことが直ちに任務違背に当たるとは即断できないとした。また，最決平成21年11月9日刑集63巻9号1117頁は，銀行の取締役には一般の会社取締役に比して高い水準の注意義務が要求されることを指摘し，任務違背性を肯定した。

▷事実行為と考えられる場合
コンピュータソフト会社に勤務し，同社の納入したコンピュータに限って同社の開発したプログラムを入力する業務に従事していた被告人が，会社に無断でプログラムが記録されたフロッピーを社外に持ち出し，他社の設置するコンピュータにプログラムを入力した事案につき，任務違背性が認められた（東京地判昭和60年3月6日判時1147号162頁）。

地位（対内的関係）にある者が、そのような任務に反して本人に財産上の損害を与えた場合に限定して適用されるべきだと主張するものもみられる。

3 二重抵当と背任罪の成否

他人の事務といい得るためには、本人が第三者との関係で行うべき仕事を、行為者が本人に代わって担当するという関係が存在していることが必要である。そこで最も問題となるのは、不動産の所有者Xが、それを目的物としてAとの間にAを第一順位とする抵当権を設定したのちに、Aが未だ登記を完了していないことを知りつつ、同一の不動産についてBを第一順位とする抵当権を設定し、登記を完了させたような場合に、果たしてXはAとの関係で「事務処理者」に当たるのか、という場合である。判例は、抵当権設定者Xには、その登記を完了するまで抵当権者Aに協力する任務があり、これは他人であるAのために負うものであるとして、XにはAに対する背任罪が成立するとしている（最判昭和31年12月7日）。多数説も、**二重売買の場合に横領罪が成立する**のであれば、それとの均衡上、二重抵当の場合には背任罪の成立を認めるべきであるとして判例を支持してきた。しかし、近年では、この場合のAはまさに自分の財産を保全するために登記を設定するのであるが、Xにはそれを「Aに代わって行う」というような「対内的な関係」は認められないこと、また、むしろXとAは対等に取引を行っている「対向的な関係」にあり、原則として自由競争の原理が支配するから、より条件のよい契約を求めてXがこのような行為に出ることを刑法で規制すべきではないことなどを指摘して、このような場合を処罰するのであれば、債務不履行の場合も、債務を弁済しないことによりまさに債権者の財産を左右するだけの「任務に違背した」ということになってしまう、という批判もある。

（照沼亮介）

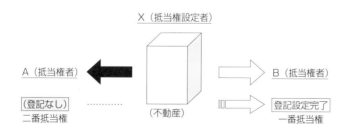

図2.Ⅰ.32-1 二重抵当と背任罪の成否

出所：筆者作成。

▷ **最判昭和31年12月7日**
被告人はAから20万円を借り受け、自己の所有する家屋について極度額を20万円とする根抵当権設定契約を締結し、Aに抵当権設定に必要な書類を交付した。ところが、被告人はAが未だ登記を完了していないことを知りながら、Bから20万円を借り受けるに際し、同一家屋に極度額を20万円とする第一順位の抵当権設定契約を締結し、第一順位として登記を完了した。その際、Aの抵当権は第二順位の抵当権として設定された。最高裁は、本文で述べたような根拠に基づき被告人に背任罪の成立を認めた（刑集10巻12号1592頁）。

▷ **不動産の二重売買と横領罪の成否**
自己所有の不動産をAに売却したのちに、所有権移転登記が完了していない当該不動産をBに売却し、Bへの所有権移転登記を完了させたような場合について、判例・通説は一定の要件のもとに横領罪の成立を認めている。詳しくは 2-Ⅰ-30 「二重売買・譲渡担保と横領罪」を参照。

▷ 1　担保価値保全義務を認めた判例：その後、最決平成15年3月18日刑集57巻3号356頁は、株式を担保として質権を設定した者が、株券を質権者に交付したのち、裁判所を欺いて除権判決を得て失効させた行為につき、質権設定者には株券の担保価値を保全する任務を負い、この任務は他人である質権者のために負うものだとして任務違背性を肯定しており、その当否をめぐって議論がある。

第2部　刑法各論

I　個人的法益に対する罪

33 損害概念と図利加害目的

▷**全体財産に対する罪**
これに対して，例えば詐欺罪では，被害にあった財物や財産上の利益の喪失自体が損害であるとされており（個別財産に対する罪），例えば価格相当の商品を給付したような場合でも，一般に詐欺罪の成立は認められている。

▷**最決平成8年2月6日**
すでに債務超過に陥って返済能力のない会社の経営者Xが，銀行からさらに融資を受ける目的で，銀行の支店長Yと意思を通じて，Xが約束手形を振り出し，これに対してYが銀行名義での手形保証を行い，その手形の割引金を銀行からの当座貸越の弁済に充てて，あたかも弁済能力があるかのような外観を作り出したが，その際，手形保証と割引と入金とが同時に同一の場所で行われた，という事案につき，最高裁は，銀行が手形保証債務を負担したことは財産上の損害にあたるとして，X，Yに背任罪の共同正犯の成立を認めた（刑集50巻2号129頁）。

▷**最決昭和58年5月24日**
信用保証協会の役員らが，相手方に弁済能力がないことを知りながら，十分な担保を設定するなどの措置を採らずに信用保証書を交付し，保証協会に保証債務を負わせた事案につき，背任

1 財産上の損害

　背任罪が既遂となるためには，任務違背行為の結果として「財産上の損害」が生じる必要がある。損害が生じたかどうかの判断は，第一に，本人の財産全体との関係においてなされる。一方で損害が生じていたとしても，他方においてこれに対応する反対給付が存在した場合には，財産上の損害は否定されることになるのである（この意味で，背任罪は多数説によれば財産に対する罪の中で唯一の「**全体財産に対する罪**」であるといわれている）。ただし，いかなる場合に損害に対応するだけの反対給付が存在したといえるのかは問題である。例えば，弁済能力のない会社の経営者が，銀行からさらなる融資を受けるため会社に弁済能力があるかのごとく装う目的で，約束手形を振り出し，当該銀行に手形保証をさせ，その割引金を当該銀行の当座預金口座に入金して弁済に充てた，という事案については，判例はなお財産上の損害の発生を肯定している（**最決平成8年2月6日**）。第二に，このような全体財産の価値の減少を法律的な見地から判断すべきなのか，それとも経済的見地から判断すべきなのかが問題となる。例えば，銀行の支店長が，倒産しそうな会社の経営者に対して無担保で資金を融資する場合を考えてみると，銀行としては現金の代わりにその債権が残ることになり，法律的見地からは全体財産は減少していないということになる。しかし，法律上債権を取得したとしても，その弁済の見込みがない以上は財産的に価値がないといえるのであり，仮に債務の履行期以前であったとしてもやはり全体財産は減少したというべきであろう。判例も，「財産上の損害を加えたとき」とは「経済的見地において本人の財産状態を評価し，被告人の行為によって，本人の財産の価値が減少したとき又は増加すべかりし価値が増加しなかったときをいう」としており，財産上の損害を経済的見地から判断する立場に立っている（**最決昭和58年5月24日**）。ただし，学説では，損害の発生する時期は経済的に判断すべきであるが，実質的にみてそれが保護に値するかどうかは法的な視点から判断すべきであるとする見解（法的・経済的損害説）が支配的である。損害の性質についても経済的視点からのみ判断しようとすると，例えば公序良俗に反する行為によって得た利益のように，法的保護に値しないような財産も，市場において価値を有する以上背任罪で保護されることになってしまい，妥当でないからである。

2 図利加害目的

　背任罪が成立するためには，故意（＝任務違背行為によって財産上の損害を発生させるという認識）に加えて，「自己若しくは第三者の利益を図る」目的（図利目的）か，「本人に損害を加える」目的（加害目的）が必要である。いかに損害の発生を認識していたとしても，それが本人（例えば会社や銀行）の利益を図るために行われたものであれば，これらの要件を欠くことになるのである。

　理論上問題となるのは，本罪の故意がある場合には，結果である「加害」についての未必的な認識は必ず認められることになるから，これを超える「確定的認識」「意欲」「積極的認容」などが要求されていると解さないと，条文上あえて「目的」が要求されている意味（処罰範囲を限定する趣旨）が失われてしまうのではないか，という点である。これに対して，判例は図利加害の点については意欲ないし積極的認容は必要でないとする立場を採用しており（**最決昭和63年11月21日**），近年の学説でも，このような結論を支持する前提から，図利加害目的は「本人図利を図る動機がない」状態をいわば裏側から示すものに過ぎないとする見解（消極的動機説）が有力である。

　しかし，「本人のために行う動機がない」ということは，「自己や第三者の利益を図る」ことや「本人に損害を加えようとする」ことと同じではない。例えば，会社経営者が全く危機意識をもたずに放漫経営を続けた結果，会社に損害を与えたような場合を考えてみると，行為者には確かに「会社の利益を図る目的」はないが，それが同時に自己や第三者の利益を図ったり，会社に損害を与えようとする「目的」が存在していたということにはならない。このような場合に背任罪の成立を認めると，現行法上規定のない「過失背任」を処罰することになりかねない。また，損害の「認識」だけで図利加害目的の存在を肯定すると，「短期的には損失をもたらすかもしれないが，数年先には会社にとって大きな利益につながる」と判断して取引に出るような場合（冒険的取引）をも処罰対象に含めることになるが，それは経済活動の発展を過度に萎縮させるおそれがある。このような理由から，「動機」の存在が積極的に認められる必要があるとする見解（積極的動機説）も主張されている。

（照沼亮介）

表2.Ⅰ.33-1　図利加害目的の内容に関する見解の対立

損害の未必的な認識で足りる（判例）／本人図利の動機がないことで足りる（消極的動機説）	損害の「確定的認識」「意欲」「積極的認容」など限定された内容の故意が必要（確定的認識説・意欲説など）	損害の未必的認識に加えて，図利・加害の動機／実現意思が必要（積極的動機説など）

← 故意の内容における「程度」の対立　　→／故意とは異なる次元での主観的要素を要求

出所：筆者作成。

罪の成立が認められた（刑集37巻4号437頁）。

▷**最決昭和63年11月21日**
銀行支店長が顧客のために，回収不能のおそれのある立替払いを行い，銀行に財産上の損害を与えたという事案につき，背任罪の成立が認められた（刑集42巻9号1251頁）。その後，最決平成10年11月25日刑集52巻8号570頁は，銀行の代表取締役らによる不正融資の事案につき，本人（銀行）の利益を図る動機があったとしてもそれは融資の決定的な動機ではないことを指摘した上で，主として第三者（融資の相手方）の利益を図る目的をもって行われたとした。また，最決平成17年10月7日刑集59巻8号779頁は，商社の代表取締役による不正融資の事案につき，その動機が本人（商社）の利益よりも自己や融資の相手方の利益を図ることにあったこと，本人に損害を加えることの認識，認容も認められることを指摘して，自己・第三者図利目的，及び本人加害目的の存在を認めた。

コラム-7

背任罪の相手方

　企業の融資担当者が，任務違背の不正な貸付けをしたとき，借り手側の担当者が，背任罪の共同正犯，教唆，幇助のいずれかに問われる可能性がありうる。1991年に終焉となったわが国のバブル経済以降，乱脈な取引を互いに続けた企業同士の関係が行き詰まるという現象が生じ，借り手の者が，貸し手の背任に共同加功[*]していると評価されるケースが，注目されるところとなった。

　　＊　「一部実行の全部責任」が認められる共同正犯に関しては，実行行為の一部を担うことで当該犯罪に「加功」した者も，正犯たりうる。「加功」の文言は，刑法65条（身分犯の共犯）1項に存するが，ここにおいて，身分なき者も，身分犯の実行行為を分担しうることが示される。

　取引社会では，ひっ迫した財産状況に置かれた者が，なりふり構わず金策に走ることなどは珍しくなく，それは事業を継続させるために必要な活動でもある。取引当事者が，当該取引が相手方の不利益になりうるということを認識していたとしても，ただちに相手方の担当者による不適切行動への共同加功として評価すべきではない。では，任務違背取引の相手方が，背任の共同正犯に問われるのはどのような場合なのだろうか。

　最決平成15年2月18日刑集57巻2号161頁は，被告人甲が自ら代表取締役を務めるA社が，唯一の融資受け入れ先であったB社から，明らかに不自然な形態での（実質的無担保かつ迂回融資の方法をとるなど），過剰な継続的融資を受けたというケースに関するものである。最高裁は，被告人は，相手方融資担当者の任務違背行為に支配的な影響力を行使しておらず，社会通念上許されないような方法を用いるなどした積極的働きかけもしていないとしつつも，任務違背行為や融資する側の財産上の損害については高度の認識を有していたなどと論じて，特別背任行為への共同加功を認定している。

　また，最決平成17年10月7日刑集59巻8号1108頁（イトマン事件）は，被告人甲が，A社等の取締役を務める乙に対して，自己の支配に係る会社から，多数の絵画等を買い取るよう依頼するなどしたというケースに関するものである。乙とその補佐役らは，甲側が申し出た代金価格が著しく不当に高額であることを認識・認容しつつも，申し出の額のままで絵画等を買い取り，A社に財産上の損害を生じさせた。他方で甲は，当該取引

の途中において，偽造の鑑定評価書を差し入れるといった不正な行為も行っていた。結論として，被告人は特別背任の共同正犯であるとされた。

　最決平成20年5月19日刑集62年6月1623頁は，被告人が，自己が統括するＡ社を中心とする企業グループが慢性的な資金難にあったことから，Ｂ銀行から融資を受けようとし，その際，融資の申し込みに加え，Ａ社の債務圧縮を実現するカラクリ案（判決文で「再生スキーム」と呼ばれている）を，Ｂ銀行の頭取らに提案し，それに関連して，評価額を大幅に水増ししたゴルフ場の不動産鑑定評価書を用意するなどしたというケースに関するものである。最高裁は，被告人は，本件融資の実行が頭取らの任務に違背するものであることや，その実行がＢ銀行に財産上の損害を加えるものであることを十分に認識していたなどとした上で，本件融資の実現に積極的に加担していると断じ，特別背任行為への共同加功を認めている。

　上掲した3件のケースにおいては，背任が問題となった取引の以前から，企業間において巨額で放漫な貸付け等がなされていたという事実があった。それらの融資担当者らは，相手方倒産による債権焦げつき等の責任を自らが負うことをひとまず回避するために，任務に違背する不適切な取引行為をなし，他方，いずれのケースの被告人も，そうした取引相手の事情を知っていたという事情もある。

　背任罪の相手方の問題は，学説でも比較的活発に議論されている。例えば，不正な取引であっても取引である以上，双方当事者の関係は対立構造にあるが，長期にわたって放漫な取引関係を続けている企業らは，個別の取引を見れば対向関係にありつつも，長年にわたる関係に鑑みたときは利害の共通性を有しており，共同正犯を認める状態にあるのだと説かれている。借り手側の担当者が，事業継続のため様々な手段を講じるのは当然であるが，取引先の融資担当者に犯罪を行わせるような活動は許されないだろう。だが，取引における各人は，基本的には相手側の健全な財務について責任を負うものではない。その点を大きく超えて，借り手側の者が背任罪の共同正犯（当該ケースにおける背任の主役のうちの一人）として評価されるのは，相手方への特別な関与があるからであり，それがどのような態様のものか，事案の特殊性に鑑みて読み解いていく必要がある。

（榎本桃也）

第2部 刑法各論

I 個人的法益に対する罪

 34 横領と背任の区別

区別が問題となる理由，場面

委託物横領罪（252条，253条）と背任罪（247条）は，被害者との信頼関係を裏切って財産を侵害するという点で共通の性質を有する。また，その成立要件は異なって規定されているものの，両者が重なり合う場面が想定しうる。他人の事務処理者が，自己が占有する他人の物について不法な処分を行った場合である。このような場合に，横領と背任の区別が問題となる。

2 法条競合の関係：横領罪の優先

区別が問題となる場面では侵害される法益の数は一つであることから，横領罪と背任罪は**法条競合**の関係に立ち，重い方が成立する。業務上横領罪と背任罪とでは前者が法定刑の上限の点で重く，単純横領罪と背任罪とでも前者が法定刑の下限の点で重い。

従って，横領罪の成否をまず検討し，横領罪が成立しない場合に初めて背任罪の成立を検討するということになる。客体が財産上の利益であれば横領罪は問題とならないし，後述する領得行為説からは毀棄（・隠匿）目的の行為についても横領罪は成立しないから，背任罪のみが成立しうる。「横領と背任の区別」という表題のもとでなされている議論は，区別それ自体を目指しているというよりも，いつ横領罪が成立するのか，いつ背任罪が成立するのかという，それぞれの成立要件に関する議論であった，と理解すべきであろう。

3 横領罪の成否の検討：領得行為説，自己の名義・計算

横領罪の実行行為である「横領した」とは，「自己に領得する意思を外部に発現する行為」，不法領得の意思を発現する領得行為を意味する。横領罪の保護法益は所有権であり，委託信任関係の違背を通して所有権侵害をする犯罪が横領罪である。

問題はどのような場合に「横領した」といえるかである。委託された物を自分のために処分すれば横領罪が成立し，委託者本人のために処分すれば横領罪とならないというのは，比較的問題が少ない。特に検討すべきは，自己が管理する他人の金員を無断で第三者に貸し付けるような，委託された物を第三者に処分する場合である。

▷**法条競合**
⇨ 1-Ⅵ-1 「罪数論」
▷1 最判昭和34年2月13日刑集13巻2号101頁等。
▷2 刑の軽重については10条に規定されている。業務上横領罪と取締役等の特別背任罪（会社法960条）とは，法定刑の上限は同じだが後者では罰金の併科が可能である点をどう考えるかによって結論が異なる（最判昭和23年4月8日刑集2巻4号307頁は併科刑を考慮しない）。
▷3 ⇨ 2-Ⅰ-16 「財産犯の客体」
▷4 最判昭和27年10月17日集刑68号361頁。客体の「自己の占有する他人の物」については 2-Ⅰ-30 「二重売買・譲渡担保と横領罪」，不法領得の意思については 2-Ⅰ-20 「不法領得の意思」。

判例は，自己の名義・計算で処分した場合には横領罪が成立し，本人の名義・計算で処分した場合には背任罪が成立する，という考えに基づいていると分析されている。一読しても理解不能な言い回しである。銀行Aの頭取Xが第三者Bに金員を貸し付けた，という単純な例に即して概要を説明したい。

まず用語の説明である。「自己」とは実行行為者Xのことをいい，「本人」とは委託者である銀行Aのことをいう。「計算」とは，当該行為の経済的利益がXとAのいずれに帰属するのか，という問題である。そして，「名義」は，誰の名のもとで当該行為を行ったのか，という問題である。重要なのは，誰の「計算」で当該行為が行われたのか，である。なぜなら，単にAの名義を仮装しているだけの場合も考えられるし，[5]「領得する」とは，簡単な言葉で言い換えれば「自分のものにする」ことを意味するから，処分の経済的利益がXに帰属しているといえるかの方が重要だからである。「名義」は誰の「計算」かを推認させる資料と考えられる。

Xが自己の（名義・）計算でBに金員を貸し付けたのであれば，Aの預金口座からBの預金口座に直接振込みがなされたとしても，それはAの金員を一度自分のものにしてから貸し付けたものと考えられるため，領得行為があり横領罪が成立するといえる。[6]

誰の名義・計算かを判断するに際して，行為者の行為がその権限を逸脱して（又は無権限で）行われたか，権限（の範囲内でそれ）を濫用して行われたか，という視点が重要となる。[7] 権限逸脱行為は，その効果を本人に帰属させることが困難となり，領得行為があったと推認されるからである。[8] 権限を与えるのは本人であるから，行為者と本人との対内的な関係においてどのような権限が与えられていたのかを検討する必要がある。

本人ですら行えないような，例えば法令違反の行為については，基本的に権限を逸脱した（無権限）の行為であり，領得行為があったと推認される資料となろう。しかし，行為の客観的性質と行為者の主観は別個のものであるから，法令違反だけをもって不法領得の意思の発現たる領得行為があるとすることはできない。[9]

手続き違反についても同様である。行為者の権限行使にあたって決議を経ることが必要とされていたなどの手続きが要求されており，それに違反したことは，行為者がほしいままに本人の財産を領得したと推認させる事情ではある。しかし，手続き違反のみをもって直ちに領得行為があったと考えることはできない。誰の名義・計算であったかを検討し，領得行為による所有権侵害があったかを検討しなければならない。[10]

（荒木泰貴）

▷5　最判昭和34年2月13日刑集13巻2号101頁。

▷6　例えば，Xが愛人Bとの関係を継続するためにAの預金口座から100万円をBの口座に振り込んだという場合は，（業務上）横領罪が成立して（特別）背任罪にはならないと考えられる。

▷7　これによって横領罪・背任罪の成立範囲を画する有力な見解も存在するところである。

▷8　前掲最判昭和34年2月13日も参照。

▷9　最決平成13年11月5日刑集55巻6号546頁。

▷10　大判昭和9年7月19日刑集13巻983頁は手続違反があった事案について背任罪の成立を認めた。

コラム-8

横領後の横領

　「委託信任の関係」は継続性があることから，そこにおいて横領行為が反復されることは，容易に想定できることである。例えば，受託者が，預かった金員の一部を着服し，その後，残金についても，使い込みを続けるケースなどである（いわゆる「連続的包括一罪」に該当しうる事例類型）。では，全く同一の客体に対する領得がくり返されるケースについては，どのように考えるべきであろうか。「横領後の横領」と呼ばれる論点がここにある。

　最大判平成15年4月23日刑集57巻4号467頁は，被告人が，委託されている他人の不動産について，ほしいままに抵当権を設定・登記（第一行為）をした後，その不動産を，ほしいままに第三者へ売却して，所有権移転登記もなした（第二行為）というケースである。最高裁は，起訴された第二行為につき，横領罪が成立するとした。同種の事案について，最判昭和31年6月26日刑集10巻6号874頁は，先行の抵当権設定行為は横領罪を構成するとしたものの，後行の売却は同罪を構成しないとしていた。平成15年判決は，判例を変更したのである。

　第一行為により抵当権が設定されたことで，不動産の取引価値は減弱するが，価値が下落した当該不動産を売却する第二行為も，不正な領得であると考えることはできるであろう。だが，ここでは，次のように理解すべきではない。すなわち，抵当権設定行為は対象物をまるごと領得するものではなく，一部の利益を得る「部分横領行為」に過ぎないから，その後になされる第三者への売却行為を，当該不動産の価値を完全に移転してしまう横領行為として論ずることができる，と考えるべきではないということである。抵当権の設定は，当該不動産の経済的価値を大きく下落させ，換価処分による所有権喪失の危険を孕み，本来は，所有者本人にしか許されない行為である。そうであれば，第一行為の抵当権設定も，一部の経済的価値を得るものとしてではなく，まさに目的物を領得する「全部横領行為」として捉えるべきなのである（文献では，横領は所有権機能を危険にさらす行為であれば足りると説かれている）。もし，ここで，「部分横領行為」の

概念を承認するとすれば，現行刑法には存しない「利益横領」を処罰するということにもなってしまう。

　こうして，第一行為も第二行為も，それぞれが（全部）横領にあたる領得行為として捉えることができる。ただ，それは，どちらも横領罪の処罰規定が適用されうる行為だということであり，上掲のケースに2個の横領罪を成立させることは，二重処罰となるので許されない。平成15年判決は，第二行為の売却・所有権移転登記に横領罪の成立を認めているが，同様のケースで，第一行為を横領罪とした上で，第二行為は不可罰的事後行為（共罰的事後行為）とされることもありうる。さらに，二つの行為が同時に起訴された事案では，両者を包括一罪の関係として論ずることも考えられる。もちろん，包括一罪として評価できるか否かに関しては，第一行為と第二行為の時間的な接着性や，第一行為のあった後，行為者と被害者の間に委託信任関係が存続しているかどうか等，検討すべきことがある。因みに，もし，第一行為である抵当権設定の事実を所有者たる被害者が知り，その時点で，当該不動産についての委託信任関係が壊れたのであれば，後に第二行為としての売却がなされても，その売却は横領行為ではない。ただし，その場合，第二行為が横領罪を構成するか否かにかかわらず，そもそも権限なく他人の物を売却する行為は，買主に対する詐欺となりうることが想起されるだろう（一般的に他人物の売買が許されないということではない）。もし仮に，第二行為が，不動産所有者を被害者とする横領罪を構成するにしても，それはまた，買主を被害者とする詐欺行為でもありうるということである。

　以上，「横領後の横領」の問題は，一つの客体や，一つの行為に対する刑罰法規適用の可能性が，複数ありうることを再認識させるものである。具体的なケースで，どの行為が立件され，どの処罰規定の適用が論ぜられるのかなど，実務上の扱いを知るには，事案を比較検討していくことが必要である。

（榎本桃也）

Ⅰ 個人的法益に対する罪

 # 盗品関与罪の本質

1 盗品関与罪の複合的な性格

刑法典第二編第39章**盗品等に関する罪**（以下，盗品関与罪とする）の規定は，「第38章 横領の罪」と「第40章 毀棄及び隠匿の罪」の間に置かれている。従って，盗品関与罪の本質が，何らかの意味での財産権侵害にあるということは自明のように思われる。

実際，かつての通説は，本罪の本質を，本罪の前提となる財産罪（これを本犯と呼ぶ）の被害者がその物に対して有する追求権，すなわち民法上の返還請求権の行使を困難にする点にあると解していた（**追求権説**）。例えば，XがAの宝石を盗んだとする。YがXからこの宝石を買い受けた場合，宝石はAの下からさらに離れ，Aからすれば当該宝石の所在を明らかにしてこれを取り戻すことがなお一層困難になる。盗品関与罪に該当する行為は，みなこのような性質を有するがゆえに処罰されると説明されたのである。しかし，本罪の本質を追求権侵害のみによって説明することは難しい。なぜなら，追求権という観点のみでは，**盗品等の運搬，保管，有償譲受け，有償処分のあっせんの各犯罪**を規定している256条2項の法定刑が10年以下の懲役及び50万円以下の罰金とされており，本罪より直接的に他人の財産権を侵害する窃盗罪や詐欺罪の法定刑よりも重いことが説明できないからである。そこで，256条2項に規定されている各犯罪がなぜ特別に重く処罰されるのかが問題になる。

この点については，一般に，256条2項の盗品等の運搬，保管，有償譲受け，有償処分のあっせんの各犯罪が，財産犯を助長・誘発する性格（本犯助長的性格）をもつからだと説明される。有償処分のあっせん罪を例にこれを説明しよう。XがAから宝石を盗んだが，Xは宝石そのものよりも宝石を処分することによって得られる金銭の方に関心があったとする（むしろ，このような場合の方が通常である）。Xとしては，宝石を換金したいが，だからといって，例えば普通の質屋に行って質入れしたら，それがきっかけとなって検挙されるリスクが出てくる。だが，もし事情を知った上でXに協力し，売買等をあっせんしてくれる者がいれば，Xとしては安心して盗んだ宝石を処分することができる。また，それだけでなく，そのような者の存在は，将来財産犯を犯そうと思っている人々を一層犯行へ動機づけることにもなる。言い方を換えれば，財産犯を犯しやすい土壌が形成されてしまうことになる。そこで，このような行為

▷盗品等に関する罪
1995年の刑法改正前は，本罪は「臟物ニ関スル罪」とされていた。

▷追求権説
これに対し，かつては，違法状態維持説という見解も主張されていた。この見解は，本罪の本質は，犯罪によって生じた違法な状態を維持するところにあるとし，本罪の客体は財産犯によって領得された物に限られず，それ以外の犯罪（例えば，漁業法違反）によって得られた物も含まれるとするものであった。しかし，1995年の刑法改正により，本罪の客体が「臟物」から「盗品その他財産に対する罪に当たる行為によって領得された物」に改められたため，今日では主張不可能になった。

▷盗品等の運搬，保管，有償譲受け，有償処分のあっせんの各犯罪
256条1項及び同条2項が規定している盗品関与罪の諸類型については，2-Ⅰ-36「盗品関与罪の諸類型」を参照。

を強く禁止することが要請されるのである。

このことから，現在の通説は，追求権の侵害をベースにしつつ，これに加え，盗品関与罪が上のような本犯助長的な性格をもつことを認め，盗品関与罪を複合的な性格をもつ犯罪としてとらえている。これに対し，追求権侵害という側面よりも，本犯者に援助・協力することによって財産犯を助長・誘発することこそが本罪の本質であり，より重要な側面なのだとする見解も有力である。通説と有力説とでは，盗品関与罪の成立要件として，追求権の侵害を必須とみるのか（通説），追求権の侵害は必ずしも必要ではないとみるのか（有力説）という点が異なってくる。

2 盗品関与罪の本質と盗品等の意義

通説によった場合，本罪の客体（盗品等）は，本犯の被害者に民法上の返還請求権が認められるものに限られる。従って，第三者が被害物を**即時取得**（民法192条）した場合，その物は本罪の客体とならなくなる。また，**付合**（民法243条），**加工**（同246条）により被害者が被害物に対する所有権を失った場合も，当該被害物は本罪の客体とはならない。これが問題となった事案として，最判昭和24年10月20日がある。事案は，Xが，Yが窃取してきた中古婦人用自転車のタイヤ2本とサドルを取り外し，これらをYが持参した男子用自転車の車体に取り付けて男子用自転車に変更し，これをAに売却するあっせんをしたというものであった。最高裁は，本件サドル及びタイヤを本件車体に取り付けてもこれらは容易に分離可能であるから両者は付合したとはいえず，また，本件サドル及びタイヤを用いて本件車体を加工したともいえないとして，本件サドル及びタイヤ2本につき盗品有償処分あっせん罪（当時は贓物牙保罪）を認めた。このほか，不法原因給付物が本罪の客体にあたるかも問題となる。**不法原因給付**と横領については，横領罪の成立を肯定する説と否定する説とが分かれているが，不法原因給付と詐欺・恐喝については一般に詐欺罪または恐喝罪が成立するとされている。しかし，この場合，詐欺罪または恐喝罪が認められたとしても，本犯の被害者には民法上の返還請求権はない（民法708条）ため，追求権説の立場からは，これらの犯罪の被害物は本罪の客体にならないのではないかという問題が生ずるのである（ただし，民法708条ただし書が適用される場合については，本犯の被害者に返還請求権が認められるため，このような問題は生じない）。

以上に対し，有力説の立場からは，民法上の返還請求権の有無という観点から本罪の客体が制約されることはない。ただし，有力説によっても，盗品等が全く別の物に形を変え，**元の物との同一性**を失った場合には，条文が「領得された物」を客体としている以上，本罪の客体にならないとされることに注意を要する。

（佐藤拓磨）

▷ **即時取得**

民法192条は，「取引行為によって，平穏に，かつ，公然と動産の占有を始めた者は，善意であり，かつ，過失がないときは，即時にその動産について行使する権利を取得する」と定めている。ただし，民法193条に特則があり，その物が盗品または遺失物であるときは，本犯の被害者は盗難又は遺失の時から2年間その物の回復を請求することができるとされているから，その間は本罪の客体だということになる。

▷ **付合（民法243条），加工（同246条）**

民法上の付合・加工といった制度は，別々の所有者に属する複数の物が社会通念上分離不可能になった場合に，一定の者にその合成物の所有権を帰属させ，その反射的効果として従来の所有者の所有権の消滅を認めるものである。従って，財産犯の被害物が他の所有者の物と付合し又は加工された場合，本犯の被害者は被害物の所有権を失う可能性があるのである。

▷ 1　最判昭和24年10月20日刑集3巻10号1660頁。

▷ **不法原因給付**

⇨ [2-I-31]「不法原因給付と詐欺・横領の成否」

▷ **元の物との同一性**

例えば，盗品を売却して得た現金はもはや本罪の客体とはいえないとされている。

I 個人的法益に対する罪

36 盗品関与罪の諸類型

① 五つの行為類型

盗品関与罪には，256条1項の盗品等**無償譲受け**罪，同条2項の盗品等運搬罪，保管罪，有償譲受け罪及び有償処分あっせん罪の五つの行為類型がある。無償譲受けとは，無償で取得することをいう。契約だけでは足りず，盗品等の移転が必要だとされている。運搬とは，委託を受けて盗品等を場所的に移転させることをいう。盗品等を被害者の下へ運搬することが運搬罪にあたるかをめぐって争いがある（後述❷）。保管とは，委託を受けて本犯者のために盗品等を保管することをいう。盗品だと知らずに委託を受けて保管していた者が，後に事情を知るに至ったが，そのまま保管を継続した場合に保管罪が成立するかについて，争いがある（後述❸）。有償譲受けとは，有償で取得することをいう。無償譲受けの場合と同じく，盗品等の移転が必要だとされている。有償処分あっせんとは，盗品等の**有償的な処分の仲介**することをいう。被害者からの依頼を受けて，本犯者からの盗品等の買い戻しをあっせんすることが，あっせん罪にあたるかについて争いがある（後述❷）ほか，あっせん罪の既遂時期につき争いがある（後述❹）。

② 盗品の取戻しと運搬罪・有償処分あっせん罪

盗品が他の者に移転すれば，そのぶん盗品が被害者から遠のき，被害者の追求権の行使は困難になるのが通常である。しかし，その逆を行くケースが判例で問題になった。事案は，窃盗の被害者から盗品の取戻しを依頼された被告人が，本犯者及び被害者と交渉して被害者に盗品を買い戻させることにし，被害者に金員を支払わせた上で，盗品を被害者宅に運搬して返還したというもので，判例は盗品等運搬罪を認めた（最決昭和27年7月10日）。また，有償処分のあっせん罪についても類似の判例が現れている。事案は，盗難手形の所持人から当該盗難手形を被害者へ売却することのあっせんを依頼された被告人が，被害者と交渉し，被害者に当該盗難手形を買い戻させたというものである。ここでも，判例は盗品等有償処分あっせん罪を認めた（最決平成14年7月1日）。これらの判例に対しては，盗品が被害者の下に戻ってきている以上，追求権は侵害されていないとして反対する見解がある一方，本来，被害者は無償で盗品を取り戻す権利があるはずだから，被告人の行為はかえって被害者による正常な追求権

▷ **無償譲受け**
1995年の改正前は「収受」という表現が用いられていた。また，256条2項の保管は「寄蔵」，有償譲受けは「故買」，有償処分のあっせんは「牙保」と表現されていた。なお，現行法が無償譲受け罪とその他の四つと分けて規定し，法定刑に差を設けたのは，2項の各犯罪が本犯助長的性格を有するのに対し，無償譲受け罪は，単に本犯の利益に与る行為に過ぎないからである。

▷ **有償的な処分の仲介**
処分が有償であることが必要だが，あっせん行為は有償でも無償でもよい。

▷ 1 最決昭和27年7月10日刑集6巻7号876頁。

▷ 2 最決平成14年7月1日刑集56巻6号265頁。

の行使を妨げているとして，判例に賛成する見解も有力である。また，盗品関
与罪の本質を追求権侵害ではなく本犯助長的性格に求める立場からも，被告人
の行為は本犯者に利するものであり，本犯を助長する行為だとして，判例の結
論は支持されている。

❸ 盗品保管罪と知情の時期

　盗品だと知らずに委託を受けて保管していた者が，後に事情を知るに至った
が，そのまま保管を継続した場合，判例は盗品等保管罪が成立するとしている
（最決昭和50年6月12日）。これに対して学説は，本罪の成立を肯定する説と否定
する説とに分かれている。この問題は，本罪を状態犯とみるか，継続犯とみる
かという形で争われている。すなわち，本罪の実行行為は本犯者から盗品を預
かって占有を開始する行為であり，その後の保管継続は違法状態に過ぎないと
解せば（**状態犯**），故意は実行行為のときに存在しなくてはならないから，物を
預かった後にそれが盗品であると知るに至っても，本罪は成立しないことにな
る（否定説）。これに対し，本罪の実行行為は保管を継続する行為だと解せば
（継続犯），物を預かった時点でそれが盗品だということを認識している必要は
ないから，本罪が成立することになるのである（肯定説）。一般に，追求権説は
否定説と親和的であり，本犯助長的性格を重視する有力説は肯定説と親和的だ
とされる。追求権の侵害という観点からは盗品の移転が決定的に重要である一
方，本犯助長的性格という観点からすれば，盗品の移転はさほど重要ではない
とされるからである。しかし，保管を継続すること自体が追求権を侵害してい
るともいい得るし，合意の上に預かってこそ本犯を助長するのだともいえるか
ら，このような図式化は妥当とはいえない。むしろ，肯定説に立った場合，盗
品の返却や警察への通報を怠ったという不作為を処罰することになるが，これ
を妥当と考えるかということが焦点になるように思われる。

❹ 有償処分あっせん罪の成立時期

　有償処分あっせん罪の成立時期については，あっせん行為の時だとする説，
契約時だとする説，盗品の移転時だとする説に分かれている。判例は，あっせ
ん行為があれば，「一般に強窃盗等を誘発するおそれが十分にある」としてあ
っせん行為時説を採用している（最決昭和26年1月30日）。これに対し，学説で
は，無償譲受けなどが盗品の移転を予定していることとの対比から移転時説を
支持する見解や，仲介者は盗品の移転に関わらないことが通常だから移転まで
は必要ないが，契約が成立していることは必要だとして契約時説を支持する見
解が多い。

（佐藤拓磨）

▷3　最決昭和50年6月12日
被告人が，本犯者Aから，
当初，盗品であるとは知ら
ず，背広などを預かり保管
していたところ，数日後に
これらの物品はAが窃取
したものだということを知
るに至ったが，なおもその
まま保管を継続したという
事案（刑集29巻6号365頁）。
▷状態犯
状態犯，継続犯という概念
については，コラム5「犯
罪の分類概念」参照。

▷4　最決昭和26年1月30日
被告人Xが，本犯者Aか
ら，Aが窃取した衣類の
売卸方を依頼されたため，
それが盗品であることを知
りながら，Bに対し本件衣
類を買受けるよう申し向け
てあっせんし，Bを伴って
本件衣類の所在場所に向か
ったが，その途中で逮捕さ
れたという事案（刑集5巻
1号117頁）。

コラム-9

自動車運転死傷処罰法

　自動車運転死傷処罰法（平成25年法律第86号）は，人の死傷結果を伴う自動車事故全般に関する罰則を規定した特別法である。

1．悪質交通事犯への刑法的対応の経過

　例えば，酒に酔って正常な運転ができないのに自動車を運転して事故を起こして人を死亡・負傷させた場合については，長い間，①道路交通法上の犯罪（酒酔い運転罪等。道交法117条の2第1号，65条1項等）と②業務上過失致死傷罪（刑法211条）の二罪で対応していた。しかし，人の死傷結果を伴う交通事故の中には，大量の飲酒や大幅なスピード違反などを原因とする悪質なものもある。1999（平成11）年11月に東名高速道路で起きた飲酒運転による死傷事故は，その最たるものである。この種の悪質な交通事犯に対して，道交法違反の罪と業務上過失致死傷罪で対応するのでは，刑が軽すぎて被害者や遺族の納得が得られない，という世論の批判が生じた。

　このような世論等を背景に2001（平成13）年に刑法が改正され，危険運転致死傷罪（208条の2〔当時〕）が新設された。危険運転致死傷罪は，故意に重大な死傷事故を起こす危険性が高い一定の運転をして人を死傷させた場合を，暴行により人を死傷させた場合（傷害罪・傷害致死罪）に準じて，重く処罰するものである。

　その後，懲役刑一般の上限の引き上げなどを行った2004（平成16）年の刑法改正により危険運転致死傷罪も法定刑の上限が重くなった。また，2007（平成19）年の刑法改正では，自動車運転過失致死傷罪（211条2項〔当時〕）が新設され，人の死傷結果を伴う交通事故について一般的に罰則が強化されたほか，危険運転致死傷罪の適用範囲が「4輪の自動車」から「自動車」に広がり，自動二輪車も対象とされた。

経緯	2001（平成13）年改正	刑法に危険運転致死傷罪が新設される
	2004（平成16）年改正	懲役刑の上限の引き上げ（危険運転致死傷罪も上限が重くなる）
	2007（平成19）年改正	自動車運転過失致死傷罪の新設・危険運転致死傷罪の適用範囲拡大
	2013（平成25）年新法	自動車運転死傷処罰法の成立（平成26年5月20日施行）
	2020（令和2）年改正	あおり運転に関する処罰規定の新設

出所：筆者作成。

2．自動車運転死傷処罰法の内容

　まず，本法は，刑法上に規定されていた危険運転致死傷罪（5類型）と自動車運転過失致死傷罪を引き継いだ（本法2条及び5条）。危険運転致死傷罪の5類型とは，①アルコールまたは薬物の影響により正常な運転が困難な状態で自動車を走行させる行為，②進行を制御することが困難な高速度で自動車を走行させる行為，③進行を制御する技能を有しないで自動車を走行させる行為，④人または車の通行を妨害する目的で，走行中の自動車の直前に進入し，その他通行中の人または車に著しく接近する行為，⑤赤色信号またはこれに相当する信号を殊更に無視する行為である（法定刑は，被害者を負傷させた場合は「15年以下の懲役」，死亡させた場合は「1年以上の懲役」）。①②③はアルコールの影響等で自動車の走行を適切に制御できないために危険な行為であり，④⑤は「幅寄せ」をしたり，赤信号を無視するなど特定の相手方や場所との関係で危険な行為である。

　次に，本法に新しく規定された内容は次のとおりである。

㋐危険運転致死傷罪の新たな類型として，通行禁止道路で重大な交通の危険を生じさせる速度で自動車を運転する行為が追加された（本法2条）。

㋑危険運転致死傷罪より軽く過失運転致死傷罪より重いと類型として，アルコールや病気等の影響により正常な運転に支障が生じるおそれがある状態で自動車を運転し，その結果，正常な運転が困難な状態に陥って人を死傷させた場合について処罰する規定が新設された（本法3条）。

㋒アルコール等の影響で正常な運転に支障が生じるおそれがある状態で自動車を運転して過失で人を死傷させた者が，運転時のアルコール等の影響の有無・程度の発覚を免れる行為（事故後の大量の飲酒〔いわゆる「追い飲み」〕など）をした場合について処罰する規定が新設された（本法4条）。

㋓危険運転致死傷罪等を犯した者が無免許であった場合について，危険運転致死傷罪と道交法上の無免許運転罪の併合罪（刑法45条）とするよりも重い刑で処罰する規定が新設された（本法6条）。

　なお，2020（令和2）年の改正で，あおり運転に関する処罰規定が本法2条5号及び6号として追加された。　　　　　　　　　　（薮中　悠）

Ⅱ 社会的法益に対する罪

1 放火罪の全体構造

1 放火罪の性格

　前章で扱った犯罪は，個人的法益に対する犯罪であった。これに対して，本章で扱う犯罪は，公共の安全，取引の安全，公の秩序と風俗などといった公共的利益に対する犯罪である（**社会的法益に対する罪**）。放火罪は，公共の安全に脅威を与える，すなわち不特定または多数人の生命・身体・財産を危険にさらす犯罪の代表例である（**公共危険罪**）。一度火災になると，人間がその火勢をコントロールすることは容易ではないことから，単に放火の客体を焼失させるという**財産的侵害**以上に，公共に対する危険という点に着目して，重い法定刑が定められているのである。

2 放火罪の諸類型

　現行刑法は，客体の性質に従って，放火罪を大きく三つに分けている。すなわち，①「**現に人が住居に使用し又は現に人がいる建造物**」等を客体とする現住建造物等放火罪（108条），②「現に人が住居に使用せず，かつ，現に人がいない」建造物等を客体とする非現住建造物等放火罪（109条），③それ以外の物を客体とする建造物等以外放火罪（110条）である。さらに，非現住建造物等（上記②）及び建造物等以外の物（上記③）については，他人所有物の場合と（109条1項，110条1項）と自己所有物の場合（109条2項，110条2項）とを分けている。このうち，109条2項及び110条は，法文上「公共の危険」の発生が要求されていることから，**具体的危険犯**である。これに対し，108条及び109条1項は，このような文言がないことから，抽象的危険犯である。抽象的危険犯である108条及び109条1項についてのみ，未遂及び予備が処罰される（112条，113条）。また，自己所有物を客体とする109条2項と110条2項の結果的加重犯として，延焼罪（111条）が設けられている。

3 「公共の危険」の内容及びその認識の要否

　109条2項及び110条において要求されている「公共の危険」の内容については，これを108条及び109条1項の客体に対する延焼の危険だとする大審院判例（大判明治44年4月24日）があったが，最高裁は，110条1項の「公共の危険」につき，108条及び109条1項の客体に対する延焼の危険のみに限られるものでは

▷**社会的法益に対する罪**
社会的法益に対する罪としては，本書で扱うものの他，刑法典第二編第8章騒乱の罪，同第10章出水及び水利に関する罪，同第11章往来を妨害する罪，同第14章あへん煙に関する罪，同第15章飲料水に関する罪，同第23章賭博及び富くじに関する罪，同第24章礼拝所及び墳墓に関する罪などがある。

▷**公共危険罪**
放火罪の他，騒乱の罪，出水及び水利の罪，往来を妨害する罪がこれにあたる。

▷**財産的侵害**
放火罪は客体を火力によって毀損するものであるから，財産罪的な側面も有する。このことは，109条2項及び110条2項が，自己所有物を客体とする場合につき，法定刑を軽く規定していることからもうかがえる。ただ，保護法益としては，副次的なものに過ぎない。なお，108条については，公共の危険に加え，建造物内部の人の生命・身体に対する危険も考慮されている。

▷**現に人が住居に使用し又は現に人がいる建造物**
「現に人が住居に使用し」の意義については，[2-Ⅱ-2]「現住性の意義」参照。「建造物」とは，家屋その他これに類似するものをいい，屋根があって壁または柱により支持されて土地に定着

なく，不特定または多数人の生命，身体，または，財産に対する危険も含まれるとした（最決平成15年4月14日）。学説の多くもこれを支持している。

「公共の危険」の判断方法については，物理的・科学的観点から判断すべきか，一般通常人の判断能力を基準にすべきかをめぐり，見解が対立している。放火罪処罰の目的が公衆の安全感・平穏感を確保することにあるのだと考えれば，一般通常人を基準とした判断が妥当だということになろう。これに対し，安全感などといった漠然としたものを保護するために最終手段としての刑罰を発動すべきではないと考えるのであれば，物理的・科学的判断が採用されるべきだということになろう。危険の判断方法をめぐる対立は，不能犯論（⇒ 1-IV-2「不能犯」）における対立とほぼパラレルである。

また，108条及び109条1項は「公共の危険」の発生を条文上要求していないが，具体的状況下では公共の危険が全く認められない場合についてまで，これらの犯罪を認めるべきかについて争いがある。例えば，周りに延焼するような物が存在せず，しかも留守中であることを確認した上で住居に放火した場合に，108条の成立を認めるべきかという問題である。伝統的な考え方は，本罪は抽象的危険犯であるから，諸般の具体的な事情は考慮する必要はなく，「焼損」が認められる以上，108条の成立を認めてよいとするものであった。これに対し，最近では，抽象的危険犯も危険を処罰根拠とするものである以上，具体的な事案の下で危険が全く認められない場合にまで本罪を認めるべきではないとする見解が有力である。

最後に，109条2項と110条の故意を認めるためには，客体の焼損の認識の他に公共の危険の認識も必要だとするのが通説である。これに対し，判例はこれを不要としている（最判昭和60年3月28日）。しかし，109条2項と110条2項の客体は自己所有物であり，自己所有物の毀損自体は適法行為である以上，その認識は，適法行為の認識でしかないはずである。にもかかわらず，客体の焼損の認識のみで故意を認める不要説の考え方には問題があるとの批判が強い。

（佐藤拓磨）

II-1　放火罪の全体構造

し，少なくともその内部に人が出入りできるものをいう。畳や襖などは，建造物にはあたらない。ただ，毀損しなければ取り外すことのできない物については，建造物の構成部分だとされている（最判昭和25年12月14日刑集4巻12号1548頁）。また，取り外しが可能なものであっても，建造物内のエレベーターのように，取り外し作業に著しい時間と労力を要する場合や（最決平成元年7月7日判時1326号157頁）や，居室の玄関ドアのように，機能上の重要性が認められるものについても（最決平成19年3月20日刑集61巻2号66頁），建造物の一部と認められる。

▷具体的危険犯
具体的危険犯・抽象的危険犯という概念については，コラム「犯罪の分類概念」を参照。
▷1　大判明治44年4月24日刑録17輯655頁。
▷2　最決平成15年4月14日刑集57巻4号445頁。
▷焼損
焼損概念については，2-II-3「焼損概念」参照。
▷3　最判昭和60年3月28日刑集39巻2号75頁。

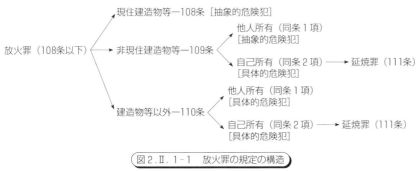

図2.II.1-1　放火罪の規定の構造

出所：筆者作成。

II 社会的法益に対する罪

2 現住性の意義

1 108条の法定刑が重い理由

108条は、「現に人が住居に使用し又は現に人がいる」建造物を客体として規定している（建造物のほかに、汽車、電車、艦船、鉱坑も客体として規定されているが、以下では、建造物のみを念頭に置く）。「現に人が住居に使用」している建造物を現住建造物といい、「現に人がいる」建造物を現在建造物という。「人」とは、犯人以外の者を指す。109条1項と比較したとき、108条の法定刑は相当に重い。その根拠は、108条は、公共の安全に加えて建造物内部の人の生命・身体をも保護法益としているからだと説明されている。建造物内部に人が存在すれば、放火によりその人の生命・身体が危険にさらされるから、現在建造物についてはこの説明はわかりやすい。これに対し、現住建造物の場合、必ずしも放火時に建造物内部に人が存在しているとは限らないことから、人の生命・身体が常に危険にさらされるというわけではない。しかし、住居に放火した場合、居住者がいつ戻ってきて火災に遭遇し、危険にさらされないとも限らない。現在建造物と同様に現住建造物の放火についても重い刑が定められているのは、このような**居住者が建造物内に存在し、危険にさらされる可能性**に着目しているからなのである。

2 現住性の意義

現住建造物とは、現に人の起臥寝食の場所として日常使用されるものをいい、昼夜間断なく人が存在することは必要ない（大判大正2年12月24日）。また、住居としての使用が断続的であってもよい。例えば、宿直室や仮眠施設などについては、現住性が認められるとするのが通説である。これに対し、シーズンオフで閉鎖されている間の別荘など、長期間不在の状態が継続するものについては、その間は現住性を否定すべきだとする見解も有力である。当該建造物の内部に人が存在する可能性が極めて低いからである。問題となるのは、犯人を除いた居住者全員が家出したようなケースである。このような場合、不在中の居住者が居住意思を放棄しているかどうか、家財道具等が持ち出されているどうかなど、**諸般の事情**を考慮した上で、現住性を判断すべきであろう。

▷居住者が建造物内に存在し、危険にさらされる可能性

2-Ⅱ-1 「放火罪の全体構造」にあるとおり、108条と109条1項は、公共の安全に対する抽象的危険犯である。加えて、108条の現住建造物放火罪については、本文で述べたような意味において、建造物内部の人の生命・身体に対する抽象的危険犯でもある。従って、現住建造物放火罪は、二重の意味で抽象的危険犯なのである。

▷1 大判大正2年12月24日刑録19輯1517頁。

▷諸般の事情

家出のケースではないが、最決平成9年10月21日（刑集51巻9号755頁）が参考になる。被告人が、自己の所有する家屋及びその敷地に対する競売手続を妨害するため、従業員5名に指示し、約1カ月半の間に10数回にわたり同家屋に交代で宿泊させていたが、これに放火して保険金を詐取することを企て、実行前に上記5名を沖縄旅行に連れ出し、旅行の間に共犯者に放火させた事案である。最高裁は、同家屋には日常生活のため

③ 建造物の一体性

　非現住建造物を焼損しただけでは，仮にこれを介して最終的に現住建造物を焼損する意図であったとしても，せいぜい現住建造物放火罪の未遂が成立し得るのみで，同罪の既遂は成立しない。これに対し，焼損した箇所が居住部分ではなかったとしても，そこが現住建造物の一部といえるのであれば，その時点で現住建造物放火の既遂罪が成立する。そこで，どの範囲までを一体の建造物としてみることができるのか，建造物の一体性が問題となる。判例は，物理的一体性と，機能的一体性という二つの観点からこれを判断している（**平安神宮事件**）。物理的一体性とは，建物の構造上の一体性のことである。物理的一体性が認められれば，原則として，建造物の一体性が認められる。なぜなら，物理的一体性が認められる建物の一部に放火すれば，通常，建物全体に延焼する危険があるからである。従って，そのような建物の一部に現住部分があれば，全体が一つの現住建造物とされる。物理的一体性が認められるかどうかの限界事例としては，**複数の建物が渡り廊下等で接続している場合**がある。

　これに対し，機能的一体性とは，複数の建物の全体が一体として日夜人の起居に利用されているという意味での一体性である。機能的一体性が認められる場合，放火された箇所が居住部分ではなくとも，居住部分から人が移動してきて火災に遭遇する危険性がある。物理的一体性が火が居住部分に至る危険性に着目しているのに対し，機能的一体性は人が放火部分に居合わせる危険性に着目しているということもできよう。このことから，物理的一体性がなくとも，機能的一体性さえあれば，建造物の一体性を認めてよいとする見解もある。しかし，この見解からは，複数の建物が別棟になっていて，まったく接続部分がない場合についても建造物の一体性を認めることになることから，解釈の限界を越えているのではないか，という批判もある。

④ 不燃性・難燃性建造物の問題

　物理的一体性がある場合には，通常，建造物の一体性が認められる。しかし，不燃性・難燃性建造物の普及により，構造上の一体性が認められても，延焼可能性が認められないために，建造物の一体性を否定すべきケースがあるのではないかという問題が生じている。例えば，耐火構造のマンションの空き部屋の一室に放火したような場合である。判例では，類似の事案で**一体性を肯定した例**と**否定した例**がある。このような場合については，現住建造物放火罪が重く処罰される根拠に立ち戻り，耐火構造といっても他の区画へ延焼するおそれが絶対にないといえるのか，有毒ガスや煙などによって当該マンションの居住者や来訪者が危険にさらされないかを基準に一体性の判断がなされることになろう。

(佐藤拓磨)

に必要な設備や家財道具があったこと，従業員らは旅行後は再び同家屋に交代で宿泊するものと思っていたこと等の事情から，同家屋は現住建造物にあたるとした。

▷**平安神宮事件**
平安神宮の社殿は，宿直の神職や守衛が執務・就寝する社務所，守衛詰所と本殿等の他の建物が回廊・歩廊によって接続している構造になっており，夜間は守衛等が数回にわたって社殿を巡回することになっていたが，午前3時過ぎ頃，被告人が，本殿等を焼損しようと企て，同社殿の一部をなす祭具庫西側壁付近に放火して社殿の一部を焼損したという事案（最決平成1年7月14日刑集43巻7号641頁）。

▷**複数の建物が渡り廊下等で接続している場合**
例えば，渡り廊下といっても，様々な形状のものがあり，接続部分の外観のみから物理的一体性を認めるべききかを判断することは難しい。このような場合，接続部分の構造や使われている材料等から，一部の建物に放火された場合に他の建物へ延焼する可能性があるかどうかが，物理的一体性を判断する際の重要な判断要素となる。

▷**一体性を肯定した例**
東京高判昭和58年6月20日。3階建てマンションの空き部屋に放火した事例（判時1105号153頁）。

▷**否定した例**
仙台地判昭和58年3月28日。深夜，鉄筋コンクリート10階建てマンションの1階にある無人の医院に放火した事案（判時1086号160頁）。

Ⅱ 社会的法益に対する罪

焼損概念

1 伝統的な四つの学説

　現住建造物等放火罪（108条）及び他人所有の非現住建造物等放火罪（109条1項）は，それぞれの構成要件が規定する客体を「焼損」したときに既遂に達する。そこで，いかなる状態をもって焼損と解すべきかが重要な問題となる。これについては，①独立燃焼説，②効用喪失説，③重要部分燃焼開始説，④毀棄説という，四つの見解が伝統的に主張されてきた。

　まず，①の独立燃焼説とは，火が媒介物（例えば，ガソリンを滲みこませた新聞紙など）を離れ目的物が独立に燃焼を継続し得る状態に達した場合に，焼損を認める見解である。判例は，一貫してこの見解を採用している（最判昭和25年5月25日など）。この見解の主たる論拠は，従来から木造家屋が多いわが国においては，ひとたび独立燃焼の状態に達すれば，建物全体に火が燃え広がり，さらには他の物件にまで延焼する危険が一般的に認められるというところにある。しかし，逆に，木造家屋が多いわが国だからこそ，独立燃焼説によると極めて早い段階で既遂が認められることになり，不当なのではないかという批判がある。そこで，独立燃焼説よりも既遂の成立時期を遅らそうという見地から，他の三説が主張されている。

　②の効用喪失説とは，火力により目的物の重要部分が焼失してその本来の効用を失った場合にはじめて，焼損を認める見解である。この見解によれば，非常に遅い段階まで既遂は認められないことになる。しかし，効用喪失説に対しては，客体の効用という財産的側面を過度に強調するものであり，公共危険罪としての放火罪の性格にそぐわないのではないか，という批判がある。

　独立燃焼説と効用喪失説は対極にある見解であるが，それらの中間説として，③の**重要部分燃焼開始説**と④の毀棄説が主張されている。重要部分燃焼開始説とは，目的物の重要部分が燃焼し始めたときに焼損を認める見解である。この見解は，独立燃焼説の考え方をベースに，より既遂時期を遅らせようとするものである。これに対し，毀棄説とは，火力により目的物が建造物損壊罪にいう「損壊」の程度に達したときに焼損を認める見解である。効用喪失説をベースにしつつ，その既遂時期を早めようとする見解であるといえる。しかし，重要部分燃焼開始説に対しては，何が重要部分といえるのかについて，基準が不明確であるとの批判がある。また，毀棄説に対しては，効用喪失説に対するのと

▷1　最判昭和25年5月25日　三畳間の床板約一尺四方（約30cm四方）並びに押入の床板及び上段をそれぞれ約三尺四方（約90cm四方）を燃焼させた場合につき，火が媒介物を離れて家屋部分に燃え移り独立して燃焼する程度に達したことは明らかだとして，焼損（1995年の刑法改正により「焼燬」が「焼損」に改められたが，本判例はこの改正以前のものなので，判決の原文では「焼燬」となっている）にあたるとした事例（刑集4巻5号854頁）。

▷重要部分燃焼開始説
「燃え上がり説」と呼ばれることもある。

同様に，放火罪の公共危険罪としての側面を軽視しているなどといった批判がある。

 不燃性・難燃性建造物の問題

　焼損概念をめぐっては，以上のような学説が伝統的に対立しており，今日でも有力に主張されている。しかし，これに加えて，近時，耐火構造を備えた不燃性・難燃性建造物に対する放火の既遂時期をめぐって，新たな議論が生じている。不燃性・難燃性建造物に対する放火の場合，建造物が独立燃焼するに至らなくても，媒介物の火力によりコンクリート壁等の建材が剥離するなどして建物の効用が失われ，また，その際，有毒なガスや煙が発生し，人の生命・身体に危険をもたらす場合がある。そこで，火が独立に燃焼を継続し得る状態に達する以前であっても，媒介物の火力によって建造物の効用が喪失した場合には焼損したといえるとする見解（**新効用喪失説**）や，放火罪の処罰根拠である公共の危険という観点を前面に出し，火力による目的物の損壊に伴って発生した有毒ガスなどの影響により，もし付近に人がいたとすれば生命・身体に危険を生じさせる可能性のある段階に達したときに焼損したということができるとする見解が主張されているのである。

　このような見解は，学説上支持を集めているが，通説的な地位を占めるまでには至っていない。また，判例（例えば，**東京地判昭和59年6月22日**）もこれに従っていない。その理由としては，このような見解の提示する基準が，放火という犯罪のイメージと合致しにくいことが挙げられるように思われる。すなわち，古典的な放火のイメージは，建造物に火を放つことにより，建造物全体に延焼させ，さらには近隣の家屋等に延焼させて，近隣住民の生命・身体・財産を脅かすというものであろう。そこでは，火が燃え広がることによる危険が放火罪の本質としてとらえられる。これに対し，上記のような新しい見解は，火力によるものであることは必要とするものの，燃焼作用の継続・発展による効用喪失や公共危険の観点から焼損の時期を導かないため，古典的な放火のイメージと合致しないところがある。そのため，焼損という文言との整合性が疑われることになるのである。しかし，独立燃焼の段階にまで達していなくとも，火力によって建物の一部を損壊させたり，建材等に化学反応を起こさせることが焼損という概念に含まれると解釈することがおよそ不可能だ，とまではいえないように思われる。要は，従来の放火のイメージに忠実に，延焼による公共の危険にこだわるか，延焼によるという部分にこだわる必要はないと考えるかによって，新効用喪失説に対する評価は異なってくるといえる。　　　　（佐藤拓磨）

▷新効用喪失説
「新」効用喪失説と呼ばれる理由は，旧来の効用喪失説が，建造物がすでに独立燃焼に至っていることを前提とした上でそれよりも既遂時期を遅らすための議論であったのに対し，独立燃焼に達する前であっても，効用喪失があれば既遂を認めるべきだとする点にある。

▷東京地判昭和59年6月22日
鉄筋コンクリート造りのビルの地下2階にある塵芥処理場の多量の紙屑に火をつけたが，同処理場のコンクリート内壁のモルタルを剥離・脱落させ，天井表面の石綿を損傷・剥離させる等にとどまったという事案で，独立燃焼説の立場から，現住建造物放火罪の未遂の成立を認めるにとどめた（刑月16巻5・6号467頁）。

Ⅱ 社会的法益に対する罪

4 偽造罪の全体構造

1 偽造罪の種類

　刑法典は，第2編「罪」中に，第16章に通貨偽造の罪を，第17章に文書偽造の罪を，第18章に有価証券偽造の罪を，第18章の2に支払用カード電磁的記録に関する罪を，第19章に印象偽造の罪をそれぞれ置いている（なお，2011年には**コンピュータ・ウイルス**の作成等を撲滅するため第19章の2に**不正指令電磁的記録に関する罪**が創設された）。従って，通貨・文書・電磁的記録・支払用カード電磁的記録・有価証券・印章が偽造罪の客体になる。このように，現行刑法は各種偽造罪を規定しているが，最も重要なのは文書偽造罪である。何故なら，**文書**以外の各種偽造罪の客体は，いずれも文書の一種ないしは文書に準ずるものと理解できるからである。以下では，各種偽造罪を理解する前提として，文書偽造罪をめぐる基本的なトピックスをおさえておくことにしたい。

2 偽造の概念と形式主義

　偽造とは何か。広義では，権限のない者が作成名義を偽り他人名義の文書を作成する有形偽造と，作成権限を有する者が内容虚偽の文書を作成する無形偽造が偽造であるとされている（広義の偽造）。しかし，通常，われわれが偽造という単語を用いるときには，有形偽造のみのことを指すことが多い（狭義の偽造）。最狭義の偽造という用語法もある。刑法典は，「偽造」と「変造」という文言を使用しているが，最狭義の偽造とはこの場合の「偽造」のみのことを指す。

　内容が真実であるか否かを保護する立場を実質主義，形式的な真正を保護する立場を形式主義という。わが刑法は実質主義の立場を採用しておらず，原則として形式主義の立場に立脚しているといわれている（例えば，私文書が客体の場合，有形偽造のみが処罰され，無形偽造は原則として不可罰である）。形式主義は，形式的な真正，すなわち，名義人（文書などの意思・観念の主体）が誰であるかという点を保護する立場である。例えば，全くでたらめの内容の文書が作成され流布されたとしよう。当該文書の名義人が誰かという点に誤りがなければ，その文書を見た者は，名義人のところにいって文句をいうことができ，場合によって，その名義人に対し損害賠償請求等の法的措置を講ずることもできるだろう。しかし，文書の形式的な真正に誤りがあれば，当該文書を信頼した者は

▷**コンピュータ・ウイルス**
わが国は2003年にサイバー犯罪に関する条約に署名したが，不正指令電磁的記録に関する罪は当該条約を受けて導入された。トロイの木馬・ワーム等のコンピュータウィルスを頒布する行為は電算機損壊等業務妨害罪の未遂で捕捉されるので，一連の規定の新設は不要であるとの立場も想定しうるが，コンピュータウィルスを不特定多数の者がダウンロードできる状態に置く行為や，業務外の家庭用パソコンのウイルス感染は電算機損壊等業務妨害罪の未遂で捕捉することは不可能なため，一連の立法は合理性があるというべきである。

▷**不正指令電磁的記録に関する罪**
第19章の2では，実行の用に供する目的での不正指令電磁的記録の作成・提供が処罰され（168条の2第1項），不正指令電磁的記録の供用（168条の2第2項），不正指令電磁的記録の取得・保管（168条の3）が処罰されている。不正指令電磁的記録作成罪・提供罪が目的犯となっていることや，「供用」という文言が登場することからもわかるように，一連の規定は偽造罪を強く意識した内容となっている。

204

名義人のところへ行って文句をいうこともできないし，ましてや文書を作成した者に対し不法行為責任などの法的な責任を追及することなどできはしない。このように，一見誰かが責任をとってくれるかのような装いをしているにもかかわらず，実のところ誰も責任をとってくれない文書が世の中に出回ると，当該文書を見た者やその文書の受取人は多大な不利益を被ることになる。このように考えれば，現行刑法が形式主義を採用していることにも十分納得ができるだろう。

　有形偽造とは，一般に，権限のない者が作成名義をいつわり他人名義の文書等を作成することであると定義づけられているが，有形偽造をどのように把握するかをめぐり，見解の対立がある。かつては，文書等の物理的な作成者を重視し，文書等の名義人と物理的な作成者とが異なっていれば有形偽造になると説く**行為説**が有力に主張されていた。この見解によれば，秘書やタイピストが文書等を作成する場合にも有形偽造だということになるし，**代理名義の冒用**のケースでA代理人Bとなっている場合には，Bが現実に作成行為をしているので無形偽造だとの帰結が導かれる。しかし，誰が文書等を物理的に作成しているかはそれ自体重要ではないし，また，代理名義の冒用のケースではAを作成者だと解し有形偽造の成立を認めるべきだろう。そこで，文書等の精神的な作成者に注目する意思説が，現在，支配的な見解となっている。もっとも，A代理人Bとなっている場合にAを名義人だと解するのは，Aが表示しようとする意思をもちこれに基づいてBが文書等を作成したからだと説明する事実的意思説と，Aに文書等の法律的な効力・効果が帰属するからだと説明する規範的意思説とで意思説内部でも対立がみられるのが現状である。規範的意思説を採り，「権限がないのに他人名義を勝手に使用して文書等を作成し文書等の責任主体を偽ること」を有形偽造だと捉えるのがより適切であろう。

（大山　徹）

表2.Ⅱ.4-1　偽造罪の客体と有形偽造・無形偽造

客　体	有形偽造	無形偽造
通　貨	148条1項，149条1項 （偽造・変造）	
文　書	154条，155条，159条 （偽造・変造）	156条，157条，160条（虚偽の文書の作成・変造・不実の記載，虚偽の記載）
電磁的記録	161条の2第1項・2項 （不正に作る）	157条1項・2項，161条の2第1項・2項 （不実の記録・不正に作る）
支払用カード 電磁的記録	163条の2第1項 （不正に作る）	163条の2第1項 （不正に作る）
有価証券	162条1項・2項 （偽造・変造・虚偽の記入）	162条1項・2項 （虚偽の記入）
印　章	164条1項，165条1項，166条1項，167条1項（偽造）	

出所：町野朔『犯罪各論の現在』有斐閣（1996年）312頁の図に大幅に依拠。

▷**文書**

一般に，「文字又はこれに代わるべき可視的符号により，一定期間永続すべき状態において，ある物体の上に記載した，人の意思・観念の表示（大判明治43年9月30日大審院刑事判決録16輯1572頁）」が文書だとされている。この定義からもわかるように，文書であるからには，「人の意思・観念の表示」であることが必要である。マイクロフィルムは文書であるが，磁気テープや磁気ディスク，CD-ROMなどの電磁的記録部分は文書ではない。なお，電磁的記録については7条の2に定義規定がある。

▷**行為説**

例えば，社長が秘書に口述筆記をさせ，秘書がワープロ文書としてこれを完成させたというケースで，行為説は，秘書が社長名義の文書を作成する行為は有形偽造にあたるという。もちろん，行為説も，このケースにおいて，秘書に文書偽造罪が成立するという結論を導くわけではない（違法性や責任が欠けるとする）。しかし，秘書の行為に文書偽造罪の構成要件該当性を認める点で，やはり妥当ではないだろう。

▷**代理名義の冒用**

⇨ 2-Ⅱ-6 「私文書における名義人の特定」

Ⅱ 社会的法益に対する罪

5 文書の意義

1 文書とは？

　広辞苑によれば，文書とは「文字や記号を用いて人の意思を書きあらわしたもの」を指す。しかしながら，刑法上は，「文字又はこれに代わるべき可視的符号により，一定期間永続すべき状態において，ある物体の上に記載した，人の意思・観念の表示」（大判明治43年9月30日大審院刑事判決録16輯1572頁）が文書だとされている（日常用語と刑法上の文書概念とは異なっている）。

　刑法上の文書たりうるためには，(a)人の意思・観念が表示され，(b)可視性・可読性がなければならない。また，(c)ある程度の永続性を有し，(d)「権利，義務若しくは事実証明に関する文書」である必要がある。そして，何よりも(e)名義人の認識可能性という要件を充足している必要がある。

　下足札，番号札，名刺は(a)の要件を欠くために刑法上の文書たり得ず（反対に，葉書や封書の切手の部分に押されている消印は，一定の郵便局が一定の郵便物を引き受けたことを表示内容とするものであるため，文書である），録音テープや**電磁的記録**は(b)の要件を欠くため，文書性は否定される。パソコンのモニターに表示されたものは(c)の要件を欠いているために偽造罪が予定している文書たり得ない。学術論文や小説は，(d)の要件が欠如しているため，刑法上の文書とはいえない（私文書偽造罪の客体は，明文上，「権利，義務若しくは事実証明に関する文書」に限定されているが，公文書においても「権利，義務若しくは事実証明に関する文書」でないものはおよそ公文書たり得ないというべきである）。出所不明の怪文書は(e)の要件を欠くため，文書とは評価し得ない。

2 コピーの文書性

　内容虚偽の**コピー**の作成は文書偽造罪として捕捉されるのか。通常，コピーは原本から作成されるが，原本の内容・形状をそのまま再現できるというコピー機の性質を悪用して，就職先などに提出するため，内容を改ざんしたコピーを作成する行為の可罰性が問題になっている。かつては，原本と異なる単なる写しは文書ではないと考えられてきた。

　確かに，ある文書を傍らに置き手で書き写したが，誰が筆写したものであるかが認識できない場合には，そのような写しは文書とは到底評価できない（学術論文や小説に文書性が認められないことはここでは度外視する）。誰が書き写した

▶電磁的記録
マイクロフィルムは文書であるが，磁気テープや磁気ディスク，CD-ROM やUSB メモリ等に内蔵されたデータ等の電磁的記録部分は文書ではない。これらの電磁的記録は見ることも読むこともできないため，文書とはいえないからである。なお，電磁的記録については7条の2に定義規定がある。

▶コピー
例えば，運転免許証は都道府県公安委員会を名義人とする公文書であるが，判例の立場を前提とすれば，コンビニ等でコピーした写しも公文書となる。判例は，内容虚偽のコピーを作成したケースで，原本が公文書であれば，有印公文書偽造罪の成立を肯定する立場を採る。これに対し，かつては，印影は写しの内容の一部であるため，無印公文書偽造罪の成立を肯定する裁判例も存在していた（東京地判昭和47年10月17日判タ285号244頁，名古屋高判昭和48年11月27日）。

かが認識できるのなら，むしろこうした**写し**は原本を再構成したものであるので，書き写した人を名義人とする文書だといえよう。それでは，従来のこうした写しに対しコピーは文書だといえるのだろうか。コピーにおいては，原本の内容が，写作成者の主観を経由することなく，その形状に至るまで機械的に再現される。そのため，コピーも原本と同様，文書だと捉える見解が，学説・判例上，多数説となっているのである（最判昭和51年4月30日刑集30巻3号453頁，最決昭和54年5月30日刑集33巻4号324頁，最決昭和58年2月25日刑集37巻1号1頁，最決昭和61年6月27日刑集40巻4号340頁）。

これに対し，学説上は，コピーの文書性を否定する見解も有力に主張されている。否定説は，コピーの作成者は誰なのかは認識不可能である，コピーを改ざんすることは容易なので原本と同様に信用されているとはいえない等の理由で，コピーの文書性を否定する。しかし，われわれは通常コピーの作成者に関心をもっておらず，各種証明書のコピーを見た者も原本が別個にあると考えるよりは，むしろコピーの内容をダイレクトに信用するのが実情であるように思われる（訴訟手続のように厳格な形式性が要求される局面はむしろ例外である）。また，コピーの文書性を否定する見解も，カーボン紙で複写された写しについては文書性を肯定する。しかし，もし，このような写しにつき文書性を認めるのなら，コピーの文書性を認めることもまた可能になると捉えるべきである。

③ ファックス書面の文書性

公文書である原本をファックス送信する際にこれに手を加え，ファックス受信者において内容虚偽の**ファックス書面**が現出するように細工する者の罪責についても，コピーの文書性をめぐる議論と同様に盛んな論争がある。通常，コピーの文書性を肯認する見解は，ファックス書面の文書性を認め，コピーの文書性を否定する見解は，ファックス書面の文書性を否定する傾向にある。

広島高岡山支判平成8年5月22日で問題になった事案は，被告人甲が金融業者Aから融資を受けようと考え，甲の収入に関する市役所発行の書類数点の提出を求められた際に，手元にあった市役所作成名義の有印公文書の各欄を修正液等を用いて適当に修正した上で，Aにファックスを送信した事案であった。広島高裁は「ファクシミリによる文書の写しは，一般には，同一内容の原本が存在することを信用させ，原本作成者の意識内容が表示されているものと受け取られて，証明用文書としての社会的機能と信用性があることは否定でき」ないと判示し，ファックス書面の文書性を認める立場を採った。

ファックス書面においても，ファックス受信者の手許で原本の内容が機械的に再現されるのであるから，ファックス書面も公文書であると考えて差し支えない（原本が公文書ならファックス書面も公文書だと解するのが妥当である）。

（大山　徹）

▷写し

写しという用語は多義的に用いられているが，手書きの写しについては，従前，文書性は認められてこなかったといってよい。しかし，戸籍謄本のように認証文言が付されている写しについては，これが文書であることに異論は存しない。認証文言の部分に文書性が認められるからである。これに対して，コピーは精巧な写しではあるが，認証文言が付されておらず，通常はコピーの物理的作成者が誰なのかも不明なので文書性を認めるか否かが問題になったのである。

▷ファックス書面

もっとも，コピーの文書性を否定する立場からも，ファックス書面の文書性を肯定することは可能である。コピーと異なり，ファックス書面においては送受信者名が記録される。そのため，送信者を装って第三者がファックスを受信者に送信したケースでは，文書偽造罪が成立するとの見解も披歴されている（この見解によれば，受信者の受信行為を利用した間接正犯となる。何となれば，送信者の名前が記載された写しが，受信者の手許で作成されているからである）。ところで，判例の立場を前提にした場合，相手方のファックス機において，紙の上で印字された時点で偽造公文書行使罪も成立することになるが，観念的には別個の行為が連続して行われたと解されるため，公文書偽造罪と偽造公文書行使罪とは牽連犯の関係になることには注意が必要である（観念的競合にはならない）。

第2部 刑法各論

Ⅱ 社会的法益に対する罪

 # 私文書における名義人の特定

▷代理・代表名義の冒用

代理・代表名義の冒用の形態を無形偽造だとする立場もかつては存在した。この立場は、代理・代表名義の冒用も単に肩書きを偽ったに過ぎないと捉えるべきである、代理・代表名義の冒用の形態では、現実に意思表示を行っているのは代表者・代理人と名乗っている者自身なので、彼らを名義人と解するべきである等主張していた。なお、通説を支持する場合でも、代理・代表名義の冒用をしたケースの全てで私文書偽造罪の成立を認める必要はないであろう。代表権のないXが「A株式会社代表取締役X」だと名乗って文書を作成したケースでも、受取人である一般人がおよそXをA株式会社の代表取締役だと誤信し得ない事案では、私文書偽造罪の成立を否定するのが穏当である。

▷合一名義説

「A代理人B」が一体化して名義人となるという見解がある。このような見解のことを合一名義説という。この説は、Aの代理人という資格を有するBを名義人とする見解である。「A代理人B」という人格は実在しないから、ここでは、虚無人が名義人であることが前提となっているといわれる。合一名義説には、代表取締役が他の代表取締

① 名義人とは？

名義人とは文書から特定（認識）される作成者のことである。有形偽造とは、従前、作成名義を偽ることだといわれてきたが、近時では、名義人と作成者とが一致しない文書を作成すること、すなわち、名義人と実質的な作成者との間で人格の同一性の齟齬を生じさせることが有形偽造だと解されている。

ここでは、**代理・代表名義の冒用**の問題と肩書きの冒用の問題、名義人の承諾と有形偽造の成否の問題をそれぞれ取り上げたい。

② 代理・代表名義の冒用

本人を代理する資格のないXが、「A代理人X」とか「A会社代表取締役X」といった私文書を作成した事例は私文書偽造罪として捕捉されるのか。代理・代表名義の冒用の形態が有形偽造になるかどうかについては、従前から盛んな論争が展開されていた。学説の中には、かつては代理・代表名義の冒用の形態を無形偽造だとする見解も存在していた。しかし、代理・代表名義の冒用の形態を無形偽造だと解すると、公文書の場合はともかく、原則として無形偽造を処罰していない私文書の場合には、ほとんどのケースで不可罰となってしまう（代理・代表名義の冒用は頻繁に起こりうる当罰性の高い類型であるのに、これを処罰の埒外に置いたと解するのも不自然である）。従って、現在の判例・通説が有形偽造説に与していることには充分な理由がある（最決昭和45年9月4日刑集24巻10号1319頁）。

それでは、代理・代表名義の冒用が有形偽造になるとして、代理・代表名義の文書の名義人は誰と解するべきなのか。この点につき、次の2つの見解が対立している状況にある。第一説は、本人であるAを名義人と捉える見解である（通説）。第二説は、Aの代理人・代表者という資格を有するXを名義人と捉える立場である（**合一名義説**）。一般に、名義人とは受取人サイドからみた文書上の意思・観念の主体だと考えられているが、第一説も、代表・代理名義の文書に限っては、法的効果が本人に帰属するということを根拠に有形偽造を認める。ところが、第一説のこうした説明に対しては、第二説から、代理・代表名義の冒用の形態においてのみ法的効果の帰属者を考慮するのは矛盾であるとの批判が向けられた。しかし、有形偽造とは責任主体・帰責主体を偽ることで

208

あるとする近時の理解に従えば，第一説を採ることは十分に可能である（私文書をみた一般人が信頼を寄せるのも通常はＡである）。従って，代表権のないＸが「Ａ株式会社代表取締役Ｘ」だと名乗って文書を作成したケースでは，法的効果が帰属し得ないため，Ｘの行為を私文書偽造罪として捕捉することは可能である（代理・代表名義の冒用のケースで，私文書から特定される名義人はＡだというべきである）。

③ 肩書きの冒用

これまで，単に**肩書きの冒用**をして文書を作成したにすぎないケースでは，文書偽造罪は成立しないと考えられていたが，最決平成5年10月5日（刑集47巻8号7頁）を契機として「肩書きの冒用は有形偽造にならない」という従前からの理解が改めて問い直されるようになった。事案は，大阪に住む弁護士資格のないＸが，東京に同姓同名の弁護士がいることを利用して「Ｘ法律税務事務所大阪出張所，弁護士Ｘ」等と記載された土地の調査結果を記した経過報告書などの書面等の5点の私文書を作成したというものであった。最高裁は，この事案で，「たとえ名義人として表示された者の氏名が被告人の氏名と同一であったとしても…（略）…本件各文書に表示された名義人は，第二東京弁護士会に所属する弁護士Ｘであって，弁護士資格を有しない被告人とは別人格の者であることが明らか」であることを理由に，刑法159条1項の適用を認めた。

④ 名義人の承諾

名義人の承諾と有形偽造の成否の問題も議論の的となっている。有形偽造か無形偽造かをめぐって従来議論されていたのは，甲が乙の承諾を得て交通事件原票に乙の氏名を署名したケースである。最高裁は，この場合に，有形偽造の成立を認めた（最決昭和56年4月8日刑集35巻3号57頁，同旨，最決昭和56年4月16日刑集35巻3号107頁）。この事案の解決策の一つは，交通事件原票のような自署性が要求される文書については，本人以外の者が氏名等を記載することは許容されないため，そのことを根拠に上記の事案で私文書偽造罪を認めるというものである。そもそも，違反者の前科を記録する機能は交通事件原票の本来的な機能だと解し得るが，上記の事案では，交通事件原票の名義人として特定される者は「違反者と認定された乙」だと捉えるべきであり，単なる「乙」は名義人ではないことに注意が必要である。なお，「替え玉受験」の事例が有形偽造になるか否かについても盛んな議論がある。この事例でも「実際に受験した乙」が名義人だと解するべきである（乙が甲に「替え玉受験」の依頼をしたことを前提とする。単なる「乙」は名義人ではない）。

(大山　徹)

役の名義を冒用して本人名義の私文書を作成したケースで有形偽造にできるという利点がある。

▷肩書きの冒用

従来，法学博士でない者が法学博士だと称して文書を作成した事例などでは有形偽造は成立しないと解されてきた。しかし，近時では，無免許医業を続けていた甲が，医師の肩書きを冒用して診断書を作成したケースなどでは，有形偽造を肯定すべきだとの指摘も存在する。なお，最決平成15年10月6日（刑集57巻9号987頁）は，被告人が，実弟らと共謀して，国際運転免許証に酷似した文書を作成した事案に関するものである。最高裁は，国際旅行連盟なるものが実在しているとしても，名義人は「ジュネーブ条約に基づく国際運転免許証の発行権限を有する団体である国際旅行連盟」であるから，有形偽造は成立する旨判示した（本件で，被告人は，メキシコにある国際旅行連盟から委託を受けていると弁解した）。

▷名義人の承諾

受験生乙に依頼されて甲が乙の代わりに入学試験に臨み試験場で答案を作成した事例は無形偽造だと解する立場もあるが，試験答案は本人自身が試験場で作成することが求められ，しかも本人自身の能力が反映されることに意味がある文書であるため，私文書偽造罪を肯定しても別段差し支えないであろう（最決平成6年11月29日刑集48巻7号453頁）。

II 社会的法益に対する罪

 公文書偽造をめぐる諸問題

① 公文書偽造等罪と虚偽公文書作成等罪

公文書は，一般的な私文書に比べて証拠手段として強い重要性を有し，その信用度も高い。ここでは，②と③において，公文書の**有形偽造・変造**行為が処罰対象となる公文書偽造等罪（刑法155条）について，④において，**無形偽造・変造**行為が処罰対象となる虚偽公文書作成等罪（同156条）について，それぞれ判例として出現した重要なケースを確認する。

② コピーの文書性について

最判昭和51年4月30日は，被告人が，あたかも，公務員たる供託官が職務上作成した真正な供託金受領証を原本とし，これを原形どおり正確に複写したかのような形式，外観を有する写真コピーを作成したケースに関するものである。被告人は，当該コピーを，「原本のコピー」として使用する目的を有しており，公文書偽造罪の成否が問題となった。ここには，まず，コピーは刑法上の文書かという論点がある。本判決は，コピーが，実生活上，原本と同程度の社会的機能と信用性を有することを指摘した上で，その文書性を肯定し（積極説），同罪の成立を認めた。判示のとおり，コピーは，複写されている原本が，コピー通りの内容，形状において存在していることについて極めて強力な証明力をもちうるし，その「社会的機能」と「信用性」を重視すれば，文書性を肯定すべきとも思われる。だが，複写物は，原本の存在を証明するものであっても，その内容までも証明するものではないともいえる。学説では，刑法上の文書は原本に限るべきではないか，社会的機能を根拠とするのは，類推解釈ではないかといった指摘もあり，コピーの文書性を認めない見解（消極説）が有力である。なお，コピーの文書性を肯定するにしても，公文書の複写自体は誰にでも可能であるし，作成名義人はコピーの作成者であると考えれば，本ケースにおいて公文書偽造罪は成立しないことになる。

③ 補助公務員の文書作成権限

公文書偽造罪は，有形偽造行為を処罰対象とするが，名義人以外の者が勝手に公文書を作成したケースで，同罪の成立が否定されることはあるか。最判昭和51年5月6日では，印鑑証明書の作成を担当していた補助公務員が，単に自

▷ **有形偽造・変造**
作成権限のない者が他人名義を冒用して文書を作成すること，あるいは，文書の名義人と作成者の人格の同一性を偽ることで，文書の作成名義の真正（形式的真実）を害する行為である。

▷ **無形偽造・変造**
作成権限のある者が真実に反する内容の文書を作成することで，文書の内容的真実（実質的真実）を害する行為である。

▷ 1 最判昭和51年4月30日刑集30巻3号453頁。最判昭和54年5月30日刑集33巻4号324頁も参照。

▷ 2 当該コピーの原本は，正当なものとして存在しないということである。

▷ 3 市民が手数料を支払って交付をうける「住民票の写し」なども，役所内の「原本」が複写されたものだが，そこには，「この写しは，住民票の原本と相違ないことを証明する。」といった作成権限ある者の認証文言があり，これと原本複写の部分が一体となり，一つの公文書を構成する。

▷ 4 判決は，「写真コピー」は，複写した者の意識が介在する余地がない，機械的に正確な複写版であって，筆跡，形状にいたるまで，原本と全く同じく正確に再現された外観をもつしている。

▷ 5 最判昭和51年5月6

己の用に供するため，通常の交付手続に必要な申請書の提出と手数料の納付をせずに，印鑑証明書を作成したことが問題とされた。多数の市民に向けて頻繁に交付される住民票の写し，印鑑証明書などは，それらの名義人である市長などが直接作成するのではなく，市民課長等の担当公務員に，**代決者**としての作成権限が与えられ，さらに，各々の証明書等の実際の起案や作成は，補助を担当する公務員が行い，それに対して，代決者が形式的な事後決裁を与えるという手続体制がとられることが多い。代決者ではない補助公務員の勝手な当該行為は，他人名義の冒用であり，有形偽造にあたるように思える。だが，本判決は，被告人の行為を，作成権限にもとづくものであるとして，公文書偽造罪の成立を否定した。すなわち，「一定の手続を経由するなどの特定の条件のもとにおいて公文書を作成することが許されている補助者も，その内容の正確性を確保することなど，その者への授権を基礎づける一定の基本的な条件に従う限度において」，作成権限を有しているというのである。判決理由は，問題とされた印鑑証明書は，内容が正確で，通常の申請手続を経由すれば，当然に交付される性質のものであったことを述べている。確かに，当該証明書は，文書偽造罪の保護法益である文書に対する社会的信用を，害さない性質を有しているかもしれない。だが，本罪は有形偽造を問うものであり，内容の正確性が本罪の成否を左右するのは不当ではないのか，そもそも，正当な申請書の提出がない本件事実において，当該補助公務員に所定の作成権限が存するのかといった疑問からすれば，本罪の成立は肯定されるべきということになろう。

④ 虚偽公文書作成罪の間接正犯

　虚偽公文書作成罪は，公務員による無形偽造行為を処罰対象とするものであるが，補助公務員が，情を知らない作成権限者をして，内容虚偽の公文書を作成させた場合については，どう考えるべきだろうか。最判昭和32年10月4日は，県地方事務所の建築係として，建築に関する審査・文書の起案等の職務を担当していた被告人が，内容虚偽の報告書を提出するなどして，現場審査合格書の作成権限者である上司をして，内容虚偽の当該合格書を作らせたというケースである。同判決は，同罪の間接正犯の成立を認めた。同罪は**身分犯**であるが，通説は，身分犯の構成要件上の主体性を欠く非身分者に，**間接正犯**としての身分犯が成立することはないとする。しかし，この点，刑法156条の「公務員が，」の文言そのものは非限定的であるから，補助公務員もここに捕捉される身分者として読むことは可能であろう。ただ，同条は，無形偽造行為を規制し，公文書の内容の真実性を保護しようとするものであるので，反面，その主体は作成権限者たる公務員に限定されると考えられる。本判決も，公機関における文書作成手続きの現状に鑑み，当該行為が被告人の作成権限の内にあるものとし，本罪の間接正犯の成立を肯定したものとして理解できる。　　　（榎本桃也）

日刑集30巻4号591頁。

▷**代決者**
授権により，作成名義人の決裁を待たずに，自らの判断で公文書を作成することが許されている者である。

▷6　被告人は，通常の市民がなす申し込み手続きをしていない。本判決は，被告人に権限濫用があり，内部規律違反の責任は問われうることを述べている。

▷7　その他，公文書偽造罪については，ファックス書面に関する広島高裁岡山支判平成8年5月22日判時1572号150頁，イメージスキャナーを通したディスプレイ表示に関する大阪地判平成8年7月8日判タ960号293頁，ビニール製ケース入り駐車禁止除外指定車標章に関する東京地判平成22年9月6日判時2112号139頁も参考になる。

▷8　最判昭和32年10月4日刑集11巻10号2464頁。

▷**身分犯**
行為者が一定の地位や資格・属性などを有していることが，構成要件の内容になっている犯罪である。

▷**間接正犯**
⇨ 1-V-2 「間接正犯」

▷9　判決は，「右職員（被告人―筆者注）は，その職務に関し内容虚偽の文書を起案し情を知らない作成権限者たる公務員を利用して虚偽の公文書を完成したものとみるを相当」としている。「その職務に関し」の限定的な件がポイントである。

▷10　私人が虚偽申告をすることで，公務員をして証明書に虚偽の記載をさせるケースについては，最判昭和27年12月25日刑集6巻12号1387頁を参照。

第2部　刑法各論

II　社会的法益に対する罪

 8　インターネットとわいせつ犯罪

1　わいせつの意義

175条などによる「わいせつ」の規制は，憲法上の「表現の自由」との関係で重要な争点となる。当初，**チャタレー事件判決**などは，「わいせつ」とは，「徒らに性欲を興奮又は刺戟せしめ，且つ普通人の正常な性的羞恥心を害し，善良な性的道義観念に反するものをいう」と定義し，「性行為の非公然性の原則」を採用して，作品の芸術性が「必ずしもその猥褻性を解消するものとは限らない」としていた。しかし，**悪徳の栄え事件判決**は，「文書がもつ芸術性・思想性が，文書の内容である性的描写による性的刺激を減少・緩和させて，刑法が処罰の対象とする程度以下に猥褻性を解消させる場合がある」とし，芸術や文学の領域における「表現の自由」に一定の配慮を示した。また，**四畳半襖の下張事件判決**は，「当該文書の性に関する露骨で詳細な描写叙述の程度とその手法，右描写叙述の文書全体に占める比重，文書に表現された思想等と右描写叙述との関連性，文書の構成や展開，さらには芸術性・思想性等による性的刺激の緩和の程度，これらの観点から該文書を全体としてみたときに，主として，読者の好色的興味にうつたえるものと認められるか否かなどの諸点を検討することが必要であ〔る〕」として，より具体的な基準を示している。

2　客体

175条の客体は，有体物である「文書，図画，電磁的記録に係る記録媒体その他の物」と，無体物である「電磁的記録その他の記録」とに大別される。

「文書」とは，文字やその他の発音的記号によって表示されたもののことであり，小説などが含まれる。「図画」とは，象形的方法によって表示されたもののことであり，写真集などが含まれる。「電磁的記録に係る記録媒体」には，ビデオテープやDVD，コンピュータのハードディスクなどが含まれる。「その他の物」には，性器をかたどった模型などが含まれる。

「**電磁的記録**」とは，画像や動画のデータそのもののことである。以前はデータそのものを「図画」とした裁判例もあったが，2011年の刑法一部改正によって無体物であるデータが「電磁的記録」にあたることが明文化された。「その他の記録」には，ファックスによる送信記号などが含まれる。

▷1　175条については，特に，憲法の保障する「表現の自由」（憲法21条）や「学問の自由」（憲法23条）との関係で，また，「刑罰法規の明確性原則」（憲法31条）との関係（⇒序-4「罪刑法定主義」）で合憲性が問題となるが，判例（チャタレー事件判決などを参照）は，175条の違憲性を繰り返し否定している。

▷**チャタレー事件判決**
最小一判昭和26年5月10日刑集5巻6号1026頁，最大判昭和32年3月13日刑集11巻3号997頁（チャタレー事件）。

▷**悪徳の栄え事件判決**
最大判昭和44年10月15日刑集23巻10号1239頁。

▷**四畳半襖の下張事件判決**
最小二判昭和55年11月28日刑集34巻6号433頁。

▷**電磁的記録**
7条の2は，「『電磁的記録』とは，電子的方式，磁気的方式その他人の知覚によっては認識することができない方式で作られる記録であって，電子計算機による情報処理の用に供されるものをいう」と規定している。

▷2　岡山地判平成9年12月15日判時1641号158頁＝判タ972号280頁。しかし，この地裁判決は，学説から，無体物であるデータを有体物に含めて理解することには無理があるとして批判されていた。

212

③ 頒布，公然陳列，所持・保管

「頒布」とは，有体物としての文書などの占有の移転，または無体物としてのデータなどの支配の移転をいい，有償（販売や賃貸を含む）か無償かを問わない。最決平成26年11月25日[43]は，175条 1 項後段にいう「頒布」とは，「不特定又は多数の者の記録媒体上に電磁的記録その他の記録を存在するに至らしめることをいう」とし，不特定の者である顧客によるダウンロード操作に応じて自動的にデータを送信する機能を備えた配信サイトを利用して送信する方法によってわいせつな動画などのデータファイルを当該顧客のパーソナルコンピュータなどの記録媒体上に記録，保存させることがこれにあたるとしている。

「公然陳列」とは，「わいせつな内容を不特定又は多数の者が認識できる状態に置くこと」とされ[44]，ホストコンピュータのハードディスクにわいせつな画像データを記憶，蔵置させ，不特定多数の会員が，自己のパソコンを操作してそのハードディスクにアクセスしてわいせつな画像データをダウンロードし閲覧することができる状態を設定することもこれにあたるとされている[45]。

「所持・保管」とは，いずれも自己の支配下に置くことをいうが，前者は有体物を客体とする場合であるのに対し，後者は無体物を客体とする場合である。本罪は日本の法益を保護することが目的であるため，2条や3条などの国外犯処罰の対象ではなく，国外で有償頒布する目的である場合は成立しない[46]。

これらの犯罪行為の保護法益は社会的法益であり，また，行為が反復・継続されることが想定されるため，たとえ複数の行為がなされたとしても，それらが同一の意思の下で行われている限り，**包括一罪**として処断される。

④ サイバーポルノ

日本在住の X が，わいせつな動画データをアメリカ在住の Y に送り，Y にアメリカに設置されたサーバコンピュータに記録・保存させ，日本人を中心とした不特定・多数人にインターネットを介して国内のパソコンからも動画を閲覧可能にした行為について，X と Y を日本刑法に基づいて175条の罪に問うことができるか。175条については国外犯処罰（2条，3条）の規定はないが，犯罪地の決定に関する遍在説によれば，構成要件該当事実の一部が国内で生じれば日本が犯罪地となる（1条1項）[47]。この点，ハードディスクは「電磁的記録に係る記録媒体」と解されるところ，ネットを通じて動画を国内からも閲覧可能にさせていれば，X と Y は，動画が記録・保存されているハードディスクというわいせつ物を国内にいる不特定または多数の者が認識できる状態に置いたといえ，国内において公然陳列罪を犯したということができる。なお，学説上，外国で運営されている外国人向けのサイトに日本在住者がアクセスする場合も国内犯とできるかについては検討の余地があるとされている。　　　　（後藤啓介）

▷ 3　最小三決平成26年11月25日刑集68巻 9 号1053頁。

▷ 4　大判大正15年 6 月19日刑集 5 巻267頁，最小二決昭和32年 5 月22日刑集11巻 5 号1526頁，最小二判昭和33年 9 月 5 日刑集12巻13号2844頁。

▷ 5　最小三決平成13年 7 月16日刑集55巻 3 号317頁。なお，児童買春・児童ポルノ禁止法 7 条 4 項（現 6 項）にいう児童ポルノ公然陳列罪について，他の者が管理しているホームページ上に，児童ポルノ画像を掲載しているホームページの URL の一部を改変した文字列などを記載した行為に公然陳列を認めた判例がある。最小三決平成24年 7 月 9 日判時2166号140頁＝判タ1383号154頁。

▷ 6　最小一判昭和52年12月22日刑集31巻 7 号1176頁。なお，児童買春・児童ポルノ禁止法10条によれば，「刑法 3 条の例に従う」とされ，児童ポルノの製造，提供，公然陳列，所持・保管，運搬，輸入・輸出などの国民の国外犯も処罰される。

▷包括一罪
⇨ 1 - Ⅵ-1 「罪数論」

▷ 7　⇨ 序-7 「刑法の場所的適用範囲」

Ⅲ 国家的法益に対する罪

 公務執行妨害罪における「職務」の意義とその適法性

1 公務執行妨害罪

　国家的法益に対する罪は、**国家の存立に対する罪**、**国交に関する罪**、**国家の作用に対する罪**に分けられる。この中でも国家の作用に対する罪が特に重要であり、公務執行妨害罪は、ここに含まれる。

　公務執行妨害罪（95条1項）とは、公務員が職務を執行するにあたり、これに対して暴行・脅迫を加えた場合に成立する犯罪である。保護法益は、公務の円滑・公正な執行であり、公務員の身体ではない。それ故、職務は適法でなければならない（公務員の身体を保護するためならば適法性は関係ないはずである）。公務員の定義については、7条1項に規定されている。議員とは、国会議員、地方公共団体の議会の議員、委員とは、法令により一定の公務を委任された非常勤の職員（例えば、司法試験考査委員）、**その他の職員**とは、法令上の根拠に基づいて公務に従事する職員である。

　暴行は、公務員に向けられたもの（間接暴行）であれば十分である。例えば、押収された煙草を路上に投げ捨てること、差し押さえられた密造酒の瓶を割ること、覚せい剤溶液入りアンプルを損壊することも暴行にあたる。学説からは、間接暴行を限定し、公務員の面前でなされる必要があるとする見解が主張されているが、判例が限定しているかは定かでない。脅迫は、脅迫罪（222条）のような加害対象の限定はない。

2 職務

　判例・通説によれば、職務は、現業・非現業にかかわらず広く保護される（例えば、国立大学法人の講義は公務執行妨害罪でも保護されるが私立大学の講義は**業務妨害罪**のみが成立する）。これは、職務が公共的性格を有し、さらには税金により賄われていることからすべての公務が保護されると考えるのだが、現業的あるいは民間類似的公務は、本罪で保護すべきではないとする反対説も有力である。本罪の職務に限定がないと考えたとき、本罪が成立すれば業務妨害罪の成立はないとする見解もあるが、両罪の観念的競合となるとする見解もある。

　「職務を執行するに当たり」とは、判例によれば、具体的・個別的に特定された職務の執行を開始してから終了するまでの時間的範囲、及び、まさに当該職務の執行を開始しようとしている場合のように、当該職務の執行と時間的に

▷国家の存立に対する罪
内乱罪（77条）、外患罪（81条以下）がこれにあたる。

▷国交に関する罪
外国国章損壊罪（92条）、私戦予備罪・陰謀罪（93条）、中立命令違反罪（94条）がこれにあたる。

▷国家の作用に対する罪
公務執行妨害罪のほか、犯人蔵匿罪、証拠隠滅罪（⇨ 2-Ⅲ-2 「司法手続に対する罪と共犯」、2-Ⅲ-3 「犯人隠避罪と証拠偽造罪に関する問題」）、職権濫用罪、賄賂罪（⇨ 2-Ⅲ-4 「賄賂罪の全体構造」、2-Ⅲ-5 「収賄罪における『職務に関し』の意義」）などがこれにあたる。

▷その他の職員
判例は、公法人（例えば、水利組合）の職員も含まれるとして、広く解しているが、学説上は、みなし公務員規定がある場合に限定する見解が有力である。

▷業務妨害罪
公務執行妨害罪と業務妨害罪の関係について、詳しくは、2-Ⅰ-14 「公務と業務」を参照。

接着し，切り離し得ない一体的関係にあるとみることができる範囲内の職務行為に限り本罪で保護されることを意味するとされる（**最判昭和45年12月22日**）。それ故，休憩中や職務を行う場所に向かう途中などは，公務執行妨害罪に該当しないが，職務の執行を一時中断する場合であっても分断してみることが不自然であり，一連の職務の執行中とみることが可能であるならば本罪の成立を肯定すべきである（**最決平成1年3月10日**）。

3 職務の適法性

職務行為は適法でなければならないとするのが判例・通説である（職務の適法性は書かれざる構成要件要素ということになる）。なぜならば，職務が違法である場合にまで公務員を保護してやる必要はないからである（違法な職務執行に対しては正当防衛も可能である）。適法性の要件として，学説は，①抽象的職務権限，②当該職務行為を行う具体的職務権限，③法律上の重要な条件・方式の**履践**，を要求している。例えば，警察官が示談の斡旋をした場合は，抽象的職務権限（①の要件）を有していないことから公務執行妨害罪により保護されない。また，警察官が現行犯人でない被疑者を逮捕状なしに逮捕しようとした場合は②の要件が欠けるため，保護されないことになる。問題は，③の要件であるが，対象者の利益保護に影響を与えるような種類・態様の手続違反があれば，重要な条件・方式を履践していないということになるかと思われる。例えば，収税官吏が携帯を義務づけられている検査章を忘れたが相手側から提示を求められなかった場合は，重要な違反は認められないが，逮捕状の不携帯や，逮捕状の執行に際し，それを被疑者に示さなかった場合は違法となり，公務執行妨害罪により保護されない。

適法性の判断基準は，判例・通説によれば，裁判所が法令を客観的に判断すべきであるとされる（客観説）。例えば，警察官が被疑者を逮捕する際，警察官本人が適法と信じていた場合に保護される（主観説），あるいは一般人からみて適法であるとすれば保護される（折衷説）というのではなく，裁判官が客観的に警察官の行為が違法であったか否かを判断するのである。また，客観説内部でも基準を行為時におくか（**行為時基準説**），裁判時におくか（**裁判時基準説・純客観説**）で争いがある。

また，職務の適法性について誤信した場合が問題となる。これを**違法性の錯誤**とする見解（判例），事実の錯誤とする見解，事実面の誤信を事実の錯誤，適法性の法的要件に関する錯誤を違法性の錯誤とする見解（二分説・多数説）に分かれている。職務の適法性が構成要件要素であるならば，二分説が導かれる。これに従えば，警察官が手続通りに逮捕状を執行していたが，被疑者がその事実を認識していなかった場合は事実の錯誤であり，その執行が適法でないと信じたにすぎないのであれば違法性の錯誤というようになる。　　　（南　由介）

▷**最判昭和45年12月22日**
旧国鉄の助役が点呼終了後，引継ぎ場所に赴く途中に暴行された事案について本罪の成立を否定した。ただし，この事案に対しては，一連の職務の執行中とみることもできるという指摘も存在する（刑集24巻13号1812頁）。

▷**最決平成1年3月10日**
県議会の委員会で，委員長が休憩を宣言した後，退出しようとした際に暴行を受けた事案について，最高裁は，休憩宣言後も委員会の秩序を保持し，紛議に対するための職務を現に執行していたものと認めるのが相当であるとして，本罪の成立を認めた（刑集43巻3号188頁）。

▷**履践**
実行すること。

▷**行為時基準説，裁判時基準説・純客観説**
裁判時基準説によると，逮捕された被疑者が裁判により無罪が確定したならば，逮捕の際の警察官への暴行・脅迫は本罪を成立させないことになるが，刑事訴訟法は一定の要件が満たされる限り逮捕状を発することができるのであり，裁判時基準説によれば，適法な手続に基づいて出された令状による逮捕が違法となるという矛盾が生じることから，妥当ではない。判例も行為時基準説を採っているといえる。

▷**違法性の錯誤とする見解**
職務の適法性は，違法要素ないし客観的処罰条件（⇒ コラム2「客観的処罰条件・一身的処罰阻却事由」）となる。

Ⅲ 国家的法益に対する罪

司法手続に対する罪と共犯

1 司法手続に対する罪

刑法には，捜査，審判，及び刑の執行など，刑事司法作用を保護法益としている罪がある。その代表例は，犯人蔵匿罪（103条），証拠隠滅罪（104条）である。ところで，これらの犯罪は，犯人が条文上主体とされていないと考えられている（例えば104条は「他人の刑事事件に関する証拠を」と規定している）。犯人自身が身柄を隠したり，自己の刑事事件に関する証拠を隠滅したり偽造したりしても，犯人自身にそのような行為をするな，と期待することはできず（**期待可能性**の欠如），結局不可罰となる。また，偽証罪についても，刑事訴訟法上被告人自身は自らの事件について証人になることはできないので，正犯となることはない。

それでは，正犯にはなり得ないとしても，他人を教唆して自らを蔵匿・隠避させ，あるいは自らの刑事事件に関する証拠を隠滅させるなどした場合，犯人蔵匿罪・証拠隠滅罪の教唆犯として処罰することはできるのであろうか。あるいはまた，宣誓した証人に対して被告人が偽証を教唆した場合に，偽証罪の教唆犯として処罰されるのであろうか。

2 犯人蔵匿罪・証拠隠滅罪の共犯に関する判例・学説

判例は肯定説を採り，学説は否定説と肯定説に分かれる。まず，肯定説から検討してみよう。肯定説は，本人が実行する場合には期待可能性が欠如するが，他人に教唆して実行させること，つまり他人まで犯罪に巻き込んでしまうことについては，もはや期待可能性がないとはいえない，とする。また，大審院時代の判例は防禦権の濫用にあたるとしている。最高裁も，犯人蔵匿教唆（**最決昭和35年7月18日**）証拠隠滅教唆（**最決昭和40年9月16日**）の成立を認める。

一方，否定説は，共犯独立性説（⇨ 1-Ⅴ-1 「正犯と共犯」）を根拠として，正犯として処罰されないならば共犯としても処罰されない，とする説や，正犯として期待可能性が欠けるならば，それより軽い犯行形式である共犯においても当然期待可能性が欠如するとする説がある。あるいは法は，蔵匿・隠避行為のみを処罰しており，「蔵匿・隠避される者」が「蔵匿・隠避する者」に対して蔵匿・隠避してくれるよう働きかける行為については不可罰としているとして，**必要的共犯**の不可罰性と類似の理由づけをする見解もある。

▷1　特別刑法の分野では，2017（平成29）年6月に改正された組織的犯罪処罰法において，偽証や証拠隠滅行為に報酬を与えるなどして，重大な犯罪等に係る刑事事件に関する証人等を買収する行為を処罰する，証人等買収罪が新設された。
▷期待可能性
⇨ 1-Ⅲ-3 「違法性の意識」

▷最決昭和35年7月18日
暴力団員である被告人が，自己の犯した道路交通法違反事件について自己が犯人であることを発見され処罰されることを免れようとして，配下の組員に命じて虚偽の申立をさせ，自己の身代りとなるよう教唆した事例（刑集14巻9号1189頁）。
▷最決昭和40年9月16日
自己の詐欺事件につき，他人に内容虚偽の誓約証を作成させ，証拠隠滅しようとした事例（刑集19巻6号679頁）。
▷必要的共犯
⇨ 1-Ⅴ-4 「共犯の処罰根拠」
▷2　共犯者に関する証拠を隠滅した場合の罪責については，証拠隠滅罪は，他

Ⅲ-2 司法手続に対する罪と共犯

❸ 親族に対する教唆，及び親族による教唆

105条は犯人蔵匿罪および証拠隠滅罪について，犯人または逃走した者の親族がこれらの者のために犯したときは，刑を免除できると定める。たとえ親族の逮捕や処罰を妨害しないように法が命じたとしても，それを遵守することは身内の者にとってたいていの場合，困難だからである。それでは，第一に犯人が親族を教唆して蔵匿・隠避させ，あるいは証拠を隠滅させた場合，犯人は教唆犯として処罰されるであろうか。また，第二に，犯人の親族が第三者を教唆して犯人を蔵匿・隠避させ，あるいは証拠を隠滅させたならば，教唆を行った親族について刑の免除が認められるのであろうか。

まず第一点目については，犯人が他人を教唆した場合に不可罰との立場を採れば，その他人が親族であっても当然不可罰となる。しかし，可罰的との立場によった場合，犯人に任意的免除が認められるであろうか。共犯が正犯に従属することを重視するならば，正犯者たる親族が刑の任意的免除を受けるかぎり，教唆犯たる犯人も刑の任意的免除を受けることになろう。あるいは，期待可能性の減少を根拠として刑の免除を認めるべきだとする見解もある。

第二点目については，犯人自身が第三者に教唆した場合と同じように理解できよう。すなわち，他人を介した場合であっても，期待可能性が低いと考えれば，刑の任意的免除を受けることになるが，他人を介した場合には期待可能性なしとはいえないならば，刑の任意的免除を否定することになる。

❹ 偽証罪の共犯に関する判例・学説

偽証罪についても，犯人蔵匿罪・証拠隠滅罪と同様に考えることができる。すなわち，刑事被告人が自らの被告事件について，証人として証言を求められない実質的理由が，期待可能性の欠如にある，とするならば，他人に教唆して実行させることについてまでは，期待可能性がないとはいえないとして肯定の結論を導くことができる。否定説についても同様に，正犯として期待可能性が欠けるならば，共犯においても当然期待可能性が欠如するとの理由づけが可能である。

ただし，偽証罪については，犯人蔵匿罪・証拠隠滅罪と異なる特殊性に着目する見解も存在する。犯人蔵匿罪・証拠隠滅罪は3年以下の懲役または30万円以下の罰金とされるのに対し，偽証罪は3カ月以上10年以下の懲役であり，法定刑が著しく重い。これは，審判作用の公正を侵害する行為が，法益侵害として類型的に重大であることを意味しよう。そこで，犯人蔵匿罪・証拠隠滅罪の教唆は不可罰としつつも，被告人による偽証罪の教唆は可罰的であるとする見解も有力である。

(内海朋子)

人の刑事事件について成立するので，共犯者といえども他人だから，共犯者に関する証拠を隠せば104条に該当する。ところが，その証拠が，自己の犯行との関係でも証拠となるならば，自己の刑事事件に関する証拠ともいえる。この点については，証拠隠滅行為がもっぱら共犯者の利益を図るためになされたならば104条で処罰され，そうでない場合には処罰されないなどの形で解決が図られている。

Ⅲ 国家的法益に対する罪

 犯人隠避罪と証拠偽造罪の諸問題

1 両罪の保護法益・法的性格

犯罪を犯した者を適切に処罰するためには，犯人を特定して身柄を確保するとともに，犯罪の証拠を収集する必要がある。犯人蔵匿・隠避罪（103条）は，捜査機関による犯人や逃走者の発見・確保を妨げる犯罪であり，証拠隠滅・偽造罪（104条）は，刑事事件の証拠の利用を妨げるなどして捜査や審判を誤らせる犯罪である。両罪は，捜査，審判及び刑の執行など広義の刑事司法作用の適正な実現を保護法益とする。また，両罪とも，保護法益を侵害する危険性の認められる行為を行えば，実際に刑事司法作用が害される結果が生じなくても成立する抽象的危険犯である。

①捜査（証拠収集・身柄確保）➡②公訴の提起〔起訴〕➡③審理・裁判〔審判〕➡④刑の執行

図2.Ⅲ.3-1　刑事司法手続きの流れ

出所：筆者作成。

2 犯人蔵匿・隠避罪について

犯人蔵匿・隠避罪は，「**罰金以上の刑に当たる罪**を犯した者又は拘禁中に逃走した者を蔵匿し，又は隠避させた」場合に成立する。

「罪を犯した者」の意義について，判例は，真犯人に限らず犯罪の嫌疑により捜査中の者も含まれると広く解している。主な理由としては，犯人かどうかを確かめることも刑事手続きの一環であり，その適正な遂行は保護されるべきであることが挙げられる。これに対して，真犯人に限るという見解も有力である。これは，条文の文言に素直な解釈であること，無実の者を匿う行為は司法作用に対する侵害の程度が低いといえること，ほかに被疑者がいる事案では真犯人の自首も犯人隠避に当たりかねないことなどを理由とする。

「蔵匿」とは場所を提供して匿うことをいい，「隠避」とは蔵匿以外の方法で官憲（警察等）による発見・逮捕を免れさせる一切の行為をいう。どちらも犯人とは別人が行うことが予定されている。隠避には広範な行為が含まれうるが，実際に隠避に当たるとされた例としては，逃走するための資金や情報の提供すること，ハイヤーに乗せて潜伏予定先まで送り届けること，「身代り自白」（ないし身代り出頭。犯人の身代りとなって出頭した者が，自己が犯人であると虚偽の供述

▷1　両罪には，犯人の親族が犯人の利益のために実行した場合について，刑の免除を可能とする規定がある（105条）。これは，親族が犯人を庇うのはやむを得ない面もあり，期待可能性が低いことを理由とするものである。

▷2　この点で逃走罪（97条以下）や証人威迫罪（105条の2），偽証罪（179条）などと共通する性格がある。

▷**罰金以上の刑に当たる罪**
法定刑に罰金以上の刑が含まれている罪のこと。侮辱罪（231条。拘留・科料のみ）は除かれる。

▷3　最判昭和24年8月9日刑集3巻9号1440頁。また，すでに死亡した者も「罪を犯した者」であり，その者を隠避させる行為は犯人隠避罪に当たるとした裁判例（札幌高裁平成17年8月18日判タ1198号118頁）がある。

▷4　大判昭和5年9月18日刑集9巻668頁。

▷5　犯人が他人に蔵匿等を教唆した場合の罪責については，2-Ⅲ-2「司法手続に対する罪と共犯」を参照。

をすること）などがある。

　議論があるのは，すでに逮捕勾留されている犯人を釈放させるための行為（身代り自白など）に犯人隠避罪が成立するかどうかである。この点に関しては，103条の「蔵匿」や「逃走者」は身柄確保前の状況を予定しており，本罪の保護法益は「これから身柄を確保しようとする司法作用」と解されるなどとして，すでに犯人の身柄が確保されている場合には同罪は成立しないとする見解も有力である。しかし，判例は，現になされている身柄の拘束を免れさせるような性質の行為も「隠避」に当たるとして，犯人隠避罪の成立を認めている[6]。同罪を，身柄の拘束に向けられた刑事司法作用を害する抽象的危険をもつ行為を広く処罰するものと理解している（身代り自白には真犯人が釈放される危険性がある）。さらに判例は近時，被告人が犯人の身柄拘束中に身代り自白とは異なる内容の虚偽供述をした事案で，それが身柄拘束中の犯人との間で事前に犯人として身柄の拘束を継続することに疑念を生じさせる内容の口裏合わせをした上でなされたことに言及して，犯人隠避罪の成立を認めている[7]。

③ 証拠隠滅・偽造罪について

　証拠隠滅・偽造罪は，「他人の刑事事件に関する証拠を隠滅し，偽造し，若しくは変造し，又は偽造若しくは変造した証拠を使用した」場合に成立する[8]。本罪は，自己の罪を免れるために行われた場合だけでなく，無実の者を罪に陥れるために行われた場合にも成立する。

　議論があるのは，参考人が虚偽の供述をした場合に証拠偽造罪が成立するか否かである。否定説は，刑法は宣誓した証人にのみ真実を話す義務を課してその虚偽供述のみを偽証罪で処罰しており，それ以外は処罰しない趣旨と解されることや，物理的存在ではない証拠資料（証言や供述）は本罪の「証拠」に含まれないと解されることなどを理由とする[9]。これに対して，虚偽供述が書面化された場合には証拠偽造罪に当たるとする見解も有力である[10]。偽証罪は法定刑が高く他の虚偽供述を不可罰とする趣旨とは解されないことなどを理由とする。

　この問題に関して判例は近時[11]，参考人の虚偽供述自体は証拠偽造に当たらず，また，虚偽供述が書面化されるなどして記録されても，それだけでは証拠偽造罪は成立しないと判示した。通常は参考人の供述は記録されるし，また，参考人が後になって真実を話そうとしても，最初の虚偽供述が証拠偽造罪に当たるとなると話しにくく，適正な刑事司法の実現の観点からは却って不都合な事態にもなる。もっとも，当該判例は，単に虚偽の供述が調書に録取されたというだけでなく，虚偽の内容が記載された証拠を新たに作り出したといえる場合には証拠偽造罪が成立することを認めている（参考人と捜査官が相談し，第三者の架空の犯罪事実に関する令状請求の証拠を作り出すために，虚偽の供述内容を創作，具体化して書面にした行為について同罪の成立を肯定した）。

（薮中　悠）

▷6　最高裁平成元年5月1日刑集43巻5号405頁。身柄を拘束された暴力団組長の釈放を意図して，暴力団幹部が組員を身代り犯人として警察に出頭させた事案。

▷7　最高裁平成29年3月27日刑集71巻3号183頁。

▷8　本罪の客体は，「他人の」刑事事件に関する証拠であり，「自己の」刑事事件に関する証拠を隠滅等した場合には成立しない。期待可能性が低いからである。犯人が他人に証拠隠滅等を教唆した場合の罪責については，[2-Ⅲ-2]「司法手続に対する罪と共犯」を参照。

▷9　千葉地判平成7年6月2日判時1535号144頁・千葉地判平成8年1月29日判時1583号156頁など。

▷10　民事訴訟で情の知らない書記官に内容虚偽の認諾調書を作成させた行為に証拠偽造罪の成立を認めた判例として大判昭和12年4月7日刑集16巻517頁があり，参考人が内容虚偽の上申書を作成した行為に証拠偽造罪の成立を認めた裁判例として東京高判昭和40年3月29日高刑集18巻2号126頁などがある。

▷11　最決平成28年3月31日刑集70巻3号58頁。

Ⅲ 国家的法益に対する罪

 賄賂罪の全体構造

1 贈収賄罪の存在理由

　生活のすべての場面において，自力で対処することは，非常に困難である。消防や救急，医療，教育，年金，社会福祉，ひいては外交，国の防衛は，すべて個人の自己責任では対処し得ない領域である。犯罪の抑止も同様である。こうした公共サービスを担うのが，公務員である。公務員の職務は，国民の信頼によって成り立ち，税によって予算が賄われている。しかし，公務を私物化する公務員は後を絶たないし，公務を私物化しようと公務員に働きかける国民も少なくない。公務が私物化されれば，公共サービスが不公平に分配される恐れがあり，公共サービスそのものへの不信感につながる。

2 収賄罪のキーワード：賄賂・請託・不正な職務行為

　賄賂とは，公務員の職務やあっせん行為と相当対価の関係に立つものをいう。金銭や値上がり確実な株券，情交などが例である。なお，賄賂は公務の公正さに対する社会の信頼を揺るがすものでなければならないから，そのような関係が一見あったとしても，信頼を害さない程度のものは賄賂ではない。

　請託とは，公務員に対して特定の職務を行うよう依頼することである。公務員に対し便宜を図るよう依頼する際，職務が具体的に特定されるときには，公務員の職務に対する信頼が一段と動揺する。このことから，後述するように，請託の有無が収賄罪の成否や刑の加重に影響する場合がある事に注意するべきである。

　不正な職務行為とは，公務員が職務権限を不当に行使することをいう。作為だけでなく不作為も含まれる。この場合，公務員の職務に対する社会の信頼はきわめて動揺する。この要件も請託と同様に，収賄罪の成否や法定刑の加重に影響を与えている。

3 収賄罪の構造

　現役公務員については，単純収賄罪（197条1項前段）・受託収賄罪（197条1項後段）・加重収賄罪（197条の3第1項）が基本型である。単純収賄罪は公務員の職務に関し，賄賂を収受する行為，要求する行為，約束する行為を禁じている。要求や約束にまで禁止の対象が広げられている。請託があった場合は受託収賄

▷1　刑法7条1項を参照。したがって，収賄罪は公務員という身分のある者だけが罪に問われる（真正身犯）。公務員とともに収賄罪に関与した非公務員には刑法65条1項が適用される。
⇨ 1-Ⅴ-13 「共犯と身分」
　なお，刑法の適用に際しては公務員とみなされる場合もある（「みなし公務員」）。例えば，独立行政法人の職員（国公立大学の教職員）などがある。

▷2　請託は収賄者と贈賄者との間で交わされるため，贈収賄罪の裁判においては争点となることが多い。

罪であり，法定刑の上限は単純収賄罪よりも2年分加重されている。さらに，単純収賄罪や受託収賄罪における職務が不正に行われた場合は加重収賄罪となり，法定刑の上限が20年に跳ね上がる。

　収賄罪の基本型の他に，第三者供賄罪（197条の2），事後的加重収賄罪（197条の3第2項）がある。前者は，公務員の職務に関し，第三者に賄賂を供与させる行為，供与を要求する行為，供与を約束する行為を禁ずる。なお，請託がなければ本罪は成立しない。後者は，不正な職務行為が先行し，それに対する賄賂を事後的に収受などしたり，あるいは，第三者に供与させるなどの行為に出た場合である。

　以上の収賄罪は，公務員の職務に関係する場合を前提としていた。これに加えて，公務員の職務とは関係しないものの，公務員としての事実的影響力を用いて，贈賄者と他の公務員との間を仲介し，贈賄者の希望などを伝える行為を禁止するのがあっせん収賄罪（197条の4）である。ここでは，賄賂とあっせん行為とが相当対価の関係に立つことになる。ただし，請託と不正な職務行為の二つの要件がそろわなければ，本罪は成立しない[3]。

　これから公務員になろうとする者に対しては，事前収賄罪（197条2項）が設定されている。公務員に就かなければ，また，請託がなければ本罪は成立しない[4]。公務員であった者に対しては，事後収賄罪（197条の3第3項）が用意されている。なお，本罪は，在職中における請託と不正な職務の要件がそろわなければ成立しない。

④ 社交儀礼と賄賂

　賄賂の性質上，賄賂と社交儀礼の区別が問題となっている。公務員の職務に対する感謝の念を表す意味で，私人が公務員に金品を贈った場合，その金品は，直ちに，賄賂となるのだろうか。例えば，中学生生徒の親が，生徒の所属する公立中学校の教員に対して，特別に補習してほしいと依頼し，教員がこれを受けて時間外の補習指導を生徒に行い，その謝礼として親が教員に1万円の商品券を贈り，教員がこれを受け取った，という事例を考えてみよう[5]。賄賂であるためには，公務員の職務に対するものでなければならない。補習は教員の正規の職務ではないから，公務員の職務に対するものではない，だから賄賂性はないという考え方もあり得よう。しかし，補習とはいえ，教育することは教員の職務であることは否定できない。

　社交儀礼と賄賂の区別は，結局，収賄罪の保護法益によって決めることになる。上の事例において，教師への謝礼には，教師の職務を買収する意図は含まれず，教職を歪める危険性もないため，賄賂とすることはできないであろう。

（野村和彦）

▷3　なお，不正な職務行為とはいえない職務行為を，議員や議員秘書があっせんする行為は，あっせん利得処罰法により処罰される。

▷4　なお，現市長が市長選再選後になすべき特定の職務について請託を受け賄賂を収受した場合，本罪ではなく受託収賄罪が成立するとの判例がある（最決昭和61年6月26日刑集40巻4号369頁）。

▷5　最判昭和50年4月24日判時774号119頁。この事件の被告人である中学校教諭は，補習だけでなく，家庭訪問を熱心に行い，生徒の家庭教師と打ち合わせをするなど，自分の時間を犠牲にしてまでも，指導に傾注する教諭だったようである。

III 国家的法益に対する罪

5 収賄罪における「職務に関し」の意義

1 賄賂と対価関係にある公務員の職務とは何か

収賄罪においては，公務員の職務に対して，相当対価として賄賂が支払われる必要がある。なぜなら，金銭などの贈与などを受けても，それが公務員の職務と相当対価の関係に立たなければ，収賄罪は成立しえないからである。それでは，どの範囲の職務が収賄罪の処罰対象とされるのだろうか。判例によれば，公務員の「職務に関し」には，具体的職務権限，一般的職務権限，職務密接関連行為の三つが含まれるとされる。具体的職務権限とは，公務員が内部の事務配分に基づいて現に担当している職務のことをいう。一般的職務権限とは，関係法規の解釈等を通じて定められる，公務員の職務のことをいう。なお，判例は，一般的職務権限を異にする場合であっても，引き続き公務員という立場にある限り，単純収賄罪及び受託収賄罪（197条1項）の成立を肯定している（最決昭和58年3月25日刑集37巻2号170頁）。職務密接関連行為とは，職務権限には属さないが，職務権限の行使に関係する行為のことをいう。他の公務員に働きかけるあっせん行為は，職務と関係があれば収賄罪に，職務と無関係に公務員としての影響力を行使したにすぎない場合はあっせん収賄罪に振り分けられる。ただし，単に職務に関係するにすぎない行為は，「職務に関し」には含まれないとされている。

このように，判例は収賄罪の対象となる公務員の職務を拡張している（**図2.III.5-1**参照）が，それはなぜなのだろうか。収賄罪の保護法益をどう捉えるかという問題に関係している。

2 収賄罪の保護法益：信頼保護説と純粋性説

判例が，賄賂と相当対価の関係に立つ職務の範囲を広げているのは，公務の

▷1 内閣総理大臣が運輸大臣に対し航空会社の旅客機選定について働きかけをする行為は，憲法や内閣法の規定から，内閣総理大臣は行政各部に対し，随時，その所掌事務について一定の方向で処理するよう指導，助言等の指示を与える権限を有するとした上で，当該行為は内閣総理大臣の職務権限に属するとした（最大判平成7年2月22日刑集49巻2号1頁）。

▷2 兵庫県建築部建築振興課宅建業係長時代の職務に関し，出向後の兵庫県住宅供給公社勤務時に賄賂を受け取った事案について，再び兵庫県職員の地位にあること，住宅供給公社の職員も公務員とみなされることを根拠に，一般的職務権限が異なる場合，収賄罪は成立しないという弁護側の主張を退けた。

▷3 東京芸大の教官が学生に対し特定業者のバイオリンを購入するよう勧告あっせんする行為（東京地裁判決昭和60年4月4日判時1171号16頁，判タ589号46

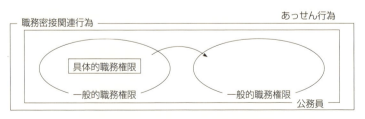

図2.III.5-1 判例における「職務に関し」

出所：筆者作成。

公正さに対する「社会の信頼」を収賄罪の保護法益に設定しているからである（信頼保護説，最大判平成7年2月22日刑集49巻2号1頁など）。したがって，公務に対する公正さに疑いが生じる限り，収賄罪として処罰することになる。

これに対して，収賄罪の保護法益は，公務の公正さのみに求められるべきとする見解（純粋性説）も提唱されている。この見解は，「社会の信頼」という曖昧な法益を保護しようとしていると信頼保護説を批判する。具体的職務の公正さが賄賂によって歪められる危険性がはっきりと存在するときに限り，収賄罪として処罰するべきだとされる。そして，具体的職務行為に対する賄賂を事前に受け取る行為をひな形として，収賄罪を理解しようとする。信頼保護説との違いは次のように現れる。①事後的に賄賂を受け取る場合のように，後の賄賂の受け取りを事前に期待していない限り，収賄罪として処罰するべきでない。②事前収賄罪や事後収賄罪として処罰されるのは，公務員としての職務が具体的に特定された場合に限られ，単なる公務員としての地位だけでは足りない。③公務員としての一般的職務権限が異なる場合，両者の同質性がある場合に限り，単純収賄罪・受託収賄罪として処罰され，そうでない場合は，事前収賄罪や事後収賄罪で処罰するべきである。④職務密接関連行為という曖昧な領域を認めず，職務権限のある公務と職務と無関係なあっせん行為をはっきりと区別するべきである。

純粋性説は，賄賂と職務権限との結びつきを明確化しようとする点については，評価できる。しかしながら，②③④については疑問が残る。②について，請託を受けた職務と実際の職務との間にずれが生じたときには処罰しえない。③については，特に，事後収賄罪について請託はあったが職務が適正に行われた場合，処罰できないということになるが，その場合，公務が一般人に切り売りされる恐れがある。④についても，仮に職務密接関連行為のうち，これをあっせん行為に振り分けた場合，請託があったとしても適切な職務行為であったならば不問に付されるが，様々な人々が公務員にたかるおそれが出てくる。

こうみると，信頼保護説になお説得力がある。

③ 賄賂を贈る側の責任：贈賄罪

賄賂を供与し，または，その申込みをし，約束した者は贈賄罪として処罰される（198条）。収賄罪は，賄賂を受け取る公務員とそれに賄賂を贈る者とが，相対して成り立つ犯罪である。その意味において，贈賄罪は必要的共犯である。

見方によっては，贈賄者を，収賄罪の身分なき共犯（65条1項）として捕捉することも可能かもしれない。しかしながら，法がそのような態様による関与を独立に犯罪として定めた以上，かさねて収賄罪の共犯としての刑事責任を問うことは二重処罰的であり不当である。

（野村和彦）

頁），大学設置に関し有利に取りはからうよう請託を受けた参議院議員が，他の同僚議員に対し勧誘説得を行う行為（最決平成20年3月27日刑集62巻3号250頁），予算の作成に関する職務権限を背景に，北海道開発庁長官が本来長官の職務権限に属さない港湾工事の受注に関し特定業者の便宜を図るように北海道開発局港湾部長に働きかける行為（最決平成22年9月7日刑集64巻6号865頁）など。

▷4　国会議員が公正取引委員会委員長に対し法律違反で審査中の事件の告発をやめるよう働きかける行為（最決平成15年1月14日刑集57巻1号1頁）。

▷5　例えば，既設電話の移転工事や工事指令，現地調査などの権限をもつ者が電話売買のあっせんをすること（最決昭和34年5月26日刑集13巻5号817頁），農林大臣が復興金融金庫から融資を受けようと考えている業者Aに対し，融資あっせんの申請書に添付する書類を作成する権限のある食糧事務所長宛に「A君を紹介申上候よろしく願上候」と記載しサインした農林大臣名義の紹介名刺一枚を交付し，また，復興金融金庫融資部長を紹介する行為（最判昭和32年3月28日刑集11巻3号1136頁）は，職務や職務密接関連行為と関係ないと判示されている。

▷6　これを受けて，純粋性説支持者からは，事前収賄罪の要件を，「権限を有する公務員になろうとする者」，事後収賄罪の要件を「権限を有する公務員であった者」と限定解釈するべきとの提案も出されている。

さくいん

あ行

悪徳の栄え事件　*212*
あっせん　*222*
意思侵害説　*138*
意思の連絡　*88*
委託信任の関係　*186*
一故意犯説　*39*
一事不再理　*109*
一身的処罰阻却事由　*22*
一般予防　*110*
意図　*37*
違法減少説　*78*
違法推定機能　*21*
違法性　*12*
　　——の意識　*70*
　　——の錯誤　*38, 70*
違法性阻却　*66*
違法性阻却事由の錯誤　*72*
違法二元論　*53*
違法身分　*105*
意味の認識　*37*
因果関係の錯誤　*38*
因果的共犯論　*86, 98*
因果的行為論　*26*
陰謀罪　*74*
写し　*207*
越権行為説　*159*
応報刑論　*6*
応報刑論のルネサンス　*7*
横領後の横領　*186*
横領罪　*152, 159, 178*

か行

蓋然性説（認識説）　*37*
買戻約款付自動車売買契約　*157*
科科　*6*
加害目的　*185*
書かれざる構成要件要素　*20*
拡張解釈　*2*
拡張的手段説　*165*
拡張的正犯概念　*80*
確定的故意　*37*
科刑上一罪　*109*
加工　*193*
過失の競合　*34, 44*
過失の共同正犯　*45, 100*
過剰避難　*61*

過剰防衛　*50, 53, 56, 59*
肩書きの冒用　*209*
喝取　*177*
可能的自由説　*130*
間接正犯　*75, 80, 82, 85*
間接的安楽死　*64*
間接暴行　*214*
完全性毀損説　*122*
かん違い騎士道事件　*73*
管理・監督過失　*46*
関連性説（折衷説）　*165*
機会説（非限定説）　*164*
危惧感説　*43*
危険運転致死傷罪　*196*
危険性説　*82*
危険性の現実化　*32, 34, 44*
旗国主義　*16*
偽証罪　*217, 219*
キセル乗車　*169*
偽装心中　*120*
毀損罪　*146*
期待可能性　*67, 216*
規範的構成要件要素　*20, 36*
規範の障害説　*82*
規範論　*13*
器物損壊罪　*158*
客体の錯誤　*39*
客観的危険説　*77*
客観的処罰条件　*22*
客観的謀議説　*90*
旧過失論　*42*
急迫　*50*
急迫性の要件　*59*
急迫不正の侵害　*50, 53*
恐喝罪　*176*
教唆犯　*80*
強制性行等罪　*136*
強制わいせつ罪　*137*
共同正犯　*80, 124, 190*
共同占有　*153*
共犯関係の解消　*98*
共犯の逸脱　*92*
共犯の過剰　*92*
共犯の錯誤　*92*
共謀　*90*

　　——の射程　*92*
共謀共同正犯　*90*
業務妨害罪　*144*
虚偽の情報　*174*
極端従属性説　*81*
挙証責任　*124, 143*
挙動による欺罔　*165*
緊急避難　*51*
禁制品　*157*
偶然防衛　*52*
具体的危険説　*77*
具体的危険犯　*126, 198*
具体的事実の錯誤　*38*
具体的職務権限　*215*
具体的符合説　*39*
具体的予見可能性説　*43*
熊本水俣病事件　*116*
クレジットカードの不正使用
　　172
傾向犯　*14*
形式的客観説　*74*
形式的個別財産説　*170*
刑事未成年　*69*
継続犯　*130*
刑の任意的減軽　*75*
刑罰　*2*
刑法各論　*3*
刑法総論　*3*
刑法典　*3*
刑法の目的　*4*
結果回避可能性　*43*
結果行為　*84*
結果的加重犯　*164*
結果犯　*42*
結果無価値論　*12, 53*
月刊ペン事件判決　*142*
結合犯　*164*
原因行為　*84*
喧嘩　*50*
厳格故意説　*71*
厳格責任説　*73*
権限濫用説　*182*
現実的自由説　*130*
現住建造物　*200*
現住建造物等放火罪　*202*

限縮的（制限的）正犯概念　80
謙抑主義　5
権利行使と恐喝　176
権利者排除意思　158
故意　36
　　　——ある幇助的道具　83
　　　——の体系的地位　36
故意規制機能　21
故意犯処罰の原則　165
行為　26
行為共同説　88,101
行為支配説　82
行為説　205
合一名義説　208
行為無価値論　12
公共危険罪　198
口実防衛　52
強取　160
構成要件　12,20
構成要件的故意　72
公然性　140
公然陳列　213
強盗罪における暴行・脅迫　160
公文書　206
公務　144
公務執行妨害罪　214
拘留　6
国際刑事裁判所　17
国民保護主義　17
誤想過剰防衛　57,73
誤想防衛　57,72
国家保護主義　17
コピー　206
個別財産説　170
個別財産に対する罪　146
混合惹起説　87
昏酔強盗罪　162

さ行

罪刑専断主義　8
罪刑法定主義　8
財産上の損害　170,184
財産上の利益　148
財産犯の保護法益　156
最小従属性説　81
罪数　108
サイバーポルノ　213
裁判員制度　111
再犯加重　110
財物　148
三角詐欺　173

自救行為　51,156
自己決定権　64
事後強盗罪　162
事実上の引受け説　29
事実の錯誤　38,40
死者の占有　154
自首　110
自手犯　82
自招侵害　58
実行行為　30
実行の着手　74,165
実質的重なり合い　41
実質的客観説　74
実質的個別財産説　170
質的過剰防衛　56
支配領域性説　29
私文書　206,208
事務処理者　182
社会的行為論　27
社会的責任論　67
社会的相当性　49
社会的法益に対する罪　198
社会倫理　49
酌量減軽　110
惹起説　86,87,96
住居権説　138
重畳的因果関係　31
修正された客観的危険説　77
修正惹起説　87
収賄罪　220
主観主義　40
主観的違法要素　14
主観的謀議説　90
縮小解釈　2
手段説（限定説）　164
準強盗罪　162
純粋惹起説　86
純粋な安楽死　64
消極的安楽死　64
消極的属人主義　16
承継的共同正犯　96
承継的幇助　96
条件関係　30,32,94
条件公式　30
証拠隠滅教唆　216
証拠隠滅罪　216,219
証拠偽造罪　219
使用窃盗　158
状態犯　195
譲渡担保　179

少年法　69
職務権限　222
職務の適法性　215
所持　213
処断刑　110
処分意思必要説　168
処分意思不要説　168
自律的決定説　82
素人仲間の平行評価　37
侵害　50
人格的行為論　27
新過失論　43
新効用喪失説　203
親告罪　136,141
真実性の誤信　143
信書開封罪　150
心神喪失　68
人身売買罪　132
心神耗弱　68
真正不作為犯　28
真正身分犯（構成的身分犯）
　　　104
信頼の原則　45,46
心理的因果性　88
心理的幇助　95
数故意犯説　39
図画　212
スワット事件　91
制御能力　68
制限故意説　71
制限従属性説　81
政策説　78
正当防衛　50-52,58
成文法　8
生理的機能障害説　122
世界主義　17
責任共犯論　86
責任減少説　78
責任故意　72
責任主義　6,42,66
責任説　71
責任能力　68
責任身分　105
責任無能力者　50
積極的安楽死（直接的安楽死）
　　　64
積極的加害意思　50,53
積極的属人主義　16
接続犯　109
絶対的法定刑　8

さくいん

絶対不確定法定刑　8
窃盗罪　158
窃盗の機会　163
先行行為説　29
宣告刑　110
全体財産説　170
全体財産に対する罪　146, 184
占有　152
占有説　156, 176
占有離脱物横領罪　152
相対的応報刑論　7, 110
相当因果関係説　32, 34, 44
相当性　55
贈賄罪　223
即時取得　193
属人主義　16
促進的因果関係　94
属地主義　16

た行

体系的思考　11
代決者　211
胎児性致死傷　116
対物防衛　51
逮捕監禁罪　130
代理・代表名義の冒用　208
択一的競合　31
奪取罪　152
たぬき・むじな事件　71
単独正犯　80
チャタレー事件　212
中止行為　79
中止犯　78, 99
中止未遂　78
抽象的危険犯　126, 199
抽象的事実の錯誤　38, 40
抽象的職務権限　215
抽象的符合説　40
中立的行為　106
挑発防衛　58
超法規的違法性阻却事由　48
直接正犯　80
追求権説　192
連れ去り　132
電子計算機使用詐欺罪　174
電磁的記録　204, 206, 212
同意傷害　63
動機説（実現意思説）　37
道義的責任論　67
同時存在の原則　84
同時犯　124

な行

盗品関与罪　192, 194
特別刑法　24
特別予防　110
特別予防論　7
図利目的　185

二重抵当　183
二重の故意　85
二重売買　183
任意性　78
認識ある過失　37
任務違背行為　182
認容説　37
練馬事件　90
脳死　115

は行

背信説　182
反抗の抑圧　160
犯罪　2
犯罪競合　108
犯罪共同説　89, 101
犯罪地の決定　17, 213
犯罪の本質　12
犯罪論の体系　10
犯人隠避罪　218
犯人蔵匿教唆　216
犯人蔵匿罪　216, 218
頒布　213
判例　3
被害者の同意　62
非親告罪　136
必要的共犯　87
人の始期　114
人の終期　114
秘密漏示罪　150
表現の自由　212
表現犯　14
開かれた構成要件　20
ファックス書面　207
付加刑　6
付合　193
不作為による欺罔　167
不作為の因果関係　47
不作為の共犯　102
不真正不作為犯　28
不真正身分犯（加減的身分犯）
　　104
不正　50
不正アクセス禁止法　150
不正競争防止法　151

物理的幇助　95
不能犯　76
普遍主義　17
不法原因寄託　181
不法原因給付　180
不法領得の意思　158
不保護　126
文書　204, 206, 212
平安神宮事件　201
平穏侵害説　138
平穏説　138
平穏占有説　157
併合罪　109
遍在説　17, 213
弁識能力　68
片面的共同正犯　98
片面的幇助犯　91
防衛の緊急避難　51
防衛の意思　50, 52
法益　5, 49
法益関係的錯誤の理論　63, 121
法益均衡性の原則　61
放火　200
包括一罪　108
法規範　2
忘却犯　26
法条競合　108, 188
幇助犯　80
法人の犯罪能力　25
法定刑　110
法定的符合説　39, 40
方法の錯誤　39
法律説　78
保管　213
保護主義　17
保護責任者遺棄罪　126, 128
補充性の原則　61
保証人的地位　29, 47
本権説　156, 176

ま行

身代り自白　218
未遂の教唆　87
未遂犯の処罰根拠論　76
未必の故意　37
身分なき故意ある道具　83
身分犯　104
無形偽造・変造　210
むささび・もま事件　71
無償譲受け　194
名義・計算　188

227

名義人の承諾　209
名誉　141
目的刑論　7
目的なき故意ある道具　83
目的犯　14
問題的思考　11

や行

やむを得ずにした行為　54
有形偽造・変造　210
有償的な処分　194

有責性　12
予見可能性　47
四畳半襖の下張事件　212
予備罪　74

ら行

利益衡量説　49
利益窃盗　146
離隔犯　75, 83
略取誘拐罪　132
利用処分意思　158

量的過剰防衛　56
領得行為説　159, 188
領得罪　146
両罰規定　24
類推解釈　2, 8, 28

わ行

わいせつ　212
賄賂　220, 222

執筆者紹介(氏名／よみがな／現職／主著／刑法を学ぶ読者へのメッセージ) 50音順

井田　良（いだ　まこと）編者
中央大学大学院法務研究科教授
『講義刑法学・総論』(有斐閣)
刑法は，概念が複雑ですし，議論の抽象度も高く，講義を聴いたり教科書を読むだけでは理解がなかなか進まないでしょう。気の合った仲間と自主ゼミを組んで議論するのがいちばんです。

佐藤拓磨（さとう　たくま）編者
慶應義塾大学法学部教授
『未遂犯と実行の着手』(慶應義塾大学出版会)
刑法には難解な専門用語が多く，最初はとっつきにくいと思いますが，理解がある程度まで進むと，その学問的な面白さに気づくはずです。根気強く頑張りましょう。

荒木泰貴（あらき　たいき）
武蔵野大学法学部専任講師
「詐欺罪における間接的損害について」『慶應法学』37号（2017年）
「財産的情報の移転と2項犯罪」『慶應法学』40号（2018年）
刑法学は体系性が強い分野なので，一度で刑法学を理解することは難しいです。しかし，その体系性ゆえに，2周目から加速度的に面白さが増すと思います。

飯島　暢（いいじま　みつる）
関西大学法学部教授
『自由の普遍的保障と哲学的刑法理論』(成文堂)
刑法の議論は難解です。何故そのような議論をする必要があるのか，論点の背景にまでさかのぼって考えてみて下さい。理解が早まると思います。

内海朋子（うつみ　ともこ）
横浜国立大学大学院国際社会科学研究院教授
『過失共同正犯について』(成文堂)
法律には長い歴史の中で積み上げられてきた英知が濃縮されています。それを学びつつ新たなルール作りに参加して，新しい世界を自らの手で切り開いていきましょう！

榎本桃也（えのもと　とうや）
Independent Scholar
『結果的加重犯論の再検討』(成文堂)
地味な印象がある刑法学ですが，己のセンスを実感する瞬間が時折やってくる分野です。そうしたところに喜びを感じつつ，学習をしていただきたいと思います。

大山　徹（おおやま　とおる）
杏林大学総合政策学部教授
「商品先物取引と詐欺罪」『法学研究』84巻9号（宮澤浩一先生追悼論文集）
最初のうちは，主要な条文を何度も読んだり錯綜した学説を整理したりして，大変な思いをするかも知れません。しかし，何事も努力が大切です。

後藤啓介（ごとう　けいすけ）
亜細亜大学法学部准教授
「国際刑事裁判所における行為支配論の展開」『国際人権』26号（2015年）
「学びて時にこれを習う，また説ばしからずや」。刑法の授業で学んだことを本書で復習し，理解を深める，これもまたきっと楽しいことなのではないでしょうか。

照沼亮介（てるぬま　りょうすけ）
上智大学法学部教授
『体系的共犯論と刑事不法論』(弘文堂)
法律学は，結論を異にする者に対して主張を展開するための「説得の学問」であるといわれます。「常識」「直感」に頼らず，論理的な思考力を身につけるよう努力して下さい。

野村和彦（のむら　かずひこ）
日本大学法学部准教授
「わが国における法益関係的錯誤説に対する疑問」『日本法学』80巻4号
刑法は何のために存在するのか。刑法は誰のものなのか。これらの問いを絶えず内に秘め，刑法を学んで下さい。こういう時代だからこそ，格闘すべき問いです。

執筆者紹介(氏名／よみがな／現職／主著／刑法を学ぶ読者へのメッセージ)

濱田　新（はまだ　あらた）
信州大学経法学部講師
「幇助犯の処罰範囲限定理論について」『法学政治学論究』93号（2012年）
最初は難解な概念・用語に面食らうかもしれませんが，学ぶうちに必ず理解が深まります。投げ出したくなる瞬間を乗り越えたとき，きっと刑法が楽しくなります。

南　由介（みなみ　ゆうすけ）
日本大学法学部教授
「意味の認識の再構成」『刑法雑誌』59巻2号
刑法と聞いて何か心躍るようなイメージをもったかもしれませんが，実際は難解で細かい（退屈な？）学問です。しかし，投げ出さなければきっと面白くなるはずです。

薮中　悠（やぶなか　ゆう）
慶應義塾大学法学部准教授
『人の精神の刑法的保護』（弘文堂）
本書で取り上げられている基本的な概念や各種の犯罪について，ぜひ原則論や典型例から学習してください。理解を試す素材は，刑事ドラマや推理小説の中にも見つかります。

やわらかアカデミズム・〈わかる〉シリーズ

よくわかる刑法　[第3版]

2006年4月20日	初　版第1刷発行	（検印省略）
2013年9月30日	第2版第1刷発行	
2018年5月20日	第3版第1刷発行	
2021年10月15日	第3版第3刷発行	

定価はカバーに表示しています

編著者　井　田　　　良
　　　　佐　藤　拓　磨
発行者　杉　田　啓　三
印刷者　江　戸　孝　典

発行所　株式会社　ミネルヴァ書房
607-8494 京都市山科区日ノ岡堤谷町1
電話代表 (075) 581-5191
振替口座 01020-0-8076

©井田良・佐藤拓磨ほか，2018　　共同印刷工業・新生製本

ISBN978-4-623-08342-8
Printed in Japan

やわらかアカデミズム・〈わかる〉シリーズ

よくわかる憲法	工藤達朗編	本　体	2600円
よくわかる刑事訴訟法	椎橋隆幸編	本　体	2600円
よくわかる民事訴訟法	小島武司編	本　体	2500円
よくわかる家族法	本澤巳代子ほか編	本　体	2500円
よくわかる労働法	小畑史子著	本　体	2500円
よくわかる会社法	永井和之編	本　体	2500円
よくわかる地方自治法	橋本基弘ほか著	本　体	2500円
よくわかる国際法	大森正仁編	本　体	2800円
よくわかるメディア法	鈴木秀美・山田健太編	本　体	2800円
よくわかる法哲学・法思想	深田三徳・濱真一郎編	本　体	2600円
よくわかる刑事政策	藤本哲也著	本　体	2500円
よくわかる更生保護	藤本哲也ほか編	本　体	2500円
よくわかる行政学	村上　弘・佐藤　満編	本　体	2800円
よくわかる社会政策	石畑良太郎・牧野富夫編	本　体	2600円
よくわかる現代の労務管理	伊藤健市著	本　体	2600円
よくわかる司法福祉	村尾泰弘・廣井亮一編	本　体	2500円
よくわかる社会保障	坂口正之・岡田忠克編	本　体	2500円
よくわかる社会福祉	山縣文治・岡田忠克編	本　体	2400円
よくわかる障害者福祉	小澤　温編	本　体	2200円
よくわかる家族福祉	畠中宗一編	本　体	2200円

—— ミネルヴァ書房 ——

https://www.minervashobo.co.jp/